La collection
DOCUMENTS
est dirigée par
Gaëtan Lévesque

Dans la même collection

Angenot, Marc, *Les idéologies du ressentiment.*

Bertrand, Claudine et Josée Bonneville, *La passion au féminin.*

Bettinotti, Julia et Jocelyn Gagnon, *Que c'est bête, ma belle ! Études sur la presse féminine au Québec.*

Brochu, André, *Tableau du poème.*

Carpentier, André, *Journal de mille jours [Carnets 1983-1986].*

Féral, Josette, *Rencontres avec Ariane Mnouchkine. Dresser un monument à l'éphémère.*

Fisette, Jean, *Pour une pragmatique de la signification suivi d'un choix de texte de Charles Peirce en traduction française.*

Karch, Pierre, *Les ateliers du pouvoir.*

Larouche, Michel (dir.), *L'aventure du cinéma québécois en France.*

Le Grand, Eva, *Séductions du kitsch : roman, art et culture.*

Roy, Bruno, *Enseigner la littérature au Québec.*

Saint-Martin, Lori (dir.), *L'autre lecture. La critique au féminin et les textes québécois* (2 tomes).

Saouter, Catherine (dir.), *Le documentaire. Contestation et propagande.*

Tougas, Gérard, *C. G. Jung. De l'helvétisme à l'universalisme.*

Vachon, Stéphane (dir.), *Balzac. Une poétique du roman.*

Whitfield, Agnès et Jacques Cotnam (dir.), *La nouvelle : écriture(s) et lectures(s).*

Le texte et le nom

SOUS LA DIRECTION DE MARTINE LÉONARD
ET ÉLISABETH NARDOUT-LAFARGE

LE TEXTE ET LE NOM

COLLECTION DOCUMENTS

XYZ éditeur

La publication de ce livre a été rendue possible grâce à l'aide financière du Conseil des Arts du Canada, du ministère des Communications du Canada, du ministère de la Culture et des Communications du Québec.

1781, rue Saint-Hubert
Montréal (Québec)
H2L 3Z1
Téléphone: 514.525.21.70
Télécopieur: 514.525.75.37

Dépôt légal: 4e trimestre 1996
Bibliothèque nationale du Canada
Bibliothèque nationale du Québec
ISBN 2-89261-175-X

Distribution en librairie:
Dimédia inc.
539, boulevard Lebeau
Ville Saint-Laurent (Québec)
H4N 1S2
Téléphone : 514.336.39.41
Télécopieur : 514.331.39.16

Conception typographique et montage: Édiscript enr.
Maquette de la couverture: Zirval Design
Illustration de la couverture: Chroniques, l. 5, ch. 1 (Bible de Gutenberg, fac-similé), Service des collections spéciales et des livres rares, Bibliothèque de l'Université de Montréal
Photo de la couverture: Luc Bonenfant

Table

Avant-propos

Martine Léonard
et Élisabeth Nardout-Lafarge
Université de Montréal

Nous rassemblons ici les communications du colloque « Le texte et le nom » tenu à l'Université de Montréal les 25, 26 et 27 avril 1995. Notre problématique était essentiellement la suivante : la littérature, nous demandions-nous, travaille-t-elle le nom propre d'une manière qui lui est spécifique ? Paradoxalement, seul un cadre interdisciplinaire peut soutenir cette réflexion et c'est dans cette perspective que se croisent ici des approches linguistiques, sémiotiques, psychanalytiques, philosophiques, historiques du texte et du nom. Nous reprenons l'ordre selon lequel nous avions choisi de déplier la question et qui constituait pour nous une sorte de parcours du nom. Parti de la classique interrogation sur le sens du nom et son ancrage lointain, ce parcours passe, de l'antonomase aux sobriquets, par l'emploi du nom dans le discours, que littéraires et linguistes analysent parallèlement. Il remonte l'histoire, du Moyen Âge au XIXe siècle, et, dans les traductions, explore les frontières. Il tente, via Proust, Céline ou Bataille, d'en montrer la *fabrique*, l'envers. Puis il s'arrête aux problèmes de genre, au double sens de pratique littéraire et d'identification sexuelle. Enfin, par le nom juif, chez Benjamin et Perec, et les listes du *Mémorial de la déportation des Juifs de France*, il débouche sur la mémoire et le sacré.

Ce projet n'aurait pu se réaliser sans le soutien de plusieurs organismes : le Conseil de la recherche en sciences humaines du Canada, le Vice-rectorat à la recherche, la Faculté des arts et des sciences et le Département d'études françaises de l'Université de Montréal, ainsi que le consulat général de France (Québec). Que leurs représentants, en particulier Mme Mireille Mathieu, doyenne de la Faculté des arts et des sciences, M. Joseph Hubert, vice-doyen à la recherche, et M. Jean-François de Raymond, attaché culturel au consulat de France, trouvent ici l'expression de notre reconnaissance.

Nos remerciements très chaleureux vont aussi à tous ceux qui ont animé ce colloque, à tous les participants, aux auditeurs, aux conférenciers, à Élisabeth Benoit et à Luc Bonenfant, les auxiliaires de recherche qui nous ont aidées dans l'organisation de ces journées, à Lucie Rondeau, qui a assuré le secrétariat, et à nos collègues de l'Université de Montréal qui ont présidé les séances : Robert Melançon, Étienne Tiffou, Michel Pierssens, Stéphane Vachon, Monique Bosco et Pierre Popovic.

La lecture du nom propre : histoire et théorie

François Rigolot
Princeton University

Nam dum videris unde ortum est nomen, citius vim ejus intellegis.

Isidore de Séville [1]

Voyez le *Cratyle* du divin Platon.

Rabelais [2]

Dans son célèbre ouvrage *Les idées et les lettres*, qui date des années trente, Étienne Gilson déplorait l'absence d'une histoire de la doctrine contenue dans le *Cratyle* de Platon et de sa transmission en Occident [3]. Répondant sans doute à cette invitation, Gérard Genette, il y a déjà presque vingt ans, tentait de combler cette lacune dans ses *Mimologiques*, en conviant son lecteur à un voyage à travers un certain nombre de textes peu connus, mais tous inspirés par cette « heureuse croyance » au cratylisme ou à ce qu'il appelait, lui le grand onomaturge, le « mimologisme » — c'est-à-dire l'existence d'une relation d'analogie entre les noms et les choses qu'ils désignent [4]. Le livre ne visait pas à l'exhaustivité, ni même au recensement des principaux textes qui s'inscrivent dans le sillage du fameux dialogue platonicien. Ce qui intéressait l'auteur, connu pour son penchant néo-aristotélicien, c'était plus les variantes de l'espèce que le processus de leur transformation ou les modalités de transmission. La perspective était encore fondamentalement structuraliste malgré la disposition des chapitres selon un ordre plutôt chronologique.

Cette tension entre typologie et chronologie, que l'on trouve au centre même du livre de Genette (avec le refus de trancher qui le caractérise) me semble typique du trouble qui se profile derrière les postulations des onomasticiens, peu enclins en général à relativiser leur entreprise et à admettre qu'il faille tempérer l'étude descriptive par l'analyse diachronique, l'épistémologie

1. Isidore de Séville, *Etymologiarum sive originum libri XX*, Oxford, éd. par W. M. Lindsay, 1911, t. I, 29.
2. François Rabelais, *Quart livre*, t. II, chap. 37, éd. par Pierre Jourda, Paris, Garnier, 1962, p. 149.
3. « De quelques raisonnements scripturaires au moyen âge », *Les idées et les lettres*, Paris, Vrin, 1932, p. 165.
4. Gérard Genette, *Mimologiques. Voyage en Cratylie*, Paris, Seuil, 1976.

par l'herméneutique et la théorie par l'histoire. Avant de m'interroger sur la place qu'occupe la théorie du nom propre dans l'histoire de la tradition cratylienne, je rappellerai brièvement quelques éléments essentiels qui n'ont pour but que de mieux fixer les idées [5].

•

L'onomastique, on le sait, est une branche de la lexicologie qui traite des noms propres de lieux (toponymes) et de personnes (anthroponymes [6]). Par extension ce terme désigne toute réflexion sur l'origine appellative des noms propres. Or, de même que l'on distingue entre une étymologie savante et une étymologie populaire, l'on peut faire le départ entre deux types de lecture des noms propres : l'une, scientifique, fondée sur des faits reconnus et éprouvés ; et l'autre, disons, littéraire ou « poétique ». La première est le fait des doctes ; elle procède par des raisonnements et des déductions pour reconstruire le système appellatif d'une langue ou d'une région. La seconde est de l'ordre de la fantaisie ; elle naît du hasard des rapprochements de sons et d'images ; elle ne se préoccupe guère des lois de transformation linguistique. On sait aussi que, depuis le XVIIIe siècle, la recherche scientifique a tendance à réprouver les explications qu'elle juge « faciles » et « trompeuses » sur l'origine des noms. Elle est prompte à s'insurger contre les jongleurs intempérants ou fantaisistes qui s'avancent sur le terrain mouvant de la sémantique et dépassent les limites de ce qu'il convient d'appeler le « raisonnable [7] ».

Si l'on peut dire que les énoncés linguistiques sont l'objet d'une double relation de *dénotation* (rapport du mot à l'objet) et de *signification* (rapport du signifiant au signifié), les sémanticiens ne reconnaissent en général aux noms propres que la seule relation de dénotation [8]. C'est ce qu'affirme, par exemple, Stephen Ullmann :

> Les noms propres n'ont pas de sens ; et, par conséquent, la notion de signification ne s'applique pas à eux. La fonction du nom propre est *l'identification* pure : distinguer et individualiser une personne ou une chose à l'aide d'une étiquette spéciale [9].

Comme tout écrivain le sait, cependant, le nom propre, toponyme ou anthroponyme, peut se charger de signification au même titre que les autres mots du texte. Le propre du langage poétique est d'être motivé, « finalisé »,

---

5. Ces éléments seront empruntés, pour la plupart, à mon ouvrage, *Poétique et onomastique* (Genève, Droz, 1977), publié il y a maintenant quelque vingt ans et dont je ne soutiens plus entièrement aujourd'hui le parti pris trop exclusivement auto-référentiel.
6. Voir Jules Marouzeau, *Lexique de la terminologie linguistique*, 2e éd., Paris, Geuthner, 1943, article « onomastique ».
7. Voir, par exemple, la préface de Charles Rostaing au *Dictionnaire étymologique des noms de lieux en France*, Paris, Larousse, 1963, p. viii.
8. Voir Tzvetan Todorov, « Introduction à la symbolique », *Poétique*, n° 11, 1972, p. 273-308.
9. Stephen Ullmann, *Précis de sémantique française*, 4e éd., Berne, A. Francke S.A., 1969, p. 24.

c'est-à-dire de substituer à la complémentarité arbitraire du signifiant et du signifié une solidarité nécessaire. Or le nom propre étant, par définition, un signe opaque qui offre le degré de résistance maximal à l'assimilation morphosémantique, ce sera le défi lancé par le poète, écrivain ou lecteur, de briser cette résistance au sens. Et la chance de la poésie sera de pouvoir compenser ce manque, ce « défaut » congénital du langage commun [10].

•

Mon propos n'est pas de revenir encore une fois ici sur le conflit qui divise les savants et les mystiques, pour distribuer les éloges et les blâmes. Il sera plutôt de replacer le problème de la lecture du nom propre dans une perspective historique qui nous permette de mieux prendre conscience des enjeux d'un tel conflit. Avant d'examiner quelle place occupe l'onomastique dans l'histoire de la tradition « mimologique », je commencerai par évoquer le double mouvement aporétique du fameux *Cratyle* de Platon, texte considéré comme « fondateur », même s'il n'est que la matrice préférentielle d'une pratique bien plus éloignée et bien plus riche, dont la Bible hébraïque offre une abondance de versions achétypiques.

On se souvient sans doute de la position de Socrate dans le fameux dialogue de Platon. Répondant à la fois à Cratyle, défenseur de la thèse naturaliste du langage, et à Hermogène, partisan de l'usage et de la convention, Socrate affiche une attitude ambiguë et qui consiste à soutenir que les éléments du langage possèdent une capacité mimétique certaine, tout en concédant, avec nostalgie, qu'en réalité les noms ne sont pas appropriés aux choses, que la langue (le grec) obéit aux principes grossiers de l'usage et de la convention. Je m'empresse de dire que tous les exégètes modernes ne partagent pas cette interprétation du *Cratyle*, certains concluant au reniement final de la thèse mimétique par Socrate. Cependant, je crois, comme Gérard Genette, qu'il y a dans le sage antique un fond cratylien qui le rend, en un sens, proche de nous puisqu'il semble épouser l'attitude des linguistes les plus orthodoxes qui acceptent l'existence d'une mimologie restreinte [11].

Certes, il n'a pas fallu attendre la redécouverte du *Cratyle* à la Renaissance pour être sensible aux effets mimologiques du langage [12]. Pour le médiéviste il n'est guère besoin de remonter au delà d'Isidore de Séville dont les *Étymologies* forment un ensemble fabuleux de projections symboliques sur les noms propres. La doctrine fondamentale des Pères de l'Église

10. Voir Gérard Genette, *Figures II*, Paris, Seuil, 1969, p. 144 et suiv.
11. Gérard Genette, *Mimologiques*, *op. cit.* Voir mon compte rendu de cet ouvrage dans la *Revue d'histoire littéraire de la France*, vol. LXXVIII, n° 5, septembre-octobre 1978, p. 864-866.
12. Le *Cratyle* a été le premier dialogue de Platon à être imprimé en France dans le texte grec. Voir à ce sujet la bibliographie établie par Jean Festugière dans *La philosophie de Marcile Ficin et son influence sur la littérature française au XVIe siècle*, Paris,Vrin, 1941.

s'accorde, à bien des égards, avec l'enseignement platonicien et avec la tradition biblique [13]. Cependant la Renaissance devait donner une nouvelle impulsion à la sémantisation projective du nom propre. Et la redécouverte du *Cratyle* de Platon n'y est pas étrangère. On y trouve, en effet, une justification savante pour rechercher la sève originelle des noms. Pantagruel en conseille la lecture à ses compagnons de voyage [14]. Joachim Du Bellay le cite dans la préface à ses devinettes encomiastiques [15]. Pontus de Tyard s'en réclame au début de son *De recta nominum impositione* [16]. Enfin Ronsard en résume la théorie, non sans quelque désillusion, dans le fameux sonnet-anagramme pour Hélène : « Les noms (ce dit Platon) ont tres grande vertu [17] ».

Est-ce à dire que la Renaissance a totalement oublié les exégèses patristiques sur l'origine des mots pour ne justifier son goût de la transparence qu'à travers le dialogue platonicien ? Il semble, en fait, que par un curieux syncrétisme, humanistes et poètes se soient souvenus de l'étymologie médiévale dans leurs propres divinations scripturaires, posant et résolvant à leur manière la question fondamentale établie par Isidore de Séville et qui prenait une acuité nouvelle avec la redécouverte du *Cratyle* : tout nom implique-t-il forcément une réalité correspondante qui en motive la forme signifiante ? Grands créateurs par le verbe, les écrivains de la Renaissance, de l'Arioste à Rabelais, ont souvent traduit dans leurs œuvres cette préoccupation obsédante de la recherche du sens profond des choses dans la sève originelle des noms. Mais ils ont laïcisé certaines des options idéologiques de leurs prédécesseurs immédiats.

•

Il est significatif que, dans le chapitre du *Quart livre* de Rabelais, consacré au sens des noms propres, Pantagruel, qui joue de plus en plus le rôle de géant du savoir, renvoie ses auditeurs à la fois au *Cratyle* de Platon et aux « sacres bibles des Hebreux ». Ils y trouveront, dit-il, « cent passages insignes » qui attestent l'importance attachée aux noms propres et à leur signification [18]. Rabelais savait que dans la Bible hébraïque le nom propre revêt

13. Voir Étienne Gilson, « De quelques raisonnements scripturaires au Moyen Âge », *op. cit.*, p. 165.
14. François Rabelais, *Quart livre*, chap. 37. Voir note 18.
15. Les qualités ou les défauts des personnages qui font l'objet de l'éloge ou de la satire y sont expliqués par la forme de leur nom. « *Ac veteres quidem, ipsum adeo Platonem in Graecis nominibus hunc in modum lusisse cum multis ex locis, tum vel ex Cratylo maximeconstats : in quo Socrates Tantalo nomen non casu, sed a natura quodam modo ipsa impositum esse convincit, perinde ac si quis Tantalum* talantaton, *id est miserium appelare voluisset.* » *Xenia, seu Illustrium quorundam Nominum Allusiones*, éd. Malcom Smith, Genève, Droz, 1974, p. 93.
16. Lyon, 1603, p. 2, 3 et 11.
17. Ronsard, *Sonnet pour Hélène*, Livre II, s. 6, v. 9.
18. François Rabelais, *Quart livre*, chap. 37, p. 152. Toutes nos références aux *Œuvres* de Rabelais se rapportent à l'édition qu'en a procurée Pierre Jourda, Paris, Garnier, 1962,

un caractère sacré et qu'un rapport intime s'établit entre la dénomination et le caractère de la personne qui en est l'objet. « Nabal est son nom et *nabal* (c'est-à-dire : *vil*) est son esprit ». Dans la riche tradition de l'exégèse juive, qu'il connaissait fort bien, l'humaniste n'ignorait pas que des correspondances secrètes s'élaborent entre l'alphabet hébreu, l'architecture cosmique et la nature de Dieu. Il savait que, selon les principes de la cabale, connaître l'essence du monde, c'est savoir lire la configuration symbolique de quelques noms fondamentaux [19].

Il n'est donc pas étonnant de retrouver dans *Gargantua* et *Pantagruel* l'application comique des procédés principaux de déchiffrement de l'étymologie juive et médiévale. L'onomastique profane de Rabelais suit, en fait dans une large mesure, les règles de ce qu'Étienne Gilson a appelé le « raisonnement par traduction » dans l'*onomastica sacra* des théologiens, et dont il distingue trois cas d'interprétation [20] :

1) Le cas de la traduction explicite. « Jacob » est traduit par « *luctator* » (le lutteur) ; il s'ensuit un développement tropologique : le chrétien *luttera* à son exemple contre le démon.

2) Le cas de la traduction latente. « *Hebraeus* » (Hébreu) contient l'idée de « *transitus* » (passage) ; mais le texte ne l'explicite pas. Pour comprendre la leçon édifiante, il faut substituer un maillon manquant. « *Transeamus ad Deum* » : comme les Hébreux, nous opérerons notre passage vers Dieu.

3) Enfin la présence d'un mot non traduit peut exercer une influence sur le développement du discours. Il faudra connaître le sens de « Jérusalem » (Hiérushalom, « vision de paix ») pour comprendre que les chrétiens sont « citoyens de Jérusalem » et symboliquement appelés à aspirer à la paix divine.

Qu'en est-il chez Rabelais ? Tout grand auteur comique impose la caricature de ses caractères à son lecteur en choisissant des appellatifs qui captent l'essence du vice qu'il veut stigmatiser. La Muse satirique façonne ses noms de lieux et de personnes selon un système de référence qui est plus ou moins explicité dans le texte. L'onomastique y est d'abord descriptive. Les Chicanous doivent chercher chicane et les Gastrolâtres adorer leur propre ventre. Une économie d'énergie est ainsi réalisée par le lecteur prédisposé à accepter la déformation du réel par la transparence des termes qui le signale. Le nom devient, en somme, un résumé épigrammatique de la personne [21]. Il

---

deux tomes. Le premier comprend *Gargantua, Pantagruel* et le *Tiers livre*; le second est consacré aux *Quart livre* et *Cinquième livre* ainsi qu'aux œuvres diverses. Nous placerons désormais le numéro de la page entre parenthèses dans le texte.

19. À propos de la motivation nominale dans l'Ancien Testament je renvoie à l'ouvrage d'Immanuel M. Casanowicz, *Paranomasia in the Old Testament*, Boston, J. S. Cushing, 1894.

20. Je résume ci-dessous les principaux aspects de l'exposé d'Étienne Gilson (voir note 3), p. 161-162.

21. « *The name can be seen as an epigrammatic summary* », Daniel Russell, « Some Observations on Rabelais's Use of Names », *Romance Notes*, XII, Chapel Hill, Department of Romance Languages, University of North Carolina, 1970, p. 186.

convient à cet effet de distinguer entre plusieurs types de transparences qui ne sont pas sans analogie avec le raisonnement isidorien par traduction.

Prenons d'abord le cas de la traduction explicite du type « Jacob ». Chez Rabelais, anthroponymes et toponymes, qu'ils soient fabriqués par l'auteur ou empruntés à la tradition populaire, affichent alors d'eux-mêmes leur acceptabilité. Grandgousier, patriarche de la geste gargantuine, quitte le texte des *Grandes et inestimables chroniques* d'où il est sorti pour affirmer la justesse de son nom [22]. Dès son apparition (*Gargantua*, chap. 3), le lecteur est convaincu du bien-fondé de son nom d'emprunt. Tout le premier paragraphe apparaît comme une traduction qui vérifie sa transparence nominale :

> Grandgousier estoit bon raillard en son temps, aymant à boyre net autant que homme qui pour lors fust au monde, et mangeoit voluntiers salé. A ceste fin, avoit ordinairement bonne munition de jambons de Magence et de Baionne, force langues de beuf salé à la moustarde, renfort de boutargues, provision de saulcisses, non de Bouloigne (car il craignoit ly boucoun de Lombart), mais de Bigorre, de Lonquaulnay, de la Brenne et de Rouargue. (18)

« Grand » et « gosier », éléments constitutifs du nom, structurent le discours descriptif. « Grand » introduit le thème de la quantité, sous-catégorie du mythe gigantal. Dans la liste détaillée des spécialités alimentaires c'est le nombre qui domine : « munition », « force », « abondance », « renfort », « provision », autant de termes qui multiplient les denrées sur la table du géant. Ce dernier n'est pas un gourmet raffiné : seule la quantité importe, et les toponymes allitérés (« Baionne », « Bouloigne », « Bigorre », « Brenne ») élargissent la dimension géographique de son appétit. Quant à « Gosier », le mot suggère le thème du plaisir primitif qui dérive des fonctions naturelles. Les verbes « aimer », « boire », « manger » présentent, dans la première phrase, un géant encore enfoncé dans une animalité heureuse. La société d'abondance où il se meut est un paradis terrestre assez fruste où la conscience du mal n'a pas encore émergé. Il y a pourtant une parenthèse restrictive (« car il craignoit le boucon de Lombard ») qui sert à préfigurer la sortie de l'Éden pour entrer dans le chaos de l'Histoire. Mais, pour l'instant, la transparence du nom est une garantie rassurante [23].

---

22. On ne trouve pas de justification du nom de « grant Gosier » dans le texte des *Chroniques*. Merlin, qui a merveilleusement créé le père et la mère de Gargantua, n'est pas onomaturge : il entend ses créatures s'entr'appeler et leur dit « que il vouloit que ilz eussent ainsi nom ». *Les chroniques gargantuines*, éd. par Christiane Lauvergnat-Cagnière et Guy Demerson, Paris, Nizet, 1988, p. 118.
23. De même, Baisecul et Humevesne ne sont autrement décrits que par leur nom : les deux plaideurs sombrent dans le ridicule dès leur entrée en scène (*Pantagruel*, chap. 10). Certains surnoms réapparaissent, légèrement modifiés, au cours du texte. Parfois la refonte est significative. Joaninus de Barranco (69), au premier abord assez opaque, se transforme à la page suivante en Janotus de Bragmardo (70). Le diminutif du prénom demeure sous sa forme latinisée mais le patronyme faussement toscan devient transparent : le sophiste tient du braquemart (au sens libre) et des bragues à marde (braies à merde).

La description naturelle par le nom peut aussi se faire par le biais de la remotivation d'un sens latent. On obtient alors une traduction de type « Hebraeus ». Le nom de Gargamelle, mère archétypale du livre, vient aussi des *Grandes chroniques* mais sous une forme modifiée [24]. Dans le livret populaire original on trouvait Galemelle. L'adjonction de phonèmes gutturaux (*Garga*- et non plus *Gale*-) permet à Rabelais de rattacher la mère au fils. *Garga*/melle et *Garga*/ntua appartiennent bien à la même famille : la parenté biologique se trouve justifiée par la langue. Au XVIe siècle, les mots *gargate*, *garguette* et *gargotte* signifient « gorge » ou « gosier » [25]. Dès lors, Grandgousier apparaît bien comme le patriarche dans l'ordre symbolique de la signification.

Cependant Rabelais prend un malin plaisir à dévoiler les stratégies de sa lecture onomastique. Cette « mise à nu » du procédé appartient à l'ordre de la parodie qui est le sien. Il y a toujours chez lui un sophiste qui se fait pourfendeur de sophistes. Tous les moyens sont bons pour forcer la finalité du symbole. Le topiqueur entraîne son lecteur sur la pente dangereuse du raisonnement par traduction. Les paronymes grecs et latins sont sollicités pour justifier le nom et le renom des Français : *Galli*, qui signifie « Français » en latin, entretient une relation de similitude homophonique avec *gâla*, qui signifie « le lait » en grec, « car par nature [les Français] sont joyeux, candides, gratieux et bien amez, et pour leur symbole et enseigne ont la fleur plus que nulle aultre blanche ; c'est le lys » (46). Rabelais ne fait que reprendre ici l'étymologie traditionnelle de la Gaule dans la culture médiévale [26]. *Nomen est numen ; nomen atque omen*. Travestissement burlesque dont Bakhtine a cru trouver la source dans le langage de la place publique mais qui est sûrement aussi une parodie des spéculations savantes sur l'origine des noms [27].

---

24. *Op. cit.*, chap. 5, p. 118.
25. Voir Edmond Huguet, *Dictionnaire de la langue française au XVIe siècle*. Rabelais emploie encore d'autres dérivés comme « guargoulles » (231), « guarguareon » (164) ou « gargarizer » (147).
26. « Un exemple en est donné dans le recueil des *Otia imperalia* de Gervais de Tilbury, rédigé entre 1209 et 1214, et qui a fait l'objet de deux traductions en ancien français, l'une exécutée à la fin du XIIIe siècle par Jean d'Antioche, prêtre attaché à l'Hôpital de Saint-Jean-de-Jérusalem, l'autre portant le titre de *Livre des oisivetés des Emperieres*, par Jean de Vignay, hospitalier de Saint-Jacques-du-Haut-Pas, vers 1330. » Les rapprochements avec le texte de Rabelais sont effectivement frappants :
« *In his Gallia prius occurrit, a candore sic dicta. "Gala" enim Graece, Latine* lac *sonat...* », Édition Leibniz des *Otia*, p. 912.
« Gaule veult tant a dire comme "blanche" ou "blanchissant", car "gala" en grec c'est a dire "l'air" [altération pour "lait"], et de "gala" vient Gaule. » (Jean d'Antioche, II, X, 5-6).
« Et premierement est Gallie, c'est a dire France, et est dite Gallie a "galla", qui vault autant en grec comme "let" en françoiss... » (Jean de Vignay, II, XXXVI, 4).
Je remercie Claude Buridant de m'avoir communiqué ces références.
27. Mikhail Bakhtine, *L'œuvre de Rabelais et la culture populaire au Moyen Âge et sous la Renaissance*, traduction française, Paris, Gallimard, 1970, p. 194. Au sujet de ces étymologies de peuples je renvoie aux listes médiévales dites *Proprietas gentium* (ou *nationum*). Voir l'étude d'Anne-Marie Bautier, « Peuples provinces et villes dans la littérature proverbiale latine du Moyen Âge », *Richesse du proverbe*, vol. I, *Le proverbe au Moyen Âge*, études réunies

•

L'exemple de Rabelais montre qu'on peut difficilement isoler l'étude des procédés qui programment la lecture du nom propre des conditions historiques qui les ont vus naître, même si tout effort pour reconstruire un horizon d'attente reste problématique. C'est en réaction contre une ivresse cratylienne — qui n'est pas propre à Rabelais mais qui trouve peut-être chez lui son expression la plus outrée — que se développeront les exigences prétendument « raisonnables » de l'onomastique scientifique. Telle sera la grande mission dont se croiront investies les Lumières. À l'horizon de la Querelle des Anciens et des Modernes se profile le débat sur les mérites respectifs des noms français et des noms latins. Pour les Modernes, la langue française possède sur le latin la supériorité de suivre l'ordre des idées, alors que le latin se soumet plutôt à l'empire des sentiments et des sensations. Employons donc des noms français dans les inscriptions officielles : moins mimétiques que leurs équivalents romains, ils seront mieux adaptés à ce que l'on exige d'eux ; ils ne feront plus obstacle à la dénotation pure, qui est la seule fonction qu'on doit leur reconnaître. Le vieux débat sur la raison et les sentiments se reflète donc dans les enjeux de l'onomastique : la normalité s'oppose aux formes obscurantistes de la pseudo-primitivité.

Cependant, même les langues véhiculaires, comme le français et l'anglais, sont encore aux yeux des Philosophes beaucoup trop mimétiques. Rousseau en sera, bien sûr, l'illustre exception. Pour Leibniz, qui répond à Locke au sujet de la conventionnalité du langage, la langue idéale devrait procéder d'une institution aussi arbitraire que possible, afin de la maintenir à l'abri de toute tentation cratylique. Dans la nouvelle « langue philosophique » l'onomastique occupera le pôle le plus artificiel qui soit. Parce que, par définition, les noms propres résistent à la motivation sémantique, ils seront vus comme les échantillons modèles du conventionnalisme scientifique.

Une dimension morale ne manque d'ailleurs pas de s'ajouter à ces impératifs épistémologiques. C'est par exigence éthique qu'il convient de réagir contre les explications symboliques qui se fondent sur des analogies arbitraires. Le raisonnement étymologique établit, en effet, une relation fortuite entre des éléments qui, hors de la figure qui les relie, n'entretiennent aucun rapport nécessaire. En préférant leur « autorité privée » aux « raisons manifestes » de la science, ces « abuseurs » agissent comme les « tyrans qui voulent leur arbitre tenir lieu de raison [28] ». C'est que ces faux savants représentent un véritable danger pour la symbolique universelle. Habitués à exceller dans l'exercice de la dialectique, art de la dispute, ils refusent de se conformer aux lois de la science des signes, parce que leur but est de persuader et

---

par François Suard et Claude Buridant, Lille, Université de Lille III, Travaux et recherches, 1984, p. 40-41.

28. François Rabelais, *Gargantua*, *op. cit.*, t. I, p. 40-41.

non de chercher la vérité. On croit alors qu'une science des signes (nous dirions aujourd'hui une « sémiotique ») peut délivrer le symbolisme des agencements projectifs en l'enracinant dans la terre ferme du consentement mutuel.

Le problème revient à se demander s'il est possible de fixer une sorte de « contrat social » qui puisse réguler la lecture du nom propre. L'histoire de l'onomastique semble beaucoup hésiter sur la question de savoir dans quelle mesure on peut poser des limites au champ d'expansion de la motivation analogique du seul signifiant qui, par définition, n'est pas censé porter de signification. Deux conditions au moins semblent avoir été avancées, sous des formules diverses, pour légitimer une lecture de faits objectivement marqués et donc susceptibles d'un décodage critique [29].

Première condition : le communicatif considéré comme *terminus a quo*. La motivation analogique du signifiant ne peut guère se développer aux dépens de l'acte de communication d'un sens. Les divers bruitages du dadaïsme et du lettrisme peuvent avoir un intérêt sur le plan de l'anthropologie culturelle. Leur pouvoir d'incantation peut même être puissant et provoquer des réactions émotives intenses chez le lecteur. Cependant ils restent le plus souvent en deçà du seuil minimal de perceptibilité parce que le langage dont ils usent n'a pas de valeur communicative identifiable. Comme le disait Jean Cohen, « le lettrisme est intéressant pas son échec même. Il a eu le mérite de développer jusqu'au bout la logique du substantialisme [30] ». Le jeu analogique sauvage reste prisonnier des investissements de la symbolique particulière de celui ou de celle qui le produit. La notion même d'intransitivité, qui était au cœur de la définition de la poésie, selon Roman Jakobson, obéissait encore par son outrance au postulat romantique de l'irréductible, tout en niant d'ailleurs dans sa pratique le principe de l'autonomie totale du discours [31].

Seconde condition : le ludique comme *terminus ad quem*. On pourrait imaginer la programmation sur ordinateur du signifiant d'un toponyme ou d'un anthroponyme où les analogies proliféreraient à l'infini. Par exemple, la sélection se ferait par prélèvement des syntagmes contenant telles sifflantes, tel suffixe, telle notion de dureté. Cette lecture onomastique, fortement structurée, serait-elle pour autant jugée recevable ? Et par qui ? Sans vouloir statuer sur la nature d'un discours hypothétique, on n'a pas manqué de mettre en

---

29. Je reprends ici, en l'adaptant à ce sujet, la terminologie que j'ai employée dans « Le poétique et l'analogique », paru originellement dans *Poétique*, n° 35, 1978, p. 257-268, et repris dans l'ouvrage collectif de T. Todorov, W. Empson, J. Cohen, G. Hartman et F. Rigolot, *Sémantique de la poésie*, Paris, Seuil, coll. « Points », 1979, p. 155-77.
30. Jean Cohen, *Structure du langage poétique*, Paris, Flammarion, 1966, p. 31.
31. C'est ce qui fait émettre des doutes sérieux sur la validité des distinctions faites par les théoriciens du Cercle linguistique de Prague qui opposaient le poétique au communicatif. Voir à ce sujet Karl D. Uitti, *Linguistics and Literary Theory*, New York, Prentice-Hall, 1969, p. 141-144. Historiquement cette distinction revêt pourtant une importance considérable.

avant le critère de la cohérence interne ou celui de la nécessité d'un projet directeur qui transcende la matérialité des moyens mis en œuvre. Ainsi le calembour, l'association verbale peuvent se donner libre cours; mais il faut qu'ils entrent dans un schéma textuel qui en justifie le propos. Comme dans *L'âge d'homme*, de Michel Leiris, les jeux de mots se justifient auprès du public cultivé qui les apprécie en sortant de la pure production ludique pour devenir des « calembours poétiques » : la décomposition des noms propres conduit à une recomposition supérieure qui en explicite « la signification plus profonde[32] ». Ainsi, même lorsque la combinatoire des analogies semble la plus personnelle et dictée en apparence par le « bon plaisir », on pourra décréter qu'elle reste « acte de communication » et puise encore au patrimoine culturel qu'elle croyait subvertir. Tout geste négateur s'avère être aussi un consensus.

•

On se souvient que, dans le *Cratyle*, Platon avait débattu la question suivante : tout nom implique-t-il forcément une réalité qui lui corresponde ? Les deux interlocuteurs principaux du dialogue, Hermogène et Cratyle, ne s'accordaient pas sur la réponse. Pour le premier, Hermogène, la dénomination n'était juste que par accord et convention, usage et coutume. Mais Socrate lui remontrait par une série d'explications étymologiques qu'il pouvait y avoir conformité entre le caractère de la chose ou de la personne et son nom. En revanche, à Cratyle, qui prétendait fournir aux noms, à grand renfort de chimères, une origine naturelle et prouver ainsi leur adéquation à la réalité désignée, Socrate répondait que les noms peuvent tromper, qu'ils ne correspondent pas tous à des choses, que ce sont les sophistes qui prennent les mots pour guides et qu'il vaut mieux, tout compte fait, se fier à la réalité des choses[33].

Ces deux attitudes de Socrate, mutuellement exclusives et donc apparemment contradictoires, correspondent en fait à deux moments différents du discours onomastique universel. Le Socrate inspiré, en proie à la fureur poétique, est prêt à embrasser la position de Cratyle au risque même de passer pour fou : ses hypothèses hardies sur la genèse des lettres et des noms participent d'un véritable délire bachique. L'onomaturge devient démiurge. Le Socrate raisonnable, en revanche, s'oppose à Cratyle en reconnaissant le fossé qui sépare ontologiquement le signe de la chose signifiée. Il se range sans hésiter du côté d'Hermogène qui croit au caractère conventionnel du langage et conclut sagement, au nom de la raison, que pour assurer la communication sociale dans la cité on ne saurait prendre la paille des mots pour le grain des choses.

---

32. Michel Leiris, *L'âge d'homme*, Paris, Gallimard, 1946, p. 227.
33. Pour une lecture moderne des contradictions du *Cratyle*, voir encore Genette, *Mimologiques*, *op. cit.*, Introduction.

La double postulation du discours historique sur la lecture du nom propre, ressemble, *mutatis mutandis*, à celle de Socrate dans le dialogue platonicien. Qu'on pense à l'ambivalence d'un Saussure : le même savant qui proclamait l'arbitraire du signe, dans le *Cours de linguistique générale*, accueillait les anagrammes dans des poèmes générés à partir d'un nom propre, repris graphiquement ou réécrit par la dispersion de ses phonèmes [34]. Tout se passe comme s'il était convenu de se méfier des rencontres verbales fortuites, à moins de pouvoir prouver qu'elles indiquent un ordre supérieur des choses, qu'il faut alors appréhender avec ce détachement souverain de la véritable sagesse.

Contrairement à Dante, dont il devait renverser le système des ressemblances, Rabelais avait introduit un *distinguo* important en pulvérisant le sérieux de la *figura etymologica* [35]. Les siècles suivants adopteront plutôt la position prudente d'Hermogène au sujet de la justesse de la nomination. Déjà dans la seconde moitié du XVIe siècle le passage de l'onomastique à la pure technicité est généralement attesté. On cite désormais le *Cratyle* pour discréditer les sophistes qui se servent de l'étymologie pour tenter de fonder la véracité de leurs arguments, comme si les noms représentaient toujours l'essence des êtres. Dans l'article « Notation » de sa *Dialectique*, Pierre de la Ramée n'hésite pas à taxer ces douteuses pratiques de « sornettes et facéties [36] ».

Cependant, comme l'a montré Gérard Genette, la tendance à chercher une relation d'analogie entre les noms et les choses qu'ils désignent est loin de s'effacer de l'imaginaire de l'Occident. Malgré les progrès de la linguistique historique (ou à cause d'eux ?) le *Voyage en Cratylie* continue de fasciner les esprits. Loin de s'avouer vaincu, le « mimologisme » onomastique a opéré un recul stratégique sur le plan de la théorie poétique. On veut compenser le « défaut des langues » par une activité spécifique du poète sur le langage. Les rêveries de Proust sur les « noms de pays », les calligrammes d'Apollinaire ou les devinettes de Raymond Roussel s'inscrivent en fait dans une tradition plus que millénaire qui alimente encore les jeux de la critique littéraire de notre « post-modernité ».

---

34. Voir à ce sujet le livre de Jean Starobinski, *Les mots sous les mots*, Paris, Gallimard, 1971, et l'article de Julia Kristeva sur la paragrammatique dans les *Essais de sémiotique poétique*, Paris, Larousse, 1972.

35. Sur Rabelais comme anti-Dante, voir l'ouvrage toujours stimulant de Jean Paris, *Rabelais au futur* (Paris, Seuil, 1970). Pour une critique de cette théorie et de celle de Michel Foucault, voir mon « Cratylisme et Pantagruelisme : Rabelais et le statut du signe », *Études rabelaisiennes*, vol. XIII, 1976, p. 115-132.

36. Pierre de la Ramée, *Dialectiques* (1555), éd. critique de Michel Dassonville, Genève, Droz, 1964, p. 88.

Nom et sens

Sémantique de l'onomastique fictionnelle : esquisse d'une topique

Yves Baudelle
Université de Lille III

Dans le bilan qu'il dressait, en 1983, des études d'onomastique littéraire, Eugène Nicole [1] considérait qu'il convenait, méthodologiquement, de distinguer entre l'encodage lexical du nom propre et son fonctionnement syntagmatique : d'un côté le romancier façonne le vocable onomastique en fonction des ressources de la langue, de l'autre il exploite en contexte les capacités expressives du signifiant ainsi forgé.

De ces deux procédures de sémantisation des noms fictionnels, c'est la première qui a eu, d'abord, la faveur des chercheurs [2], et cette orientation poïéticienne a culminé, il y a une quinzaine d'années, avec l'épanouissement de la critique génétique, laquelle a trouvé dans l'étude des variantes onomastiques un terrain de recherche d'autant plus opératoire qu'il est en principe aisé à circonscrire.

La critique aurait-elle suivi la récente bifurcation de la linguistique, qui, sans abandonner l'ambition d'une théorie du nom propre, semble désormais s'attacher plutôt à décrire son inscription dans la phrase [3] ? On observe en tout cas que les études d'onomastique littéraire se sont récemment recentrées sur l'ordre syntagmatique au détriment du paradigme nom/personnage [4], abandonnant ainsi la question de la genèse des noms propres pour

1. Eugène Nicole, « L'onomastique littéraire », *Poétique*, n° 54, avril 1983, p. 245-246.
2. Roland Barthes, dans un article fondateur, tâchait ainsi de se représenter comment Proust avait pu « choisir » ou « créer » ses noms propres, et comment, devant « inventer quelque lieu à la fois normand, gothique et venteux », il avait dû chercher « dans la tablature générale des phonèmes quelques sons accordés à la combinaison de ces signifiés » : ce sera Balbec (« Proust et les noms », dans *To Honor Roman Jakobson*, La Haye/Mouton, 1967, repris dans *Le degré zéro de l'écriture* suivi de *Nouveaux essais critiques*, Paris, Seuil, coll. « Points », 1972, p. 128).
3. Voir notamment : *Langue française*, n° 92, décembre 1991, « Syntaxe et sémantique des noms propres » (Marie-Noëlle Gary-Prieur, dir.) ; Marie-Noëlle Gary-Prieur, *Grammaire du nom propre*, Paris, Presses universitaires de France, « Linguistique nouvelle », 1994 ; Kerstin Jonasson, *Le nom propre. Constructions et interprétations*, Louvain-la-Neuve, Duculot, coll. « Champs linguistiques », 1994 ; Michèle Noailly (dir.), *Nom propre et nomination*, actes du colloque de Brest (avril 1994), Brest, Université de Bretagne occidentale, publié avec le concours de l'URA 1033 du CNRS, 1995.
4. C'est sur ce paradigme et sur la notion de motivation, qui en est inséparable, qu'est centrée ma thèse, *Sémantique de l'onomastique romanesque*, Université de Paris III, 1989. Avec une visée taxinomiste qui est celle de la poétique du récit, on tente d'y décrire la totalité

l'étude de leurs fonctionnements dans le procès discursif et textuel. Un tel déplacement, qui tend à mettre à distance toute une sémiotique attachée à l'interprétation des noms, n'est pas anodin et justifie un réexamen des bases théoriques et méthodologiques d'une sémantique de l'onomastique littéraire. Se référer à « la linguistique du texte » pour affirmer, à propos des noms propres, que « le texte littéraire ne saurait dissocier fonctionnement et sens [5] » et que « seule une réalisation textuelle peut produire des équivalences susceptibles de charger le nom propre d'un signifié [6] », c'est en effet poser une question essentielle : celle de savoir *en quel lieu* les noms propres font sens.

Encore le fait de se demander si le contenu sémantique des noms romanesques [7] résulte d'un encodage préalable ou s'il est produit par le mouvement de l'écriture n'est-il que l'une des interrogations auxquelles une *topique* de l'onomastique littéraire aurait à répondre. Il en est au moins deux autres : les noms font-ils sens dans la langue ou seulement dans le texte littéraire ? (aussi bien : les noms réels sont-ils signifiants ou est-ce le privilège des noms de la fiction ?) ; en matière d'interprétation enfin, est-ce au lecteur ou à l'auteur de dicter sa loi ? (en d'autres termes, toutes les lectures d'un nom fictif sont-elles légitimes ?).

C'est que l'antinomie de la conception (première) et de la contextualisation (seconde), pour reprendre la distinction d'Eugène Nicole, n'est pas la seule à traverser la sémantique du nom propre. Les noms de personnages sont aussi écartelés entre l'univers référentiel et l'univers fictionnel, et forcément affectés, d'autre part, par l'irréductible distance qui sépare le monde du texte du monde du lecteur. L'un des objectifs de mon propos sera précisément de montrer quelles sont ces forces contraires qui surdéterminent les noms de la fiction à chaque étape du parcours sémiotique qui va de leur genèse extrême — leur emprunt, par exemple, à quelque annuaire ou à quelque enseigne [8] — à leur décodage. Où il apparaîtra que les différents modèles d'analyse des noms de personnages, loin de s'exclure réciproquement, doivent en fait se superposer dès lors qu'ils rendent généralement compte, pour un nom donné, d'un seul des niveaux successifs de son feuilletage sémantique.

Le tableau qui suit se veut donc une topique de la sémantique du nom propre. Se lisant de gauche à droite, il présente les trois moments de l'épaississement progressif du signifié onomastique : la conception du nom, la

---

des modes de sémantisation onomastique, qu'ils procèdent d'un encodage initial ou d'une remotivation syntagmatique.

5. Johanne Bénard, Martine Léonard et Élisabeth Nardout-Lafarge, *Les noms du roman*, Montréal, Département d'études françaises de l'Université de Montréal, coll. « Paragraphes », 1994, introduction, p. 20.
6. *Ibid.*, p. 13.
7. On s'en tiendra en effet ici au seul domaine du roman, depuis Balzac.
8. Les témoignages abondent sur cette façon qu'ont les écrivains de procéder. Voir, entre autres, Léon Gozlan, *Balzac en pantoufles*, Paris, Horizons de France, sans date [1re éd. : Paris, Michel Lévy et Jules Hetzel, 1856], p. 104-112, et Henry James, *Carnets*, trad. Louise Servicen, Paris, Denoël, 1954, p. 86.

CONCEPTION

réel	fiction
code	texte
univers référentiel	univers sémiotique

roman

visée réaliste	imaginaire
vraisemblance	invraisemblance
mimétique	autotélique
désordre	ordre
sérieux	ludique
noms empruntés	noms forgés

nom propre

dénotatif (sens logique)	connotatif (id.)
simple signifiant	signifiant + signifié
opaque	transparent
arbitraire	motivé
plat	expressif
effacé	voyant
classement ethno-géographique et sociologique	classement axiologique

synthèse

la vraisemblance prime la motivation
stylisation du code
motivation estompée
dominante intuitive
(les processus priment les procédés)

ÉCRITURE

conception	texte
plan	rédaction
langue	discours
sémantique	pragmatique, stylistique

nom

univocité	plurivocité
pauvreté	richesse
étroitesse	expansion
estompé	révélé
virtualités	actualisation
motivation	remotivation
si choix conscient	inconscient du texte
si nom emprunté	remotivation
opaque	remotivation
arbitraire	réappropriation
isolé	enserré
significations premières	secondes
dominantes	accessoires
paradigme	syntagme
invention	fonctionnement
morphème	fonction
sémantique morphologique	sémantique référentielle

lien de motivation du nom

avec le personnage	avec plus ou moins que le personnage

synthèse

enrichissement, superposition de sens
pertinence de la motivation limitée au contexte

LECTURE

auteur	lecteur
écriture	lecture
encodage	décodage
procédé	effets
sèmes textuels	sèmes potentiels
significations limitées	illimitées

synthèse

1er modèle : modèle rhétorique, archaïque et dogmatique : l'interprétation ne peut déborder l'intention de sens.

2e modèle : la lecture comme superposition de deux univers : enrichissement indéfini et sans contrôle, jusqu'à l'inconscient du lecteur.

3e modèle : la lecture comme intersection ou interaction de deux univers : régulation : lisibilité, perceptiblité (donc déperdition) admissibilité (il n'est de sens que dans la motivation).

rédaction de l'œuvre (l'écriture) et sa réception (la lecture). Ce schéma se veut dynamique à la fois parce qu'il figure la sémantisation onomastique comme un parcours diachronique allant du terreau empirique où germe le projet d'écrire jusqu'à l'efflorescence de l'œuvre en ses lecteurs, et parce qu'il tente surtout de mettre en évidence les tensions qui agitent le nom propre au cours de ce trajet.

Aucune des transitions entre ces trois temps de la vie de l'œuvre — conception, écriture et lecture — n'est en effet véritablement fluide, chacune de ces étapes devant au contraire se représenter comme la difficile synthèse de contraintes antithétiques. Aussi les trois colonnes principales du tableau se divisent-elles elles-mêmes en deux colonnes marquant ces contradictions sous la forme d'oppositions par couples. En bas du tableau apparaissent de brèves synthèses indiquant de quelle manière se résolvent d'ordinaire ces tensions qui tiraillent le nom propre.

Observons donc, pour commencer, les processus qui président à la *conception* du nom propre (première colonne) : ce choix initial répond toujours à une intention de sens. Encore cette sémantisation n'est-elle pas le pur produit de l'imagination romanesque, l'écrivain s'appuyant sur les significations virtuelles du système onomastique réel. Ainsi sommes-nous renvoyés à la question du sens des noms propres dans la langue. Or, bien que la thèse classique de Stuart Mill (« les noms propres [...] n'ont, à strictement parler, aucune signification [9] ») fasse autorité chez la plupart des linguistes actuels depuis que le logicien Saul Kripke a défini le nom propre comme un désignateur rigide [10], on doit en réalité reconnaître que le vocable onomastique, à défaut d'avoir à proprement parler une signification au même titre que les lexèmes, n'en est pas pour autant totalement dépourvu de sens [11], cette sémantique du nom propre reposant soit sur ses signifiants, source de signifiés *a priori*, soit sur son référent, source de signifiés *a posteriori*. Autant dire que l'interprétation des noms diffère notablement selon qu'ils sont « incarnés » ou « désincarnés », pour reprendre la distinction proposée par Gardiner [12], c'est-à-dire selon qu'on en connaît ou non le référent. C'est ce que montre, de façon exemplaire, la distance qui sépare, chez Proust, les rêveries onomastiques de « Noms de pays : le nom » et les désillusions de « Noms de pays : le pays ». On se rappelle notamment la dépoétisation du nom de Balbec :

---

9. Stuart Mill, *Système de logique* [1843], Bruxelles, Mardaga, 1988, p. 35.

10. « Naming and Necessity », dans D. Davidson et G. Hartman (dir.) *Semantics of Natural Languages*, Dordrecht, Reidel, 1972, p. 253-355 ; trad. fr. : *La logique des noms propres*, Paris, Minuit, 1982. Commentant Mill et Kripke, Marie-Noëlle Gary-Prieur (*Grammaire du nom propre, op. cit.*, p. 25) note bien, après Jean-Claude Pariente (*Le langage et l'individuel*, Paris, Armand Colin, 1973, p. 108) que désignation rigide et vide sémantique s'impliquent réciproquement.

11. J'ai proposé une réflexion sur ce point dans « Contribution à une sémantique des noms propres... », Michèle Noailly (dir.), *Nom propre et nomination, op. cit.*

12. Alan Henderson Gardiner, *The Theory of Proper Names. A Controversial Essay*, Londres, Oxford University Press, 1954.

[...] pour Balbec, dès que j'y étais entré, ç'avait été comme si j'avais entrouvert un nom, qu'il eût fallu tenir hermétiquement clos et où, profitant de l'issue que je leur avais imprudemment offerte en chassant toutes les images qui y vivaient jusque-là, un tramway, un café, les gens qui passaient sur la place, la succursale du Comptoir d'escompte, irrésistiblement poussés par une pression externe et une force pneumatique, s'étaient engouffrés à l'intérieur des syllabes qui, refermées sur eux, les laissaient maintenant encadrer le porche de l'église persane et ne cesseraient plus de les contenir [13].

Ces signifiés *a priori* — c'est-à-dire antérieurs à toute connaissance du référent — ne disparaissent pas en cas d'incarnation du nom pour céder la place à des sèmes purement référentiels. Une fois incarnés, les noms conservent, à tout le moins, leur coloration ethnogéographique (en devenant un nom de président de la République, le patronyme *Chirac* ne cesse pas pour autant de marquer une origine et de connoter, par son morphème *-ac*, la France du Sud-Ouest), et les éventuels signifiés lexicaux du nom propre, s'ils s'effacent quelque peu derrière sa fonction de désignateur, ne disparaissent pas complètement dans cet emploi référentiel (qu'on le veuille ou non, *Balladur* reste *dur*, ce qui a d'ailleurs pu être une raison de l'envoyer *balader* — si l'on ose dire). On pourrait donc affirmer que la sémantique référentielle, dans le cas des noms propres, n'abolit pas toute sémantique morphologique [14]. Et, de fait, c'est sur ces potentialités expressives que va s'appuyer la fiction dans son usage spécifique de l'onomastique. Ce sont elles qui vont permettre de résoudre, par un véritable compromis, les problèmes posés par l'incompatibilité du système onomastique réel avec les lois du roman.

Car tel est le sens des antinomies regroupées dans mon tableau sous le chapeau « conception » : il y a une tension entre le réel et la fiction, le passage de la réalité au fictif ne va pas de soi, c'est un arrachement auquel le nom propre, forcément ballotté dans ces remous, est contraint de s'adapter.

En effet, la reconnaissance de ses virtualités signifiantes — ce qu'on a appelé ses signifiés *a priori* —, n'empêche pas l'onomastique réelle d'être en fait, dans son usage social, globalement opaque et arbitraire : opaque, parce que la plupart des patronymes, ne comportant plus aucun lexème identifiable (que lire dans *Giscard* ou *Mitterrand*?), ne sont pas immédiatement intelligibles ; et arbitraire, d'autre part, en tant que le signifié produit par l'éventuelle homonymie du nom propre avec un mot de la langue ne se vérifie pratiquement jamais chez son référent (M. Leroy n'est jamais roi). Or, les traits de l'onomastique littéraire sont exactement le contraire de ceux-là, la fiction soumettant les noms propres à un double processus de sémantisation

13. Marcel Proust, *À la recherche du temps perdu*, éd. par Jean-Yves Tadié, Paris, Gallimard, coll. « Bibliothèque de la Pléiade », 1987-1989, II [*À l'ombre des jeunes filles en fleurs*], p. 21.
14. C'est ce que note Louis Hébert dans « Fondements théoriques de la sémantique du nom propre », ici même, p. 41.

et de motivation [15] qui instaure une relation de redondance entre les signifiés du nom et les signifiés textuels du personnage qui le porte.

Encore importe-t-il de noter que cette expressivité de l'onomastique romanesque est à la limite indépendante de la conscience cratylienne du romancier. Point n'est besoin de croire, comme Balzac, que « *notre nom, c'est nous-mêmes* [16] » pour donner à ses personnages des noms parfaitement appropriés à ceux qu'ils désignent, et qui les décrivent. Loin de participer de quelque essentialisme archaïque qui confondrait le nom et l'être, le cratylisme ordinaire du roman n'est qu'un aspect particulier de la loi générale de motivation qui préside à toute littérature et notamment à l'écriture narrative [17]. Dès lors qu'elle en découle, la motivation onomastique remplit d'ailleurs les mêmes fonctions que la motivation générale du récit : elle accroît la lisibilité du texte et lui confère une dimension eudémonique par l'harmonie [18] qu'elle instaure là où le réel n'est que fractionnement et désordre [19].

Mais si le texte est régi par un principe de motivation, on a compris qu'il est du même coup conduit à s'éloigner de la réalité. Aussi la motivation ne saurait-elle être pure, ne pouvant résoudre à son seul profit le conflit du réel et de la fiction. C'est qu'en inventant des noms transparents, sur le modèle balzacien de Finot, le romancier s'écarte à ce point de l'usage qu'il prend le risque de n'être plus crédible. Non seulement le nom expressif est par trop voyant, mais il fait même calembour [20]. En déclarant à propos du sus-

---

15. Voir dans le tableau les antinomies relatives au nom propre : dénotatif (sens logique)/ connotatif (*id.*), simple Sa /Sa + Sé, opaque/transparent (quant à son signifié), arbitraire/ motivé, plat/expressif, effacé (le nom réel, en principe pur désignateur, s'efface derrière cette fonction)/voyant (le nom parlant au relief, il attire l'œil).

16. Comme l'affirme Raphaël de Valentin dans *La peau de chagrin* (*La comédie humaine*, éd. par Pierre-Georges Castex, Paris, Gallimard, coll. « Bibliothèque de la Pléiade », t. X, 1979, p. 199). Sur la pensée onomastique de Balzac, voir l'excellente synthèse de José-Luis Diaz : « Balzac et la scène romantique du nom propre », *34 /44*, Université de Paris 7, n° 7, 1980, p. 19-30, et n° 8, 1981, p. 43-55.

17. À bien lire les formalistes russes, qui en inventèrent la notion, on constate que ce concept de motivation rend compte, en effet, de l'anthroponymie romanesque en tant qu'il implique à la fois un lien nécessaire de la forme au contenu (ce que montre Viktor Chklovski) — soit, dans l'expressivité onomastique, une liaison entre le signifiant et le signifié du personnage — et la nécessité esthétique d'une cohésion entre les éléments de l'œuvre (c'est la « motivation compositionnelle » selon Boris Tomachevski) — soit, en l'occurrence, la concordance nom/personnage. Sur ces concepts, voir Tzvetan Todorov, *Théorie de la littérature*, Paris, Seuil, coll. « Tel Quel », 1965, notamment p. 48-53, 282-284.

18. « Harmonie » ou « analogie » : ce sont les termes qu'emploie notamment Tomachevski.

19. L'onomastique participe ainsi, à son échelle, de cette réinvention heureuse du monde que Jean Rousset décrit comme la loi de toute littérature : « [...] l'art ne recourt au réel que pour l'abolir, et lui substituer une nouvelle réalité », il est « passage de l'insignifiant à la cohérence des significations, de l'informe à la forme, du vide au plein, de l'absence à la présence » (*Forme et signification*, Paris, José Corti, 1989 [1re éd. : 1962], p. III). Dans le tableau, ce « déplacement de nos perspectives » est indiqué à travers les oppositions réel/ fiction, univers référentiel/ univers sémiotique, code (langue)/texte, ainsi que, à propos du roman, désordre/ordre.

20. En matière d'onomastique littéraire, note bien François Rigolot, « la transparence totale est pur calembour » (« Rhétorique du nom poétique », *Poétique*, n° 28, 1976, p. 467 ; la formule

nommé: «Il ne se nomme pas Finot pour rien, celui-là[21] », Lucien de Rubempré, dans *Illusions perdues*, prétend bien faire un mot. Cette inaptitude de l'onomastique romanesque à être véritablement parlante est un bel exemple de cette règle qui veut, comme l'a montré François Rigolot[22], que le ludique soit le *terminus ad quem*, la limite indépassable de l'analogie.

Ayant à éviter ces deux écueils opposés que sont l'invraisemblance (Candide) et l'insignifiance (Dupont, dans *Les gommes* de Robbe-Grillet), le romancier onomaturge est contraint à un compromis (comme dirait Tomachevski[23]) susceptible de résoudre cette tension. Les traits principaux de ce compromis (appelons-le «synthèse») apparaissent en bas de la première colonne.

Le premier point est que l'appropriation cratylienne des noms du roman, au lieu de s'inventer au détriment de leur plausibilité, ne peut s'établir qu'à partir d'elle. La vraisemblance peut ainsi être désignée comme le socle de toute motivation onomastique, la condition *a priori* de la textualisation d'un nom. Si cette condition n'est pas remplie, le nom n'est pas recevable, aussi parlant soit-il. C'est en ce sens qu'on indique, dans le tableau, que la vraisemblance prime la motivation. Du reste, l'ancrage réaliste d'un appellatif constitue déjà le premier degré de sa justesse: il est nécessaire que Bloch, étant juif, porte un nom juif (*À la recherche du temps perdu*).

Ce poids des contraintes mimétiques explique en outre que les noms de la fiction soient généralement empruntés au corpus des noms réels plutôt que forgés de toutes pièces. On sait cependant que «le vrai peut quelquefois n'être pas vraisemblable[24] », de sorte que l'écrivain est en fait amené à styliser le code onomastique, à créer, en somme, des noms plus vrais que nature, dont la crédibilité soit fondée sur un usage conventionnel et formalisé de l'anthroponymie sociale[25].

---

est reprise dans son livre *Poétique et onomastique*, Genève, Droz, 1977, p. 12). Voir aussi Pierre Guiraud, *Les jeux de mots*, Paris, Presses universitaires de France, «Que sais-je?», 1976, p. 111.

21. Honoré de Balzac, *La comédie humaine*, *op. cit.*, t. V, 1977, p. 381. À comparer avec l'annomination suivante, dans la bouche de Blondet: «À genou devant une supériorité que tu n'auras jamais, quoique tu sois Finot!» (*Splendeurs et misères des courtisanes*, Paris, Gallimard, coll. «Bibliothèque de la Pléiade», t. VI, 1977, p. 438).
22. François Rigolot, «Le poétique et l'analogique», *Poétique*, nº 35, 1978, repris dans Gérard Genette et Tzvetan Todorov (dir.), *Sémantique de la poésie*, Paris, Seuil, coll. «Points», 1979, p. 155-177.
23. «Mais puisque les lois de composition du sujet n'ont rien de commun avec la probabilité, chaque introduction de motifs est un compromis entre cette probabilité objective et la tradition littéraire» («Thématique» [1925], dans Tzvetan Todorov, *Théorie de la littérature*, *op. cit.*, p. 285).
24. Boileau, *Art poétique*, III, 48. Maupassant cite cette maxime dans sa fameuse étude intitulée «Le Roman» (1888), publiée avec *Pierre et Jean* (Paris, Gallimard, coll. «Folio», 1982, p. 51).
25. L'invisibilité ici ambitionnée s'appuie notamment sur des *onomatèmes*, c'est-à-dire des paradigmes fréquents dans la morphologie des patronymes, par exemple les vestiges du système appellatif mérovingien: *-court-*, *-bert-*, *-baud-*, *-ard*, *gau-*, etc. Sur les onomatèmes, voir ma thèse *Sémantique de l'onomastique romanesque*, *op. cit.*, p. 78-84.

Le second biais par lequel l'onomaturge concilie expressivité et plausibilité est à nos yeux l'une des grandes lois de l'onomastique romanesque : il s'agit de l'estompement de la motivation. Pour s'inscrire dans la sémantique du texte, en effet, les noms doivent certes être significatifs, mais ils ne sauraient être entièrement transparents, au risque sinon d'apparaître aussi improbables que ridicules.

La principale conséquence de cette nécessaire atténuation de la symbolique des noms a souvent été négligée par les études d'onomastique littéraire : c'est que le niveau pertinent de l'analyse est moins dénotatif que connotatif (au sens linguistique [26]). Les formes sommairement lexicales, du type Finot ou Noirceur-sur-la-Lys (dans *Voyage au bout de la nuit*), étant difficilement acceptables, l'écrivain en vient à forger l'expressivité de ses noms fictifs d'une façon plus intuitive, en palpant l'imperceptible grain de la langue, en testant le je ne sais quoi des syllabes disponibles. En l'occurrence, les ficelles les plus grosses — la transparence partielle (Mme de Chasteller, dans *Lucien Leuwen*), la traduction (Ursus, dans *L'homme qui rit*), sinon les tropes [27] — ne sont pas seulement les plus voyantes, elles sont aussi de bien piètres expédients pour le créateur de noms. De façon générale, l'invention onomastique sera d'autant plus fine que l'écrivain renoncera aux facilités de la rhétorique au profit d'une appréhension plus subtile des ressources évocatrices de la langue. De ces processus (mentaux) qui, en matière d'inventivité onomastique, priment les procédés (rhétoriques), on peut dire, synthétiquement, qu'ils ressortissent à des phénomènes d'ordre *associatif* ou *connotatif*. Saussure distinguait déjà deux modes de « rapports associatifs », suivant qu'ils reposent sur une « communauté de forme ou de sens [28] ». Ainsi la motivation onomastique peut-elle passer par une « analogie des signifiés », c'est-à-dire une association d'idées : chez Balzac, un rapprochement « sec »/ « soif » justifie ainsi le patronyme *Séchard* : « Jérôme-Nicolas Séchard, fidèle à la destinée que son nom lui avait faite, était doué d'une soif inextinguible [...] [29] ». Mais beaucoup plus fertiles pour l'onomastique littéraire sont les associations de signifiants, à travers lesquelles le nom propre, en principe asémantique, tend naturellement à nous rappeler des mots connus, dont le sens déteint sur lui. Aux associations saussuriennes ajoutons l'association

---

26. Pour un relevé systématique des procédures onomaturgiques, on peut se reporter à ma thèse (*op. cit.*), ou, plus brièvement, à deux de mes textes, « Poétique des noms de personnages », Gérard Lavergne (dir.), *Le personnage romanesque*, actes du colloque international de Nice (avril 1994), *Cahiers de narratologie*, n° 6, 1995, p. 79-89, et « Contribution à une sémantique des noms propres : le cas de l'onomastique romanesque », *op. cit.*
27. La métaphore (Mouchette, « pauvre petit animal obscur » [Bernanos, *Sous le soleil de Satan*, dans *Œuvres complètes*, Paris, Gallimard, coll. « Bibliothèque de la Pléiade », 1961, p. 211], la métonymie (Lebas, pour un drapier, dans *La maison du chat qui pelote* de Balzac), l'ironie (Félicité des Touches, dont le prénom « est le plus sauvage raillerie » [*Béatrix*, dans *La comédie humaine*, *op. cit.*, t. II, 1976, p. 709-710]) sont des figures trop aisément détectables pour ne pas présenter les mêmes inconvénients que la transparence pure et simple.
28. Ferdinand de Saussure, *Cours de linguistique générale*, Paris, Payot, 1966 [1915], p. 174.
29. Honoré de Balzac, *Illusions perdues*, *op. cit.*, p. 127.

non codifiée d'un signifié à un signifiant, c'est-à-dire les symbolismes phonétique et graphique [30] : ainsi le nom de Rastignac a-t-il l'éclat qui convient au personnage.

Sur un plan plus intuitif encore, le nom propre peut recevoir, d'autre part, des signifiés connotatifs, c'est-à-dire, par convention, essentiellement axiologiques. Il est facile de voir qu'un appellatif tel que Crottat (dans *La femme de trente ans*) est infamant, mais les ressources connotatives de la langue gisent aussi bien à l'échelle sublexicale des graphèmes et des morphèmes. Une forme telle que *Borniche, variante abandonnée du nom de Jupien (chez Proust), comporte ainsi deux séquences dépréciatives : « bor- » et « -ich- ».

Objectera-t-on que de tels processus associatifs et connotatifs sont, sinon illusoires, du moins trop subjectifs pour être déchiffrables ? À quoi je répondrai d'abord que la question de la lisibilité de ces valeurs n'est pas pertinente quand il s'agit de décrire la conception du nom propre — ce qui nous occupe pour l'instant ; et ensuite que les difficultés théoriques rencontrées à mesure qu'on s'éloigne d'un monde de signification de type lexical ne sont pas insolubles et qu'elles ne doivent pas nous conduire à écarter les faits eux-mêmes, mais à préciser le protocole de leur perceptibilité [31].

•

Entre l'invention du nom et sa réception, il y a le procès de l'*écriture*, décrit dans la deuxième colonne du tableau. Or, on se tromperait en se représentant sommairement la rédaction du texte comme la simple mise en œuvre d'une matière déjà toute prête, car les tensions ne sont guère moindres ici qu'au moment de la difficile transition du réel à la fiction. En vérité, le livre achevé ne correspond jamais exactement à son projet. Comme l'ont montré Jean Rousset [32] et surtout Gaëtan Picon [33], non seulement l'exécution est ardue, parce que la vision intérieure se dérobe quand on veut la capter, mais l'écriture est invention et découverte à mesure. Selon que, rapportée à ses plans, l'œuvre effective s'édifiera par défaut ou par excès, les noms propres d'abord choisis par le romancier seront donc toujours susceptibles soit d'être modifiés ou abandonnés au cours de la rédaction, soit de voir leur motivation première, sinon contestée, du moins concurrencée par l'irruption de multiples sèmes imprévus.

C'est sur cette seconde hypothèse qu'insiste le tableau. Dans la colonne « écriture », on oppose en effet le fonctionnement de l'*invention* du nom propre — la sous-colonne de gauche (« conception, plan, langue », etc.) en

---

30. Gérard Genette regroupe sous le terme de « mimologie » la « mimophonie » et la « mimographie » (*Mimologiques*, Paris, Seuil, coll. « Poétique », 1976).
31. Ce à quoi je me suis employé ailleurs, notamment dans les travaux cités plus haut.
32. Jean Rousset, *Forme et signification*, *op. cit.*, voir notamment l'introduction, p. V-X.
33. Gaëtan Picon, *L'usage de la lecture*, Paris, Mercure de France, 1979 [1960 et 1961, deux vol.].

reprenant ici les traits dominants tels qu'on les a analysés précédemment — et la dynamique *textuelle* de la sémantique onomastique, décrite dans la sous-colonne de droite (sous : « texte, rédaction, discours », etc.). Or, cette inscription contextuelle du nom propre n'est ni l'irréprochable décalque de son encodage initial, ni son gommage. Ni passive, ni désastreuse, l'écriture, en réalité, dote le nom propre de signifiés supplémentaires qui viennent se superposer[34] à sa motivation principale, sans l'annuler. Ce renforcement de l'expressivité onomastique à mesure que le roman s'écrit peut ainsi se représenter comme un passage de l'univocité à la plurivocité, de la pauvreté à la richesse, d'une certaine étroitesse première à une expansion nouvelle[35]. Un exemple frappant entre tous de cette dynamique du sens est le nom de Guermantes, qui n'est à l'origine pour Proust qu'un nom de terre disponible[36], mais dont chaque page de son roman décline les signifiants, jusqu'à les saturer de mille images associées[37].

Ce mouvement d'épanouissement sémantique qui accompagne la mise en texte du nom a du reste assez de force pour compenser ce que les choix préalables de l'écrivain pouvaient éventuellement avoir d'étriqué. À supposer en effet que l'écrivain n'ait retenu un appellatif que pour sa plausibilité réaliste, sans s'attacher à ses virtualités de sens, c'est le texte qui va, dans un deuxième temps, en actualiser les capacités expressives. Cette revification sémantique comme *a posteriori* s'observe notamment pour certaines catégories de noms : ceux des personnages secondaires ou épisodiques, les emprunts, et les toponymes, en tant qu'ils sont le choix d'un lieu plus que d'un nom. À l'opacité et à l'arbitraire onomastique succède alors la prise en charge textuelle d'un processus de remotivation et de réappropriation, reconnaître cet enrichissement du nom dans le procès de l'écriture ne revenant pas pour autant à nier la conscience créatrice pour donner dans ce matérialisme du texte si prisé, naguère, par les plus aventureux de nos Modernes : il s'agit seulement d'admettre la fonction heuristique de l'écriture, et tout ce que le texte achevé doit à l'improvisation.

---

34. On observera d'ailleurs que le forgeage du nom dans les avant-textes admet déjà — c'est même le cas le plus fréquent — une combinaison de procédés et de sèmes. Un patronyme comme Swann, par exemple, répond d'emblée à plusieurs intentions : une allusion à Reynaldo Hahn et à Charles Haas comme deux modèles possibles du personnage, la symbolique virile du cygne, une référence ironique à l'Odette du *Lac des cygnes* de Tchaïkovski, une consonance israëlite et distinguée.

35. S'il peut arriver qu'il n'ajoute pas de valeurs imprévues au nom propre, dans ce cas le texte tend du moins à révéler les significations estompées de ce dernier. Ainsi, parmi les associations de signifiants, ne sont véritablement lisibles que celles qui apparaissent *in praesentia*, en contiguïté contextuelle avec le nom propre.

36. « Savez-vous, s'enquiert-il en effet auprès d'un de ses amis, si Guermantes [...] est entièrement éteint et à prendre pour un littérateur ? Connaissez-vous d'autres jolis noms de châteaux et de gens ? » (dans Georges de Lauris, *À un ami, correspondance inédite*, Paris, Amiot Dumont, 1948, p. 174).

37. Parmi les plus récurrentes, relevons seulement : Brabant, différente, amarante, transparente, intelligente, éclairante, charmante, élégante, France, brillante, orange, pervenche, descendante, changeante, etc.

Encore faut-il noter que ces significations génétiquement *secondes* qui se greffent sur les significations *premières* du nom propre, celles imaginées lors de sa fabrication, sont aussi, le plus souvent *secondaires.* En effet, lorsqu'il baptise ses créatures, le romancier fonde d'ordinaire la motivation onomastique sur leurs caractères les plus notables. Du point de vue du seul paradigme prosopographique, ces remotivations contextuelles permettent alors d'intégrer, le temps d'une séquence, des traits accessoires ou temporaires du personnage, et surtout de marquer son évolution diégétique. Ainsi faut-il attendre le début d'« Un amour de Swann » pour voir apparaître et se développer l'assonance *Swann/femmes* (« Mais Swann aimait tellement les femmes[38]... »), absente de « Combray », quand le héros ignore encore le passé sentimental de l'ami de ses parents. Avant sa textualisation, le nom, isolé, a donc l'abstraction et la raideur d'un paradigme ; mais, une fois enserré dans la dynamique diégétique et lové dans les entrelacs de la phrase, il ne peut résister à la pression de l'ordre syntagmatique : souple et malléable, il se soumet. Car le nom propre présente cette vertu paradoxale d'être à la fois un point d'ancrage du récit[39] — l'instrument d'une désignation invariable — et une forme au potentiel sémantique assez dense pour s'adapter aux oscillations de la thématique.

Cette plasticité des noms romanesques explique qu'ils puissent même, si le contexte l'exige, s'affranchir de la relation du sens qui les attache au personnage. C'est ici aborder la question « du lien de motivation du nom », comme il est indiqué dans le tableau. Cette sémantique discursive où c'est le texte (et non la seule entité idéelle du personnage) qui motive le nom a ses degrés, selon l'étendue du motif, de la séquence ou du sème qui fondent la remotivation. Dans un roman donné, le signifié textuel qui motive le signifiant onomastique offre trois positions relativement au personnage. *A priori*, quand le livre s'ébauche, ce signifié coïncide *grosso modo* avec l'unité du personnage ou, plus exactement, avec un trait distinctif — physique, psychologique ou social — qui le caractérise fortement. Ainsi la racine bovine de Bovary définit-elle Charles comme un gars de la campagne. Mais le rapport de motivation peut aussi bien s'établir *au delà* ou *en deçà* du personnage. Dans V*oyage au bout de la nuit* ou *Mort à crédit*, par exemple, l'appropriation patronymique est fortement ébranlée par la prégnance d'une thématique d'ensemble, essentiellement ordurière, qui déteint sur l'anthroponymie elle-même, quelle que soit la valeur du personnage[40]. Dans ce cas, l'onomastique

38. Marcel Proust, *Du côté de chez Swann*, *op. cit.*, I, p. 188.
39. Sans doute Blanche de Mortsauf, dans *Le lys dans la vallée*, se fait-elle bientôt appeler Henriette par Félix de Vandenesse, tandis qu'Aristide Rougon, dans *La curée*, choisit de devenir Saccard, mais de tels changements de noms sont rares et sont mêmes perçus comme d'authentiques péripéties en tant qu'ils dérogent à l'une des règles implicites du récit : l'intangibilité des noms. La généralisation du procédé, dans *Le temps retrouvé*, participe ainsi de l'ébranlement que Proust fait subir au genre romanesque.
40. Voir Johanne Bénard, « Quand nommer c'est surnommer : Céline onomaturge », *Les noms du roman*, *op. cit.*, p. 75-89, et Yves Baudelle, « L'onomastique carnavalesque de *Voyage au bout de la nuit* », *Roman 20-50*, n° 17, juin 1994, p. 133-159.

surdéterminée par un sème structurant du roman, voit se distendre les liens qui l'unissent d'ordinaire au personnel du roman. La tendance autotélique du récit étant à la redondance et au renforcement spéculaire de ses significations, la relation du nom au personnage est alors concurrencée, sinon contestée, par l'insertion du nom dans la thématique du texte, l'appellatif, initialement créé en fonction de son porteur fictionnel, se trouvant pris dans un réseau sémantique dont il ne saurait se déprendre.

Une tension similaire se retrouve au niveau subprosopographique, c'est-à-dire en deçà du personnage. Ici la motivation paradigmatique qui unit nom et dénommé est effacée par une motivation syntagmatique nom/contexte.

Maints travaux ont paru qui envisagent l'onomastique romanesque sous cet angle [41], mais, lorsqu'on dépasse le cadre de l'éponymie nom/personnage, on tend à sortir de la seule sémantique de l'onomastique pour s'acheminer vers les questions touchant aux fonctionnements textuels du nom propre plus qu'à son invention. La démarche n'est plus la même, qui s'intéresse alors aux fonctions du nom plutôt qu'à ses morphèmes pour en revenir, en définitive, à ce que j'appellerai une sémantique référentielle par opposition à une sémantique morphologique [42]. Où l'on retrouve, par exemple, la question classique du fonctionnement anaphorique du nom propre dans la constitution de l'effet-personnage et le procès narratif, la sémiotique et la narratologie montrant comment les noms, dans la fiction, s'emplissent progressivement de tous les prédicats descriptifs et diégétiques appliqués à leur porteur. Une telle problématique porte encore sur les effets de sens mais, en étudiant en quoi le nom propre fait sens en tant que nom propre, indépendamment de sa forme, elle passe d'une sémantique de l'onomastique à une sémiotique du texte. De même, quand on privilégie, selon la formule de Jespersen, « la valeur que [les noms propres] prennent dans le contexte et dans la situation particulière où ils sont employés [43] », on quitte la sémantique proprement dite pour la stylistique ou la pragmatique [44].

Sur le plan méthodologique, le rôle du procès de l'écriture dans la motivation onomastique pose en outre les problèmes relatifs à l'inconscient du texte, et notamment la question (chère à *Tel Quel*) de l'antécédence des signifiants dans certains effets de sens. Dans l'hypothèse d'une productivité des signifiants, le nom propre serait ainsi l'objet d'une nouvelle tension entre les signifiés concertés par l'écrivain, en toute lucidité, lors de la conception de

---

41. À ce sujet voir l'article introducteur de *Les noms du roman, op. cit.*
42. Ces antinomies sont reprises dans le tableau au bas de la colonne « écriture » : invention/fonctionnement, morphème/fonction, sémantique morphologique/sémantique référentielle. Cette « sémantique référentielle » au sens où on l'entend étudie les signifiés *a posteriori* (c.-à-d. issus du référent). Simplement, lorsqu'il s'agit d'un récit littéraire, le référent, au lieu d'être réel, est fictif : c'est le personnage.
43. Otto Jespersen, *La philosophie de la grammaire*, Paris, Minuit, 1971 [1924], p. 77.
44. Comme l'observe justement Marie-Noëlle Gary-Prieur (« Le nom propre constitue-t-il une catégorie linguistique ? », *Langue française*, n° 92, décembre 1991, p. 15, n. 36).

son livre, et les signifiants onomastiques dont cet encodage initial ne saurait à lui seul combler le vide sémantique. Le modèle du «texte producteur» pose en effet que les syllabes du nom propre continuent à engendrer de nouvelles significations qui débordent, de façon incontrôlée, les seuls sèmes consciemment disposés par l'auteur: où l'on retrouve le débat sur les anagrammes [45], extension maximale de cette prolifération anarchique des signifiés onomastiques.

À ce sujet, contentons-nous d'indiquer brièvement [46] que de tels phénomènes existent mais que, pour autant, n'étant pas le tout du roman, ils n'invalident pas une représentation aristotélicienne, plus rationnelle, de la création littéraire, et que, au demeurant, cette germination des signes elle-même n'échappe pas à tout contrôle dans la mesure où le processus, d'abord spontané, peut être repéré par l'écrivain et récupéré comme procédé, les paragrammes n'ayant en outre de pertinence qu'à condition d'être lisibles — ce qui déplace le problème vers la réception du texte, troisième étage de notre topique.

Si le roman est donc bien le lieu d'une génération inconsciente de sens — qui en douterait? —, pour autant on ne saurait identifier, en particulier en ce qui concerne l'onomastique, le couple conscient/inconscient à l'antinomie conception initiale/procès scriptural. En réalité, tous les cas de figure existent, qui croisent ces quatre paramètres: l'écriture, dans son mouvement, a sa force obscure, mais aussi sa clairvoyance, de même que si l'invention du nom propre se fait d'ordinaire dans une certaine lucidité rhétorique, le choix initial de l'appellatif peut aussi bien répondre à des motivations inconscientes. Alain Buisine a ainsi montré, à propos des «matronymies» proustiennes [47], que seul un rapport œdipien au nom de la grand-mère maternelle de Marcel Proust, Adèle Berncastel, pouvait expliquer la prolifération de la syllabe «-bert-» dans le système onomastique de *La recherche*.

Dans ces conditions, il faut considérer l'articulation du conscient à l'inconscient comme un facteur supplémentaire de complexité qu'il conviendrait de faire figurer aux trois moments — conception, écriture, lecture — de ce dépliage sémantique de l'onomastique littéraire.

Quoi qu'il en soit, de cette seconde étape — l'écriture — on retiendra que la contradiction entre la relative raideur de la motivation initiale des noms fictionnels et les multiples opportunités du roman en train de se faire se résout sans dommage dans une synthèse «par le haut» qui ajoute à la luminosité

45. Voir Jean Starobinski, *Les mots sous les mots. Les anagrammes de F. de Saussure*, Paris, Gallimard, 1971.

46. Pour plus de précisions, cf. mon étude: «Les processus anagrammatiques dans l'œuvre romanesque de Bernanos», Pierre Gille et Max Milner (dir.), *Bernanos: continuités et ruptures*, Nancy, Presses Universitaires de Nancy, 1988, p. 81-99.

47. Alain Buisine, «Matronymies», *Littérature*, n° 54, mai 1984, p. 54-78.

première du nom propre des éclairages et des scintillements nouveaux, fussent-ils à éclipses, c'est-à-dire d'une pertinence seulement séquentielle.

•

Voilà donc le livre achevé, et les noms propres imprimés. Le roman est désormais entre les mains du public. Où l'on aborde la dernière dimension de cette dynamique du sens : la *lecture* (troisième colonne du tableau). La question est alors de savoir quels sont les effets de cette réception sur la sémantique du texte et celle du nom propre en particulier : dans quelle mesure l'interprétation des noms coïncide-t-elle avec les intentions de l'auteur et les encodages textuels ? ce déchiffrement est-il un enrichissement ou une déperdition de sens ?

Poser ces questions, générales s'il en est, c'est déjà admettre que ce passage de l'écriture à la lecture est cause de nouvelles turbulences. De l'auteur à son lecteur, de l'encodage au décodage, du procédé à ses effets, la transition n'est pas plus fluide que lors des étapes précédentes. D'un point de vue herméneutique, les rapports lecteur/auteur apparaissent même à ce point conflictuels que l'une des représentations les plus classiques qu'on en donne est de nature juridique : quels sont, en clair, les droits respectifs de l'un et de l'autre sur le sens du texte et, partant, sur la signification des noms propres ?

On notera que le nom propre est l'un des lieux privilégiés de cette interrogation critique dès lors que, en principe libre de sens, il semble s'offrir à tous les décryptages, jusqu'aux plus subjectifs. Doit-on donc s'en tenir, pour la lecture d'un nom donné, aux seuls sèmes légitimés par la narration ou faire droit à tous les signifiés potentiels qu'il recèle ? Au fond, les significations d'un nom sont-elles limitées — par l'auteur, par son texte — ou illimitées, comme le nombre de ses lecteurs ?

La réponse à ces questions de droit dépend alors de la législation qu'on se donne, c'est-à-dire, en l'occurrence, de la représentation qu'on se fait de la communication littéraire. Notre « synthèse » (en fin de tableau) distingue ici trois modèles herméneutiques possibles.

Le premier, archaïque et dogmatique, serait celui de la rhétorique, qui n'accorde de légitimité qu'aux effets de sens voulus par l'écrivain, ceux auxquels l'interprétation onomastique devrait par conséquent s'en tenir. Mais comment ne pas voir que la réception d'un texte dépasse forcément les seules intentions de l'auteur, que la somme de ses lecteurs fait d'une œuvre un objet plus chatoyant, plus chamarré que ne le croit son créateur même, et que celui-ci ne saurait entièrement contrôler la puissance évocatrice de l'onomastique, ni stopper la concaténation des images associées qu'elle fait naître ? Le roman, à tout le moins, a besoin du lecteur pour combler ses creux, ses lacunes : ce que le héros a vécu avant d'entrer en scène, le visage des seconds rôles, tout ce que néglige une focalisation unique, etc. Or le vide sémantique du nom propre pourrait bien être l'un de ces « lieux d'indétermination » dont parle Roman Ingarden[48]. En d'autres termes, si le romancier n'a pas songé à motiver tel nom de personnage, le lecteur, lui, y songera — de façon, il est vrai, intuitive, parce que l'emportement de la lecture ne lui permet pas de s'y arrêter.

Une fois admis le surplus de sens inhérent à la réception et la caducité, par conséquent, de l'idéologie académique d'un vouloir-dire qui bornerait toute lecture, la question qui se pose est celle des éventuelles limites opposables à ces initiatives de lecture.

Deux modèles sont alors à opposer : celui, libertaire et « dialogique[49] », de *Tel Quel* ; et un modèle régulateur essentiellement fondé sur une phénoménologie de la lecture. Dans le premier cas, où l'on penche pour la polysémie infinie du texte, les tensions herméneutiques se dissolvent au profit du seul lecteur et de la prolifération arbitraire de ses associations d'idées. Si l'on veut dépasser cette aporie qui écrase la lecture sous l'intransigeante tutelle rhétorique ou l'ouvre au contraire à un dérèglement, sinon irrationnel, en tout cas aliénant (puisqu'il dénature le texte jusqu'à en faire un autre texte), il convient donc, en vérité, de rechercher les principes d'une régulation herméneutique. C'est ce à quoi s'est employé François Rigolot[50] en proposant de donner deux bornes à l'interprétation de l'onomastique littéraire : une limitation de fait, définie par un seuil de *perceptibilité*[51], et une limitation de droit, établissant un seuil d'*admissibilité*[52]. Ainsi doit-on reconnaître d'une part que toutes les intentions de l'auteur ne sont pas lisibles — la valeur matronymique de la syllabe « -bert- » chez Proust échappant par exemple à la plupart des lecteurs —, d'où une déperdition de sens, et d'autre part que toute interprétation onomastique n'est pas légitime : « Le lieu de l'œuvre littéraire, dit bien Wolfgang Iser, [...] ne peut être réduit ni à la réalité du texte ni aux dispositions subjectives du lecteur[53]. » C'est à ce titre que je peux affirmer qu'il

48. *Das literarische Kunstwerk*, 1re éd., Halle, Niemeyer, 1931 ; 2e éd., Tübingen, Niemeyer, 1961 ; *A Cognition of the Literary Work of Art*, Evanston, Northwestern University Press, 1974. Ce concept des incomplétudes du texte littéraire que le lecteur est appelé à combler a été repris et approfondi par Wolfgang Iser dans *Der Akt des Lesens, Theorie der Ästhetischer Wirkung*, Munich, Wilhelm Fink, 1976 ; trad. fr. d'Evelyne Sznycer, *L'acte de lecture. Théorie de l'effet esthétique*, Bruxelles, Mardaga, 1985.

49. Au sens de Julia Kristeva (*Sèmèïôtikè*, Paris, Seuil, coll. « Tel Quel », 1969), par opposition à « monologique », et non au sens de Bakhtine.

50. *Poétique et onomastique*, *op. cit.*, p. 23-24.

51. Concept emprunté à Michael Riffaterre, *Essais de stylistique structurale*, Paris, Flammarion, 1971, p. 276 et passim.

52. Seiziémiste, François Rigolot fait dépendre cette admissibilité d'un « critère de contextualité » renvoyant au « contexte littéraire, biographique et historique, qui détermine les conditions d'emploi des signifiants du texte » (*Poétique et onomastique*, *op. cit.*, p. 23). Mais cette prise en compte du contexte extra-textuel étant moins nécessaire à l'intelligibilité des œuvres récentes, le seuil d'admissibilité peut être rapporté au texte lui-même (au contexte intra-textuel), garde-fou de toute interprétation en tant que, même imprévue, elle ne peut contrevenir ni à son esprit, ni à sa lettre.

53. Wolfgang Iser, *L'acte de lecture*, *op. cit.*, p. 49.

n'est de sens du nom propre fictif que dans la motivation : toute association, tout rapprochement subjectif ou fantasmatique avec ses signifiants que le texte — ses personnages, sa totalité thématico-syntagmatique — ne *corrobore* pas, non seulement n'est pas admissible (de droit), mais, à la limite, n'est pas lisible (perceptible, de fait).

Pour séduisants qu'ils soient dans leur rigueur toute structuraliste [54], les principes énoncés par François Rigolot gagneraient néanmoins à être assouplis par une phénoménologie plus attentive à cette « expérience vive [55] » qu'est la lecture. En définissant celle-ci non pas tant comme l'intersection entre le monde du texte et le monde du lecteur, mais plutôt comme un échange dialectique, une « interaction dynamique entre le texte et le lecteur [56] », on reconnaît que les effets de l'onomastique ne sont pas entièrement contrôlés par le texte [57], mais qu'ils procèdent aussi d'un contrat avec l'univers mental du lecteur et de son aptitude à remotiver les noms au delà des intentions de l'auteur.

En définitive, une topique de la sémantique de l'onomastique romanesque ne saurait être, si l'on ose dire, que *cinétique*. Car le sens d'un nom donné ne cesse de se modifier : non seulement, comme on l'a vu, d'une étape à l'autre du *trajet* qu'il suit, mais aussi lors de sa genèse, puis au fil de la rédaction, enfin au cours même de la lecture, puisque, comme le montre Wolfgang Iser [58], de page en page, par le déplacement de nos attentes modifiées et de nos souvenirs transformés, le texte nous fait voyager à mesure que notre lecture progresse. Bien plus, une fois le livre refermé, quand nous sommes remplis de ses images, de quel poids pèse alors l'expressivité de ses signifiants onomastiques ? Le roman n'a-t-il pas atteint son but lorsque ses noms propres n'évoquent plus pour nous que leur référent ? quand Balbec, sans plus rien de gothique ou de persan, n'est plus qu'une digue ensoleillée où se promènent des jeunes filles, nous laissant le même souvenir lumineux qu'au narrateur ébloui ?

---

54. Paradoxalement, le structuralisme « dur » ne s'est pas dépris d'une conception métaphysique du sens comme en-soi. Cet immanentisme est aussi un matérialisme qui exclut la transcendance d'une conscience.
55. Pour reprendre l'expression de Paul Ricœur (*Temps et récit*, III, *Le temps raconté*, Paris, Seuil, coll. « L'ordre philosophique », 1985, p. 247).
56. Wolfgang Iser, *L'acte de lecture*, *op. cit.*, p. 198.
57. Wolfgang Iser note bien que « des actes provoqués par le texte échappent à un contrôle interne du texte » (*ibid.*, p. 198).
58. *Ibid.*, p. 181.

Fondements théoriques de la sémantique du nom propre

Louis Hébert
Université de Montréal

Une simple (!) question nourrit plus de deux mille ans de logomachie : quel est le sens du nom propre ?

Je ne prétends pas apporter la réponse définitive, mais présenter les facteurs principaux qui conditionnent les réponses diverses apportées par les sémantiques linguistiques [1].

Pour ce faire, je désire dresser une sorte de carte à l'intention de l'explorateur. Elle présenterait les principaux carrefours où une sémantique linguistique doit décider de la route à prendre. Ces carrefours importants touchent : 1) la définition du sens ; 2) les unités analytiques ; et, enfin, 3) la classification et la sous-classification du nom propre. Je dessinerai surtout deux tracés : celui d'une sémantique « classique » et, le mien, celui d'une sémantique interprétative [2].

La plupart des sémantiques linguistiques peinent à rendre compte et du nom propre (et du littéraire) parce qu'elles butent contre plusieurs « murs », que je vais énumérer et franchir, sans pouvoir détailler :

1. Le mur du mot : le mot est un complexe de morphèmes ;
2. Le mur du signifié : le signifié se décompose en sèmes ;
3. Le mur de l'énoncé : le palier textuel détermine le palier de l'énoncé et non l'inverse (c'est la « détermination principielle du local par le global [3] ») ;

---

1. Il s'agit des sémantiques proprement dites ou des composantes sémantiques insérées dans une linguistique générale ou dans une étude linguistique quelconque.
2. Voir Louis Hébert, « Conditions pour les théories de l'asémanticité du nom propre », *Protée*, vol. XXII, n° 3, automne 1994, p. 93-101 et « Sens, style et paradigme », *Protée*, vol. XXIII, n° 2, printemps 1995, p. 65-76. Rappelons que la sémantique interprétative a été développée par François Rastier (*Sémantique interprétative*, Paris, Presses universitaires de France, 1987 et *Sens et textualité*, Paris, Hachette, 1989), dans le prolongement des travaux de Greimas et de Bernard Pottier.
   Les symboles employés dans cet article sont les suivants : « signe » ; *signifiant* ; 'sémème' ou 'signifié' ; /sème/ ; //classe sémantique// ; |réécriture| ; RÉFÉRENT
3. François Rastier, « Sur l'immanentisme en sémantique », Genève, *Cahiers de linguistique française*, n° 15, p. 326.

4. Le mur du contenu dénotatif : le sens résulte de l'interaction des contenus dénotatifs et connotatifs (plus précisément inhérents et afférents) ;
5. Le mur de la langue : il faut prévoir des mécanismes de conversion du contenu en langue en contenu contextuel, par exemple l'actualisation/virtualisation ;
6. Le mur du référent : les sèmes ne sont pas des répliques des parties du référent ;
7. Le mur du « prosaïque » : une sémantique qui ne rend compte que de « Le chat mange la souris » est incomplète.

Avant d'aborder les carrefours, donnons une idée, que je compléterai plus loin, de la destination que m'a permis d'atteindre la sémantique interprétative. Cette sémantique décrit deux sortes de contenus : la signification, formée des sèmes inhérents en langue, et le sens, formé des sèmes inhérents et afférents actualisés en contexte. L'opposition inhérent/afférent recouvre très grossièrement celle de dénotation/connotation. Je situe mon analyse au palier du morphème, signe minimal, et de la lexie, niveau minimal d'existence des classes morphologiques. Relativement au contenu en langue, je postule qu'il existe trois types de lexèmes (avec les grammèmes, l'un des deux types de morphèmes) participant d'un nom propre, c'est-à-dire trois sortes de structures sémantiques susceptibles d'être investies de sèmes de différentes dénominations :

1. Les noms néologiques ou assimilables aux néologismes, comme « Jxpty », sont vides de signification ;
2. Les noms spécialisés contiennent en inhérence seulement des sèmes macrogénériques : /humain/ et /sexe masculin/ pour « Guy » ;
3. Les noms à notoriété possèdent en inhérence, à l'instar de bien des noms communs, les quatre types de sèmes : « Achille », lorsqu'il désigne le héros, contient des sèmes 1) macrogénériques (/humain/, /sexe masculin/), 2) mésogénérique (/mythologie/), 3) microgénérique (/héros grec/) et 4) spécifiques (/le plus brave/, etc.).

En contexte, grâce à l'actualisation de sèmes afférents, tous les types de noms propres sont susceptibles de contenir les quatre types de sèmes : spécifiques, micro-, méso- et macrogénériques. La dénomination des sèmes investissant une structure sémantique variera, en langue, selon le nom considéré et, en contexte, selon le nom et le texte analysés.

Premier carrefour : sens de sens

Une sémantique — c'est un truisme — repose sur une définition du sens. Définir le sens de « sens » consiste essentiellement à privilégier un ou plusieurs des multiples phénomènes sémiotiques. En effet, on peut postuler que tout terme sémiotique, toute relation entre ces termes et tout produit d'une relation sont susceptibles d'être appelés « sens », ou d'être considérés comme des sens, par une théorie ou l'autre. Par exemple, on a pu appeler « sens » le terme signifié, ou la relation signifiant-signifié (la sémiosis), ou la relation signifié-signifié (la valeur saussurienne), ou encore la relation signifié-référent (la référence), etc. Tous les phénomènes négligés seront alors considérés comme « sens » non pertinents, voire non-sens [4]...

Traditionnellement, les sémantiques sélectionnent le contenu dénotatif comme seul sens pertinent [5]. Il constitue, en définitive, le produit rémanent de la relation entre le signifié et son référent.

Certains phénomènes sémiotiques interpellent fortement les sémantiques du nom propre. Chacune doit décider, entre autres, si la motivation, l'homonymie, l'autonymie et la connotation (ce dernier phénomène englobant souvent les précédents) constituent des sens pertinents ou, à défaut, affectent le sens pertinent.

Les sémantiques classiques soutiennent, en général, l'asémanticité du nom propre ; conséquemment, aucun des phénomènes précités, selon elles, ne formerait un sens pertinent ou n'affecterait le sens pertinent, le sens dénotatif.

À l'opposé, pour la sémantique interprétative sens et signification résident dans l'interaction des signifiés et non dans la relation des signifiés à leur référent. Elle invalide l'opposition contenus dénotatifs/connotatifs et lui préfère celle de sèmes inhérents/afférents, où les termes sont départagés par le critère des systèmes producteurs : la langue (ou dialecte) pour l'inhérence, le sociolecte ou l'idiolecte pour l'afférence. La sémantique à laquelle j'adhère considère que la motivation et l'homonymie (même la paronymie) peuvent affecter la portion afférente du sens contextuel, comme nous le verrons plus loin. Mais qu'en est-il de l'autonymie ? Pour Josette Rey-Debove [6], l'autonymie du nom propre est simplement métalinguistique. Au contraire, Georges Kleiber [7] considère que le nom propre possède un contenu dénotatif en langue, le prédicat de dénomination : « Goethe » désigne « un *x* qui s'appelle Goethe ». Selon moi, ce prédicat ne constitue pas le contenu inhérent de tout nom propre, mais un contenu afférent présent seulement dans certains énoncés où ressort la propriété dénominative du nom : « Goethe s'appelait-il vraiment *Goethe* ? », par exemple.

4. Voir Louis Hébert, *Nom propre et sémantique interprétative ; sens et signification du nom propre dans le texte littéraire*, thèse de doctorat, Université Laval, 1995.
5. Rappelons qu'il faut distinguer l'acception logique des termes « dénotation » et « connotation » de leur acception linguistique. En logique, la dénotation équivaut à la référence et/ou au référent, et la connotation correspond à la dénotation linguistique. J'emploie l'expression « contenu dénotatif » pour indiquer la visée linguistique.
6. Josette Rey-Debove, *Lexique : Sémiotique*, Paris, Presses universitaires de France, 1979.
7. Georges Kleiber, *Problèmes de référence, descriptions définies et noms propres*, Paris, Klincksieck, 1981.

Deuxième carrefour : unités sémantiques

Langue et parole

Je viens d'introduire, par ce dernier exemple, la distinction langue/parole (ou langue/contexte)[8]. À ces deux statuts d'existence correspondent deux sortes d'unités (signes, signifiants ou signifiés), respectivement l'unité type et l'unité occurrence (ou *token*)[9]. Généralement, faute d'une théorie des actualisations/virtualisations, on considère que l'unité occurrence hérite intégralement du contenu de l'unité type. À ce sens en langue, hérité en contexte, peut se surajouter, selon une sémantique donnée, un sens proprement contextuel. Ce sens ajouté sera considéré ou non comme différent en nature — et pas seulement en matière de modalité d'existence — du sens en langue.

Comparons certaines théories sémantiques du nom propre à l'aide de ces quelques distinctions.

Les sémantiques classiques ne s'intéressent vraiment qu'au sens en langue et soutiennent que tous les noms propres en sont dépourvus. Le nom propre ne relèverait donc d'aucune unité type sémantique (ou encore son unité type serait vide de sens[10]).

Marie-Noëlle Gary-Prieur, quant à elle, oppose le contenu dénotatif du nom en langue, son prédicat de dénomination, susceptible d'être le seul activé en contexte, à d'autres contenus uniquement contextuels. Certains de ces contenus sont exclusifs au nom propre et elle est amenée à distinguer « sens » et « contenu »[11]. Elle entend par « sens » « une propriété qui caractérise le nom propre en tant qu'unité de la langue », et qui est représentée par le *prédicat de dénomination* de Kleiber[12] ; quant au contenu, il s'agit « des propriétés qui caractérisent le nom propre en tant qu'il est lié à son référent initial ». Le nom commun ne posséderait que du sens[13]. Au prédicat de

8. Une théorie doit décider si le contexte peut intervenir en langue et non seulement en parole. Ainsi, nombre de groupes de morphèmes, les mots («ami-e ») et les lexies («ami-e », « porte à porte »), pourraient posséder une existence systématique. Il s'agirait donc d'une tendance : la langue tend à l'isolement, et la parole à la contextualisation. De la même façon, les notions de type et d'occurrence sont relatives, et s'inscrivent dans un processus de récursivité : le type « porte » est en occurrence dans la lexie type « porte à porte ».
9. En vertu de l'élasticité du type à travers ses occurrences, plusieurs emplois très différents entre eux, notamment par rapport à l'emploi prototypique, relèveront malgré tout de la même unité type.
10. Cette thèse exclusionniste, soutenue notamment par Saussure, peut être, dans sa version radicale, étendue du sémantique à la langue entière : le nom propre ne relèverait d'aucune unité type de quelque ordre que ce soit (par exemple, morphologique).
11. Marie-Noëlle Gary-Prieur, *Grammaire du nom propre*, Paris, Presses universitaires de France, 1994, p. 39-40.
12. Georges Kleiber, *op. cit.*
13. Les exemples suivants illustrent, respectivement, le sens et le contenu : 1) « C'est elle qui a épousé ce *Nevile Strange* dont je t'ai parlé » et 2) « Les globules blancs sont son *Albertine* » (*Ibid.*, p. 52-57). Analyse : « S'il suffit, pour comprendre 1), de savoir que *Nevile Strange* désigne un *x* qui s'appelle Nevile Strange, on ne comprend rien à 2) si l'on ne connaît pas le personnage de Proust. »

dénomination peuvent s'ajouter, en contexte, des connotations (au sens linguistique)[14]. En résumé, la spécificité du nom propre réside dans une sorte particulière de contenu en langue, le prédicat de dénomination, et dans des formes particulières de contenus contextuels.

À l'encontre de Georges Kleiber et de Marie-Noëlle Gary-Prieur, je crois que les noms propres ne sont dotés d'aucune sorte de contenu exclusif en langue ou en contexte. Cependant, une des trois structures sémantiques qu'ils peuvent manifester en langue leur semble propre : les noms spécialisés semblent être les seuls morphèmes ne possédant en inhérence que des sèmes macrogénériques. En langue, des éléments appartenant à d'autres classes morphologiques peuvent être vides de sens comme les noms néologiques (par exemple, un lexème verbe néologique) ou être dotés des quatre types de sèmes comme les noms à notoriété (beaucoup de noms communs).

En distinguant unité type et unité occurrence, une sémantique aura le loisir d'affirmer que le nom propre type n'a pas de sens (variante : en a peu), mais que son occurrence en contracte (variante : beaucoup) en contexte.

C'est à une version faible de cette thèse que je souscris, puisqu'elle ne vaut que pour une sous-classe des éléments constituant une sous-classe de noms propres, soit les lexèmes de noms néologiques. Selon la sémantique interprétative, l'unité occurrence hérite par défaut (c'est-à-dire sauf instruction contextuelle de virtualisation) des sèmes inhérents de son type, définis en langue ; tandis que les traits afférents interviennent uniquement en contexte. Les lexèmes néologiques comme « Jxpty », dans un roman de science-fiction, ne possèdent aucun sème inhérent ; cependant, comme tous les morphèmes, ils contracteront des sèmes afférents en contexte[15].

Une sémantique pourra aussi dresser une typologie des grandes sortes d'occurrences possibles pour une même unité type, c'est-à-dire prévoir différents emplois. La plupart du temps, on oppose un emploi habituel (général, prototypique) à des emplois spécifiques. Par exemple, Bernard Meyer et Jean-David Balayn[16] opposent l'emploi premier du nom propre à neuf emplois spécifiques. Dans ma recherche, je ne prétends qu'à une typologie des structures sémantiques en langue. Sans présumer de la présence ou non d'emplois exclusifs pour le nom propre, il faut admettre que beaucoup de ses emplois possibles se retrouvent également dans d'autres classes morphologiques : selon la sémantique interprétative, l'emploi métaphorique, par exemple, s'explique de la même façon pour un verbe, un adjectif, un nom propre ou un nom commun.

---

14. «Les connotations relèvent du signe tandis que le contenu relève du référent.» (*Ibid.*, p. 57)
15. On peut distinguer des néologismes *de facto*, hapaxiques, et des éléments assimilables à un néologisme et qui comptent plusieurs occurrences mais ne sont pas pour autant intégrés à la langue.
16. Bernard Meyer et Jean-David Balayn, «Autour de l'antonomase du nom propre», *Poétique*, n° 46, avril 1981, p. 183-199.

Marc Wilmet, citant Conrad, note qu'il existe une *motivation* si je désigne un CHAT par « chat » : si le nom propre est privé de signifié — c'est la thèse la plus courante — la relation signifié-référent est plus qu'arbitraire, aléatoire dira-t-il [17]. Cependant, comme il le remarque, sans en tirer toutes les conclusions, il y a des « concessions au déterminisme » : « les prénoms et les noms de pays véhiçulent pour la plupart une indication de genre (Jacques et Jacqueline, Marcel et Marcelle, LA France ou LA Chine et LE Japon ou LE Pérou... ; mais Anne, Claude, Dominique ou Andrea sont épicènes, et Cambodge ou Mexique masculins en dépit de leur terminaison 'féminine') [18] ».

J'emprunterai temporairement, pour les fins de la discussion, un point du vue référentiel, bien que je souscrive plutôt à une sémantique différentielle, et non référentielle. « Pierre », comme tous les noms propres spécialisés, ne contient en langue que des sèmes macrogénériques, comme /humain/, /sexe masculin/. Autrement dit, appliquer « Pierre » pour désigner PIERRE ou, plus généralement, un HOMME n'est pas moins motivé qu'appliquer « chat » pour désigner un CHAT. Si dans un texte donné « Pierre » désigne un CHAT, il suffit simplement de virtualiser les traits inhérents incompatibles (/humain/, par exemple) et d'actualiser les sèmes afférents requis (/animal/, par exemple). Pas plus que la possibilité d'appeler mon ARTICLE par l'occurrence « fourchette » n'invalide l'existence, dans l'unité type 'fourchette', des sèmes inhérents /ustensile/, /pour piquer/, etc. ; la possibilité d'appeler « Pierre » un ticket de métro ne saurait servir de prétexte à invalider la présence des sèmes /humain/ et /sexe masculin/ dans le type. De la même façon, il est plus économique et logique de considérer que les noms épicènes, tout en contenant le sème /humain/ ne contiennent pas les traits déterminant le genre. Évidemment, il faut distinguer, bien qu'ils entretiennent des rapports moléculaires, les sèmes touchant le sexe, lexématiques, des sèmes touchant le genre, grammémiques.

Pour évaluer la sémanticité d'un morphème en langue, en définitive, nous devons poser les questions suivantes : existe-t-il une unité type sémantique susceptible de recouvrir telle occurrence ; si oui, et dans l'éventualité d'une homonymie, de quelle unité type en particulier relève-t-elle ? La deuxième question importe. En effet, la coexistence d'unités types homonymiques, au palier morphémique ou lexical, se présente dans toutes les classes morphologiques. Par exemple, l'occurrence « faux » manifestera soit le type « faux-instrument agricole », soit le type « faux-opposé de vrai ». De même, je considère que le nom « Napoléon » manifestera soit une unité type nom spécialisé, lorsqu'il désigne un quidam, soit une unité type nom à notoriété, lorsqu'il désigne l'Empereur des Français [19].

---

17. Marc Wilmet «Arbitraire du signe et nom propre », Jean-Louis Bénézech *et al.* (dir.), *Hommage à Bernard Pottier*, II, Paris, Klincksieck, 1988, p. 839.
18. *Ibid.*, p. 839.
19. Une superposition de ces deux sens est possible dans le cas d'une occurrence polysémique, poly-isotopique dans la terminologie de François Rastier.

Toujours sur la base de l'opposition langue/parole, il est possible de distinguer des classes morphologiques en langue et en contexte [20]. Les relations entre ces deux types de classe prendront les formes suivantes : les classes systématiques et contextuelles 1) correspondent ; 2) s'opposent ; enfin, les néologismes, par définition sans unité type, 3) ne possèdent qu'une classe contextuelle. Une unité occurrence peut donc ne pas appartenir à la même classe morphologique que l'unité type dont elle relève. Par exemple, dans « Le doux est toujours préférable au rugueux », l'occurrence « rugueux », nom commun, manifeste une unité type adjectif. De même, « Sémillante », désignant une chienne dans « Une vendetta » de Maupassant, possède toutes les caractéristiques définissant classiquement le nom propre : majuscule, référent unique et anthropomorphe, inutilité du déterminant et impossibilité de la marque du pluriel. Pourtant son unité type est un adjectif, doté sans contredit d'un sens en langue. Dans ces translations synchroniques, je dirai que le contenu de l'unité type est transféré par défaut à l'unité occurrence, les sèmes incompatibles étant simplement virtualisés en contexte. Il faut distinguer ces translations synchroniques des translations diachroniques, où le nom propre figure comme terme source ou terme but : « blanc » devenant « Blanc » ou « Don Juan » devenant « des don juans ». J'y reviendrai.

En considérant les deux classes morphologiques, en langue et en contexte, la réponse à la question initiale pourra être modulée selon qu'elle concerne, par exemple seulement les noms propres en langue *et* en contexte ou seulement les noms propres uniquement contextuels, qu'ils soient néologiques ou translatés synchroniquement.

Mot, lexie, morphème

J'ai opposé unités types et occurrence à l'aide du critère langue/parole. Complétons cette typologie en faisant intervenir les différents paliers analytiques. Pour les sémantiques classiques, l'unité d'analyse principale, voire minimale, est le mot. Je crois que, pour comprendre le mot, il faut descendre jusqu'au véritable signe minimal, le morphème. Ce passage au palier morphémique n'est pas sans conséquences. L'atomisation du mot en morphèmes implique l'atomisation du signifié du mot (ou sémie) en signifiés de morphèmes (ou sémèmes) ; de là à atomiser le signifié morphémique en sèmes... De plus, cette remise en cause de l'unicité du mot incite, corrélativement, à relativiser le caractère complexe de certains groupes de mots. À côté de la lexie simple, le mot (« porte », « Jean »), on trouve des lexies composées (« porte-monnaie », « Jean-Pierre ») ou complexes (« porte à porte », « Napoléon Bonaparte »). La véritable unité morphologique n'est ni le

20. Les combinaisons se démultiplient si l'on distingue contexte en langue et en parole. Ainsi, en langue « peur » est nom, « prendre peur » verbe ; en contexte un énoncé comme « le prendre peur est toujours néfaste », translate la lexie complexe en nom propre, etc.

morphème ni le mot, mais la lexie[21]. Cependant, pour comprendre les unités de ce palier, il faut le dépasser et descendre jusqu'au morphème. En conséquence, et bien qu'à proprement parler les classes morphologiques n'interviennent qu'au palier de la lexie, la réponse à la question initiale peut être modulée selon qu'elle vaut pour le nom propre, une lexie, ou pour les morphèmes (grammèmes et lexèmes) qui le constituent.

L'analyse en morphèmes, toujours délicate, l'est encore plus pour les noms propres. Cette analyse se fera selon deux axes : linéaire pour les morphèmes « normaux », et tabulaire dans les syncrétismes, où des morphèmes à signifiant zéro se superposent à un morphème normal. Je toucherai ici quelques aspects seulement de cette redoutable entreprise.

Commençons par le premier axe en étudiant les prénoms masculins et féminins appariés, tel « Louis/Louise » (ou « Pierre/Pierrette »). La confrontation de « Louis » et « Louise » tend à dégager la forme « -e ». S'agit-il d'un morphème, d'un signe ? Le morphème grammatical lié « -e » est largement attesté, puisque la règle générale de la formation du féminin se fonde sur lui. Quel est le contenu en langue de ce morphème ? D'une part, il possède assurément un « contenu » grammatical, le trait /genre féminin/. D'autre part, la paire « ami/amie » s'oppose « dénotativement » et en langue uniquement par les traits relatifs au sexe : comment ne pas remarquer une corrélation entre la présence du morphème « -e » et la présence du trait /sexe féminin/ ? Parmi les diverses explications possibles de cette corrélation, je retiens celle-ci : ce trait est inhérent et localisé dans le morphème « -e »[22]. En conséquence, il devient difficile de soutenir l'asémanticité en langue du mot « Louise ». Apparemment, on pourrait toujours clamer celle de « Louis » et de « Louis- ». Ce serait compter sans les morphèmes à signifiant zéro, dépourvus de signifiant manifeste autonome.

Selon moi, le trait /sexe masculin/ produit par un morphème zéro dans « ami » et « Louis » est aussi fonctionnel que le trait /sexe féminin/ produit par un morphème lié dans « amie » et « Louise ». Des paires comme « patineur/patineuse » dégagent des morphèmes « -eur » et « -euse » qui montrent bien l'existence positive, et non pas seulement négative, d'un trait comme /masculin/[23]. En d'autres mots, dans certains cas, un même trait proviendra soit d'un morphème lié soit d'un morphème à syncrétisme ; c'est le cas des traits du genre et du sexe dans les prénoms : à cet égard, on opposera le

21. Voir Bernard Pottier, *Linguistique générale : théorie et description*, Paris, Klincksieck, 1974. Cependant, les grammèmes liés indiquent souvent la classe : «-eur » annonce un nom ou un adjectif.

22. Autre explication : le trait /sexe féminin/, afférent, localisé dans « ami- », résulte de l'interaction contextuelle des morphèmes ; plus précisément, il serait actualisé par le sème /genre féminin/ de «-e ».

23. Le concept de morphèmes à syncrétisme s'impose, notamment, pour surmonter la faiblesse descriptive de l'opposition privative entre un élément marqué (par exemple, le genre ou le sexe féminins) et un élément non marqué (par exemple, le masculin).

couple « Louis/Louis-e », dégageant un seul morphème lié, au couple « Lé-a/ Lé-o », où le sexe est déterminé grâce à deux morphèmes liés.

Si l'on tient compte des morphèmes en syncrétisme, le mot est toujours formé d'une concaténation de morphèmes [24]. Il est généralement constitué de plusieurs grammèmes et d'un ou de plusieurs lexèmes. Par exemple, l'adjectif « noir » comporte des grammèmes à signifiant zéro, touchant le genre (/masculin/) et le nombre (/singulier/), et un lexème, formé des traits /couleur/, /foncé/, etc. De même, le nom propre néologique « Jxpty » ne saurait être dépourvu de grammèmes ; mais il reste à déterminer si les sèmes des grammèmes d'un néologisme sont inhérents ou afférents. Quoi qu'il en soit, pour faire abstraction du contenu des grammèmes liés ou à signifiant zéro (et de leur impact sémique, en terme d'afférence, sur le lexème), on prendra pour unité d'analyse le lexème. Le lexème « Jxpty », lui, contrairement au mot « Jxpty », ne contient assurément aucun sème inhérent.

Je n'aborderai qu'un seul autre problème d'analyse morphémique, celui des translations diachroniques produisant un nom propre (« blanc » → « Blanc »), en particulier lorsque deux mots-source produisent un seul mot-but (« du » et « pont » → « Dupont »). Le découpage en signifiant morphémique et le dégagement des sèmes sont fonction l'un de l'autre. Soit ces thèses : 1) le lexème « Dupont », nom spécialisé, ne contient plus aucun des traits du lexème « pont » dont il origine diachroniquement, mais plutôt des traits comme /humain/, et 2) ce lexème existe en langue [25] ; en conséquence, le lexème « Dupont » possède un contenu en langue, et les morphèmes « du » et « pont » ne sont plus fonctionnels dans ce mot. En contexte, il arrivera parfois qu'un morphème diachronique virtualisé soit réactivé et qu'il superpose par là son sens à celui du morphème synchronique : par exemple dans « Étrange coïncidence, Dupont a sauté du pont ! » ou dans « Ce monsieur Loyal porte un air bien déloyal ». Cette forme de motivation — qui n'est en définitive qu'une des formes possibles de l'homonymie et de la paronymie — est donc susceptible, selon la sémantique interprétative, d'affecter le contenu afférent.

Les théories classiques soutenant l'asémanticité du nom propre doivent envisager le baptême (au sens large en tant que processus de dénomination) comme un procès de désémantisation, synchronique si l'unité type n'est pas nom propre (« Sémillante »), et diachronique si l'unité type est nom propre et qu'elle tire son origine d'une autre unité type (« du pont » → « Dupont »), que celle-ci soit ou non toujours active dans la synchronie d'arrivée. Je dirai,

---

24. L'interaction des morphèmes, en langue ou dans un texte, ne constitue pas une simple addition de leur contenu : elle actualise des sèmes afférents ou virtualise des traits inhérents.

25. Les lexèmes noms spécialisés, tel « Dupont », ne contiennent que des traits macrogénériques. La seule possibilité d'une identité de sèmes inhérents entre les signes source et but réside donc dans ce type de sèmes. Par exemple, on peut se demander si un trait macrogénérique comme /concret/ est présent dans « Dupont » comme il l'est dans « pont ».

quant à moi, que les traits en langue sont virtualisés — et non annihilés — lorsque incompatibles dans une translation synchronique. Dans une translation diachronique, les traits compatibles sont transférés d'une unité type à l'autre, tandis que les sèmes incompatibles sont annihilés dans la nouvelle unité type.

Troisième carrefour : classe morphologique et classe sémantique

Enfin, abordons quelques aspects du dernier problème, la classification et la sous-classification du nom propre. La classification touche les délimitations de la classe morphologique des noms propres par rapport aux autres classes et notamment celles limitrophes (par exemple, les noms communs ou les déictiques). La sous-classification touche la partition interne de la classe (par exemple en anthroponymes, toponymes, etc. ; patronymes, prénoms, etc.).

Il ne saurait y avoir *a priori* conformité exacte entre l'articulation en classes (et en sous-classes) morphologiques et l'articulation en classes (et en sous-classes) sémantiques [26], puisque les critères d'articulation répondent à des fonctionnalités différentes [27]. En conséquence, une classe morphologique peut correspondre à plusieurs classes sémantiques ; de même une classe sémantique peut correspondre à plusieurs classes morphologiques. Dans l'étude des relations entre le morphologique et le sémantique, deux directions se présentent : du sémantique vers le morphologique, et du morphologique vers le sémantique.

Illustrons la première orientation : du sémantique vers le morphologique. Pour la sémantique interprétative, deux éléments appartenant à deux classes morphologiques peuvent malgré tout relever d'une même classe sémantique : par exemple, un pronom et une conjonction se trouvent dans une même classe de structure sémantique, celle des grammèmes (ou morphèmes grammaticaux), opposés aux lexèmes par plusieurs propriétés : appartenance à un ensemble fini, indifférence aux *domaines* (médecine, astronomie, politique, etc.), par exemple.

La question initiale relève de la deuxième direction : du morphologique vers le sémantique. Pour une sous-classe morphologique prototypique, le lexème nom propre anthroponyme, j'ai dégagé trois types de structures sémantiques en langue. Or deux de ces structures — celles du nom néolo-

---

26. En sémantique interprétative, l'expression « classe sémantique » désigne les diverses sortes de paradigmes contenant les sémèmes. Je l'emploie ici dans un sens plus général.
27. Ce principe est valable même si la partition en classes morphologiques repose en partie sur des critères sémantiques. Comme le résume Anne Abeillé (*Sémantique pour l'analyse*, Paris, Masson, 1994, p. 146), il s'agit du principe de *non-compositionnalité sémantique* : « Les unités sémantiques ne correspondent pas forcément aux unités morphologiques ou syntaxiques. C'est le problème des morphèmes " vides " d'une part, des unités polylexicales, d'autre part. »

gique et celle du nom à notoriété — se retrouvent dans d'autres classes morphologiques et dans d'autres sous-classes de noms propres: par exemple, dans un lexème nom commun ou toponyme peut être néologique et, donc, ne relever d'aucune unité type. Par contre, comme je l'ai déjà dit, les lexèmes anthroponymes spécialisés semblent posséder une structure exclusive relativement à toutes les classes et sous-classes morphologiques: ils ne possèdent que des sèmes macrogénériques. En somme, la réponse à la question des questions pourra varier selon qu'elle est censée valoir pour l'ensemble de la classe ou seulement pour une ou plusieurs des sous-classes morphologiques. D'autre part, la délimitation choisie pour la classe ou pour les sous-classes (par exemple, l'inclusion ou l'exclusion des toponymes ou des titres) influera sur la réponse, puisque ce sont ces délimitations qui sélectionnent le corpus dont doit rendre compte la réponse. Enfin, il est loisible, comme je l'ai fait, de proposer plusieurs réponses pour une même classe ou sous-classe morphologique.

« L'arbre de la sémantique interprétative » Décomposition et classement du signe et de ses éléments

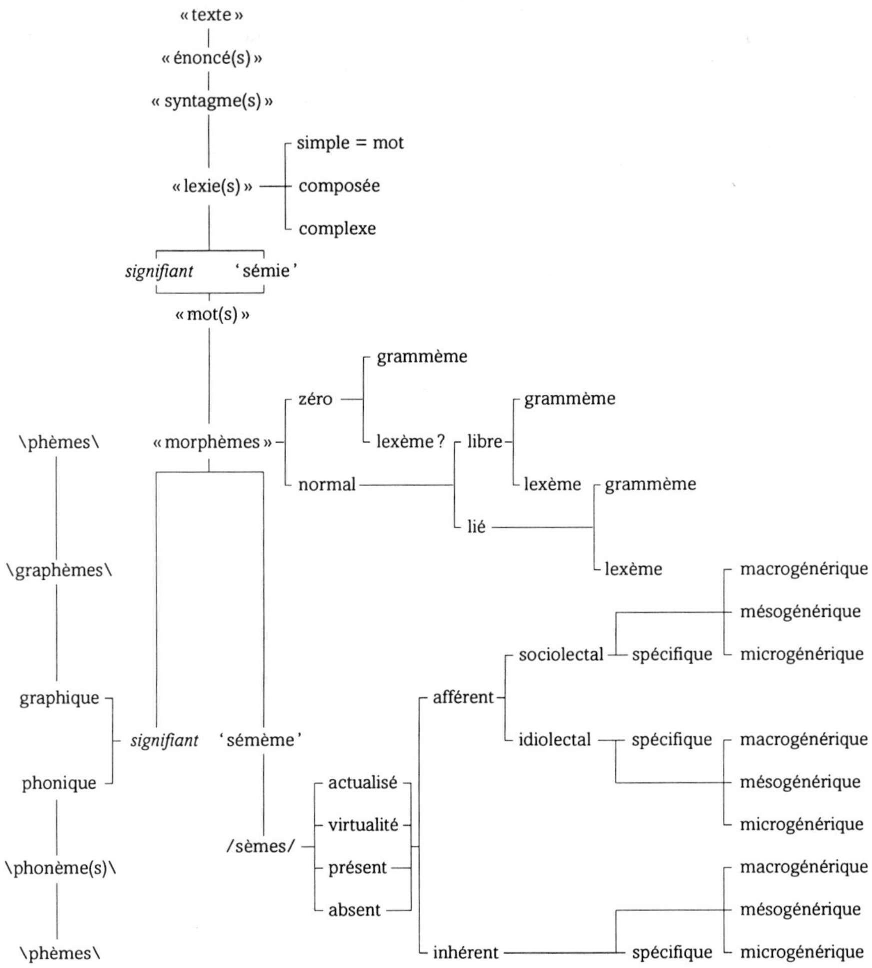

Note : sur l'axe horizontal se trouvent les opérations de classement, et sur l'axe vertical celles de décomposition. Il faut distinguer classer et décomposer. Par exemple, je peux classer une phrase comme étant interrogative, ou exclamative, ou affirmative, etc. ; je peux également la décomposer en mots ; ces mots peuvent à leur tour être classés comme étant un verbe, ou un nom, etc. ; et ainsi de suite jusqu'aux plus petites unités.

Contenu inhérent des sémèmes du taxème des //couverts//

classe sémantique produisant les sèmes	type de sème inhérent	sémème ‘couteau’	sémème ‘fourchette’	sémème ‘cuillère’
dimension	1. macrogénérique	/concret/ /inanimé/	/concret/ /inanimé/	/concret/ /inanimé/
domaine	2. mésogénérique	/alimentation/	/alimentation/	/alimentation/
taxème	3. microgénérique	/couvert/	/couvert/	/couvert/
taxème	4. spécifique	/pour couper/	/pour piquer/ /pour prendre/	/pour contenir/ /pour prendre/

Contenu inhérent des sémèmes de lexèmes anthroponymes

classe sémantique produisant les sèmes	type de sème inhérent	sémème ‘Jxpty’	sémème ‘Guy’	sémème ‘Achille’
dimension	1. macrogénérique	nil	/humain/ /sexe masculin/	/humain/ /sexe masculin/
domaine	2. mésogénérique	nil	nil	/mythologie/
taxème	3. microgénérique	nil	nil	/héros grec/
taxème	4. spécifique	nil	nil	/le plus brave/ /le plus puissant/

Nom et discours

Sobriquets et pseudonymes

Marc Wilmet
Université de Bruxelles

Depuis la dissertation doctorale de Georges Kleiber[1], le nom propre a suscité — c'est peu dire — un nouvel engouement parmi les francistes. Quantité d'articles. Les deux livres simultanés de Marie-Noëlle Gary-Prieur[2] et de Kerstin Jonasson[3]. Des recueils, des colloques... Bref, un « état de la question » — toujours utile, certes, même souhaitable — s'annonce *a priori* fastidieux. Essayons au moins d'être clair, et concis, mais autant que possible sans tomber dans l'ellipse.

Deux points me semblent nécessiter un rappel préalable[4] :

Premier point

Ma définition du nom propre comporte trois étapes :

1. Le nom propre est hors énoncé un *signe* nanti d'un *signifiant* normal et d'un *signifié* disponible ou, si l'on préfère une formulation moins saussurienne, un nom dépourvu de signification. *Arthur* par exemple, étymologie à part, constitue un « asémantème » (Guillaume)[5].
2. Le passage à l'énoncé — l'*actualisation* en d'autres termes (Bally) — associe le nom propre à un référent et lui élabore un noyau sémantique primaire : *Arthur* = « le *x* nommé Arthur ».
3. En énoncé, le nom propre, désormais limité à tel ou tel *objet du monde*, se gonfle de sens secondaires, gravitant comme des électrons

1. Georges Kleiber, *Problèmes de référence : descriptions définies et noms propres*, Paris, Klincksieck, 1981.
2. Marie-Noëlle Gary-Prieur, *Grammaire du nom propre*, Paris, Presses universitaires de France, 1994.
3. Kerstin Jonasson, *Le nom propre. Constructions et interprétations*, Louvain-la-Neuve, Duculot, 1994.
4. Pour d'éventuels compléments, voir Marc Wilmet, *La détermination nominale. Quantification et caractérisation*, Paris, Presses universitaires de France, 1986 ; « La détermination des noms propres », *Déterminants : syntaxe et sémantique*, Paris, Klincksieck, 1986, p. 317-330 ; « Arbitraire du signe et nom propre », *Hommage à Bernard Pottier*, Paris, Klincksieck, 1988, tome II, p. 833-842 ; « Nom propre et ambiguïté », *Langue française*, n° 92, 1991, p. 113-124 ; « Écouter du Mozart : variations sur un thème », *Vox Romanica*, n° 52, 1993, p. 194-207 ; « Pour en finir avec le nom propre ? », *L'Information grammaticale*, n° 65, 1995, p. 3-11 ; « Monologues et dialogues sur le temps et les noms propres », *Travaux de linguistique*, n° 30, 1995, p. 83-92.
5. Le sens d'« individu de sexe mâle » résulte statistiquement de la troisième étape.

autour de l'atome significatif : par exemple *Arthur* = « le fils du voisin, passionné de mécanique, blond, amoureux de Julie, etc. » [6].

L'avantage de cette triade est de ne s'inscrire en faux contre aucune des théories courantes (dont on imagine mal qu'elles ne contiendraient pas la moindre parcelle de vérité), mais d'en réunir les atouts et d'en évacuer les inconvénients. La thèse des « noms propres vides de sens », lancée par Stuart Mill et revitaminée à date récente par Kripke [7], correspond à l'étape numéro 1. L'étape 2 rejoint la thèse moyenne des « noms propres à sens nucléaire [8] » et, d'un extrême l'autre, l'étape 3 retrouve la thèse des « noms propres riches de sens » proposée jadis par Bertrand Russel, suivi de Frege, de Wittgenstein, aujourd'hui de John R. Searle [9], de Peter F. Strawson [10]...

Second point

Les noms propres « articulés » ou « déterminés » (étiquette déjà meilleure, car la totalité des déterminants *stricto* et *lato sensu* peuvent accompagner un nom propre [11]) restent des noms propres ordinaires, inchangés dans leur essence.

L'avis divergent des spécialistes qui parlent de « noms propres modifiés » reflète en la matière une absence totale de perspective historique.

Je m'explique. Le nom propre nu perpétue la détermination zéro du latin, et de l'ancien français encore, battue en brèche à partir du moyen français.

Prenons la phrase *Arthur a gagné au loto.* Il s'agit 1) de quantifier les éléments d'un ensemble, 2) de quantifier l'ensemble, 3) de situer l'élément dans l'ensemble en précisant s'il en épuise ou non les ressources. Traduisons de façon plus technique : 1) *extensité* = 1, 2) *extension* = 1 de l'ensemble singleton, 3) *extensivité* 1/1 = 1 [12].

---

6. Je spécialise *signification* (virtuelle) et *sens* (actuel) à l'encontre de plusieurs linguistes, notamment François Rastier : « [...] tout énoncé comprend des sèmes inhérents et des sèmes afférents, ou, pour simplifier, un sens et une signification [...] » (*Sémantique interprétative*, Paris, Presses universitaires de France, 1987, p. 147).
7. Saul Kripke, « Naming and Necessity », Donald Davidson et Gilbert Harman (dir.), *Semantics of Natural Language*, Dordrecht, Reidel, 1972, p. 253-355 [réédition en volume, Oxford, Blackwell, 1980]. Repris dans la trad. fr., *La logique des noms propres*, Paris, Minuit, 1982.
8. Voir John Algeo, *On Defining the Proper Name*, Gainesville, University of Florida Press, 1973 et Georges Kleiber, *Problèmes de référence : descriptions définies et noms propres, op. cit.*
9. John R. Searle, « Proper Names », *Philosophy and Ordinary Language*, Urbana, University of Illinois Press, 1963, p. 154-161.
10. Peter F. Strawson, *Études de logique et de linguistique*, Paris, Seuil, 1977.
11. Malgré ce qu'avancent Hervé Curat et Frank R. Hamlin, « Désignation, référence et la distinction entre noms propres et noms communs », dans *Zeitschrift für Romanische Philologie*, n° 109, 1993, p. 1-15.
12. L'*extensité* déclare la quantité d'êtres ou d'objets auxquels un nom est appliqué. L'*extension* exprime l'ensemble des êtres ou des objets auxquels un nom est contextuellement applicable.

Aussi longtemps que les choses demeurent en l'état — 1 sur toute la ligne —, un déterminant *stricto sensu* s'avère inutile (son rôle est justement de marquer des fluctuations d'*extensité* et d'*extensivité*[13]. Par contre, dès que l'*extensité* grimpe au-dessus de 1 (*Deux Arthur ont gagné le même jour au loto*) ou descend en dessous de 1 (*Nul Arthur à ma connaissance n'a gagné au loto*), un déterminant — *deux, nul...* — surgit. *Idem* pour peu que l'*extension* se démultiplie (*Un Arthur réjoui est venu retirer son gros lot*: il existe au minimum deux Arthur potentiels, un joyeux et un morose) ou que l'*extensivité* bascule (*Marie a épousé un Arthur*: non plus 1/1 mais 1 < *n*, à interpréter par ailleurs « un membre de l'illustre lignage *n* » ou « un quidam du bataillon *n* des Arthur anonymes »).

Profitons-en pour exclure tout de suite du débat les adjectifs prédicatifs : « ...Néron naissant/A toutes les vertus d'Auguste vieillissant » (Racine, *Britannicus*, I, 1) ≠ « une phase chronologique de Néron », = « Néron (qui est) à l'aube de son règne »[14].

Nous voilà à pied d'œuvre : cette étude comporte un volet linguistique et un volet plus littéraire, respectivement consacrés aux sobriquets et aux pseudonymes.

1. Sobriquets

Nous nous intéressons aux appellations du type *Louis le Grand* ou *Céline l'antisémite.*

Elles posent une série de questions : 1) le statut grammatical de « le » à la charnière des noms *Louis/Céline* et des adjectifs *grand/antisémite*, 2) la nuance sémantique séparant *Louis le Grand, Céline l'antisémite* de *le grand Louis*, le *Céline antisémite*, 3) le rôle de la majuscule à grand de Louis le Grand face à la minuscule à antisémite de Céline l'antisémite.

Reprenons-les dans l'ordre.

1.1. Statut grammatical

« Le » déterminant les noms *Louis* et *Céline*? Il faudrait postuler un ordre syntagmatique déviant, les langues romanes, réserve faite du roumain, antéposant leurs articles.

« Le » nominalisant les adjectifs *grand* et *antisémite*, de la même façon que *le bleu* ou *le rouge* désignent la couleur bleue, la couleur rouge ? On n'attendrait

---

L'*extensivité* — vocable emprunté aux mathématiciens — décrit le rapport de l'extensité à l'extension.

13. Voir Marc Wilmet, « La détermination des noms propres », *Déterminants : syntaxe et sémantique*, Paris, Klincksieck, 1986, p. 317-330 et *passim*.

14. Corriger sur ce point Marc Wilmet, *ibid.*, p. 317-330.

pas les féminins parallèles *Isabelle la Catholique, Mary la Sanglante, Marie la Misérable...*

À mon avis (ce choix demanderait évidemment une longue justification), « le » est un pronom ou, mieux, une partie de pronom, résultant de l'effacement d'un nom propre et conservant à titre d'indice le genre du nom propre effacé : *le grand Louis* ⇒ *le Grand, le Céline antisémite* ⇒ *l'Antisémite, la misérable Marie* ⇒ *la Misérable*, etc. Ce mécanisme procure à lui seul des kyrielles de sobriquets : *le Balafré, le Gros* (surnom de Brassens dans le cercle de ses amis), *la Goulue, l'Affreuse* et, du profane au sacré, *le Christ* (en grec *khristos*, « oint »), *la Vierge...*

Quelle fonction jouent maintenant les pronoms *le Grand, l'Antisémite, la Misérable...* auprès des noms respectifs *Louis, Céline, Marie...* ? Une « apposition » survivrait à la pronominalisation de *Louis, Céline, Marie...* (comparer *Le corbeau, honteux et confus, jura...* ⇒ *Honteux et confus, il [le corbeau] jura...*), tandis qu'une « épithète » se volatilise avec le syntagme nominal tout entier.

Puisque *Louis le Grand a donné son accord* ⇒ *Il a donné son accord*, va pour la fonction déterminative.

Reste à justifier l'absence de l'article normalement issu de la variation d'extension (relire le point 2 ci-dessus) : **le Louis le Grand, *le Céline l'antisémite, *la Marie la Misérable...* L'hypothèse d'une haplologie s'avérerait définitivement *ad hoc*. Je préfère postuler le transfert en adjectifs des pronoms *le Grand, l'Antisémite, la Misérable...*, sur le modèle des noms translatés *Jeanne la Pucelle, Louis le Hutin, Sinbad le Marin* ou *Dupont la Joie*, quitte à imputer l'absence d'article introducteur au traitement de la séquence totale en nom propre unifié, comme *Pierre Dupont* (prénom + patronyme), *Michel de Montaigne* (prénom + patronyme nobiliaire), *Nestor premier* ou *Jean XXIV* (prénoms + indication du rang monarchique ou pontifical), les familiers ou argotiques *Mado P'tits-pieds* (chez Queneau), *Max le Flambeur, Pépé le Moko, Denis-la-Menace* (noter les traits d'union) et autres *Jules-de-chez-Smith-en-face* (prénom + caractérisant prépositionnel complexe), *Jean qui pleure et Jean qui rit* (prénoms + caractérisants sous-phrastiques à jonctif pronominal) ou *Rachel quand du Seigneur* sous la plume de Proust (prénom + caractérisant sous-phrastique à jonctif conjonctionnel).

1.2. Statut sémantique

D'abord un exemple authentique :

C'est chez Rey que font assaut Legal *le profond*, Philidor *le subtil, le solide* Mayot [15]...

Le solide Mayot = « le Mayot intrinsèquement solide » neutralise l'épithète à l'instar de *la perfide Albion* = « perfide de nature » ou *le bouillant Achille* = « en

15. Diderot, *Le neveu de Rameau, Œuvres romanesques*, Paris, Classiques Garnier, p. 395.

perpétuelle ébullition ». Sur ce plan-là, équivalence avec *Legal le profond, Philidor le subtil.*

Comparons à présent *le Céline antisémite,* puis *le grand Louis.*

L'adjectif « antisémite », normalement postposé au nom, découpe un sous-ensemble strict de l'ensemble « Céline » et invite à comprendre « une facette de Céline » (la part d'ombre de l'écrivain) ou à dissocier les porteurs du même nom (on connaît la mise en garde des journaux : « Monsieur XY, professeur à l'Université de Z, nous fait savoir qu'il n'a rien en commun avec le XY arrêté pour fraude fiscale »). Pour l'adjectif « grand », normalement antéposé au nom, il autorise les trois décryptages : 1° « Louis-le-Géant » (neutralisation de l'épithète), 2° « le versant grandiose de Louis », 3° « Louis le Grand et pas Louis le Hutin ».

Au total, *Louis le Grand* sélectionne l'interprétation numéro 1 et *Céline l'antisémite* la permet autant que *l'antisémite Céline.* L'un et l'autre figent de surcroît la caractérisation en un nom propre complexe : *le Céline antisémite* ou *le grand Louis* ne signifient pas que « le *x* qui s'appelle *Céline* ou *Louis* est antisémite ou grand ». *Céline l'antisémite* ou *Louis le Grand* poussent jusqu'à « le *x* qui s'appelle *Céline l'antisémite* », « le *x* qui s'appelle *Louis le Grand* », tel le *Gaston Lagaffe* de Franquin (agglutination) ou ce *Napoléon le Petit* que Victor Hugo assimilait irrévérencieusement à *Augustule.*

1.3. Statut graphique

Orné d'une majuscule, l'adjectif revendique au bénéfice du nom propre forgé un destin public (c'est le *cognomen ex virtute* des Romains : *Scipio Africanus,* « Scipion l'Africain »), surtout dans le sillage d'un prénom dynastique : *Louis le Germanique, Charles le Téméraire, Jeanne la Folle...* La minuscule en regard le privatise derrière un prénom courant (*Pierrot le fou...*) ou lui fournit une rallonge accidentelle derrière un patronyme *(Céline l'antisémite...).* On retrouve une des fonctions de la majuscule, marque de considération vraie ou feinte, peut-être notation spécifique aux savants (rapprocher *le Moyen Âge, les Vertébrés* ou *la Lune* dans l'usage des historiens, des zoologistes et des astronomes) [16].

Il ne sera pas inutile d'observer ici que les adjectifs « gros », « petit », « pauvre »... (*Gros Louis, Petit Pierre, Pauvre Blaise*) — fournissant en quelque sorte un nouveau « petit nom » au prénom — prennent la majuscule, contrairement à *saint/sainte* de *saint Louis, saint Nicolas, sainte Geneviève...,* qui en font l'oblation aux toponymes et aux fêtes liturgiques : *(à la) Saint-Nicolas,* etc.

---

16. Faisant amende honorable, j'appliquerai dorénavant une analyse identique à *Bernier le bâtonnier, Émilie la bonne* ou *Rameau le neveu.*

2. Pseudonymes

Le nom propre est-il plus ou moins arbitraire que le nom commun ? Tout dépend du type de nom propre et de l'acception que l'on donne à « arbitraire ».

Les sobriquets poussent au maximum la motivation des noms propres du fait qu'ils épinglent un trait de caractère ou un trait physique des personnes.

Prenons le cas des prénoms. Ils sont moins *contingents* parce qu'en général sexués (sauf les épicènes *Claude, Dominique,* anciennement *Anne*...). Également moins *contraignants,* dans la mesure où la convention qui les attache à un être donné n'intéresse qu'un nombre restreint de familiers et s'annonce plus facilement révocable. Surtout, ils recherchent la *congruence* : légale (je ne crois pas que les officiers d'état civil acceptent jamais, à l'exemple de Françoise Sagan dans *Château en Suède,* de baptiser une petite fille *Zizanie* ou un petit garçon *Houblon*), ethnique, sociale, culturelle, esthétique, magique (l'horoscope des prénoms...), etc.

Mais que dire des noms propres laissés à la discrétion du créateur? Deux filons s'ouvrent aux chercheurs : 1) l'anthroponymie littéraire et 2) la pseudonymie.

2.1. L'anthroponymie littéraire

Comment un écrivain choisit-il les noms de ses héros ? Il semble que la tentation la plus fréquente le pousse à jouer sur les deux tableaux du nom propre et du nom commun.

Quelques illustrations sont suffisamment éclairantes : le *M. Loyal* du *Tartuffe* de Molière (avec le commentaire de la servante : « Ce monsieur Loyal porte un air bien déloyal »), le *M. Teste* de Valéry, un *Larose* chez Marcel Achard (qui complète lui-même sa présentation : « Je sais ce que vous allez me dire : ça ne se sent pas »), etc. : le naïf *Candide* (Voltaire), la chaste *Virginie* (Bernardin de Saint-Pierre), la moins inaccessible *Satin* (Zola), *Grandet* (Balzac), *Maigret* (Simenon), *Plume* (Michaux), *Cloche* (Queneau) et *Colombe* (Anouilh)...

Ressource annexe, qui engage sur un terrain ô combien mouvant : la phonostylistique (soupesez l'honnêteté franche de *Jean Valjean* vis-à-vis de la sécheresse de *Javert*). Et les multiples panachages : le héros de bande dessinée *Jean Valhardi* cumule la loyauté du même Jean Valjean avec la fougue que promet l'adjectif *hardi*... Je n'insiste pas [17].

17. On se référera à Johanne Bénard, Martine Léonard et Élisabeth Nardout-Lafarge, *Les noms du roman,* Publications du Département d'études françaises de l'Université de Montréal, coll. « Paragraphes », 1994.

2.2. La pseudonymie

Deux pôles à cette recherche pour peu qu'on veuille la conduire de façon méthodique.

En amont, pourquoi un écrivain, un acteur, etc. décide-t-il d'abandonner son patronyme? En aval, la décision prise, comment se choisit-il un nom de remplacement?

J'ai commencé à interroger sur le premier thème mes confrères de l'Académie (belge) de langue et de littérature françaises. Voici un échantillon de leurs réponses.

Albert Ayguesparse:

> C'est en ouvrant l'écrin d'une bague que j'ai découvert mon nom d'écrivain. Ce nom était celui d'un joaillier de Bruxelles. D'emblée, j'ai été séduit par sa graphie et par son sens apparent: «eaux éparses». Je dis «apparent», car son véritable sens, que j'ai découvert par la suite est «Aygues et perse». Le mot *Aygues* est le nom d'une rivière française. Le qualificatif *perse* [...] aura peut-être été mal orthographié par un fonctionnaire de l'état civil qui aura écrit *a* au lieu de *e* [...]. L'orthographe de mon nom [...] a plu à Armand Lanoux qui m'a demandé l'autorisation de l'employer dans son roman, *Le rendez-vous de Bruges.*

Thomas Owen (pseudonyme de Gérald Bertot):

> Au début de la guerre, lorsque Stanislas-André Steeman me proposa d'écrire des romans policiers pour sa collection «le jury», il me suggéra de prendre un pseudonyme anglo-saxon (pour des raisons commerciales, faveur des romans anglais dont on était privé et anglomanie ambiante). J'ai choisi le nom que j'avais donné à un enquêteur dans un récit antérieur [...] signé Stéphane Rey, nom choisi en 1934 quand je suis entré dans la vie professionnelle. Né de la rencontre d'une affiche «Porto Rey Manuel», personnage à grand chapeau noir et à large cape. J'ai d'abord songé à Emmanuel Rey, puis changé Emmanuel en Stéphane (*stephanos*) pour l'utiliser dans mon activité de critique d'art.

Et *a contrario* Jacques-Gérard Linze:

> Pour ce qui est d'un pseudonyme, je ne m'en suis attribué un que pendant peu de temps. En fait, de même qu'enfant j'avais horreur de ces déguisements et travestis qui amusent tant d'autres petits, j'ai toujours répugné à «travestir» mon nom. Il y a eu, toutefois, une période, entre 1945 et 1953, où j'ai choisi et parfois utilisé un pseudonyme: d'abord parce que je composais de la musique de très bas niveau (chansonnettes, airs de danse pour beuglants ou bals champêtres) et ne souhaitais pas voir mon nom associé à cette camelote, et ensuite parce que, avocat entre 1949 et 1952, je préférais marquer quelque peu mes distances d'avec le monde artiste que je fréquentais à l'occasion. Ce pseudonyme était *Jacques Davroy*, une manière pour le Liégeois chauvin que j'étais et suis resté de marquer mon appartenance, Avroy étant un lieu dit qui apparaît dans le nom d'un pont [...], d'une rue [...], d'un boulevard, d'un square et, à deux kilomètres de là, d'un bois.

Ou Liliane Wouters :

> Si je choisissais un pseudonyme, ce serait pour monter quelque canular, par exemple publier la traduction des poèmes de WOU (ters) LI (liane), lettré chinois du IVe siècle, ou les écrits mystiques de sœur Simplissima.

On pense bien que la multiplication des facteurs (l'impact publicitaire, l'autovalorisation, la symbolique des sens et des sons...) aboutirait à une typologie des plus riches. Je livre simplement, pour terminer, en vrac, deux ou trois motifs de réflexion.

- Maria Kalogeropoulos devenue *Maria Callas*. Conservation du prénom *Maria* et anagramme de *La Scala* (le nom du célèbre théâtre milanais) gardant la syllabe initiale du patronyme originel.
- Romain Gary-Émile Ajar, Jacques Laurent-Cécile Saint Laurent : dédoublement de personnalité correspondant à des activités spécifiques. Georges Brassens, lui, signe les articles-brûlots qu'il confie au *Libertaire* du pseudonyme *Géo Cédille* : allusion à sa fonction de prote « regratteur de virgules » mais aussi reprise des initiales G. C. de son double prénom Georges-Charles...
- *Silvius, Scaliger, Melanchton, Comenius...* : latinisation ou grécisation des noms Dubois, della Scala, Schwartzerd, Komensky..., parfois obtenue à l'économie : *Calvin* dévocalisant Cauvin (aujourd'hui, signe des temps, quoique dans un autre registre il est vrai, la tendance irait plutôt à l'anglais qu'au latin et au grec : *Johnny Halliday* rebaptise Jean-Philippe Smet...)...
- *Yves Montand, Jules Romains...* : francisation de Yvo Livi, septentrionalisation (ou, vu autrement, désoccitanisation) de Jules Farigoule...
- L'écrivain français de Belgique Frédéric Van Ermenghem se mue en *Frans Hellens*, n'appréciant pas trop, selon toute vraisemblance, un patronyme ostensiblement flamand, tenant à préserver malgré tout un exotisme vaguement nordique.
- On connaît des exemples récents d'islamisation : le pseudonyme pugilistique *Cassius Clay* abandonné en faveur de *Mohammed Ali...*, ou d'africanisation : Joseph Mobutu réauthentifié en *Mobutu Sese Seko...* Les cas de déjudaïsation ne manquent pas non plus. Nécessité vitale ou prudence ? Jetons sur eux le manteau de Noé.
- *Lautréamont, Anatole France, Saint-John Perse...* : revalorisation — géographique, historique, sentimentale et/ou acoustique — d'Isidore Ducasse, d'Anatole Thibault et d'Alexis Léger (en plus du souci d'éluder l'écho sémantique fâcheux du dernier)...
- *Molière, Voltaire...* : abandon des patronymes bourgeois de Jean-Baptiste Poquelin, François-Marie Arouet...

- *Jean d'Alembert, Gérard de Nerval...* : anoblissement de Jean Le Rond et de Gérard Labrunie (Balzac annexe purement et simplement la particule : *Honoré de Balzac*).

Bref, « dis-moi comment tu veux t'appeler et je te dirai qui tu es ».

Qu'on n'aille surtout pas croire que le procédé serait l'apanage des écrivains, des artistes, des bateleurs de toutes sortes. Le grand-père de Valéry Giscard d'Estaing avait racheté pour sa descendance le nom d'une vieille famille auvergnate éteinte. Quand le petit-fils, ministre des Finances sous de Gaulle, lança un emprunt que le peuple s'empressa de baptiser « l'emprunt Giscard », la rencontre inspira au Général un de ses mots les plus cruels : « Giscard ? Oui, c'était déjà un nom d'emprunt ! »

Les noms propres au figuré

Marie-Noëlle Gary-Prieur
Université de Lille III

Ce travail se propose de décrire certains énoncés dans lesquels le nom propre n'a pas — ou pas seulement — sa fonction fondamentale de désignateur, mais sert à attribuer à un individu certaines propriétés d'un autre. Ces énoncés, extrêmement fréquents dans tous les types de discours (textes littéraires, presse, conversations), sont illustrés par l'échantillon d'exemples suivant :

1. Édouard, c'est *Protée*. (Gide, *Les faux-monnayeurs*)
2. [Ramiz Alia] qui aurait voulu être *un Gorbatchev* mais qui ne le sera jamais. (*Libération*)
3. La presse anglaise parle volontiers de lui [Kenneth Branagh] comme d'*un nouveau Laurence Olivier.* (*Libération*)
4. Bientôt, tous les regards se tournent vers *ce Rambo grandeur nature* [il s'agit d'un CRS]. (*L'Événement du jeudi*)
5. Un homme labyrinthique ne cherche jamais la vérité, mais uniquement *son Ariane.* (Nietzsche, cité par Barthes dans *La chambre claire*)

Dans tous ces énoncés, les syntagmes nominaux (SN) soulignés ont, en plus de leur éventuelle valeur référentielle, une valeur prédicative que ne suffit pas à prédire le *sens*[1] du nom propre : ils ne disent pas, en effet, que tel individu porte tel nom (généralement, d'ailleurs, ce n'est pas le cas), mais qu'il évoque tel autre individu auquel on le compare. On reconnaît là le principe d'une interprétation métaphorique, et c'est pourquoi je parlerai par la suite de « noms propres métaphoriques », même si ce raccourci n'est pas tout à fait juste : ce n'est pas le nom propre par lui-même qui a un sens figuré ; la métaphore est construite par l'ensemble de l'énoncé.

C'est là une première délimitation par rapport à la formulation très générale de mon titre : je ne parlerai pas de tous les types d'emplois figurés d'un nom propre. Je laisserai par exemple de côté les métonymies du type *Il y a*

1. J'appelle *sens* du Np le prédicat de dénomination *être appelé/Np* (Georges Kleiber, *Problèmes de référence : descriptions définies et noms propres,* Paris, Klincksieck, 1981). Dans mon livre (*Grammaire du nom propre*, Paris, Presses universitaires de France, 1994), j'ai décrit le fonctionnement sémantique des noms propres en combinant ce sens à deux autres facteurs : la relation entre Np et son référent initial (NpRxi) et le *contenu*, constitué par un ensemble de propriétés de xi.

du Wagner au programme de ce concert, qui posent des problèmes d'une autre sorte.

Je me limiterai d'autre part à certaines constructions des noms propres (Np) métaphoriques. Les exemples ci-dessus montrent que ces constructions sont très variées, tant au niveau de ce que Kerstin Jonasson appelle « macrostructure » (la fonction dans la phrase du SN comportant le nom propre) que de ce qu'elle appelle la « microstructure » (la forme du SN où se trouve le nom propre [2]). Comme on ne peut pas expliquer l'effet de toutes les variations en même temps, j'ai choisi de limiter les types d'énoncés étudiés de deux façons :

— pour ce qui est de la macrostructure, j'ai travaillé sur des phrases à verbe *être*, comme 1 ou 3, ce qui me paraît légitime s'agissant de la métaphore, puisque tout le monde s'accorde, je crois, à reconnaître que la phrase à verbe *être* est la structure logique fondamentale d'une interprétation métaphorique.

— Pour ce qui est de la microstructure, je n'envisagerai ici que les SN où le Np apparaît sans déterminant (voir 1) et ceux où il est précédé d'un article indéfini avec ou sans détermination complémentaire (voir 2, 3). Ce choix est motivé par des raisons d'ordre linguistique qui apparaîtront plus loin.

Les grammairiens ou les linguistes qui ont évoqué ou traité les faits que je viens de présenter considèrent tous, à ma connaissance, que le nom propre qui figure dans ce type d'énoncés est plus ou moins devenu un nom commun. C'est la position de Damourette et Pichon, de Jespersen et, pour prendre des exemples contemporains, de Marc Wilmet et de Kerstin Jonasson [3]. Cette position repose la plupart du temps sur le fait qu'on donne comme exemples types de noms propres métaphoriques des énoncés comme 2 ou 3, où le nom propre est déterminé par l'article indéfini. Cela est parfaitement explicite dans les travaux de Kerstin Jonasson où l'on trouve la définition suivante [4] :

> Le Npr métaphorique se distingue syntaxiquement du Npr référentiel [...] par le fait qu'il est en général précédé d'un déterminant et souvent accompagné de divers types de compléments.

Dans une note de la page suivante [5], Kerstin Jonasson élimine délibérément les énoncés de la forme *C'est Machiavel en personne* [6] : « Il s'agit d'un

2. Kerstin Jonasson, *Le nom propre. Constructions et interprétations*, Duculot, Louvain-la-Neuve, 1994.
3. Otto Jespersen donne l'exemple *C'est un Thorvaldsen en miniature* pour illustrer « l'usage qui se fait d'un nom propre comme nom commun » (*La philosophie de la grammaire*, Paris, Minuit, 1971, p. 78).
Pour Kerstin Jonasson, le Np métaphorique, comme tout « Np modifié », perd son caractère unique et singulier et les énoncés métaphoriques sont traités, dans un chapitre qui s'intitule « Entre nom propre et nom commun » (*op. cit.*, p. 171).
4. Kerstin Konasson, *op. cit.*, p. 64.
5. *Ibid.*, p. 65 note 5.
6. L'exemple est pris dans Robert Martin, *Langage et croyance*, Bruxelles, Mardaga, 1987.

autre type de construction, dont Robert Martin dit que c'est une “identification objectivement fausse”. Il ne sera pas étudié ici.»

Or la plupart des linguistes font l'hypothèse que l'article indéfini a comme propriété essentielle d'extraire un élément d'une classe dont l'existence est présupposée[7]. À cause de *un*, on est donc amené à considérer que le nom propre de *un Np* cesse de désigner un individu pour désigner, comme l'écrit Kerstin Jonasson, «un type ou une catégorie[8]». Il ne reste qu'un pas à franchir pour dire qu'il n'y a aucune différence, dans ces conditions, entre nom propre et nom commun, et donc que le Np métaphorique est devenu un Nc.

Je voudrais argumenter en faveur d'une conclusion radicalement opposée. J'essaierai de montrer, en effet, que les Np métaphoriques restent bien de véritables noms propres, c'est-à-dire des désignateurs reliés par nature à un objet singulier, du moins tant qu'ils figurent dans ce que Paul Ricœur appelle une «métaphore vive[9]». J'adopterai de la métaphore une conception proche de la sienne; je considère qu'il s'agit d'une figure de discours, d'un «événement sémantique[10]» créateur de sens nouveau.

Il arrive certes qu'un nom propre métaphorique se communise et entre comme nom commun dans le lexique (cf. *mégère, don juan, crésus*); mais alors, à mon sens, il n'y a plus de métaphore car, comme le dit encore Ricœur, «il n'y a pas de métaphore dans le dictionnaire, il n'en existe que dans le discours[11]».

L'hypothèse que je vais développer est qu'une métaphore construite à partir d'un nom propre n'est pas un mécanisme de (re)classification, ainsi que le suggère le fait de traiter le Np métaphorique comme un Nc, mais un mécanisme d'*identification*. Pour le montrer, je partirai d'une réflexion sur le sens des énoncés que Robert Martin appelle «identifications objectivement fausses». J'essaierai ensuite de montrer que les constructions où le nom propre est déterminé par *un* et accompagné d'une expansion peuvent s'expliquer par une identification du même type. Quant aux constructions de la forme *un Np*, que j'examinerai en dernier lieu, elles ouvrent la possibilité d'une communisation du nom propre tout en maintenant celle d'une métaphore de même type que les précédentes.

---

7. J'ai moi-même utilisé cette hypothèse (*Grammaire du nom propre, op. cit.*). Depuis, je me suis ralliée au point de vue défendu par Danièle Van de Velde («Le défini et l'indéfini», *Le Français moderne*, vol. LXII, n° 1, 1994, p. 11-35), qui développe une critique de la thèse de l'extraction et montre qu'il n'est pas nécessaire de présupposer l'existence d'une classe pour décrire les propriétés de l'article indéfini.
8. Kerstin Jonasson, «Les noms propres métaphoriques: construction et interprétation», *Langue française*, n° 92, 1991, p. 64.
9. C'est le titre de Paul Ricœur, *La métaphore vive*, Paris, Seuil, 1972.
10. *Ibid.*, p. 127.
11. *Ibid.*, p. 125.

1. Np_1, c'est Np_2 : l'identification métaphorique

1.1. La métaphore comme acte d'identification

Formellement, rien ne permet d'opposer les uns aux autres les énoncés suivants, parmi lesquels je considérerai que seul 8 a une interprétation métaphorique :

6. Émile Ajar, c'est Romain Gary.
7. Émile Ajar, c'est Raymond Queneau.
8. Balladur, c'est Louis-Philippe. (*Nouvel Observateur*)
9. L'Inde, c'est Indira. (slogan adopté par Indira Ghandi lors d'une campagne électorale)

On ne peut se contenter de caractériser 8 comme une identification objectivement fausse, car il n'y a rien de commun entre la fausseté de 8 et celle de 7, qui est tout simplement une erreur. Et il faut pouvoir faire une différence entre 8 et 9, qui n'est ni une erreur ni une métaphore [12].

Pour comprendre le fonctionnement spécifique de la métaphore, il faut distinguer trois types d'identifications susceptibles de se présenter sous la forme *SN, c'est Np*. Ces trois types sont illustrés respectivement par 6-7, 8 et 9. Les énoncés du type 6 consistent à asserter une identité référentielle qui est présupposée, et qui peut être vérifiée empiriquement : l'énoncé 6 dit que c'est le même individu qui est désigné par les deux noms figurant à gauche et à droite du verbe *être*. Contrairement aux apparences syntaxiques, « identifier » est dans ce cas un prédicat à une seule place : il s'agit d'établir l'identité de l'individu, de le reconnaître comme étant bien lui-même sous deux noms différents.

Dans 8 et 9, par contre, « identifier » est véritablement un prédicat à deux places. Ces énoncés construisent une relation d'identité prédicative entre deux individus dont on présuppose qu'ils sont distincts. Il ne s'agit plus de *reconnaître* une identité, mais de la *poser*, de la faire exister.

C'est pourquoi seuls les énoncés du type 6 sont susceptibles d'être « vrais » ou « faux » : si actuellement on peut déclarer que 6 est vrai et 7 faux, c'est parce que l'identité d'Émile Ajar est établie. Les énoncés comme 8 et 9 ne peuvent être soumis à aucune vérification empirique, puisqu'ils fonctionnent sur une superposition intentionnelle de vrai et de faux. En effet, 8 et 9 ne peuvent être interprétés qu'en présupposant 1° que chaque Np a un référent distinct, 2° que le locuteur et l'interlocuteur le savent [13].

---

12. C'est le même type d'énoncé que le célèbre « Madame Bovary, c'est moi » de Flaubert.
13. Cette présupposition est facilitée, dans 8, par le décalage temporel qui sépare Balladur de Louis-Philippe, et en 9 par la différence de nature entre le référent d'un nom de pays et celui d'un nom de personne.

Balladur en Louis-Philippe d'après le tableau de Vigneron. Seul Pompidou avait commencé de substituer à la légitimité gaullienne l'empirisme des Orléans.

Le Nouvel Observateur, 26 janvier au 1er février 1995

Il faut donc, dans un premier temps, distinguer ce que j'appellerai les *identifications prédicatives* des *identifications référentielles*. Et pour caractériser la métaphore, il faut encore, à l'intérieur du premier type, la distinguer d'énoncés comme 9. Dans 9, les référents des deux noms propres sont des individus entre lesquels il existe une relation empirique : l'Inde est le pays d'Indira [14]. L'énoncé consiste alors à transformer cette relation empirique en une identification prédicative. Pour qu'il y ait métaphore, il faut qu'il n'y ait aucune relation empirique préalable entre les référents qui font l'objet de la prédication d'identification. C'est l'énoncé métaphorique qui construit une relation entre eux. Pour parler dans les termes des philosophes du langage, on pourrait dire que l'énoncé métaphorique effectue un *acte d'identification*.

En caractérisant ainsi la métaphore par rapport aux autres types d'identification, je rejoins, me semble-t-il, la position de Paul Ricœur. Ce dernier soutient en effet qu'une métaphore n'a pas à être justifiée, n'a pas à s'appuyer sur une ressemblance préalable, car c'est elle qui crée la ressemblance [15].

1.2. Propriétés communes ou superposition d'images ?

Kerstin Jonasson explique l'interprétation des Np métaphoriques par un « contenu descriptif » qui leur serait généralement conféré par le contexte. Voici l'un de ses exemples, et l'interprétation qu'elle en donne :

> (Prenez Folcoche. Elle n'aime pas ses enfants, car elle a épousé un homme qu'elle n'aime pas. J'observe autour de moi.) *Des Folcoches*, il y en a des dizaines. [...] Ainsi *une Folcoche* sera interprété comme dénotant une femme qui n'aime pas ses enfants parce qu'elle n'aime pas son mari, leur père [16].

Sans nier bien sûr l'existence de ces propriétés qui peuvent accompagner l'interprétation de la métaphore, je pense qu'elles n'expliquent pas ce qu'il y a de plus spécifique dans un acte d'identification métaphorique.

La métaphore — et c'est ce qui l'oppose notamment à la comparaison — tend à présenter, plus qu'une ressemblance fondée sur des propriétés communes, une image qui, le temps du discours, fait voir un individu sous les traits d'un autre [17]. C'est pour cela que l'exemple 8 a particulièrement retenu mon attention, et que je voudrais l'analyser en le replaçant dans son contexte, un article de journal auquel il sert de titre et où il est accompagné

---

14. Dans l'énoncé de Flaubert cité à la note 12, il y a une relation empirique entre l'auteur (*moi*) et son personnage (*Madame Bovary*). Dans 9, la relation empirique est doublée d'une relation phonique (l'un des signifiants inclut l'autre) qui a sans doute motivé le choix de cet énoncé comme slogan.
15. Paul Ricœur, *op. cit.*, p. 11.
16. Kerstin Jonasson, *Les noms propres métaphoriques : construction et interprétation*, *op. cit.*, p. 70.
17. Comme le dit encore Ricœur, c'est le « voir comme » qui définit la ressemblance, et non l'inverse (*op. cit.*, p. 270).

d'un photomontage dans laquelle les traits d'Edouard Balladur ont été substitués à ceux de Louis-Philippe dans un tableau de Vigneron. L'article développe une idée qui prend appui sur une métaphore initiale (la première phrase est : « Le gaullisme est une grande famille ») et qui consiste à montrer qu'on retrouve dans la rivalité entre Chirac et Balladur celle qui a toujours opposé, dans la monarchie héréditaire, le fils aîné au fils cadet (légitimisme contre orléanisme [18]). Suit une analyse de l'« ordre balladurien » dans laquelle sont soulignées un certain nombre de ressemblances avec le règne de Louis-Philippe [19]. Dans un tel contexte, l'énoncé métaphorique, surtout en position de titre, a pour fonction de fournir une sorte de raccourci frappant, d'autant plus qu'il se trouve appuyé par la photo. Il a, me semble-t-il, la même fonction qu'elle : attirer l'attention par son caractère provocateur. Laissant au contenu de l'article le soin de développer une justification rationnelle du rapprochement établi entre Balladur et Louis-Philippe, la métaphore se donne à prendre au pied de la lettre : l'énonciateur déclare qu'il voit Balladur comme Louis-Philippe, et c'est cette vision qu'il veut imposer au lecteur. Le photomontage qui suit est à mon avis la meilleure « paraphrase » possible de l'énoncé métaphorique : elle réalise sur le plan visuel la représentation mentale construite par le verbe *être* dans l'énoncé.

Je pense donc qu'une identification métaphorique sur le modèle de l'exemple que je viens d'analyser consiste à construire une représentation imaginaire qui superpose deux individus. Dire 8, c'est dire : « J'identifie, dans un espace imaginaire, deux individus dont je sais bien qu'ils sont distincts dans le monde réel. »

La métaphore joue donc sur un décalage entre deux *espaces*, pour reprendre un terme de Gilles Fauconnier, dont j'utiliserai à partir de maintenant le modèle, et qui postule que l'interprétation des énoncés est :

> [...] une construction mentale permanente, relativement abstraite, d'espaces, d'éléments, de rôles et de relations à l'intérieur de ces espaces, de correspondances entre eux et de stratégies pour les construire à partir d'indices tantôt grammaticaux et tantôt pragmatiques [20].

De sa théorie, je retiendrai essentiellement l'idée que, quand nous construisons la représentation sémantique d'un énoncé, les objets visés par les différents SN de l'énoncé ne se situent pas tous dans le même espace. Certains sont définis dans Eo, qui est l'espace constitué par le monde réel dans lequel se situe l'énonciateur au moment du discours ; d'autres sont définis

18. Voici un passage explicite : « Toutes proportions gardées, la querelle qui oppose au sein de la mouvance gaullienne chiraquiens légitimistes et balladuriens orléanistes est la reprise d'un très ancien classique de l'histoire de France. »

19. Par exemple : « Comme la monarchie de Juillet connut l'avènement de l'industrie et de la banque à la tête de la société, nous allons voir, si Édouard Balladur est élu, la France des beaux quartiers et des grands intérêts accéder directement aux commandes de la République. »

20. Gilles Fauconnier, *Espaces mentaux*, Paris, Minuit, 1984, p. 9.

dans des espaces différents de Eo et mis en place à partir d'indications données par l'énoncé.

Avec cette idée de la métaphore comme identification construite dans un espace imaginaire, je voudrais aborder maintenant d'autres types de constructions métaphoriques du nom propre et montrer que leur interprétation procède du même type de mécanisme.

2. Identification à une image discursive du référent initial

Dans les constructions examinées précédemment, l'identification opère directement entre les référents initiaux des deux noms propres. Dans celles où Np_2 est introduit par un et accompagné d'une expansion, il faut tenir compte du référent discursif construit par le SN dans lequel figure le nom propre, et l'interprétation passe par une étape supplémentaire : la construction d'une image discursive du référent de Np_2 [21]. Le cas le plus simple, sémantiquement, est celui où l'image discursive est une reproduction du référent initial : c'est pourquoi je commencerai par les constructions où l'expansion de Np_2 est constituée par l'adjectif autre.

2.1. Np_1 est un autre Np_2 : identification à une autre *reproduction imaginaire* du référent initial

Ce type d'énoncé est illustré par les exemples suivants :

10. Le Burundi est *un autre Rwanda.*

11. Bush ne veut pas être *un nouveau Chamberlain.*

12. Francis Huster est *un second Gérard Philippe.*

Les adjectifs *nouveau* et *second* se définissant tous les deux à partir de *autre* (comme on peut le vérifier en consultant par exemple *Le Petit Robert*), je raisonnerai sur *autre*, qui est sémantiquement le plus simple des adjectifs ci-dessus [22]. Comme l'a montré Marleen Van Peteghem [23], *autre* impose une référence anaphorique, c'est-à-dire qu'un SN de la forme *un autre N* présuppose l'existence d'une entité de type N par rapport à laquelle est repéré le référent de *un autre N.*

---

21. Dans mon livre (*Grammaire du nom propre, op. cit.*), j'ai utilisé l'idée d'*image discursive* (p. 154 et suiv.) pour représenter les constructions non métaphoriques dans lesquelles un SN contenant un Np permet de limiter la visée du référent initial du Np en fonction de la particularité du discours (*un Armand mutilé* vs *Armand*; *un Paris voilé de brume* vs *Paris*). Les constructions que j'aborde maintenant reposent sur le même mécanisme interprétatif.

22. Par « plus simple », j'entends que le sens de *autre* est inclus dans celui des deux autres adjectifs. Le sens de *nouveau* comporte en plus l'idée d'une temporalité, et celui de *second* l'idée d'un ordre.

23. Marleen Van Peteghem, « L'indéfini *autre* : analyse sémantico-référentielle ou en quoi *autre* est déictique », *Communication et cognition*, Gand, 1994, p. 87-114.

La combinaison de *autre* avec un nom commun peut se représenter de la façon suivante :

Donne-moi *un autre crayon*

pp : $\exists$ x, crayon (x)

p : $\exists$ y, y $\neq$ x, crayon (y)

Une telle interprétation n'est pas compatible avec un nom propre puisque, contrairement à un nom commun, il présuppose l'existence d'un objet *singulier.* Si on peut concevoir deux occurrences distinctes du type « crayon », on ne peut concevoir deux occurrences distinctes du Rwanda, de Chamberlain ou de Gérard Philippe. Du moins dans le monde réel.

C'est pourquoi je fais l'hypothèse que l'interprétation d'un énoncé comme 10 suppose la construction d'un *espace imaginaire* dans lequel *un autre* Np_2 définit un élément qui serait la reproduction exacte du référent initial du nom propre Np_2. C'est ce que représente le schéma I, inspiré du modèle de Fauconnier :

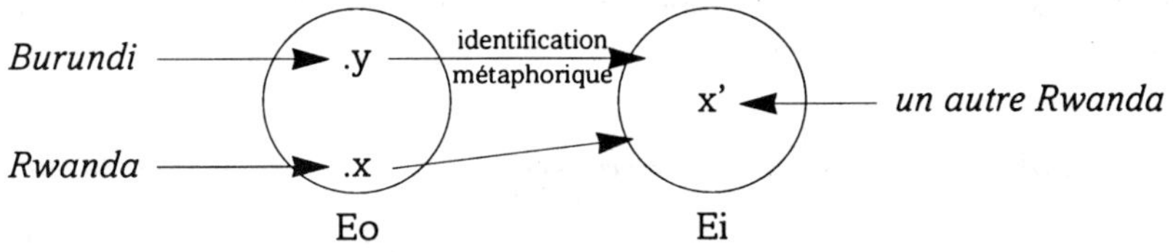

Schéma I

La construction d'une image de x dans un espace imaginaire Ei est motivée linguistiquement par la contradiction qui existerait dans Eo entre le sens anaphorique de *autre* et l'unicité référentielle présupposée par Np_2.

Pour ces constructions, je propose donc de la métaphore la définition suivante :

DÉF. I : La métaphore consiste à construire, dans un espace imaginaire, une reproduction du référent initial de Np_2 *et à identifier le référent initial de* Np_1 *avec cette reproduction.*

On remarque qu'avec l'adjectif *nouveau*, la construction d'une image du référent initial peut avoir lieu dans le monde réel : un processus de nomination très productif consiste en effet à donner à une ville ou à une région le nom d'une autre, dont elle se trouve ainsi vue comme la reproduction symbolique. C'est ainsi qu'on a le *Nouveau-Mexique*, la *Nouvelle-Amsterdam*, la *Nouvelle-Angleterre*, *La Nouvelle-Orléans*, etc.

2.2. Np_1 est un Np_2 Exp : identification à une *image contrefactuelle* du référent initial

J'examinerai maintenant le cas plus général des énoncés où le nom propre métaphorique est pourvu d'une expansion quelconque, le plus souvent postposée, comme dans les exemples suivants :

13. [Massenet]... c'est *un Wagner pour grande coquette.*

14. Kadaré pourrait être *un Havel albanais.*

15. Johnny Halliday est *un Montand qui n'aurait pas rencontré Simone Signoret.*

Si, dans les exemples cités en 2.1., la métaphore implique la construction d'une sorte de « clone » du référent initial de Np_2, c'est un « monstre » qu'il s'agit d'imaginer pour interpréter des énoncés comme 13 à 15. Ces énoncés conduisent en effet à construire, dans un espace imaginaire, un objet qui ait à la fois les propriétés du référent initial de Np_2 et celles qui sont attribuées par l'expansion. C'est ce que j'appellerai une « image contrefactuelle » du référent. Ce sémantisme est illustré, pour l'énoncé 15, par le schéma II :

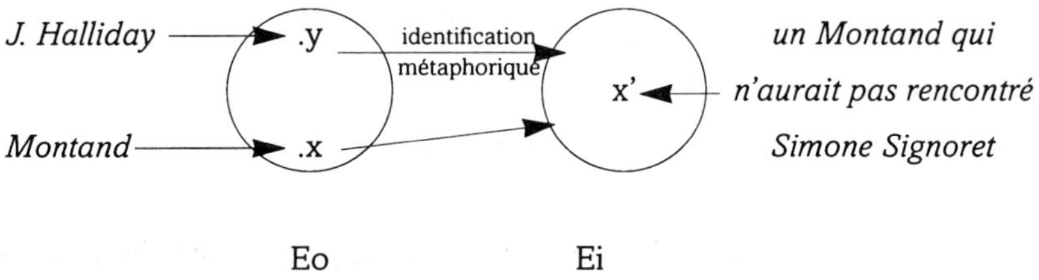

Schéma II

La construction d'un espace imaginaire est déclenchée dans ce cas par l'incompatibilité entre certains éléments du *contenu* de Np_2 (on sait que Montand a rencontré Signoret) et le *sens* de l'expansion qui accompagne Np_2 dans l'énoncé. On notera que le passage à un espace imaginaire est explicitement souligné, dans l'exemple que j'ai choisi, par la présence d'une forme de conditionnel[24].

24. On pourrait d'ailleurs postuler une forme de conditionnel dans tous les exemples de ce type. L'espace imaginaire construit par une métaphore n'est pas très loin des espaces contrefactuels liés aux constructions hypothétiques — ce qui serait trop long à montrer ici. La relation entre métaphore (ou au sens plus large, « poème ») et hypothèse a été soulignée par Ricœur : « Le poème n'est ni vrai ni faux mais hypothétique. Mais l'hypothèse poétique n'est pas l'hypothèse mathématique ; c'est la proposition d'un monde sur le mode imaginatif, fictif. » (*op. cit.*, p. 288)

Je propose donc de ces métaphores la définition suivante :

DÉF. II : La métaphore consiste à construire, dans un espace imaginaire, une image contrefactuelle du référent initial de Np_2, et à identifier le référent initial de Np_1 avec cette image.

Une telle analyse diffère sensiblement de celle que Kerstin Jonasson propose pour ce type de constructions. Pour elle, le nom propre *Montand* désigne, dans 15, un « type humain » et non un individu ; l'expansion (*qui n'aurait pas rencontré S. S.*) se rapporte sémantiquement à Np_1 (c'est Johnny, et pas Montand, qui n'a pas eu la chance d'épouser S. S.) ; et l'article *un* permet d'extraire un élément de la classe des individus du « type Montand ». L'énoncé 15 se paraphraserait donc à peu près ainsi : « Johnny Halliday appartient à la classe des représentants du type humain dont Montand est le prototype, et il se distingue du prototype par le fait qu'il n'a pas épousé Simone Signoret. » Ce qui oppose les deux analyses, c'est que la mienne fait l'économie d'un passage par la construction d'une classe, et explique la métaphore directement à partir des individus, ce qui me paraît plus conforme à la nature fondamentale d'un nom propre.

Cette divergence tient notamment à une conception différente du rôle de l'indéfini dans ces constructions. Me rangeant à l'avis de Danièle Van de Velde, je ne pense pas qu'il faille considérer que cet article présuppose *par lui-même* l'existence d'une classe [25]. Les constructions dont je m'occupe ici me semblent prédictibles à partir de propriétés plus fondamentales de *un*.

2.3. Article indéfini, image et nombre

Les interprétations proposées ci-dessus sont en accord avec l'une des propriétés bien connues de l'article indéfini : contrairement à l'article défini, il ne présuppose pas l'existence dans Eo de l'objet qu'il sert à désigner. C'est ce qui oppose, par exemple :

16. Pierre voudrait épouser *une Irlandaise*.

17. Pierre voudrait épouser *l'Irlandaise*.

On ne peut utiliser 17 que si le référent de *l'Irlandaise* a déjà été identifié dans Eo, tandis que 16 est parfaitement compatible avec un contexte où le référent de *une Irlandaise* n'existe que dans l'espace des rêves de Pierre, espace construit à partir du sens du verbe *voudrait*. De la même manière, *un second Np* et *un Np Exp* sont des formes compatibles avec la situation de leur référent dans un espace imaginaire.

Une seconde propriété fondamentale de l'article indéfini, c'est qu'il laisse ouverte la possibilité de viser d'autres objets du même type (sans pour

---

25. Voir « Le défini et l'indéfini », *oc. cit.*, p. 11-35. Dans *un Nc*, c'est l'appartenance du nom au lexique qui, si Nc est un nom comptable, entraîne la présupposition d'une classe référentielle.

autant impliquer, comme le veut la théorie de l'extraction, que ces objets soient constitués en classes) ; on comparera :

18. J'ai un stylo. Pierre aussi a un stylo.

19. *J'ai le stylo. Pierre aussi a le stylo.

L'énoncé 19 est bizarre, car on a du mal à l'interpréter en tenant compte de l'exigence d'unicité imposée par *le*. Par contre, 18 montre qu'une multiplicité d'objets du même type peuvent être posés par des SN *un N* successifs.

À partir du moment, donc, où on se donne le droit d'imaginer *un autre Rwanda*, rien n'interdit d'en imaginer plusieurs, et d'identifier des individus différents aux reproductions construites :

10. Le Burundi est *un autre Rwanda.*

10'. Le Zaïre est *un autre Rwanda.*

10''. (n'importe quel lieu où il se passe des choses qui évoquent les événements du Rwanda) est *un autre Rwanda.*

Il en est de même pour les constructions avec expansion, qui permettent de multiplier les images contrefactuelles d'un individu, et de diversifier à l'infini les possibilités d'identification avec toutes sortes d'individus, comme l'illustrent ces quelques énoncés inspirés par Rambo :

20. Cette fille est *un Rambo en jupon.*

21. L'agresseur, *un Rambo de banlieue,* s'est enfui dans une voiture volée.

22. Son frère, c'est *un Rambo qui aurait passé une licence de lettres.*

Pour comprendre les métaphores du type *Np_1 est un Np_2 Exp*, il n'est donc pas nécessaire de faire l'hypothèse que Np_2 présuppose une classe dont *un* extrairait un élément ; il suffit de dire que *un Np_2 Exp* construit à chaque fois un nouveau référent. Il reste à voir maintenant si l'hypothèse d'une métaphore par identification s'applique encore dans le cas où Np_2 n'a aucune autre détermination que l'article indéfini.

3. Np1 est un Np2 : métaphore ou antonomase ?

Dans les cas précédents, le recours à un espace imaginaire était justifié par la présence, dans l'énoncé, d'une contradiction qui jouait le rôle d'introducteur d'espace (contradiction entre *autre* et *Np* dans 2.1., entre sens de l'expansion et contenu de Np dans 2.2.). Les constructions que je vais examiner maintenant ne présentent aucun phénomène de ce genre. Aucune différence autre que le choix du nom attribut n'oppose les énoncés suivants :

23. Son mari est *un Rambo.*

24. Son mari est *un Don Quichotte* (ou don quichotte).

25. Son mari est *un mécène.*

26. Son mari est *un acteur.*

On passe, de 23 à 26, d'une métaphore, où *Rambo* est un nom propre, à un énoncé attributif ordinaire, où *acteur* est un nom commun. Les énoncés 24 et 25 présentent deux cas intermédiaires : *don quichotte,* dans l'état actuel de la langue, peut être un Nc ou un Np (d'où la possibilité de l'écrire avec une minuscule ou une majuscule) ; quant à *mécène,* s'il n'est actuellement perçu que comme un nom commun, il est historiquement dérivé d'un nom propre.

C'est donc à propos d'énoncés comme 23 qu'il est le plus tentant de considérer que le Np, devenu Nc, sert à ranger un individu dans une classe. L'énoncé 23 se paraphraserait ainsi : « Son mari est un représentant de la classe des individus qui ressemblent au référent initial de *Rambo* », sur le même modèle que 26 : « Son mari est un représentant de la classe des individus caractérisés par le sens du nom *acteur.* »

Il faut noter toutefois que, même si l'on formule les interprétations de cette façon, on ne peut éviter de faire apparaître une différence sur laquelle je voudrais justement insister : la « classe » construite par 23 l'est à partir de ce que j'ai appelé le *contenu* du Np, c'est-à-dire des propriétés du référent initial associé au Np ; il s'agit donc de *propriétés référentielles,* qui relèvent de connaissances non linguistiques partagées par les interlocuteurs. Tandis que dans 26, la classe à laquelle l'énoncé rattache le référent de *son mari* est construite par le *sens lexical* du nom *acteur.* Il en résulte que l'interprétation de 26 est relativement stable, tandis que celle de 23 varie d'un discours à l'autre, comme l'illustrent les contextes imaginés ci-dessous pour l'énoncé 23 :

27 = 23 : tout en muscles, rien dans la tête !

28 = 23 : le danger ne lui fait pas peur.

29 = 23 : regarde comme il escalade cette falaise !

Il y a donc une différence de statut entre les « classes » construites respectivement par *un acteur* et *un Rambo.* La première est présupposée, c'est-à-dire qu'elle existe antérieurement au discours, en vertu de l'association au nom *acteur* d'une définition lexicale. La seconde est posée, c'est-à-dire construite par le discours. On pourrait parler de « classe discursive », à condition de bien voir que le terme « classe » est alors assez différent de son usage habituel. Une classe discursive est une construction momentanée (qui vaut le temps du discours) et subjective (qui relève du libre choix du locuteur), qui consiste à imaginer, à partir de l'existence et des propriétés d'un individu donné (« Rambo »), un autre individu fait sur le même modèle (« un Rambo »). À partir du moment où le sujet parlant effectue cette opération, il constitue une sorte de classe virtuelle puisque, si l'on peut imaginer « un Rambo », on peut en imaginer plusieurs. La métaphore, d'ailleurs, fonctionne au pluriel, comme le montrent les énoncés suivants :

30. La scène française de notre époque manque *de Molières.*

31. Les pères ne sont pas *des Pénélope.*

32. *Des Borg,* il n'y en aura pas cette année à Roland Garros [26].

On peut, à mon avis, parler de métaphore par identification tant que l'on est en présence d'une classe discursive, dont la construction momentanée et subjective permet de maintenir l'idée d'une dissociation entre deux espaces : c'est bien toujours dans un espace imaginaire que se situe le référent de *un Rambo* dans 23.

On passe de la métaphore à l'antonomase quand, de momentanée et subjective, la classe devient permanente et objective, comme c'est le cas d'une classe associée à un nom commun. Ce passage, comme tout phénomène de lexicalisation, tient non seulement à des possibilités inscrites dans la langue — et qu'illustre le rapprochement des énoncés 23 à 26 —, mais à des conditions historiques qui sont pour l'instant mal connues. On pourrait suggérer l'explication suivante : certains individus prennent, à certains moments, une valeur de symbole dans une société ; l'attribution métaphorique de leur nom devenant à la fois fréquente et régulière (à cause du sens symbolique qui se trouve associé au nom), ce nom est finalement perçu comme le nom d'un type [27], et cela entraîne le passage du nom propre dans la catégorie Nc [28].

Je propose donc de réserver le terme *antonomase* à une figure lexicale qui se caractérise sur le plan morphologique par une dérivation impropre (passage de la catégorie Np à la catégorie Nc) et sur le plan sémantique par la fixation dans une définition lexicale du Nc de certaines propriétés du contenu du Np.

Comme chaque fois qu'on essaie d'établir une frontière, on peut évidemment trouver des exemples qu'on ne sait pas très bien de quel côté ranger. C'est le cas des noms illustrés en 24 par *don quichotte.* Ce nom figure dans les dictionnaires de langue, pourvu d'une définition :

> Homme généreux et chimérique qui se pose en redresseur de torts, en défenseur des opprimés. (Petit Robert)

Cela ne l'empêche pas de permettre la construction de métaphores vivantes, fondées sur des propriétés du référent initial du Np qui ne sont pas celles qu'a retenues la définition lexicale. En témoigne l'exemple suivant, entendu

26. Les exemples 30 à 32 sont empruntés à Kerstin Jonasson, « Les noms propres métaphoriques : construction et interprétation », *op. cit.*, p. 64-82).
27. Je rejoindrai donc, pour les antonomases, l'explication de Kerstin Jonasson, qui voit dans *un Np* une catégorie dont le référent de Np est le prototype.
28. Devant la fréquence, dans la presse actuelle, des métaphores construites sur le Np *Rambo*, on peut se demander si ce personnage n'est pas en train de prendre la valeur symbolique qui permettrait à son nom d'entrer dans le lexique.

récemment à un journal télévisé français où le présentateur recevait la femme de l'un des candidats à la présidence de la république (Mme de Villiers) :

33. — (Le présentateur) : Votre mari, c'est un don quichotte[29] (ou Don Quichotte) et un officier de Saint-Cyr.

— (Mme de Villiers) : Ah, c'est joli, ça... ça dépend comment vous voyez Don Quichotte... Pour moi, Don Quichotte, c'est un pur [...]

La réponse indique clairement que la destinataire a perçu l'énoncé du présentateur comme une métaphore (*comment vous voyez, pour moi*) et non comme une antonomase.

On peut donc considérer qu'un certain nombre de noms peuvent être analysés, selon les contextes, de deux façons différentes : si l'énoncé s'interprète régulièrement à partir de la définition lexicale, il s'agit d'un nom commun dérivé par antonomase d'un nom propre ; si l'énoncé fait intervenir des propriétés référentielles non lexicalisées, il s'agit d'un nom propre métaphorique.

•

Dans un énoncé figuré, comme dans un énoncé non figuré, le nom propre a donc un comportement spécifique, différent de celui d'un nom commun. S'il semble normal, pour un Nc, d'appréhender la métaphore à partir d'une opération de (re)catégorisation, il me semble tout aussi normal, quand il s'agit d'un Np, de le faire à partir d'une opération de (re)nomination. C'est pourquoi j'ai donné dans cette étude la priorité aux énoncés dont on ne peut douter qu'ils construisent une identification[30].

L'interprétation métaphorique prend ainsi appui sur le fonctionnement sémiotique fondamental du nom propre, qui est son association à un individu qu'il identifie. Que le nom propre est perçu comme indissociable de l'être même de celui qui le porte est attesté par les énoncés de la forme :

34. Tu vas me dire qui, ou *je ne m'appelle plus Julia.*
(A. Pérez-Reverte, *Le tableau du maître flamand*)

Or, que fait la métaphore ? Elle attribue à un individu, le temps du discours, un nom qui n'est pas le sien. La conscience de cette « renomination » se manifeste d'ailleurs dans de nombreux énoncés par la présence de guillemets autour du nom propre métaphorique :

29. L'exemple étant tiré de la langue orale, c'est évidemment moi qui mets les majuscules. Celles de la première occurrence sont incertaines ; dans le second énoncé, par contre, le contexte montre qu'il s'agit bien d'un nom propre.

30. On peut probablement étendre l'interprétation « identifiante » à d'autres constructions, où elle semble moins généralement admise. On trouvera dans Nelly Flaux (« L'antonomase du nom propre ou la mémoire du référent », *Langue française*, n° 92, 1991, p. 26-46.) une argumentation en faveur de l'interprétation des énoncés de type *Pierre est un professeur* comme des identités.

35. Le Vatican va-t-il devoir sévir contre un nouveau « Luther » ?
(*Libération* ; il s'agit d'un prêtre allemand, Eugen Drewermann)

Si attribuer un nom propre à un individu contribue à l'identifier (au sens de « donner une identité »), lui attribuer le nom d'un autre revient à l'identifier à cet autre. C'est pourquoi même dans son emploi métaphorique, un nom propre reste toujours étroitement relié à son référent initial dans ce qu'il a d'irréductiblement singulier.

Balzac : l'antonomase du nom propre

Martine Léonard
Université de Montréal

« Tu crois l'aimer, mais tu aimes un fantôme construit avec des phrases », c'est ainsi que Félix de Vandenesse [1], devenu un mari modèle après son éducation sentimentale auprès de Mme de Mortsauf, explique à sa femme que le Raoul Nathan qu'elle aime est un effet de discours (comme diraient les linguistes) ; mais il ajoute, du même souffle, et pour l'excuser, qu'à sa place « toutes les femmes eussent été séduites ».

À travers cette scène mélodramatique de pardon généreux, c'est toute l'ambiguïté du personnage balzacien qui se joue : « fantôme construit avec des phrases », produit de l'imagination, certes ; et pourtant celui que le narrateur a décrit plus haut comme « ce Byron mal peigné, mal construit, [aux] jambes de héron » (II, 301), s'il a séduit Marie, aurait séduit « toutes les femmes » ; c'est du moins ce qu'affirme le texte par la bouche de Félix de Vandenesse. Le personnage oscille donc entre la fixité d'un signifié [2] et l'évanescence d'une parole à interpréter.

Le nom propre (désormais Np), au sein de ce paradoxe, parvient-il, comme on le prétend, à « fixer » le personnage ? Au niveau « stylistique », il est étonnant de constater que le Np a du mal à s'imposer [3] :

1. La série des désignateurs [4] révèle une fragmentation du signifiant et non la coïncidence personnage/nom.

2. Au sein de ce paradigme, la figure de l'antonomase, permet une circulation des Np tout à fait intéressante.

---

1. Honoré de Balzac, *Une fille d'Ève*, II, 375, dans *La comédie humaine*, Paris, Gallimard, coll. « Bibliothèque de la Pléiade », éd. par Pierre-Georges Castex, 1976-1981, 12 tomes. Les références à Balzac sont données par rapport à cette édition. J'indique le tome et la page.
2. Ici il s'agit de Raoul Nathan : séducteur, dont il est dit qu'il « ressemblait à un homme de génie » (*ibid.*, p. 303).
3. À quelques exceptions près : *Le colonel Chabert* en est la plus intéressante. Dans cette nouvelle, le nom « colle » au personnage (« mon nom m'est désagréable. Je voudrais n'être pas moi »). Le colonel Chabert est mort à Eylau, il faudra bien qu'il le reconnaisse finalement. La situation est inversée dans *Adieu*, où la protagoniste a oublié qui elle est. Voir, sur ces deux nouvelles : « Know Thyself vs Common Knowledge : Bleich's Epistemology Seen through Two Short Stories by Balzac », de Margaret-Anne Hutton, *Modern Language Review*, LXXXVI, 1991, p. 49-56.
4. Il semble que Balzac serait du côté de Zola plutôt que de Flaubert, si on reprend la question des désignateurs telle que soulevée par Francis Corblin (« Les désignateurs dans les romans », *Poétique*, n° 54, 1983, p. 199-211).

Le corpus balzacien est en effet riche en exemples d'emploi du nom propre comme nom commun[5]. Cette richesse a d'ailleurs déclenché la critique d'un Auerbach[6] : « S'agit-il d'une femme, il la compare à un ange ou à une Madone [...] et il nomme le pauvre vieux Goriot *ce Christ de la paternité.* »

Je me limiterai ici aux cas où un personnage est désigné par un Np qui n'est pas le sien : j'appelle ces emplois antonomases (sans entrer dans la discussion terminologique[7]), réservant le terme de métaphore pour les exemples où le Np n'est pas déterminé grammaticalement :

> [...] il se fit Fouquier-Tinville pour se donner la jouissance d'envoyer Mme d'Espard à l'échafaud. (*Illusions perdues*, V, 287)

> Si tu ne veux pas avoir du désagrément, papa, dit-elle, sois sévère comme un procureur général sur son siège. Tiens la petite en bride, sois Bartholo ! Gare aux Auguste, aux Hippolyte, aux Nestor, aux Victor, à tous les *or*! (*La cousine Bette*, VII, 363) [Josépha s'adresse à Hulot]

Il conviendrait, d'ailleurs, d'étudier la différence qui existe entre « sois Bartholo » et « sois un Bartholo ».

Ma démarche est rendue possible par la conjonction de deux champs de recherche : la linguistique d'une part accueille la question de la détermination du Np dans une perspective discursive[8] ; les études balzaciennes, d'autre part, s'ouvrent à la question de l'écriture dans une dimension énonciative qui permet un renouvellement de la stylistique[9].

Car la question du nom est centrale chez Balzac, pour des raisons historiques : comme l'a bien montré José-Luis Diaz[10], il s'agit de « se faire un nom », « d'avoir un nom » etc. La thématisation de cette quête est à mettre en rapport avec la société postrévolutionnaire. Quant à moi, ce qui m'intéresse, c'est de saisir le personnage balzacien comme lieu problématique du sens, d'essayer de comprendre pourquoi, malgré le vertigineux mouvement

---

5. On pourrait y trouver tous les cas répertoriés par Bernard Meyer et Jean-David Balayn : « Autour de l'antonomase du nom propre », *Poétique*, n° 46, 1981, p. 183-199.
6. Erich Auerbach, *Mimésis*, Paris, Gallimard, 1968, p. 477. Texte intéressant car l'auteur a bien vu la situation historique de Balzac : « [...] il n'a plus le sens des normes et des limites du tragique tels qu'on les concevait autrefois et il ne possède pas encore, à l'endroit de la réalité moderne, le sérieux objectif qui se développera plus tard. »
7. Je renvoie pour cela à *Langue française*, n° 92, décembre 1991, *Syntaxe et sémantique des noms propres*, et plus particulièrement aux articles de Nelly Flaux, « L'antonomase du nom propre ou la mémoire du référent », p. 26-45, et de Kerstin Jonasson, « Les noms propres métaphoriques : construction et interprétation », p. 64-81 ; ce dernier article est repris dans *Le nom propre. Construction et interprétation*, Louvain-La-Neuve, Duculot, coll. « Champs linguistiques », 1994.
8. Marie-Noëlle Gary-Prieur, *Grammaire du nom propre*, Paris, Presses universitaires de France, coll. « Linguistique nouvelle », 1994.
9. Comme exemple on peut signaler la thèse de doctorat d'Eric Bordas, *Ambiguïtés énonciatives : l'exemple du récit balzacien*, thèse de l'université de Bordeaux III, 1995.
10. « Balzac et la mise en scène romantique du nom », *34/44*, n° 7, automne 1980, p. 19-30 et n° 8, 1981, p. 43-55.

des Np, aucun de ces personnages n'a donné naissance à une antonomase de langue, contrairement à des prédécesseurs comme *Don Quichotte*, *Tartuffe* ou *Don Juan* (par la suite, sinon *Emma Bovary* elle-même, du moins le bovarysme).

J'envisagerai deux réponses : dans la première partie, je montrerai comment l'antonomase « externe » met le Np fictif en concurrence avec des Np réels (= du « déjà nommé ») ; dans la deuxième partie comment le Np est aux prises avec l'impossibilité d'une stabilisation du signifié [11].

Antonomase externe

On pourrait parcourir les exemples des plus lexicalisés aux plus inattendus.

a) Existe-t-il *un degré zéro de l'antonomase*?

Ces cas s'approchent de la lexicalisation selon des critères difficiles à établir telle la présence dans *Le Petit Robert* des noms communs ou la minuscule [12]. Je n'ai trouvé que peu d'emplois sans majuscule :

> Quand il eut fini, le poète regarda son aristarque, Étienne Lousteau contemplait les arbres de la pépinière. (*Illusions perdues*, V, 339)

> Mes enfants, dit alors Finot [...] nous avons protégé tous et tous encouragé les débuts de notre amphitryon dans la carrière où il a surpassé nos espérances.(*Illusions perdues*, V, p. 476)

Outre cet indice typographique, le critère pour repérer une antonomase « pure » pourrait être l'absence de détermination à droite et la capacité pour le Np de fonctionner seul. C'est le cas de « Tartuffe » utilisé comme injure :

> Tartuffe ! s'écria Sylvie [...] (*Pierrette*, IV, 130)

ou l'expression [13] (disparue de l'édition de la Pléiade, *Les paysans*, IX, 283) :

> ce tartuffe de Brossette (var. donnée par Folio p. 341)

C'est le cas aussi d'emplois avec un prédéterminant :

> On le croit un Titan, mais il recèle un nain comme le géant de carton qui salue Élisabeth à l'entrée du château de Kenilworth. (*Les paysans*, IX, 62)

> — Est-ce ma faute à moi [...] si la république aboutit toujours à quelque Napoléon [...]? (*La peau de chagrin*, X, 105)

---

11. Ce classement ne recoupe pas l'opposition fictifs/réels (l'Index de la Pléiade doit faire une entorse à la notion de « réalité » pour maintenir ce classement). Sur ce point, voir l'article de Vincent Descombes, « Who's who dans *La comédie humaine* », *MLN*, mai 1983, vol. XCVIII, n° 4, p. 675-701.
12. L'emploi de la minuscule, selon Kerstin Jonasson (*op. cit.*, p. 30) sera considéré comme « un signe de la perte du statut proprial de ces termes... »
13. Dans laquelle le Np doit être « associé à un référent connu afin d'être intepreté selon l'intention du locuteur » (Kerstin Jonasson, *op. cit.*, p. 59).

Je rangerai dans ces emplois un cas où une relative explicative est simplement destinée à rappeler à quel titre le Np est convoqué, au cas où le personnage ne serait pas jugé assez connu ; ainsi dans l'allusion au roman de Sterne :

> [...] il faut vous marier à quelque Mme Shandy, qui ne saura rien de l'amour, ni des passions etc. (*Le lys dans la vallée*, IX, 1228)

Ailleurs la pluralisation ajoute un degré à la communisation :

> « — Je ne puis pas vous le dire ici, devant tous ces Iagos... » dit le baron brésilien. Carabine entendit *magots* ! (*La cousine Bette*, VII, 412)

Cet exemple est intéressant car il montre que l'antonomase, pour être comprise, nécessite la connaissance du personnage shakespearien.

En définitive, peu d'emplois figés, malgré l'apparence : le texte déjoue le cliché selon une stratégie qui mériterait d'être étudiée.

Au contraire, les emplois qu'on verra à présent supposent tous une modification du Np initial, car ils « construisent une image superposant, le temps du discours, deux individus différents [14] ».

b) Antonomase construisant un déplacement *de type géographique* :

> Quand le Poussin, le Raphaël de la France, a fait du paysage un accessoire dans ses Bergers d'Arcadie (*Les paysans*, IX, 191)

Les paysans constitue à ce propos un corpus très riche :

> ce Fouquier-Tinville de province [Gaubertin-père] (IX, 128)
>
> l'Aristide de Blangy [Niseron] (IX, 223)
>
> le Lovelace de la vallée [Bonnébault] (IX, 235) au pluriel (206)
>
> Ces petits propriétaires, dont le type est représenté par Courtecuisse, étaient les mainsmortables du Tibère de la vallée d'Avonne [Rigou], de même qu'à Paris les industriels sans argent sont les paysans de la haute Banque. (IX, 248)
>
> le Lucullus de Blangy [Rigou] (IX, 273)
>
> [Socquard] Milon de Crotone de la vallée (IX, 275)

Toutes ces expressions forment des syntagmes liés dont le signifié est global, mais le sens pas toujours aussi clair qu'il semblerait : un « Fouquier-Tinville de province » est-il encore un Fouquier-Tinville ? La valeur ironique (que nous verrons plus loin beaucoup plus évidente) est-elle absente ici ? Lorsque Vautrin est désigné :

> ce Machiavel du bagne (*Splendeurs et misères des courtisanes*, VI, 703 et 878)

ou :

> le Cromwell du bagne (*Splendeurs et misères des courtisanes*, VI, 804)

---

14. Marie-Noëlle Gary-Prieur, *op. cit.*, p. 153.

le contraste entre les deux parties de l'expression est constitutif du sens même ; plus explicitement encore dans les cas comme :

> Le jaloux du Châtelet apprit alors que Mme Charlotte, qui gardait les femmes en couches, était Mme Chardon, mère du Chateaubriand de l'Houmeau, disait-il. (*Illusions perdues*, V, 171)

ou :

> Mme de Bargeton s'était éprise du Byron d'Angoulême (*Illusions perdues*, V, 193)

c'est bien aux yeux du personnage féminin (Mme de Bargeton) que se fait l'amalgame Lucien/Byron. C'est à proprement parler du « Byron d'Angoulême » qu'elle est amoureuse ; d'ailleurs, une fois à Paris, ce Lucien n'existant plus, la situation sera complètement autre.

Ce qui fait sens, c'est non l'expression en soi, mais l'instance énonciative qui la propose :

> [Benassis] « c'est, sauf les batailles, le Napoléon de notre vallée. » [C'est Goguelat qui parle] (*Le médecin de campagne*, IX, 601)

L'ironie n'est qu'une façon de souligner la subjectivité du jugement dont le lecteur doit mesurer le sens : dans ce dernier exemple, l'antonomase vient faire dévier de façon inquiétante le signifié (Napoléon sans les batailles ?).

Le cas d'une détermination par adjectif est un pas de plus dans la transformation du Np initial :

> le Sardanapale villageois (*Les paysans*, IX, 285)

n'est pas tout à fait la même chose que « le Sardanapale du village [15] »... De même :

> On admirait presque cette Médée limousine [16], à blanche poitrine, doublée d'un cœur d'acier, au front impénétrable. (*Le curé de village*, IX, 696)

Le déplacement géographique manifeste l'imprévisibilité du sens : la désignation antonomasique ne précise pas mais obscurcit le signifié.

c) C'est encore plus évident dans le cas du déplacement de type temporel.

Parfois l'antonomase projette le personnage dans l'avenir :

> Il peignit sa chère sœur comme un ange, David comme un Cuvier futur [il s'agit de la lettre de Lucien à Naïs]. (*Illusions perdues*, V, 175)

---

15. À ce sujet, voir Inge Bartning, « Le parallélisme entre les syntagmes *Nom+adjectif ethnique* et les syntagmes prépositionnels correspondants en *Nom+de(+dét)+Nom géographique* en français », *Revue romane*, vol. XXI, n° 1, 1986, p. 3-52.
16. Il s'agit de Véronique Graslin, mais ni le lecteur, à ce moment, ni les personnages de l'histoire ne le savent. Ce roman est particulièrement intéressant pour l'étude des problèmes de désignation du personnage romanesque car on n'y a jamais une vision « totale » du personnage. Sur la comparaison Véronique/Médée, voir Nicole Mozet, *Balzac au pluriel*, Paris, Presses universitaires de France, 1990, p. 197.

> [...] le vieux Doguereau [...] vint à l'hôtel où demeurait son Walter Scott en herbe (*Illusions perdues*, V, 305)

> Lousteau recevait [...] une somme de cinq cents francs [...] pour avoir procuré ce futur Walter Scott aux deux libraires en quête d'un Scott français. (*Illusions perdues*, V, 497)

En ce cas, il s'agit d'une formule à interpréter comme relevant de l'ambiguïté énonciative : qui assume cette vision des personnages ? Dans le premier exemple, c'est la naïveté de Lucien de Rubempré qui se montre, dans le second celle du libraire (sa rapacité ? il faudrait lire toute la phrase). Quant au troisième, Lucien y devient un « produit » vendu pour sa valeur marchande mais est-ce bien de Lucien qu'on parle ? Lui qui ne peut se « trouver une place » :

> [Lucien] ne pouvait être ni l'Arétin, ni le Beaumarchais, ni le Fréron de son époque... (*Illusions perdues*, V, 522)

L'antonomase sert aussi, lorsqu'elle est jointe à la pluralisation, à décrire le présent par opposition au passé :

> Le lendemain elle écrivit un de ces billets où excelle l'esprit des dix mille Sévignés que compte maintenant Paris. (*La duchesse de Langeais*, V, 1007)

où il faudrait montrer que le rôle de l'antonomase est ici de souligner la fragilité d'un présent pris entre l'époque prérévolutionnaire et un futur fantasmatique. Le personnage est le lieu d'inscription de cette fracture.

d) L'antonomase crée un nouveau signifié qui n'est pas fixé dans le syntagme lui-même mais qui surgit de l'opposition de deux Np. Ces emplois (paradoxalement) nient la notoriété même, sur laquelle est fondée l'antonomase :

> [...] ce peuple a ses phénomènes de vertu, ses hommes complets, ses Napoléons inconnus, qui sont le type de ses forces portées à leur plus haute expression. (*La fille aux yeux d'or*, V, 1042)

> l'Orphée inconnu de la musique moderne (*Gambara*, X, 515)

ou rectifient à l'aide d'un terme négatif :

> un Othello qui ne se trompe pas (*La cousine Bette*, VII, 413)

> ce Louis XV sans trône (*Les paysans*, IX, 245)

> cet homme eût été Tibère à Rome, Richelieu sous Louis XIII, Fouché s'il avait eu l'intention d'aller à la Convention ; mais il eut la sagesse d'être un Lucullus sans faste, un voluptueux avare. (*Les paysans*, IX, 246)

> L'enfant était un Chatterton sans lâcheté politique (*Illusions perdues*, V, 164)

> [Vautrin] l'Hercule Farnèse de Naples sans sa colossale exagération (VI, 751)

ou, enfin, créent une distance (plus ou moins facile à mesurer) par rapport au référent initial :

> cet Abélard volontaire (*La cousine Bette*, VII, 404)

> ce sensuel Harpagon [Rigou] (*Les paysans*, IX, 242)

[Nucingen] ce Louis XIV de comptoir (*Splendeurs et misères des courtisanes*, VI, 590)

M. Philéas Beauvisage était l'Alexandre, ou, si vous voulez, l'Attila de cette partie [il s'agit de la bonneterie]. (*Le député d'Arcis*, VIII, 750)

Cérizet était devenu [...] le don Juan en casquette de trois ou quatre petites ouvrières (*Illusions perdues*, V, 567)

[...] le sobriquet de Vénus du Père-Lachaise décida Mlle Michonneau à livrer le forçat au moment où, confiante en la générosité de Collin, elle calculait s'il ne valait pas mieux le prévenir et le faire évader pendant la nuit. (*Le père Goriot*, III, 208)

Je valais mieux que ça, Ninon cariée, Pompadour en loques, Vénus du père-Lachaise. (*Le père Goriot*, III, 220)

L'antonomase en ce cas est rarement simplement burlesque [17] (« Louis XIV de comptoir ») ; le plus souvent, il s'agit de créer un signifié nouveau (« sensuel Harpagon ») qui, plus il est troublant, plus il nous renvoie au contexte (large) du roman. Que penser de Mme Marneffe, désignée par l'expression :

Cette Mme de Merteuil bourgeoise (*La cousine Bette*, VII, 286)

ou de Mme Mortsauf :

cette Didon chrétienne [18] (*Le lys dans la vallée*, IX, 1150)

Il n'y a pas trop de tout le roman pour donner un contenu à ces expressions, pour déplier le signifié produit par l'antonomase, qui ne cherche pas ici à diriger le lecteur sur du déjà-connu (déjà-nommé).

Je m'arrêterai, pour conclure cette première partie, sur des exemples mettant en jeu un transfert du masculin au féminin qui va impliquer une mise au point aboutissant à un signifié complètement imprévisible :

Elle était un vrai Don Juan femelle, à cette différence près que ce n'est pas à souper qu'elle eût invité la statue de pierre, et certes elle aurait eu raison de la statue. (*Les secrets de la princesse de Cadignan*, VI, 982)

[Camille Maupin] devint à l'insu du monde une sorte de Don Juan femelle sans dettes ni conquêtes. (*Béatrix*, II, 698)

(noter ici « à l'insu du monde » : le romancier est celui qui voit ce que les autres ne voient pas)

Ces Machiavels en jupon sont les femmes les plus dangereuses ; et, de toutes les mauvaises espèces de Parisiennes, c'est la pire. Une vraie courtisane, comme les Josépha, les Schontz, les Malaga, les Jenny Cadine etc.

---

17. Voir Gilbert Mayer, *La qualification affective dans les romans de Balzac*, Genève, Droz, 1940, p. 72.
18. Mme de Mortsauf est comparée à Didon qui, après la fuite d'Énée, monte sur le bucher où elle va se tuer.

porte dans la franchise de sa situation un avertissement [...]. Cette tirade ira comme une flèche au cœur de bien des familles. On voit des Mme Marneffe à tous les étages de l'État social, et même au milieu des cours ; car Valérie est une triste réalité, moulée sur le vif dans ses plus légers détails. Malheureusement ce portrait ne corrigera personne de la manie d'aimer les anges au doux sourire, à l'air rêveur, à figures candides, dont le cœur est un coffre-fort. (*La cousine Bette*, VII, 188)

L'antonomase sert à la fois à poser une ressemblance et une opposition [19] : telle est bien la démarche balzacienne qui ne peut saisir le personnage que par rapport à d'autres selon une typologie infinie.

Conclusion : le nom propre venu de l'extérieur joue moins comme porteur d'un sens plein, donc fixe, que comme élément de comparaison, d'opposition, création de sens étrange. Le rapport entre le nom fictif et le nom réel est à interpréter dans chaque contexte : le poids de l'un et de l'autre est variable. L'ironie est à comprendre ici comme discours entrecroisé : on entend la voix du personnage à travers celle du narrateur.

Antonomase interne

À l'intérieur de l'œuvre, l'antonomase fonctionne aussi comme déplacement de type géographique :

la marquise d'Espard, cette Mme Bargeton de Paris (*Illusions perdues*, V, 273)

On annonça successivement Crevel, le baron Hulot, et un député nommé Beauvisage. Ce personnage, un Crevel de province [...] (*La cousine Bette*, VII, 254)

Ce meunier, un Sarcus-Taupin, était le Nucingen de la ville (*Les paysans*, IX, 271)

On comprend bien que le déplacement n'est pas seulement géographique mais renvoie au système social, donc au sens même du roman en question : le même et l'autre sont dans chaque individu et il s'agit de les départager. La fonction critique de l'écriture est tout entière dans la désignation figurée qui rapproche les personnages appartenant à des sphères sociales différentes ; ainsi l'époux de Véronique Graslin et son père :

Graslin, ce Sauviat de la sphère supérieure (*Le curé de village*, IX, 657)

Il faudrait reprendre la question du retour des personnages, clé de voûte de l'ensemble, au niveau discursif : on doit tenir compte, pour interpréter une figure comme l'antonomase (et dégager le signifié construit par le texte) de l'environnement textuel, et distinguer le roman étroit et *La comédie humaine*

19. Dans ces cas, la détermination est certes à interpréter comme d'une part signalant « une incompatibilité » et d'autre part servant « à atténuer les différences entre deux images mentales entre lesquelles est affirmée une ressemblance » (Kerstin Jonasson, *op. cit.* p. 79).

qui semble promettre au Np une stabilité proche de celle d'un nom commun[20].

Mais les emplois sur lesquels je m'arrêterai à présent posent la question du rôle de l'antonomase dans le processus de la généralisation :

> il se trouve encore assez de Mme Marneffe à Paris, pour que Valérie doive figurer comme un type dans cette histoire de mœurs (*La cousine Bette*, VII, 187)

Le *type* est le résultat de la pluralisation au sein de la parole du narrateur (au présent). Notons le paradoxe (apparent ?) de ce discours : il faut *une* Mme Marneffe pour dire qu'il y a *des* Mme Marneffe à Paris ; la fiction permet de nommer ce qui n'existerait pas, de dire ce qui, du coup, existe. Ainsi l'exemple suivant (cité plus haut) :

> On voit des Mme Marneffe à tous les étages de l'État social, et même au milieu des cours ; car Valérie est une triste réalité, moulée sur le vif dans ses plus légers détails. Malheureusement ce portrait ne corrigera personne de la manie d'aimer les anges au doux sourire, à l'air rêveur, à figures candides, dont le cœur est un coffre-fort. (*La cousine Bette*, VII, 188)

juxtapose (ou plutôt coordonne) la généralité (« des Mme Marneffe ») et le particulier (« Car Valérie »...) ; l'histoire se double d'un commentaire qui assure le signifié au Np.

> Les Mme Marneffe, comme on l'a vu, pleurnichent quelquefois, laissent une larme glisser le long de leurs joues ; mais fondre en larmes, se rougir les yeux et le nez !... elles ne commettent jamais cette faute [il s'agit d'opposer Mme Marneffe et Mme Hulot]. (*La cousine Bette*, VII, 324)

La vertu et le vice ne sont pas symétriques : *une* Adeline contre *les* Mme Marneffe : le combat est doublement inégal. Dans le cas d'Adeline c'est le singulier qui tente une valeur généralisante[21] :

> Il a eu le bonheur inouï de prendre pour épouse une Adeline (*La cousine Bette*, VII, 350)
>
> Un homme qui a méconnu une Adeline [...] cet homme est un monstre... (*La cousine Bette*, VII, 351)
>
> Monsieur, je me vendrai, je deviendrai, s'il faut une Valérie (*La cousine Bette*, VII, 328)
>
> Vous voulez faire comme Valérie, bon. Cela ne suffit pas, il faut un Gogo, un actionnaire, un Hulot. (*La cousine Bette*, VII, 329)

On voit que l'interprétation de ces antonomases relève du code narratif et non linguistique. La multiplication permet de sortir de l'œuvre (relève du

---

20. Balzac lui-même, parlant du roman *Gambara* dans une lettre, manie l'antonomase : « À compter de ce jour, Gambara, ce *Louis Lambert de la musique*, sera régulièrement coulé en plomb, serré dans les châssis de fer qui maintiennent les colonnes de la *Gazette musicale...* » (*Lettre à Schlesinger*, 29 mars 1837, citée par la Pléiade, X, 1451)
21. Mais (dirait Gustave Guillaume) il s'agit d'une interception « précoce » de la visée particularisante. Quant à « Je te sacrifierais *cent Adeline* ! « (*La cousine Bette*, VII, 303), il s'agit d'une simple exagération (cent fois je sacrifierais etc.) du mari infidèle.

commentaire du narrateur) alors que le singulier demeure au sein de la fiction. Mais la stratégie textuelle est à étudier dans chaque exemple.

> Plus tard, quand le rideau de la scène sociale se releva pour moi, combien de Mortsauf n'ai-je pas vus, moins les éclairs de loyauté, moins la religion de celui-ci ! (*Le lys dans la vallée*, IX, 1079)

Le comte de Mortsauf est le type de l'émigré ; or à chaque fois que le type cherche à naître, il a besoin d'être nuancé et subdivisé. Le signifié s'éparpille et la détermination négative vient saper le travail de généralisation.

La phrase finale de *Z. Marcas* soulève toute la question du rapport fiction/réel :

> nous connaissions plus d'un Marcas, plus d'une victime de ce dévouement politique, récompensé par la trahison ou par l'oubli. (*Z. Marcas*, VIII, 854)

il faut connaître *des* Marcas pour comprendre (car comprendre c'est reconnaître) *ce* Marcas. La leçon sociale peut être tirée in extremis. Au contraire, le cri de Lucien de Rubempré :

> « j'aurai des marquises d'Espard ! » (*Illusions perdues*, V, 287)

ce cri — qui est l'équivalent du mot célèbre de Rastignac sur la tombe du Père Goriot — signe son erreur : seul le narrateur a le droit de procéder à une généralisation « vraie ». Le personnage féminin pourrait faire l'objet d'une multiplication à condition que l'analyse l'ait précédée. Le signifié du Np n'est pas assez assuré pour fonctionner ici et le souhait traduit seulement la naïveté de Lucien. C'est dire que la pluralisation du Np fonctionne très différemment selon les contextes énonciatifs. L'interprétation relève d'une lecture des voix narratives et non seulement du niveau rhétorique.

Il est rare que le personnage puisse procéder lui-même à sa pluralisation :

> Pour aller devant soi, faut autant d'écus que l'on trouve de villages, et il n'y a pas beaucoup de Fourchon qui aient de quoi visiter six villages ! (*Les paysans*, IX, 119)

Au lieu du je, le Np pluriel ici propose une leçon sociale assumée par le personnage lui-même. Le fait que le narrateur délègue ici sa fonction est à mettre au compte du statut éminemment problématique de ce type de personnage[22].

Plus difficiles à interpréter sont les emplois au singulier, car ils oscillent entre l'emploi exemplaire et l'emploi antonomasique. Il faut repérer à

---

22. *Le paysans* forment un lieu privilégié pour l'étude du phénomène étudié : le rapport ambigu de Balzac à cette classe sociale (crainte et niée à la fois) explique (à moins que ce ne soit l'inverse ?) la richesse des emplois onomastiques dans ce roman et mériterait une description détaillée. Voir Pierre Macherey, *Pour une théorie de la production littéraire*, Paris, Maspéro, 1966.

chaque fois si l'application est faite de façon à englober le personnage nommé (exemplarité) ou non :

> Toutes les villes ont *une belle madame*, comme elles ont un Socquard et un café de la Paix. (*Les paysans*, IX, 257)
>
> Combien de familles ont aussi leur Henriette ! (*Le lys dans la vallée*, IX, 1223)

exemple proche de celui-ci (faux singulier) :

> Je trouverai partout un M. de Trailles. (*Le père Goriot*, III, 109)

lié aussi au futur (un domaine « réservé » au narrateur !)

Quant à l'affirmation :

> [...] ma cousine aura sans doute aussi son Maxime. (*Le père Goriot*, III, 104)

elle témoigne d'un « demi-savoir », ne se présente pas comme une vérité mais comme une hypothèse.

Tous ces exemples montrent que le Np est un lieu textuel d'ambiguïté et non seulement le désignateur d'un personnage-actant. C'est un élément de la subjectivité énonciative, mais cette subjectivité se donne tantôt comme ironique polyphonie (antonomase externe) et tantôt (antonomase interne) signe de la maîtrise du narrateur et de ses limites.

La comédie humaine et la stabilité du signifié

Tout se passe comme si *La comédie humaine* « bloquait » le processus de l'antonomase, amorcé pourtant très évidemment au sein de chaque roman, et créait un espace empêchant la communisation (entrée dans la langue) du Np.

Certes, dans le roman, il faut des comparaisons (l'antonomase en est une) pour arriver à dire la spécificité du personnage : ainsi Goriot est évoqué, à l'intérieur du texte, par la formule relevée par Auerbach :

> Pour bien peindre la physionomie de ce Christ de la Paternité, il faudrait aller chercher des comparaisons dans les images que les princes de la palette ont inventées pour peindre la passion soufferte au bénéfice des mondes par le Sauveur des hommes. (III, 231 ; je souligne)

Ce n'est qu'à l'intérieur de *La comédie humaine* (mais hors du roman d'origine) que le Np pourrait fonctionner avec un signifié relativement stable :

> ce père [le baron Wallenrod] de l'espèce des Goriot (*Modeste Mignon*, I, 486)

Mais l'antonomase arrête là : Goriot ne deviendra pas l'image du père, car la figure de la paternité demeure en lui énigmatique et nécessite un travail du sens au delà du roman. Ainsi, dans sa *Préface* de 1835, Balzac, voulant justifier son personnage (« cet Illinois de la farine, ce Huron de la halle aux blés ») écrit :

> Que chacun regarde autour de soi, et veuille être franc, combien de *pères Goriot en jupon* ne verrait-on pas ? Or, le sentiment du Père Goriot implique la maternité. (III, 46 ; je souligne)

À nouveau l'antonomase fait pivoter le sens de façon inattendue, laissant entendre que la spécificité (le signifié) de Goriot est peut-être la paternité maternelle. *La comédie humaine* est l'impossible lieu d'une stabilité du signifié : après avoir énuméré les pères de ses romans, Balzac, dans un texte plus tardif[23], conclut :

> [...] il n'y a pas une nuance de ce sentiment, depuis le sublime jusqu'à l'horrible, qui n'ait été saisie, qui n'ait été représentée.

Le lecteur n'est pas dupe : pourquoi treize pères ? C'est trop ou pas assez... À quand le prochain roman ? se demande-t-il.

C'est bien cette prolifération du sens qui se trouve emblématisée dans un passage des *Paysans* :

> Vous vous rappelez peut-être certains maîtres en avarice déjà peints dans quelques Scènes antérieures ? [énumération des différents types d'avares] ; Eh bien [...] il restait encore un avare sur la planche de l'amphithéâtre des Études de mœurs ; il restait Rigou ! l'avare égoïste, c'est-à-dire plein de tendresse pour ses jouissances, sec et froid pour autrui, enfin l'avarice ecclésiastique, le moine demeuré moine pour exprimer le jus de citron appelé le bien-vivre, et devenu séculier pour happer la monnaie publique. (IX, 237-238)

Un nom ne suffit pas à épuiser le sens : il y a toujours un « reste », du moins tant que l'œuvre se donne comme inachevée. L'antonomase finalement n'aura pas lieu.

23. Texte cité par la Pléiade III, 1219 : « Il y a la paternité jalouse et terrible de Bartholomeo di Piombo, la paternité faible et indulgente du comte de Fontaine, la paternité partagée du comte de Granville, la paternité tout aristocratique du duc de Chaulieu, l'imposante paternité du baron du Guénic, la paternité douce, conseilleuse et bourgeoise de M. Mignon, la paternité dure de Grandet, la paternité nominale de M. de la Baudraye, la paternité noble et abusée du marquis d'Esgrignon, la paternité muette de M. de Mortsauf, la paternité d'instinct, de passion et à l'état de vice du père Goriot, la paternité partiale du vieux juge Blondet, la paternité bourgeoise de César Birotteau [...]. »

Noms et autres désignateurs dans la fiction

Francis Corblin
Université de Rennes II et CNRS URA 1028

L'objectif de cet article est de confronter à des textes de fiction des concepts élaborés pour l'étude de la référence en discours. Je m'intéresserai plus particulièrement aux textes littéraires, et à l'usage des noms (prénom, patronyme, prénom+patronyme).

Le premier de ces concepts est celui de *chaîne référentielle*, introduit dans l'approche logico-linguistique par Charles Chastain [1] : une chaîne référentielle est simplement la suite des expressions d'un texte ou d'un discours interprétées comme mentions d'un seul et même individu ; pour un point de vue linguistique des chaînes référentielles on se reportera notamment à mon livre, *Les formes de reprise dans le discours* [2]. Le nom est un constituant possible de ces chaînes.

Le second concept est celui de *communauté épistémique*, qui a fait l'objet d'élaborations récentes dans la formalisation des systèmes multi-agents [3]. Une communauté épistémique est un ensemble d'agents partageant un certain nombre de références, de connaissances et de croyances. Je traiterai l'usage du nom comme indice d'appartenance à une communauté épistémique.

Par rapport à la problématique traditionnelle de la référence et de la nomination, la notion de chaîne de référence ajoute la dimension discursive : il ne s'agit pas tant de savoir comment on nomme, mais d'étudier comment on maintient la référence à un individu dans le développement d'un discours [4].

La notion de communauté épistémique quant à elle permet de capter certaines des contraintes d'emploi sur le nom propre. Cette notion modélise les savoirs et les croyances partagés et s'organise de manière modulaire : c'est autour d'une question particulière qu'une communauté s'établit [5]. La

1. Charles Chastain, « Reference and Context », *Language Mind and Knowledge*, Minneapolis, University of Minnesota Press, 1975, p. 194- 269.
2. Francis Corblin, *Les formes de reprise dans le discours*, Rennes, Presses universitaires de Rennes, 1995.
3. Notamment C. Beyssade, *Les modalités épistémiques dans un système multi-agent*, thèse, Université de Caen, Laboratoire d'informatique, 1994.
4. Francis Corblin, *op. cit.*
5. C. Beyssade, *op. cit.*

communauté épistémique de base repose sur la connaissance de la langue, mais on sait que précisément cela ne suffit pas à légitimer l'usage d'un nom propre, ou d'un prénom. Vous ne pouvez utiliser le prénom de votre femme ou le nom complet de votre auteur de bandes dessinées préféré en n'importe quelle circonstance. Il faut que l'utilisateur du nom soit membre d'une communauté qui le lui ait appris et lui donne le droit d'en user ; il faut aussi que celui à qui on s'adresse remplisse certaines conditions vis-à-vis de cette communauté.

Dans la plupart des discours de la vie ordinaire, on construit des chaînes qui ont recours à des noms propres de personnages, historiques, publics, familiers, proches, intimes.

Le texte de fiction présente quelques particularités à cet égard. D'une part, c'est un texte, donc il restreint l'attention, sans interférence possible, à quelques personnages dont il nous entretient longuement. D'autre part, il relève de la fiction, ce qui signifie que l'univers de référence est inaccessible au lecteur. Comment alors reconstituer cette chaîne causale dont Saul Kripke[6] fait le principe d'existence du nom propre ? Les usages du texte, ceux de l'auteur, ou d'autres usages rapportés dans le texte sont les seuls maillons qui permettent de connecter le lecteur à cette chaîne causale. En substance, l'auteur fait comme s'il était en position d'utiliser un nom propre, comme s'il avait accès à l'univers et aux usages linguistiques d'une communauté épistémique, et le lecteur n'aura d'autre indice de l'existence du nom (et de la communauté épistémique) que cet emploi du roman.

En tant que lecteur, il est, de fait, traité comme membre d'un groupe apte à recevoir le nom.

La question que l'on adresse aux textes de fiction est donc simple : comment s'y prennent-ils, quelles expressions utilisent-ils pour maintenir la référence à leurs personnages ? Et l'on essaie de se montrer attentif à ce qui caractérise ces textes, aux usages qui paraissent remarquables si on les rapporte à d'autres situations linguistiques, notamment en ce qui concerne les communautés épistémiques présupposées. Les traits distinctifs du texte de fiction sont pour nous, rappelons-le, le fait d'un auteur constituant le seul lien possible avec l'univers décrit. Le discours ordinaire le plus proche serait pour moi le récit d'exploration ; deux différences sont cruciales : l'univers décrit est alors une partie du réel, inconnue sans doute, mais pour des raisons accidentelles, et le locuteur est parfaitement identifiable et localisable.

Je m'intéresserai ici à quelques textes de fiction, en me limitant à des exemples dans lesquels des noms propres figurent dans les chaînes de référence. Une telle présentation soulève immédiatement la question de l'absence du nom propre.

---

6. Saul Kripke, *Naming and Necessity*, Oxford, Basil Blackwell, 1972, trad. fr., Paris, Minuit, 1982.

1. Absence de nom

Avons-nous des textes de fiction d'une certaine longueur dans lesquels le nom propre des personnages principaux soit absent ? Martine Léonard [7], qui a étudié cette question pour le roman balzacien, rappelle le propos de Charles Grivel pour qui « [u]n personnage sans nom ne s'imagine pas ».

L'absence de nom est exceptionnelle, et en général fortement motivée. À l'aphorisme de Charles Grivel, on pourrait ajouter un aphorisme dérivable du texte célèbre d'Alphonse Allais, *Un drame bien parisien* : « Un personnage sans nom n'existe peut-être pas. »

Dans ce texte en effet, l'absence de nom et de tout prédicat descriptif pour des personnages travestis en pirogue et en templier rend l'existence de ces personnages réellement problématique [8].

2. Introduction du nom

Je ne considérerai donc que des chaînes où figurent des noms propres, sans étudier en détail les modalités d'introduction de ces noms dans les chaînes, sujet qui cependant, à lui seul, mériterait une étude détaillée comme le souligne Martine Léonard : « [...] il conviendrait de dresser une typologie des mises en nom selon que celui-ci arrive après/avant/en même temps que le personnage [9]. »

Il faudrait aussi étudier précisément les modalités d'insertion du nom dans la chaîne : explicite et ostensible (« il s'appelait x », ou toute autre formule comparable), motivée (« x me dit qu'il s'appelait x ») ou implicite.

L'intérêt de ces distinctions est de mieux caractériser l'instance narrative dans son rapport au personnage et au lecteur. Certaines instances narratives font usage du nom d'emblée, exigeant du lecteur une « accommodation [10] » ; à l'inverse, certaines sont dans la position de l'observateur, qui découvre l'apparence d'un individu, puis apprend/révèle son nom, une telle révélation fonctionnant d'ailleurs comme indice de focalisation pour le texte. Si on livre le nom d'un personnage, c'est que l'on donne la clé d'une communauté épistémique dans laquelle ce personnage peut être interpellé durablement, et indépendamment de son rôle dans la scène décrite. Cela suppose, d'une part que l'on avait la clé de cette communauté, donc une accointance avec l'individu, et d'autre part que révéler ce nom est utile au propos, donc que l'individu aura une certaine importance pour la suite de l'histoire. Sur ce plan, le texte de fiction ne se distingue pas radicalement des

7. Martine Léonard, « Balzac et l'absence du nom », *Les noms du roman*, Publications du Département d'études françaises de l'Université de Montréal, coll. « Paragraphes », 1994, p. 69.
8. Francis Corblin, *op. cit.*, p. 211-229.
9. Martine Léonard, « Balzac et l'absence du nom », *op. cit.*, p. 69.
10. Au sens de D. Lewis : « Scorekeeping in a Language Game », R. Bauerle, U. Egli et A. von Stechow (dir.), *Semantics from Different Points of Views*, Berlin, Springer, 1975, p. 172-187.

discours quotidiens sur le monde. Vous pouvez raconter votre séance chez le dentiste :

> Dans la salle d'attente, il n'y avait qu'un agent en uniforme.

Si vous dites comment s'appelle cet agent, c'est un indice clair de focalisation. Ce qui n'est pas autorisé dans le discours ordinaire, c'est l'« accommodation » si fréquente dans certains textes narratifs :

> Dans la salle d'attente, il n'y avait qu'un agent en uniforme. Le sergent Nichols avait l'air inquiet.

On peut suggérer quelques explications. Dans le discours usuel, si l'usage d'un nom propre est partagé, il doit être utilisé d'emblée, ou bien le « raccord » doit être explicitement signalé :

> Dans la salle d'attente, il n'y avait qu'un agent en uniforme. Tu sais qui c'était ? Le sergent Nichols !

La particularité du discours de fiction est que, par définition, aucun nom propre n'est *a priori* partagé entre l'auteur et le lecteur. Donc aucun nom propre nouveau ne peut être traité à coup sûr comme initiateur de chaîne nouvelle. En outre, la restriction du champ à quelques personnages, loi du genre, semble autoriser ces raccords implicites, qui reposent sur la coréférence, et non sur l'anaphore [11]. C'est sans doute pourquoi de tels raccords finissent par passer pour des lois du genre.

3. Nom et descriptions

Une fois le nom inséré dans une chaîne, reste à étudier en quelle compagnie il se trouve. C'est ce que j'ai étudié notamment en comparant l'usage de Flaubert dans *L'éducation sentimentale* et l'usage de Zola dans *Thérèse Raquin* [12]. Je me suis attaché à montrer que le rapport entre nom et autres désignateurs dans les chaînes permettait de constituer deux systèmes : la désignation rigide, pour des chaînes constituées exclusivement d'occurrences de noms propres et de pronoms, et la désignation contingente, pour des chaînes où les désignateurs définis (et démonstratifs) abondent.

Le roman de Zola offre un exemple de ce deuxième type de désignation : à partir de la liste des seuls désignateurs, le lecteur peut reconstituer l'histoire de Thérèse (*enfant, jeune fille, femme-épouse,* etc.) ou le récit du meurtre de Camille (*le dormeur, la jeune femme, son mari, son amant, le meurtrier,* etc.). Dans *Thérèse Raquin,* les personnages sont identifiés en permanence à l'aide de signalements définis actanciels, certains immédiats, d'autres médiats [13], qui

---

11. Francis Corblin, op. cit. p. 151-170.
12. Francis Corblin, « Les désignateurs dans les romans », *Poétique*, n° 54, 1983, p. 119-121. Repris dans *Les formes de reprise dans le discours, op. cit.*, p. 197-210.
13. Beaucoup de ces désignateurs apparaissent dans des contextes « obliques », supposant le regard d'un autre personnage : « [...] il regardait avec des yeux fauves les balancements de

rappellent dans une situation donnée l'ensemble des déterminations plus généralement pertinentes. Ainsi, *la jeune femme* est un désignateur « régulier[14] » de Thérèse à partir du chapitre III : il repose sur un signalement qui n'est plus fonctionnel, mais en quelque sorte catégoriel. Une étude détaillée montrerait qu'on doit, même pour ce désignateur quasi essentiel, distinguer des contextes d'emploi « immédiats » (dans lesquels la situation, ou le point de vue, interpelle en Thérèse plus particulièrement la jeune femme), d'autres plus médiats. Le désignateur est employé par exemple lorsque Thérèse est saisie en tant qu'objet du désir de Laurent, comme dans cet extrait du chapitre XI :

> Alors, Laurent se coula doucement vers *la jeune femme*, il avança les lèvres et baisa sa bottine.

Une étude des principes de l'alternance désignateurs/noms propres s'imposerait, telle qu'on la trouve par exemple dans ce court passage (où je souligne les désignateurs) :

> *L'artiste* resta seul avec *Thérèse*.
>
> *La jeune femme* était demeurée accroupie, regardant vaguement devant elle. Elle semblait attendre en frémissant. *Laurent* hésita, il examinait sa toile, il jouait avec ses pinceaux. Le temps pressait, Camille pouvait revenir, l'occasion ne se représenterait peut-être plus. Brusquement le *peintre* se tourna et se trouva face à face avec *Thérèse*. Ils se contemplèrent pendant quelques secondes.
>
> Puis, d'un mouvement violent, Laurent se baissa et prit *la jeune femme* contre sa poitrine.

Dans *L'éducation sentimentale*, en revanche, pour les protagonistes principaux, on ne trouve jamais de définis, et une seule occurrence de démonstratif pour désigner Mme Arnoux. Les chaînes de référence se trouvent donc constituées exclusivement de noms et de pronoms. C'est ce système que j'ai appelé désignation rigide.

L'opposition rigide/contingent peut au mieux caractériser des dispositifs utilisés pour désigner. Beaucoup de questions restent cependant à considérer sous l'angle de la spécificité des textes de fiction.

Il semble notamment que le recours à des descriptions définies dans des chaînes comportant un nom propre ne soit pas très facilement utilisable dans l'interaction quotidienne, s'agissant de personnages familiers ou proches.

Supposons que votre docteur s'appelle Lauben, et que vous opériez dans une communauté épistémique dans laquelle Lauben est disponible (c'est-à-dire un cercle qui sait qui est Lauben, qu'il est votre docteur). Alors il semble que même l'alternance *Lauben, le docteur*, soit problématique. L'alternance *Lauben, l'homme, le jeune homme, le vieillard* me paraît quant à elle complètement prohibée.

---

hanche de sa maîtresse [...] elle s'arrêtait et regardait de loin son amant et son mari » ; mais ce n'est pas toujours le cas.

14. C'est même le premier de ses désignateurs dans le texte : « un profil pâle et grave de jeune femme ».

Il est vrai que nous avons tous en mémoire des successions telles que *Aristote, le maître d'Alexandre, Proust, l'auteur de* La recherche, *l'écrivain.* Notons cependant qu'il s'agit de personnages historiques, supposés connus dans des communautés épistémiques larges et durables, et d'usages écrits ou académiques, c'est-à-dire d'emplois adressés à des communautés génériques.

Si l'un ou l'autre de ces traits fait défaut, l'alternance n'est pas très acceptable.

Il est plus facile de placer « *Proust... l'auteur de* La recherche » dans un essai, une dissertation, une conférence, une intervention publique que dans une discussion littéraire avec son meilleur ami ou son fils ! Il est aussi assez difficile d'imaginer des situations où l'on puisse, dans le même discours, faire alterner le prénom de son mari, et des descriptions telles que *l'homme, le commerçant,* etc., même si l'auteur déclaré est une femme écrivant la biographie du mari.

Quels sont les faits en substance ? Les enchaînements de type *Proust, l'auteur de* La recherche, ou *Marie, la jeune fille,* qui nous semblent si naturels, ne sont en fait possibles que dans les textes écrits, et ne peuvent concerner en principe que des personnages historiques ou des êtres de fiction.

Il n'est pas très facile selon moi de donner une explication en règle de ces contraintes, et elles demanderaient sans aucun doute des investigations pour aboutir à des formulations plus précises.

On peut essayer de se fonder sur l'opposition de l'anaphore et de la coréférence. Entre *Proust* et *l'auteur de* La recherche, il y a coréférence, c'est-à-dire une relation d'identité de référence que l'on obtient comme résultat d'un processus inférentiel exploitant des connaissances sur le monde. S'il n'y a pas de culture littéraire, la relation ne s'établira pas. Doit-on considérer que ce genre de mise en équation indirecte est prohibée lorsque le discours s'adresse à un protagoniste déterminé et non à l'ensemble d'une communauté, et pourquoi en serait-il ainsi ? Il pourrait se faire que des maximes de conversation exigent que, dans le face à face, on utilise les opérations les moins coûteuses inférentiellement [15]. Ajoutons que certaines descriptions fonctionnent comme de véritables surnoms parce qu'elles mentionnent un titre de gloire : *l'auteur de* La Joconde, *l'auteur de* La recherche, *le triple vainqueur de Milan-San Remo.* Elles sont de ce fait volontiers acceptées parce qu'elles sont un hommage, et un rappel de connaissances encyclopédiques consacrées, ou, si l'on veut, le ciment de communautés épistémiques larges. Il pourrait en aller ainsi pour les descriptions courtes qui font de l'individu un exemplaire typique d'une catégorie : *le philosophe, l'écrivain.* L'alternance nom/description paraît bien en tout cas être une caractéristique, en dehors

15. Comme l'expliquent, en proposant la notion de pertinence, Dan Sperber et Deirdre Wilson, *Relevance : Communication and Cognition*, Blackwell, Harvard University Press, 1986.

de la fiction, des textes manipulant des personnages historiques, ou publics, pour une communauté épistémique large.

En l'absence d'une telle notoriété, si nous écrivons la biographie d'un intime, des descriptions comme *l'homme* ne peuvent apparaître en alternance avec le nom, alors pourtant qu'on ne risque souvent aucune ambiguïté, et que le processus d'inférence n'est guère plus coûteux. Je me limite ici à une suggestion. Peut-être est-il impossible simplement de supposer qu'on puisse passer d'une situation où une instance narrative est suffisamment proche d'un personnage pour disposer de son nom à une situation où elle puisse « oublier » son nom, et le traiter seulement comme *l'homme*. En somme, quand on dispose effectivement d'un nom d'individu par accointance, pas seulement par *ouï-dire*, l'usage de son nom pour le désigner s'impose.

Or les textes de fiction se trouvent dans une situation ambiguë et artificielle.

Ils présupposent effectivement une communauté de réception large (de lecteurs), mais parlent le plus souvent de personnages dont la communauté épistémique d'inscription du nom est étroite : ils parlent le plus souvent de personnages privés, dont le nom et les attributs ne sont censés être connus que d'un cercle restreint. Pour grossir le trait, l'auteur de fiction raconte à tout le monde les faits et gestes d'un individu qui ne sont en principe connus que d'un cercle restreint. Rien ne l'empêche donc de le traiter parfois comme un personnage public pour son lecteur, et d'avoir recours à l'alternance caractéristique nom/description.

De plus, si l'auteur s'inscrit dans la communauté épistémique étroite de ceux qui peuvent utiliser le nom d'un personnage privé, il s'agit, pour la fiction, d'un jeu. Rien n'empêche par conséquent l'auteur d'abandonner momentanément son rôle pour épouser celui du lecteur, qui ne verrait pas *Camille*, *Thérèse* et *Laurent*, mais seulement *les trois promeneurs*.

4. Prénom, nom de famille, nom complet

L'usage d'un nom propre présuppose l'insertion de l'auteur dans une communauté épistémique qui a acquis la connaissance et la maîtrise de ce nom.

Les communautés épistémiques présupposées par le nom et le prénom ne sont évidemment pas identiques : le prénom présuppose un cercle plus étroit, et davantage de familiarité entre l'utilisateur et l'individu. Le nom complet renvoie à une communauté plus large, et à l'absence de familiarité entre l'utilisateur et l'individu. Les normes qui définissent ces usages sont des conventions sociales[16] ; en principe, dans une situation donnée, elles

16. On peut comparer à cet égard l'usage du prénom dans les cercles scientifiques français et anglo-saxons. L'usage du prénom est quasiment imposé dans la communication informelle

imposent des choix : aujourd'hui, par exemple, dans un cercle autorisant le prénom, le nom complet est prohibé ; dans un cercle qui n'autorise pas l'usage du prénom, celui-ci n'est pas admis d'emblée, le nom complet est nécessaire, mais il peut ensuite être réduit au nom ; le nom complet peut alterner avec *Madame X* ou *Monsieur X*, sous certaines conditions, notamment d'âge.

Toutes ces conventions sont à étudier dans le détail. Elles sont naturellement sujettes à des variations selon les pays et les époques. Je me limite ici à une seule question. Dans quelles conditions l'alternance du nom complet (prénom/nom) et du prénom est-elle licite aujourd'hui dans une chaîne ?

Considérons un cercle qui accorde à tous l'usage d'un prénom pour un individu proche. Il est alors difficile que le nom complet soit utilisé en alternance avec le prénom. Dans une famille par exemple, on ne peut désigner sa fille par son nom complet, sauf usages très marqués. C'est par exemple souvent la forme dont on se sert pour faire des reproches à ses proches.

La maxime correspondante serait : « Quand on peut le plus (spécifique), on évite le moins (spécifique). »

Tout devient un peu plus compliqué quand on élargit le cercle de ses interlocuteurs à une communauté dont les membres eux, n'ont pas l'usage du prénom. Il y aurait ici beaucoup de cas particuliers à considérer.

Qu'en est-il des personnages publics dans notre société ? Le commun des mortels les appelle par leur nom complet ou leur nom, beaucoup plus exceptionnellement par leur prénom. La répétition constante du nom complet est exceptionnelle, l'alternance nom complet/prénom est très exceptionnelle également. Cette dernière peut apparaître cependant dans certains cas. Un exemple remarquable est celui des journalistes spécialisés qui s'appuient sur la communauté épistémique des habitués, et pratiquent l'interview qui tend à légitimer l'usage du prénom. Supposez que vous racontiez un grand prix à votre fils ; vous pourriez dire : « Alain Prost est parti en tête, mais au premier virage, il a été accroché par x. La voiture de Prost a été détruite. » Seul le journaliste spécialiste de la rubrique pourrait dire : « La voiture d'Alain a été détruite. » Cela est vraisemblablement fondé sur le fait que l'interview fréquente invite le journaliste à prendre les formes de la communauté étroite. Il appelle souvent Prost Alain dans les interviews.

La situation des textes de fiction demande à cet égard des études minutieuses. Il est cependant banal d'observer qu'en général, l'alternance nom complet/prénom y semble beaucoup plus libre.

Je me contenterai pour finir d'un exercice pratique fictif pour essayer de comprendre comment le texte littéraire travaille le nom. Prenons un roman

---

entre chercheurs aux État-Unis, quel que soit leur degré de familiarité réciproque ou leur statut dans la communauté, alors qu'il reste un indice de familiarité étrangère à la seule discipline en France.

de Marguerite Duras, *Le ravissement de Lol V. Stein*[17], enlevons toutes les occurrences de prénoms et de noms complets, et essayons ensuite de deviner ce que l'auteur a effectivement écrit.

Nos erreurs mesurent la quantité d'information supportée par ces choix. Il n'est pas difficile de voir à quel point le système est complexe, et combien il s'écarte des usages typiques du discours ordinaire.

Je rappelle que ce roman de Duras est à la première personne, et que le narrateur est un acteur de l'intrigue.

Sur le plan littéraire, le roman est marqué par l'étrangeté des noms propres : *Lol V. Stein*, utilisé dans le titre, semble lui-même un patchwork de connotations renvoyant à différentes onomastiques. Les noms propres des autres personnages connotent des langues et des pays différents. La complétude du nom est aussi mise en relief dans le roman lui-même qui révèle par bribes le nom complet de l'héroïne : *Lola Stein* (p. 41), *Lol Valérie Stein* (p. 155).

Il y a dans le roman un micro-système simple bien que très peu naturel. Deux personnages sont mentionnés constamment et quasi rituellement par leur nom complet : *Michaël Richardson* et *Anne-Marie Stretter.* Il se trouve que ces deux personnages restent extérieurs aux analyses du roman, bien que leur rôle soit crucial. De fait le narrateur n'est pas censé les connaître[18].

Ce qui frappe en outre dans ce roman, c'est l'alternance nom complet/prénom (abrégé pour Lol).

Le premier mot du texte est un nom presque complet (partout, je souligne) : « *Lol V. Stein* est née ici, à S. Tahla, et elle y a vécu une grande partie de sa jeunesse. Son père était professeur à l'Université. »

Le deuxième paragraphe du roman en introduit un second : « [...] *Tatiana Karl*, sa meilleure amie durant leurs années de collège. »

Un glissement ensuite s'effectue aussitôt vers l'usage des prénoms, *Tatiana* et *Lol.* Contrairement à ce que l'on attendrait dans un discours ordinaire, le roman n'en reste pas à cet usage des prénoms, mais ne cesse de faire alterner ensuite nom complet et prénom pour les deux héroïnes.

> *Tatiana* ne croit pas au rôle prépondérant de ce fameux bal de T. Beach dans la maladie de *Lol V. Stein.*
>
> *Tatiana Karl*, elle, fait remonter plus avant, plus avant même que leur amitié, les origines de cette maladie. Elles étaient là, en *Lol V. Stein*, couvées,

17. Édition de référence : Paris, Gallimard, coll. « Folio », 1964.
18. Le fait que ce système caractérise ces deux personnages est démontré à l'évidence bien qu'indirectement par la traduction finnoise du roman. Ne disposant pas d'opposition de genre pour les pronoms, le traducteur a été mis plusieurs fois dans l'impossibilité de rendre des pronoms français par des pronoms finnois. Il a eu recours au nom à chaque fois, et, ce qui est remarquable, au nom complet. Sur deux pages par exemple, deux occurrences en français de *Michaël Richardson*, contre six occurrences en finnois, une occurrence de *Anne-Marie Stretter*, contre cinq en finnois !

mais retenues d'éclore par la grande affection qui l'avait toujours entourée dans sa famille et puis au collège ensuite. Au collège, dit-elle, et elle n'était pas la seule à le penser, il manquait déjà quelque chose à Lol pour être — elle dit : là. (p. 12)

L'alternance est en elle-même un problème car elle viole la maxime donnée précédemment. La narrateur a accès au prénom, et l'utilise, ce qui en général tend à prohiber le retour du nom complet.

En fait, c'est probablement la situation d'énonciation du roman elle-même qui justifie cette alternance. Le narrateur passe sans cesse d'une communauté étroite, son cercle d'intimes, où les prénoms sont obligatoires, au cercle plus large de l'opinion publique, des lecteurs, pour lesquels le prénom n'est pas accessible.

De manière plus générale, le prénom apparaît naturellement dans les textes de fiction pour les personnages mis au centre du récit. Comme si les suivre de près créait une familiarité telle qu'elle en autorise l'usage. Peut-on ajouter que l'usage du prénom est d'autant plus aisé que le texte entre dans l'analyse des pensées du personnage, le prénom connotant l'intimité ?

Ce que le roman de Duras a de plus remarquable, c'est, à mon sens, le tempo : les passages entre les deux sphères d'énonciation sont constants, rapides et relativement imprévisibles, en somme une manière de montrer comment l'histoire est vue de l'intérieur et de l'extérieur successivement.

En effet la situation typique illustrée par exemple par Balzac semble être la suivante : passage du nom complet au prénom, puis retour ponctuel, assez rare au nom complet, en général dans des contextes de mise au point, de bilan, d'événement public et marquant :

> David Séchard fit au lycée d'Angoulême les plus brillantes études. [...]
>
> Tout en apprenant son métier, David acheva son éducation à Paris. Le prote des Didot devint un savant. Vers la fin de l'année 1819, David Séchard quitta Paris sans y avoir coûté un rouge liard à son père [19].

Dans le texte de fiction, l'accès au prénom est simulé, et non réel. L'auteur simule avec son lecteur une communauté épistémique où l'usage du prénom serait admis pour les personnages dont nous devenons en quelque sorte des familiers [20].

---

19. Balzac, *Illusions perdues*, *La comédie humaine*, Paris, Gallimard, coll. « Bibilothèque de la Pléiade », éd. par Pierre-Georges Castex, 1976-1981, T.V, p. 126.
20. Notons que c'est l'usage effectif du prénom par l'auteur qui légitime son usage ultérieur pour le critique ou le lecteur, comme si seul le premier était habilité à autoriser cette familiarité, d'où sans doute cette étrangeté des propos d'Albert Thibaudet parlant de Marie Arnoux : « Pour Frédéric, Marie est à elle seule ce qu'est le monde confus et romanesque pour Emma : la figure du bonheur. », *Gustave Flaubert*, Paris, Gallimard, 1935, p. 161. L'étrangeté tient à ce que personne dans le roman ne l'utilise, ni l'auteur ni aucun des personnages, et que Mme Arnoux est pour le roman un personnage opaque. Un critique d'aujourd'hui obtiendrait le même effet en parlant d'*Anne-Marie* et de *Michaël*.

Mais l'auteur peut, à tout moment, revenir à une communauté épistémique plus large, dans laquelle l'accès au prénom est interdit, et le nom complet obligatoire. En substance, l'auteur est à mi-chemin entre le récit concernant un ami (presque) commun et le rapport de police ou la chronique des faits et gestes d'un personnage public.

Mutatis mutandis, on pourrait appliquer au prénom l'observation suivante de Jacqueline de Romilly [21], parlant de l'histoire (non de la fiction), et de Thucydide :

> [...] l'auteur a adopté le point de vue le plus large possible et il n'a pas voulu s'enfermer lui-même dans sa situation de Grec, d'Athénien, d'aristocrate. Cela est vrai par exemple quand Thucydide se refuse à employer une chronologie fondée sur les calendriers variables de chaque ville et qu'il date les événements par les saisons et les moissons. Cela est vrai encore quand il écarte tant qu'il peut les noms propres, les intrigues locales, les prétextes, ne retenant que les grands traits, intelligibles en tous temps.

Dans ce roman de Duras, alternent « point de vue large » identifié par le nom complet et point de vue restreint aux « intrigues locales », identifié par le prénom.

5. Perspectives de recherche

Le principe général mis en avant par ces observations est le suivant : l'alternance nom/description, prénom/nom complet dans les chaînes de référence discursives apparaît à bien des égards comme une licence des textes de fiction.

La voie d'approche suggérée essaie d'en rendre compte à partir des traits propres à la situation d'énonciation qui produit ces textes : l'instance de narration simule son appartenance à une communauté épistémique étroite qui dispose du nom, mais s'adresse à un interlocuteur générique, non spécifié, qui n'en dispose pas. Cette situation d'énonciation artificielle autorise des passages, des changements de points de vue qui sont très difficiles à réaliser dans une situation de communication ordinaire. En fin de compte, le personnage peut être nommé dans un système hybride, qui mêle des formes propres à la désignation d'individus proches, et des formes propres à la désignation de personnages historiques, ou publics.

Ces voies de recherche sont naturellement à explorer, tant pour ce qui concerne les formes de la désignation en discours ordinaire, que pour ce qui concerne les textes de fiction. Les limites des réflexions présentes tiennent précisément à ce qu'elles traitent des textes de fiction « en général », sans distinguer les genres, les époques et les styles. Beaucoup de travail reste ici à faire.

---

21. Jacqueline de Romilly, *Pourquoi la Grèce ?*, Paris, Éditions de Fallois, 1992, p. 16.

D'un déterminant l'autre : les noms propres modifiés de *Guignol's band I*

Johanne Bénard
Université Queen's

Cet article constitue le deuxième volet d'une réflexion sur le nom propre dans les romans de Louis-Ferdinand Céline, à partir d'une étude assistée par ordinateur de *Guignol's band I* [1]. Dans un roman où prolifèrent les surnoms et les noms propres avec déterminants, je m'intéresse aux différents effets de sens que les désignateurs disséminent dans les énoncés. Pour chaque personnage, les chaînes de coréférence sont généralement hétérogènes : on y trouve, dans toutes sortes de combinaisons, des noms propres, des surnoms, des noms propres modifiés ou des surnoms modifiés — de même bien sûr que des pronoms. En fait, le roman célinien se distingue tout autant des romans lisibles-réalistes que des nouveaux romans ou romans postmodernes. D'une part, il s'attaque à l'effet-personnage, en proposant des relais aux noms propres autres que les descriptions définies ou les pronoms personnels [2]. D'autre part, ces chaînes qui font une large part aux surnoms et aux noms propres avec déterminants ne viennent pas brouiller les référents-personnages, comme c'est souvent le cas dans les nouveaux romans [3]. S'il y

1. Un premier article est paru (« Quand nommer c'est surnommer : Céline onomaturge ») dans *Les noms du roman*, Publications du Département d'études françaises de l'Université de Montréal, coll. « Paragraphes », 1994, p. 75-89. Je rappellerai ici que l'étude assistée par ordinateur du corpus célinien que je mène avec Greg Lessard à l'Université Queen's a bénéficié d'une subvention de recherche du Advisory Research Committee de cette université. Bien que nous disposions maintenant d'une version informatisée des deux tomes de *Guignol's band* (de même que de *Casse-pipe*), je me limiterai pour cet article à *Guignol's band I*, où l'on trouve le plus grand nombre de surnoms et de noms propres modifiés.
2. Je fais référence ici à l'étude de Francis Corblin, qui oppose le personnage zolien, produit de façon contingente dans la multiplicité des descriptions définies, et le personnage flaubertien, produit objectivement dans l'alternance noms propres/pronoms personnels. Voir « Les désignateurs dans les romans », *Poétique*, n° 54, avril 1983, p. 199-211.
3. Je pense en particulier aux romans de Robbe-Grillet. Ainsi, pour Barbara Havercroft, dans *Djinn* : « *The textual game of oscillation at work (or better, in play) in this novel serves not simply to subvert the notion of the " character " as a well-defined individual, but provoques the proliferation of vague and floating identities.* The vacillation of the pronominal deictics, accompanied by a perplexing profusion of proper names and intertextual references, *brings about the erasure of the traditional binary opposition between the feminine and the masculine, in a parodic refusal to uphold " proper " gender roles and conceptions of sexual difference.* » (« Deictic Dilemmas and Robbe-Grillet's Andro-*Djinn* », *RSSI*, vol. X, n°s 1-2-3, 1990, p. 39 ; c'est moi qui souligne) Voir également ici même, sur un roman de Marguerite Duras (*Le ravissement de Lol. V. Stein*), l'article de Francis Corblin, qui s'intéresse à la question de la répétition du nom propre.

a vertige référentiel dans *Guignol's band I*, ce qui est visé en dernier ressort, c'est essentiellement l'énonciation : dans sa performativité ou sa réflexivité.

Dans le cours du texte célinien, le personnage est souvent renommé.

> Un caractère à massacre ! Vous allez voir cette frimousse !... Elle est pas de Séville pour re rien !... Ils ont ça dans le sang !... Je l'ai ramenée en 1902 de l'Exposition Castillane !... Carmen qu'elle s'appelait... moi je l'appelle Joconde ! (p. 133 [4])

La multiplication des surnoms et des noms propres a comme corollaire la réitération ou la mise en évidence de l'acte de nomination. Dans le roman célinien, nommer n'est pas un acte qui précède la fiction (dans une narration omnisciente) ; il est produit tant par un personnage-narrateur que par les autres personnages — soit dans l'exemple précédent le personnage de Cascade. Le jeu plurivocal est constant : les relais entre surnoms et noms propres (modifiés) passent du récit principal au discours (direct) des personnages ou au discours indirect libre (discours mixte). La désignation est prise dans les différentes couches ou voix de l'énonciation.

Le but de cet article est d'étudier plus particulièrement les noms propres modifiés, c'est-à-dire accompagnés de déterminants. Mon analyse doit beaucoup au travail de Marie-Noëlle Gary-Prieur, qui propose une étude du nom propre en contexte, c'est-à-dire dans les différents « énoncés d'une langue », en l'occurrence le français. Pour le dire en ses termes, il s'agira donc, dans le texte célinien, de rendre compte des « interprétations associées à chacune des constructions du nom propre [5] », ou plus exactement ici aux constructions que l'on trouve dans la combinaison du nom propre de personnage avec l'article défini, le démonstratif et le possessif [6].

---

4. Toutes les citations de *Guignol's band I* (Paris, Denoël, 1944) proviennent de l'édition critique de Henri Godard, *Romans*, t. III, Paris, Gallimard, « Bibliothèque de la Pléiade », 1988. J'indique entre parenthèses la page d'où est tirée la citation.

5. Marie-Noëlle Gary-Prieur, *Grammaire du nom propre*, Paris, Presses universitaires de France, coll. « Linguistique nouvelle », 1994, p. 6. Je remercie Marie-Noëlle Gary-Prieur, qui a aimablement accepté de lire une première version de cet article. Je lui suis, entre autres, redevable de la restriction du corpus aux seuls noms propres modifiés. Considérer également les surnoms modifiés nous amènerait ainsi à mettre sur le même plan non seulement des surnoms comme « Mille-Pattes », pour lequel ne correspond aucun nom propre et qui semble se comporter comme un nom propre quand il est modifié, mais des surnoms modifiés comme « La Joconde » et « L'Affreux ». Dans ces deux derniers cas, de façon plus problématique, la forme de base (non marquée) est alors, à l'inverse du nom propre modifié, la forme avec déterminant. De même, les surnoms du type de « Mimi la jambe de bois » intègrent autrement l'article. Mes remerciements vont également à Francis Corblin pour ses conseils linguistiques, même si je n'ai pas retenu sa proposition de prêter une valeur de notoriété à l'article défini qui accompagne le nom propre. Cette question mériterait également d'être traitée à part.

6. Les combinaisons du nom propre de personnage avec l'article indéfini ou avec le partitif ne s'avèrent pas pertinentes dans le contexte célinien. Elles le sont néanmoins dans d'autres textes. Voir ici même les études de Martine Léonard sur le corpus balzacien et d'Élisabeth Nardout-Lafarge sur la *Préface de Cromwell*, qui montrent bien comment, pour la figure de l'antonomase, il faut aussi tenir compte de la combinaison du nom propre avec l'article indéfini, avec le partitif, de même que du nom propre sans déterminant et de différents cas de pluralisation.

En présupposant que les noms propres sont généralement employés sans déterminants[7], je dirais que, dans *Guignol's band I*, les occurrences des noms propres avec l'article défini apparaissent nombreuses ; elles sont également plus fréquentes que les occurrences du nom propre avec le démonstratif et le possessif. Le tableau en annexe, qui compile les différentes combinaisons des noms propres des personnages principaux du roman avec ces trois déterminants, en rend compte de façon assez convaincante[8]. Il s'agira maintenant de voir comment la forme *le Np* comporte des effets déictiques, en rapport avec l'une des particularités du texte célinien : sa tendance à révéler le présent de son énonciation. Quant aux formes *ce Np* et *son Np*, elles témoignent plutôt du phénomène de plurivocalité.

1. Nom propre et article défini

Selon Marie-Noëlle Gary-Prieur, l'article défini accompagne le nom propre « quand le nom propre seul ne suffirait pas à identifier un individu[9] ». Deux cas sont possibles : ou bien il s'agit de lever une ambiguïté référentielle (le Pierre que nous connaissons toutes deux), ou bien on choisit parmi les multiples références possibles (le Pierre des meilleurs jours). Pourtant, chez Céline, on ne semble pas trouver ce type d'énoncés. Ainsi, dans *Guignol's band I*, l'article défini qui accompagne le nom propre d'un personnage ne sert ni à mieux l'identifier ni à en présenter une facette spécifique. Lorsque l'on passe de l'étude d'énoncés singuliers à celle d'un texte (romanesque), la question se déplace. Mais prenons pour commencer, parmi bien d'autres, un exemple :

1. *La Mimi* qui criait ça du fond de l'escalier (p. 134 ; c'est moi qui souligne ici, comme dans tous les exemples de *Guignol's band I*).

Un tel emploi de l'article défini avec le nom propre n'est-il pas alors « simplement », dans un texte qui emprunte plus d'un tour au français populaire, ce que Grevisse a désigné comme un emploi *familier*[10] ? Oui, à cela près que rien n'est si simple, ou plutôt que cela ne change rien au problème :

---

7. Marie-Noêlle Gary-Prieur reconnaît ainsi que le nom propre sans déterminant est « la construction typique du nom propre », celle qui manifeste « sa propriété d'autodétermination ». C'est dire qu'« en l'absence d'article, le nom propre ne peut effectuer qu'une identification globale de l'individu qui lui est associé par un acte de baptême » (*op. cit.*, p. 69).
8. Afin de ne pas multiplier indûment les catégories, j'ai ignoré certaines distinctions, qui n'en mériteraient pas moins d'être examinées. D'une part, dans la première catégorie, on trouvera non seulement les noms propres sans déterminant, mais aussi les noms propres accompagnés d'un titre (« Monsieur Boro », « Sergent Matthew » ou « Docteur Clodo », etc.). D'autre part, dans les trois autres catégories, on découvrira quelques noms propres modifiés avec une extension (« la grande Angèle », « ce pauvre Raoul » ou « mon petit Cascade », etc.) ou des noms de qualités, particulièrement difficiles à classer (« ma loque Matthew » et « cette tante de Matthew »).
9. Marie-Noëlle Gary-Prieur, *op. cit.*, p. 124.
10. Familiarité ou mépris. J'ai déjà proposé qu'à l'instar des surnoms et des noms de qualités (ayant valeur de termes d'insulte), la forme *le Np* faisait écho à la thématique de l'abject qui informe tout le texte célinien ; il s'agit en quelque sorte de désigner l'individu-personnage tout en lui déniant le droit à un « nom propre », tout en le « dé-nommant ». Voir mon article « Quand nommer c'est surnommer : Céline onomaturge » (*Les noms du roman*,

La Léontine, dans l'exemple cité par Grevisse, signifie que parmi toutes les personnes qui se prénomment ainsi, il s'agit d'un individu bien connu des interlocuteurs, la seule du village peut-être, suffisamment présente à l'esprit dans la situation pour éliminer toutes les autres Léontine. Encore une fois, l'élément anaphorique ne fait que rendre explicite le postulat conversationnel lié à l'usage de tout nom propre : *la Léontine*, c'est le seul x appelé /Léontine/ dont il soit concevable de parler dans une situation donnée [11].

Il s'agirait donc toujours, selon Marie-Noëlle Gary-Prieur, d'opposer à un « repérage déictique » du référent (le nom propre sans déterminant) un « repérage anaphorique » (le nom propre avec l'article défini). Or, pour notre analyse du texte célinien, c'est la lettre de la théorie de la linguiste qu'il faut considérer, lorsqu'il est question de « déixis » ou d'« acte d'énonciation » :

> Autrement dit, le point commun entre *la France*, *la Deneuve*, *la Léontine* et *le Billy the Kid*, c'est que dans tous ces cas, la présence de l'article manifeste l'indépendance de la relation entre le nom propre et son référent par rapport à l'acte d'énonciation [12].

En fait, je propose de renverser complètement cette hypothèse : chez Céline, tout au contraire, l'article défini viendrait plutôt marquer le rapport à l'acte d'énonciation. Dans sa combinaison avec le nom propre, l'article défini des énoncés céliniens comporte une valeur indexicale ; il signale la situation d'énonciation.

Pour justifier ce virage à cent quatre-vingts degrés sur l'axe déictique/ anaphorique, je procéderai en trois temps. D'abord, je montrerai comment les occurrences des noms propres accompagnés de l'article défini dans *Guignol's band I* se trouvent souvent dans le contexte de ce qu'un critique célinien appelle la « déixis imitative », soit là où le récit semble réduire au minimum la distance entre l'énoncé et l'énonciation. Dans un deuxième temps, j'examinerai la construction emblématique avec un « Voilà » déictique. Finalement, sur un terrain plus théorique, je ferai appel à Georges Kleiber, qui a proposé de redéfinir le démonstratif.

1.1. La déixis imitative

L'article de Xavier Tallon, « Thames and time : temps et narration dans *Guignol's band* [13] », reconsidère plus d'un lieu commun de la critique céli-

---

op. cit., p. 81), où j'emprunte librement ce terme de « dé-nomination » à la définition de Kleiber du nom propre avec déterminant démonstratif.

11. Marie-Noëlle Gary-Prieur, *op. cit.*, p. 103. Par ailleurs, il s'agirait d'un même phénomène d'anaphore dans « l'usage qui consiste à utiliser la forme *la Np* pour désigner les actrices : *la Deneuve* isole, parmi toutes les femmes qui peuvent s'appeler /Deneuve/, celle que les médias ont rendue célèbre au point que c'est son image qui s'impose comme seul référent possible du nom propre » (p. 102).
12. *Ibid.*, p. 104.
13. Xavier Tallon, « Thames and time : temps et narration dans *Guignol's band* », *L'Année Céline 1990*, Tusson et Paris, Du Lérot et IMEC, p. 173-194.

nienne : l'expressivité exacerbée des textes de Céline (en rapport avec leur oralité) ou encore, d'un point de vue narratologique, la question de la « présence » du narrateur dans un récit qui semble se conformer exactement au surgissement du souvenir. Puisant dans le réservoir des figures de la rhétorique, Tallon soutient que le récit célinien s'écrit sous le signe de la figure de l'hypotypose, cette figure qui, selon Fontanier, « peint les choses d'une manière si vive et si énergique, qu'elle les met en quelque sorte sous les yeux, et fait d'un récit ou d'une description, une image, un tableau, ou même une scène vivante [14] ». Le narrateur célinien tente de faire croire à la coïncidence de l'énonciation et de l'énoncé. Dans la mesure où « le référent est placé de façon tangible en vis-à-vis du récit, dans un rapport de contemporanéité [15] », le récit célinien tendrait à être mimétique plutôt que diégétique. En donnant l'exemple des passages où le narrateur (ou le personnage) combine récit parlé et imitation physique, Tallon propose alors le terme de « déixis imitative » :

> Les déictiques assurent en effet le lien entre le geste et la parole : pour représenter « ça », on montre l'imitation qu'on en fait (« les yeux comme ça ») ou, aussi bien, on l'imite en le montrant comme une chose tangible (« Voilà Denoël qui s'apporte ») [16].

Or, c'est dans ce contexte de « déixis imitative » que l'on trouve près du tiers des noms propres accompagnés par l'article défini, soit, pour reprendre l'exemple de Tallon en le modifiant, des énoncés du type de « Voilà [le] Denoël qui s'apporte ». Je me contenterai ici d'en citer douze parmi les plus représentatifs :

> 2. C'était fini net les pleurs !... Une furie *l'Angèle* ! arc-boutée au buffet elle allait sauter sur la vioque ! la déplumer séance tenante ! (p. 142-143)
>
> 3. Tout d'un coup ! qu'est-ce qui lui prend ?... il s'arrête pile, il demeure figé... devant *le Boro*... en chapeau de forme ! ah ! ça le suffoque ! ah ce culot !... là affairé dans sa musique, à taper sur son rigodon. [...] (p. 102)
>
> 4. Je regarde la porte là grande ouverte !... Ah ! je gafe encore !... *Le Matthew* qu'est là !... dans l'encadrure !... Personne l'a vu venir !... Il a eu un vrai spectacle ! (p. 147)
>
> 5. Au moins une douzaine de colosses qui voulaient étriper *le Cascade* !... Illico presto !... (p. 173)
>
> 6. Voilà *le Clodovitz* qui rapplique... (p. 176)
>
> 7. Voilà donc vidé *le Prosper* et le *Boro* avec.
> À nous le hangar à présent ! (p. 177)
>
> 8. Au moment juste la porte qui s'ouvre !... Le voilà qu'apparaît *le Titus* !... Titus van Claben ! dit l'Affreux !... C'est son surnom !... (p. 181)

---

14. Pierre Fontanier, *Les figures du discours*, cité par Tallon (*op. cit.*, p. 180).
15. *Ibid.*, p. 177.
16. *Ibid.*, p. 178.

9. Une pièce... Quel tohu-bohu!... Je bute dans tout!... Je tombe sur *le Boro* là vautré... ouf! avachi en plein divan... Il me voit... il se soulève. (p. 183)

10. Voilà qu'il attrape *la Delphine*... (p. 214)

11. Voilà *le Boro* qui me rattrape... (p. 215)

12. Et là en face? qui que je vois? qui c'est qu'est là?... là vis-à-vis?... Ah pardon! Ah! j'écarquille!... Son raglan!... son mou!... sa gueule!... Matthew là! Matthew! là sur l'autre plate-forme!... *Le Matthew* qui nous gafe en plein!... (p. 254)

13. Elle fait demi-tour! se rejette sur moi! dans mes bras!... en sanglots, en folle frayeur!... *le Sosthène* est là dans la porte... sur le paillasson... Il nous regarde... (p. 303)

L'hypotypose ou la déixis imitative se marquerait dans ces exemples par les sèmes reliés au regard, voire à l'apparition. De même, on pourrait mettre sur le compte de cette figure certains traits typiques du texte célinien: absence de verbes, ellipses, exclamations et interjections. Quant aux temps verbaux, ce qui frappe le plus, c'est la combinaison du présent ou de l'imparfait — qui sont des temps verbaux très versatiles d'un point de vue aspectuel — avec des adverbes de temps qui indiquent une action soudaine (ou une apparition): « séance tenante », « tout d'un coup », « pile », « illico presto », « à présent », « au moment juste ». L'énoncé se fissure pour laisser place au présent de l'énonciation. Ce faisant, paradoxalement, l'énonciation se dérobe; le spectacle ne pouvant attendre le relais d'un récit, il se donne sans médiation.

1.2. Voilà!

Dans mes exemples de noms propres avec l'article défini à valeur déictique, on peut noter la récurrence des énoncés avec « voilà » (6, 7, 8, 10, 11). Or, il vaut la peine ici de mentionner l'étude de cette construction par Jean-Marcel Léard [17], qui démontre, par un autre biais, la valeur déictique de tels contextes. Ainsi, Léard propose d'abord de considérer « voilà » comme un doublet du verbe « voir », avéré défectif au présent de la deuxième personne (indicatif ou impératif [18]). La construction a des valeurs spatiales qui lui sont propres: « *voilà* exige que le locuteur et l'allocutaire croisent leur regard sur un objet, alors que ce n'est pas le cas pour *voir* [19] ». Mais la question se déplace légèrement quand, comme c'est le cas pour nos énoncés céliniens, *voilà* est associé à une notion verbale: *voilà* est combiné à une relative dans 6 et 11, à une complétive dans 8 et 10 et à un participe dans 7. Les valeurs

17. Jean-Marcel Léard, *Les gallicismes. Étude syntaxique et sémantique*, Paris, Duculot, 1992. Les autres constructions étudiées sont « il y a » et « c'est ».
18. Cela est démontré longuement par Jean-Marcel Léard (*ibid.*, p. 105-110).
19. *Ibid.*, p. 110.

spatiales apparaissent dès lors comme des valeurs aspectuelles, où *voilà* « devient la marque d'une opération de repérage ou de modalisation sur la proposition qui suit [20] ». C'est dire que la perception est liée alors au procès de l'énonciation et que les repères sont essentiellement d'ordre énonciatif ; il s'agit d'« un pointage à partir du lieu ou du moment de parole [21] ». Le moment qu'indique la construction avec *voilà*, c'est, par rapport au moment de l'énonciation, celui où « la connaissance commence : on en pointe le début, et la prise de conscience correspond au début de la parole. Il en résulte un effet d'inattendu, d'émergence [22] ». Reprenons ici le fil célinien : le *voilà* auquel est lié le nom propre accompagné par l'article défini permettrait donc au narrateur, non seulement de manifester ou d'actualiser le passé de l'histoire, mais encore, littéralement, de le faire *survenir* dans le champ du discours [23].

En fait, ce que je voudrais proposer, c'est que, dans les énoncés de *Guignol's band I* où l'on trouve des noms propres modifiés, ce serait l'article défini qui porte la marque de la deixis. Le personnage célinien qui est désigné par la forme *(Voilà) le Np* traverse toutes les couches temporelles et tous les niveaux de l'énonciation en un instant : il apparaît en même temps que l'énonciation. Avec elle, plutôt qu'à travers elle.

2. Nom propre et démonstratif

Dans *Guignol's band I*, la grande fréquence des articles définis qui accompagnent les noms propres semble avoir comme revers le peu d'occurrences des noms propres avec le démonstratif. Avant de considérer les effets de sens particuliers que produit la combinaison du nom propre et du démonstratif dans le texte célinien, je me demanderai donc si ce sont les propriétés mêmes des démonstratifs qui sont transférées aux articles définis. Mais « les démonstratifs (dé)montrent-ils ? »

2.1. Le démonstratif et la déixis

Dans un article du *Français moderne* qui a pour titre cette question fondamentale, Georges Kleiber soutient (en remettant en question la thèse la plus répandue) que

> les démonstratifs ne peuvent être assimilés ni à des « montreurs » ni à des localisateurs, que ce soit dans un sens strict, c'est-à-dire qu'ils montrent par

20. Jean-Marcel Léard, *op. cit.*, p. 118.
21. *Ibid.*, p. 154.
22. *Ibid.*, p. 125.
23. Il y aurait lieu de nuancer l'analyse. Ainsi, le clivage de l'énoncé 8 pourrait renforcer l'effet d'inattendu : « Le voilà qu'apparaît *le Titus* !... », alors que l'énoncé 10 est un cas moins intéressant parce que le nom propre modifié n'est pas le sujet de l'action : « Voilà qu'il attrape *la Delphine* ».

eux-mêmes le référent visé [...], ou que ce soit dans une conception plus neutre [...] qui intègre dans le contenu sémantique des démonstratifs un trait de « monstration » indéterminé [24].

En se distinguant des symboles indexicaux ou déictiques directs comme *Je, Tu, maintenant, hier, aujourd'hui,* les démonstratifs appartiennent plutôt à la catégorie des déictiques indirects ou désignateurs indexicaux incomplets, dont la « seule énonciation ne garantit pas l'identification du référent » :

> La transparence ou la complétude indexicale se traduit par l'impossibilité de changer le cours de la référence. Même si je désigne du doigt quelqu'un dans l'assistance en disant *Je mange*, je renvoie à moi-même et non à la personne désignée par mon doigt. Une telle expérience pratiquée avec les démonstratifs aboutit [...] à un résultat différent, le changement du geste désignatif entraînant un changement de référent. Les démonstratifs sont fondamentalement *incomplets*. Par opposition aux symboles indexicaux complets, ils sont susceptibles de différents types d'emplois référentiels indexicaux, de telle sorte que leur seule énonciation ne garantit pas l'identification du référent [25].

Ainsi en serait-il des articles définis qui accompagnent les noms propres dans le texte célinien. Leur valeur indexicale affaiblie ou indirecte n'en fait pas des monstrateurs, mais des « signaux ». Suivons Kleiber sur le terrain des métaphores :

> Le démonstratif [...] attire l'attention de l'interlocuteur sur l'existence d'un référent à identifier dans la situation d'énonciation de l'occurrence sans indiquer par lui-même quel est, pour la situation donnée, ce référent. Au lieu de la métaphore du doigt tendu ou de la flèche qui pointe, nous proposerons [donc] l'image du signal, qui, semblable à la lumière ou à la sonnerie évoquée ci-dessus [celle d'un tableau de bord ou d'un système d'alarme] indique qu'un événement est relié à l'apparition du signal en question sans préciser toutefois quel est cet événement [26].

Mais alors, ajouterais-je, en « attirant l'attention de l'interlocuteur sur l'existence d'un référent à identifier dans la situation d'énonciation », l'article défini qui modifie le nom de personnage, chez Céline, signale en premier l'énonciation elle-même, et son présent.

2.2. Le démonstratif en contexte plurivocal

> 14. « Vous n'avez point suivi la mission Bonvallot ?... Non ?... Vous ignorez tout ?... »
>
> Il me toise.
>
> « Bonvallot ?... Étrange !... Étrange !... »

---

24. Georges Kleiber, « Les démonstratifs (dé)montrent-ils ? Sur le sens référentiel des adjectifs et pronoms démonstratifs », *Le Français moderne*, n° 2, avril 1983, p. 100.
25. *Ibid.*, p. 114.
26. *Ibid.*, p. 115.

Il se ravise.

« Au fond tant mieux !... À l'oreille : « Quel charlatan *ce Bonvallot* !... Quelle canaille !... C'est tout !... Entre nous !... Un clown !... Il l'a jamais vu, le Tibet ! Quel vantard !... Lui, la Gaourisankar ? Oh ! là ! là ! » Il s'esclaffe rien que d'y penser ! à *ce Bonvallot* ! Il glousse... Il l'aurait pris pour le Mont d'Or ! Quel Bonvallot ! Quel escroc !... Sacré Bonvallot !... Agent de l'Angleterre !... des trusts !... Le bandit international le plus haut du monde ! Gaourisankar ! 7 022 mètres !... Tout s'explique ! Vendu Bonvallot !... Quel traître !...

Je prends le même ton. J'approuve... je ricane...

« Oh ! là ! là ! Quelle frappe ! quel écœurant *ce Bonvallot* !... »

Ah ! il l'avait sur la patate le Bonvallot en question, il n'en sortait plus ! ça lui en donnait le mauvais œil, le regard assassin, rien que d'en parler !... de *ce Bonvallot effroyable* !... et je m'y connais en regards !... (p. 273)

Non seulement on trouve peu d'exemples de la modification du nom propre par le démonstratif dans *Guignol's band I*, mais encore le passage le plus intéressant ne fait pas partie du corpus, puisqu'il ne s'agit pas du nom propre d'un personnage. La répétition de « ce Bonvallot » dans l'extrait que je viens de citer donne toutefois une idée de ce que le texte célinien aurait pu tirer comme effets stylistiques d'un telle détermination. Ainsi, pour Marie-Noëlle Gary-Prieur, la combinaison du démonstratif et du nom propre, tout particulièrement quand le syntagme nominal est modalisé par l'exclamation (comme c'est le cas dans le passage), apporte un élément nouveau : « la présence de l'énonciateur, qui commente en quelque sorte grâce au démonstratif son acte de référence [27] ».

Il faut se demander alors qui est « l'énonciateur » dans l'exemple de Bonvallot, ou plus exactement à qui attribuer le jugement (ici défavorable) sur le référent de « Bonvallot ». Une occurrence de « ce Bonvallot » apparaît d'abord dans le discours direct de Sosthène (« à l'oreille » de Ferdinand), mais il en est peu après une autre dans le discours du narrateur : « Il s'esclaffe rien que d'y penser ! à ce Bonvallot !... » Il s'agirait alors de ce que Kleiber désigne du terme un peu ambigu de « pensée démonstrative », dont, ajoute-t-il, « le style indirect libre constitue un des sites privilégiés [28] ». Autrement dit, le démonstratif dans la deuxième occurrence de « ce Bonvallot » permet au narrateur de refaire allusion à la rancœur de son interlocuteur sans avoir à le citer intégralement ; le commentaire de l'interlocuteur se glisse dans le discours du narrateur [29]. Quant à la troisième occurrence, si

27. Marie-Noëlle Gary-Prieur, *op. cit.*, p. 210

28. « Du nom propre non modifié au nom propre modifié : le cas de la détermination des noms propres par l'adjectif démonstratif », *Langue française*, n° 92, décembre 1991, p. 96.

29. Deux exemples du corpus, du reste, se trouvent dans un contexte de discours indirect libre, où le commentaire qui est repris est plutôt favorable : 1. « Il se fiait au London le Cascade... London Hospital ! Il avait confiance qu'au London... Moi je voulais bien... Joconde aussi ! Il paraît que c'était très sérieux... qu'on pouvait compter sur ce pote, *ce Clodo médecin*... le Doctor Clodovitz en question... » (p. 152) 2. « Tu verras, chez mon oncle Cascade !...

elle se trouve dans un discours direct, elle n'en témoigne pas moins d'une duplicité. Le narrateur, en introduisant sa réplique, prend bien soin de nous avertir qu'il ne fait que mimer la colère de Sosthène :

15. Je prends le même ton. J'approuve... je ricane...

« Oh ! là ! là ! Quelle frappe ! quel écœurant *ce Bonvallot* !... »

Le démonstratif est ici en quelque sorte la trace d'un emprunt ; il donne le « ton » d'un autre discours. L'interprétation pourrait être la même que pour le style indirect libre, qui est du reste le contexte de la dernière occurrence, où l'adjectif renforce le jugement défavorable qu'un énonciateur emprunte à un autre : « ce Bonvallot effroyable ! » Au lieu de marquer (le procès de) l'énonciation, le démonstratif marquerait alors la distance entre deux énonciations : une distance peut-être feinte, ou en tout cas toujours près d'être réduite à néant, dans le jeu plurivocal.

3. Nom propre et possessif

Comme le déterminant démonstratif, le déterminant possessif, quand il accompagne le nom propre, doit être interprété en rapport avec les « personnes » de l'énonciation. De même participe-t-il de la plurivocalité du texte célinien.

3.1. Le possessif et la « personne »

En considérant la détermination du nom commun, on pouvait s'attendre à ce que les effets de sens des constructions dans lesquelles le possessif accompagne le nom propre soient liés à la catégorie de la personne. Mais, comme le démontre bien Marie-Noëlle Gary-Prieur, il faut entendre alors le terme « personne » non seulement comme une catégorie grammaticale, mais comme une catégorie logico-discursive : « C'est un sujet parlant qui se manifeste dans un SN de la forme *Poss Np*, avec ses jugements, ses croyances et son affectivité[30]. » Le possessif de la première personne marquerait une valeur affective positive entre le locuteur et le référent du nom propre, tandis que pour les possessifs de la deuxième et de la troisième personne, le référent du nom propre serait défini de façon négative par le locuteur, cette négativité étant à la mesure de la distance qui s'institue nécessairement alors entre le locuteur et le référent du nom propre. C'est toute la différence entre l'exemple 16, la réplique d'un proxénète qui confie son « amour » à Cascade, et l'exemple 17, l'invective de Cascade, s'insurgeant contre l'ingratitude de ses protégés, qui ne voient pas qu'il achète le policier (« leur Matthew ») :

Comment ça fonctionne un petit peu !... Tu verras un petit peu la vie !...Tu verras la tôle !... que c'est un homme des Bats aussi ! mon cher oncle Cascade ! » Il parlait toujours de *ce Cascasde*... Enfin des beaux horizons !... Des vrais projets attrayants ! » (p. 268)

30. Marie-Noëlle Gary-Prieur, *op. cit.*, p. 226.

16. — Tu déconnes Cascade, tu sais rien!... Veux-tu me la garder? Oui ou merde? *Ma Berthe*? Mon amour?... (p. 122)

17. Ah il étouffe!

Qu'ils seraient déjà péris au fouet! Crevés en tôle! finis saucisses! si j'avais pas encore hier sucré *leur Matthew*! (p. 169)

Certes, il arrive qu'un possessif de la première personne signale une distance entre deux discours. La citation suivante est de ce point de vue tout à fait intéressante, puisqu'il s'agit d'une double ironie. C'est l'énonciateur lui-même (Cascade) qui prête, ironiquement, un discours ironique à son adversaire (Matthew); «mon Cascade», dans ce contexte, c'est tout le contraire de «l'amour» tant pour le premier énonciateur que pour le second (imaginé):

18. Je le voyais mijoter mon flic!... Il se disait... «Je t'attends *mon Cascade*! Si tu raques pas, je vais te faire tout vif!... Je t'embarque youp là là!... l'amour»!... (p. 128)

En fait, la plupart du temps, le possessif qui accompagne le nom propre dans le texte célinien ne marque pas simplement l'animosité de l'énonciateur envers le référent du nom propre, mais également, du même coup, un jeu interdiscursif. De sorte que, à la différence de Marie-Noëlle Gary-Prieur qui n'a pas trouvé dans son corpus des possessifs de la troisième personne (parce que, explique-t-elle, «il est plus naturel, donc plus fréquent, de manifester ses sentiments à l'égard de son interlocuteur que d'une personne absente[31]»), ce sont de tels exemples que l'on trouve surtout chez Céline.

3.2. Le possessif en contexte plurivocal

Deux citations, d'abord, où le possessif participe clairement du style indirect libre, le narrateur faisant référence au discours de ses personnages:

19. Dès qu'elle a eu repris sa conscience, elle s'est remise à faire du boucan, à réclamer *son Cascade*... (p. 153)

20. Mais elle insistait, elle voulait sauver *son Claben*!... Tout de suite!... Tout de suite!... absolument!... (p. 208)

Puis, d'autres exemples où la trace de l'énonciation du personnage (soit respectivement Cascade et Delphine) est plus ténue:

21. Une femme sérieuse *son Angèle*, sa vraie, qui menait son bazar, elle avait du mal. (p. 115)

22. Elle se jette tout de suite sur son patron... Elle le couvre de pleurs, de baisers!... Elle l'aime bien *son Mr Titus*... Elle veut qu'il retrouve tout de suite ses sens!... (p. 186)

---

31. Marie-Noëlle Prieur, *op. cit.*, p. 223.

Or, pour de tels cas, l'examen d'un contexte plus étendu nous permet de retracer une première énonciation. Pour l'exemple 21, on découvrira ainsi que le nom propre modifié dans le discours du narrateur reprend, avec une distance ironique, le discours de Cascade, qui vient de s'adresser tout spécialement, parmi toutes les femmes, à Angèle. C'est en l'interpellant par son nom que le proxénète marque la préférence à laquelle fait allusion le narrateur: « son Angèle, sa vraie ». De même, pour l'exemple 22, la phrase : « Elle l'aime bien son Mr Titus » pourrait être interprétée comme la transposition (et son commentaire ironique) de la scène de Delphine : « Tout de suite des cris... des clameurs ! La déchaînée aboyante ! »

En fait, dans le texte célinien, le possessif, comme le démonstratif, s'inscrit dans les interstices des discours qui s'entrechoquent ou s'imbriquent. L'occurrence d'un syntagme nominal du type *Ce Np* ou *Son Np* « signale » (pour reprendre la métaphore de Kleiber) une autre énonciation, voire une autre nomination. Les chaînes de coréférence doivent être lues dans leur mouvance ; si elles gagnent à ne pas être décontextualisées, c'est qu'elles nous renvoient sans cesse aux diverses énonciations qui tissent le texte célinien.

•

23. « Je t'aime !... je t'aime !... Il me câline... *Ferdinand ma tronche* !... » qu'il m'appelle... (p. 215)

En guise de conclusion, je me permettrai de sortir du corpus, pour aborder la première désignation du narrateur dans *Guignol's band I* : « Ferdinand ma tronche ». À la suite de cette étude, une telle désignation — qui emprunte sa forme au surnom, mais remplace l'article défini par le possessif — n'apparaît pas seulement motivée, mais inextricablement liée à son énonciation, en tant que produit d'un autre discours (celui de Borokrom) : « qu'il m'appelle ». Bien sûr, la lecture de la forme hybride du nom du narrateur, qui nous surprend au détour d'une scène d'orgie (avec Delphine et Borokrom), reste à faire. Mais je peux tout au moins faire valoir ici le postulat qui devrait orienter l'interprétation, soit le fait que le nom propre tire son sens de son contexte. Les noms propres céliniens, qui se « modifient » au gré des échanges et des relais discursifs, sont pris dans la temporalité de l'énonciation : ou bien, avec l'article défini, ils tentent de s'inscrire dans l'instant de son surgissement, ou bien, avec le démonstratif et le possessif, ils témoignent du repliement du temps en s'intercalant dans une énonciation plurivocale. Ce sont les plus importantes leçons de l'étude des noms propres modifiés de *Guignol's band I*.

Les noms des personnages de *Guignol's band I* et leurs déterminants

	Ø Déterminant	Article	Démonstratif	Possessif	Total
Angèle	19	13	1	1	34
Borokrom	3				3
Borokrrrrom	1				1
Boro	106	23			129
Carmen	4	1			5
Cascade	138	10	1	3	152
Clodovitz	22	2		1	25
Clodo	11		1		12
Clovis	5				5
Delphine	79	12		1	92
Farcy Raoul	4	1			5
Farcy	2				2
Raoul	5	9	1	1	16
Ferdinand	22				22
Ferdine	2				2
Matthew	28	13	1	2	44
Mimi	9	3			12
Prospero Jim	2				2
Prosper	6	1			7
Prospero	6				6
Hervé Sosthène de Rodiencourt	1				1
Sosthène	26	1			27
Rodiencourt	2				2
Titus Jérome Van Claben	2				2
Titus van Claben	5				5
Titus	12	5		1	18
Jérôme	1				1
Van Claben	3				3
Claben	32	3	1	2	38

Les transferts du nom

Poétique de la *remembrance* et noms graaliens : de Perceval à Perlesvaus

Dominique Chassé
École polytechnique de Montréal

Le conte du Graal (env. 1180) de Chrétien de Troyes, œuvre fondatrice de la littérature graalienne, est resté suspendu sur le silence catastrophique de Perceval devant le mystérieux *vaissel* et sur son propre inachèvement. À ce double titre, le poème appelait une suite et, de fait, il a suscité une production romanesque considérable : les quatre *Continuations* en vers (1200-1240), la trilogie de Robert de Boron (env. 1200) et sa mise en prose (env. 1205), le *Perlesvaus* (entre 1206 et 1239), etc., autant d'œuvres qui relaient, reprennent ou réélaborent le *Conte* selon deux procédés le plus souvent associés : la continuation linéaire et la composition par *remembrance*, suivant le terme employé dans le *Perlesvaus*.

La *remembrance* constitue en réalité une véritable poétique [1], en prise avec le mystère graalien qui la fonde et en articule la manifestation narrative. La remémoration et le *remembrement* (ou leur envers, l'oubli-l'amnésie et le démembrement) sont les axes de cette poétique. Ils déterminent également les thèmes et les motifs dominants du *Perlesvaus*. La remembrance est aussi intertextualité ; sous cet angle, la relation que le *Perlesvaus* entretient avec *Le conte du Graal* est singulière : le roman donne une suite au *Conte*, comme le font, par exemple, les *Continuations* en vers, mais, contrairement à elles, qui se greffent directement sur le récit de Chrétien, il délimite ses frontières, impose sa forme et son organisation. Là où les continuateurs procèdent par extension et par récits rétrospectifs, il opère plutôt par condensation, s'incorpore et métabolise l'histoire commencée par Chrétien, notamment en recomposant, selon son propre système dramatique, ce que l'on peut appeler un passé intertextuel.

J'examine ici le travail de la *remembrance* à l'échelle d'un paradigme onomastique qui relie, de façon exemplaire en l'occurrence, *Le conte du Graal* [2] et le *Haut livre du Graal* [3] (titre véritable du *Perlesvaus*), puisqu'il

1. Voir ma thèse : *Discours et figures de la remembrance dans le Perlesvaus* (Université de Montréal, 1995).
2. Sauf mention contraire, je cite l'édition de William Roach (d'après le manuscrit B.N. fr. 12 576) : Genève, Droz et Paris, Minard, 1959, coll. « Textes littéraires français ». J'utilise en outre la traduction critique de Charles Méla, qui accompagne son édition du manuscrit 354 de Berne (Paris, Le Livre de poche, coll. « Lettres gothiques », 1990).
3. *Le haut livre du Graal : Perlesvaus*, éd. par William A. Nitze et T. Atkinson Jenkins, Chicago, The University of Chicago Press, 1932-1937, 2 vol., réimpr. Phaeton Press, New York,

regroupe, entre autres formes, le nom du héros de Chrétien, Perceval, et le nom du même héros dans le *Haut livre*, Perlesvaus.

Chez Chrétien, le récit des aventures de Perceval s'arrête avec le séjour du héros à l'ermitage de son oncle ; il lui faut en effet expier le péché qui a causé son échec devant le Graal, et guérir ses remords :

> [...] Frere, molt t'a neü
> Uns pechiez dont tu ne sez mot :
> Ce fu li doels que ta mere ot
> De toi quant departis de li,
> Que pasmee a terre chaï
> Al chief del pont devant la porte,
> Et de cel doel fu ele morte.
> Por le pechié que tu en as
> T'avient que rien n'en demandas
> De la lance ne del graal,
> Si t'en sont avenu maint mal. (v. 6392-6402)

> [...] Mon frère, ce grand mal t'est venu d'un péché dont tu ne sais mot. Le chagrin que ta mère ressentit à cause de toi, quand tu la quittas, car elle tomba évanouie au sol, au bout du pont, devant la porte, c'est ce chagrin qui l'a tuée. Pour le péché que tu en as, il advint que tu n'as rien demandé de la Lance ni du Graal. De là sont venus nombre de tes malheurs. (trad. Charles Méla, p. 449-451)

Grosso modo, *Le haut livre du Graal* procède selon cette mise en place, mais, avant de revenir au « malade » de l'ermitage, et avant de mettre en scène sa renaissance en tant que héros, il énonce ses propres données. Ce faisant, il remémore le parcours de Perceval, mais en le remodelant selon ses conceptions particulières.

Parmi les figures qui reconstruisent la mémoire des événements de l'avant-texte, et en même temps la mémoire effacée du héros, qui soigne également à l'ermitage une sorte d'amnésie, l'oncle ermite, que *Le haut livre* nomme Pelles, joue un rôle de premier plan. D'ailleurs, l'épisode de la cure à laquelle il préside, qui commence dans *Le conte* et s'achève dans le roman, constitue le point de jonction du *Haut livre* avec l'une des deux grandes parties du texte de Chrétien. Cet épisode (l. 2924-3030) marque aussi l'entrée de Perlesvaus dans le récit, entrée tardive, puisqu'elle a lieu à plus de trois mille lignes du début de l'œuvre.

À cause de son action dans *Le conte du Graal*, l'oncle Pelles participe donc au processus de remémoration du traumatisme graalien qui est au cœur de l'expérience de Perlesvaus telle que la relatent, toujours dans l'avant-texte, le *Conte* de Chrétien, les deux premières *Continuations* et le

---

1972. Traduction non exhaustive : Christiane Marchello-Nizia, p. 119-309, *La légende arthurienne : le Graal et la Table Ronde*, publ. sous la direction de Danielle Régnier-Bohler, Paris, Robert Laffont, coll. « Bouquins », 1989.

Perceval en prose (dérivé de l'œuvre de Robert de Boron). Ce traumatisme et l'échec qui en est la cause sont le point focal de l'entreprise de *remembrance*, d'où irradie *Le haut livre* tout entier. Pelles, est, dirai-je, le père graalien de Perlesvaus, en ce sens qu'il pousse le héros guéri à repartir au Graal ; en ce sens également qu'il est l'instigateur, l'inspirateur et le stratège de la victoire finale du chevalier. Mais, fait plus important encore, Pelles est celui qui, avant de renvoyer Perlesvaus au château du Graal, préside à la renaissance du jeune homme. L'ayant ramené à la vie et à la conscience, l'oncle nourricier rebaptise son pupille, lui attribuant le nouveau nom de Par-lui-fet, sur lequel on reviendra. Ce nom-là coupe tout lien du héros avec son père géniteur, Julain le Gros, et oblitère le nom dont celui-ci avait décidé. Car le nom de naissance, c'est, on s'en doute, Perlesvaus. D'où le titre commun du roman, que la critique a toujours préféré à son titre véritable. Reprenons donc à partir du nom de naissance, en suivant dans *Le haut livre* l'ordre d'apparition des quatre noms de Perlesvaus alias Pellesvaus alias Par-lui-fet alias Perceval [4].

Au préalable notons que la forme « canonique », Perlesvaus, ne disparaît jamais complètement du texte, où elle alterne avec telle ou telle autre des trois variantes à examiner. En revanche, la répartition de ces variantes est bien balisée et caractérisée. Pour autant, elles ne sautent pas aux yeux : d'abord parce que, comme on vient de le dire, elles ne supplantent jamais totalement la forme dominante, ensuite parce que le texte n'appuie d'aucune glose le passage d'une variante à l'autre ; enfin, et surtout, parce qu'elles se fondent dans le dispositif de brouillage que le texte met en place dans la première partie du récit, dispositif qui est à la fois le cadre structurel et l'expression narrative de la désorganisation du monde arthurien, perturbé, aveuglé, égaré par la catastrophe du Graal. Dans la confusion générale, personne n'arrive à retrouver ou à identifier avec certitude celui dont on attend le salut et que certains connaissent comme « le Bon Chevalier », d'autres comme « celui qui a oublié de parler devant le Graal », d'autres encore comme « le fils de la Veuve Dame », etc. D'abord retiré du monde, puis usant par la suite de divers stratagèmes de *déconnaissance* (c'est-à-dire d'incognito), Perlesvaus lui-même ajoute à la confusion qui règne autour de sa personne et de son statut. C'est là l'expression exacerbée de la grande noirceur qui, par lui, est advenue.

Les quatre noms du chevalier *déconnu* (c'est-à-dire reclus ou incognito) se succèdent donc le long d'une trame enchevêtrée, qui atténue quelque peu l'effet de rupture ou d'incohérence qu'ils produiraient dans le cadre d'une situation dramatique plus stable et d'une narration rectiligne. Mais ils n'en tissent pas moins un sens dans l'infranarratif. Ce contre-chant des noms

4. Si l'on en croit l'édition Nitze, qui fait autorité, les quatre variantes et leur distribution se vérifient dans l'ensemble des manuscrits du *Perlesvaus*, bien qu'Oxford, retenu par Nitze comme manuscrit de base, abrège fréquemment le nom du héros en P ou Per., ce qui ouvre alors sur plusieurs possibilités.

active et ravive la mémoire intertextuelle dont *Le haut livre du Graal* prétend être le dépositaire [5]. Avec d'autres éléments, il reconstruit entre les mailles du récit la genèse du drame relaté par *Le conte du Graal* et, ce faisant, il énonce sa propre ligne dramatique.

Dans cette perspective, on montrera que chaque forme du nom de Perlesvaus répond à une phase ou à un plan du récit, et ouvre sur un champ d'expérience du héros ; on observera également que chacune définit un statut et, enfin, qu'elles portent toutes l'empreinte du travail de *remembrance* revendiqué par le roman et, conséquemment, l'empreinte de la reconstruction mémorielle et transtextuelle que ce travail implique ; on verra, en un mot, que chacune de ces formes prise dans le faisceau de relations qu'elle entretient avec ses substituts engage dans ses modestes proportions le projet poétique global du *Haut livre du Graal*.

1. Pellesvaus

Dès l'orée du roman, une demoiselle expose au roi Arthur la signification du nom du héros :

> Sire, fet ele, il fu filz Julain le Gros des Vax de Kamaalot, e est apelez Pellesvax [...]. Qant il fu nez, on demanda son pere comment il avroit non en droit bautesme, e il dist qu'il voloit q'il eüst non Pellesvax, car li Sires des Mares li toloit [6] la greigneur partie des Vax de Kamaalot, si voloit qu'il en sovenist son fil par cest non, se Dex le monteplioit tant qu'il fust chevaliers. (l. 457-463)
>
> Seigneur, c'est le fils de Julain le Gros des Vaux de Camaalot [...]. Quand il est né, on demanda à son père quel nom il devait porter en baptême : il répondit qu'il désirait qu'il soit nommé Perlesvaus, car le Seigneur des Marais lui avait pris la majeure partie des Vaux de Camaalot, et il voulait que son fils gardât ce fait en mémoire à travers son nom, si Dieu lui accordait de devenir chevalier. (trad. Christiane Marchello-Nizia, p. 138)

Il s'agit donc d'un nom à étymologie, comme en élaborent régulièrement les textes médiévaux. Le fils de Julain, proclame le nom de baptême, est celui qui « perd les *vaux* de Kamaalot », autrement dit « celui qui perd sa terre », « dont la terre est en perdition ». Cette définition, exposée ici par un

---

5. « Li estoires du saintismes vessel que on apele Graal [...] : Josephes le mist en remenbrance par la mencion de la voiz d'un angle, por ce que la veritez fust seüe par son escrit e par son tesmoignage, de chevaliers e de preudomes, coment il voldrent soffrir painne e travaill de la loi Jhesu Crist essaucier, que il volst renoveler par sa mort e par son crucefiement. » (l. 1-7).
« Voici l'histoire de la très sainte coupe qu'on nomme le Graal [...]. C'est Joséphé qui [l'a mise en remembrance], sous la dictée d'un ange, afin que par son témoignage soit connue la vérité sur les chevaliers et les saints hommes qui acceptèrent de souffrir peines et tourments pour glorifier la religion que Jésus-Christ a voulu instituer par Sa mort sur la Croix. » (trad. Christiane Marchello-Nizia, p. 123).
6. Le verbe *tolir* est relayé plus loin (l. 511) par le verbe *perdre*.

témoin indirect, est validée ultérieurement dans le récit par la propre mère du garçon. Avant d'en venir à cette scène et d'approfondir l'étymologie qui y est réitérée, il faut prendre garde à un détail : selon les termes exacts de la jeune fille, « celui qui perd les vaux de Kamaalot » est appelé, dans cette partie du texte, non pas Perlesvaus — forme qui traduit mot à mot l'étymologie énoncée par le père géniteur et qui est aussi la forme la plus largement attestée dans le roman [7] — mais bien plutôt *Pelles*vaus, où s'entend le nom de Pelles, le père graalien. L'étymologie sanctionnée par le père géniteur, Julain, n'en est pas pour autant infirmée, d'abord parce que la structure trisyllabique est préservée, et surtout parce que la modification n'affecte qu'une seule consonne [8]. Prenons tout de même acte de la variante introduite ici et du contexte où elle apparaît.

Dans le cadre solennel de son baptême, et donc *de naissance*, le héros est ainsi présenté comme l'enfant de deux pères qui, tous deux, impriment dans son nom leur marque respective. Julain, le géniteur, fournit le radical, « vaus », c'est-à-dire la partie invariante, qui de fait subsiste dans trois des quatre formes que nous examinons ; et, si ce radical disparaît de la forme Par-lui-fet, c'est précisément parce que cette dénomination signifie « qui s'est fait par lui-même », donc sans père. Nous y reviendrons.

Sur le radical « vaus », qui renvoie à la mission patrimoniale, s'articule l'affixe « Pelles », qui renvoie à la mission graalienne. Par conséquent, le nom unifie les deux vocations que l'ordonnance de l'histoire sépare pourtant jusqu'au second tiers du roman, avant d'en corroborer peu après la fusion. Je vérifie ici l'hypothèse avancée plus tôt : le nom propre énonce dans l'infranarratif des faits et des rapports que le récit peut tarder à expliciter, si tant est qu'il les explicite jamais. La relation entre notre héros et Pelles en fournit une autre illustration.

En l'occurrence, le discours narratif reste bien en deçà de la véritable filiation signifiée dans la jointure onomastique, et avérée, du reste, dans les profondeurs de l'histoire mise en scène par *Le haut livre*. Dans le même ordre d'idées, notons que la mise en circulation hâtive du nom de Pellesvaus indique à qui veut ou sait l'entendre ce que le narrateur ne révèle qu'à la fin du premier tiers du récit, à savoir que le héros libérateur est en compagnie de Pelles, qui le cache du monde — comme le nom de Pellesvaus cache, couvre sinon *couve* le nom de Perlesvaus.

La forme Pellesvaus persiste ainsi pendant tout le temps que dure le séjour du héros chez Pelles (à part l'ermite lui-même et Joseus son fils,

7. C'est pourquoi, sans doute, la traductrice l'a substituée à une leçon dont elle n'a pas, vraisemblablement, vu la portée. Il est vrai que la copie médiévale engendre un grand nombre de « fautes » et de variantes sans rapport avec le projet poétique, et qui tiennent aux modalités et aux contingences de la reproduction manuscrite.
8. Elle correspond par ailleurs à une tendance phonétique largement attestée déjà en ancien français : dans le groupe intérieur *rl*, le *r* subit fréquemment une assimilation (voir Edouard et Jean Bourciez, *Phonétique française : étude historique*, Paris, Klincksieck, 1978, p. 183).

personne n'est au courant de cette réclusion). L'absence prolongée du chevalier fait le malheur de sa mère et de sa sœur, qui sont en effet menacées de déshéritement et ont désespérément besoin de son secours. Elles-mêmes, qui forment sa famille immédiate et le connaissent depuis sa naissance, usent durant cette période du nom, pour ainsi dire allogène, de Pellesvaus ; comme si le texte faisait résonner à travers elles une réalité qui leur échappe, mais qu'elles répercutent pourtant au bénéfice des narrataires. D'ailleurs, quand le héros se sera détaché de Pelles et qu'il reviendra enfin auprès des deux femmes, elles lui redonneront d'emblée son nom de naissance, Perlesvaus, le narrateur leur emboîtant le pas jusqu'à la fin du roman. Cette phase est toutefois précédée d'un court intervalle durant lequel s'impose la forme Par-lui-fet.

2. Par-lui-fet

Vers la fin du premier tiers du récit, Gauvain, qui est à la recherche de Perlesvaus, parvient aux abords de l'ermitage de Pelles. Quand il s'enquiert de l'identité du chevalier hébergé chez l'ermite, on lui répond qu'il s'appelle Par-lui-fet. Ce nom, on l'a déjà dit, lui a été attribué par son oncle, qui témoigne ainsi de la palingénésie du héros, renaissant des profondeurs du passé intertextuel. Le jeune homme émerge en effet de la douloureuse léthargie dans laquelle l'ont plongé, « depuis » *Le conte du Graal*[9], son échec au château du Roi Pêcheur et la révélation du motif de cet échec, le « matricide » (voir plus haut les v. 6392-6402).

Le vocable Par-lui-fet ouvre sur une autre étymologie, qui constitue un point d'ancrage supplémentaire avec le passé relaté dans *Le conte* selon Chrétien de Troyes, Perceval le Gallois est un chevalier « autodidacte », qui a, non sans maladresses, appris tout seul ou presque l'art de chevalerie, qui s'est donc fait par lui-même[10]. Aussi bien l'arrivée de Par-lui-fet dans le monde des aventures s'accompagne et se prolonge d'une reconstruction, d'une reviviscence des temps forts qui ont, dans l'avant-texte, modelé son destin et conduit à la catastrophe du Graal. Tout se passe comme si, revenant à la vie, il devait, pour s'accomplir, d'abord remarcher dans ses propres traces et se refaire une mémoire (à même la mémoire intertextuelle), bref se régénérer — comme le suggère de nouveau cette dénomination de Par-lui-fet.

3. Perceval (le Gallois)

Effectivement, le héros connaît alors une série d'expériences ou de rencontres qui, ranimant les faits marquants de son passé, vont mener à la

9. « Il ne fu en joie *molt grant piece a* [...] (l. 1627) [« Voici *bien longtemps* qu'il n'a plus connu la joie]. »
10. Voir le volume II de l'édition Nitze, p. 218, n. 460.

reconstitution de son nom originel, celui qu'il porte dans *Le conte du Graal* et dans les œuvres qui se sont greffées sur *Le conte*. Voici les étapes de cette reconstitution dans l'ordre où *Le haut livre* les enchaîne.

D'après *Le conte du Graal*, le héros était entré en chevalerie en tuant un chevalier aux armes vermeilles, dont il convoitait l'équipement. À sa sortie de l'ermitage de Pelles, voici qu'il rencontre le frère du Chevalier Vermeil, appelé Cahot le Roux (les Vermeils forment en effet un clan dont le rouge est la marque distinctive). Ils s'affrontent, et Cahot est tué. Le jeune homme rejoue là en quelque sorte le meurtre inaugural de sa chevalerie. Un détail toponymique traduit la portée de l'incident : en tuant le Roux, Perlesvaus reprend possession d'un lieu appelé la *Clef de Galles*, château que Cahot avait pris à la mère du héros. Ce toponyme ramène dans l'histoire une partie jusque-là oubliée de la première identité de Perlesvaus, dit *le Gallois* au commencement des aventures relatées par Chrétien de Troyes.

L'autre partie de ce nom originel, Perceval (le nom complet se dit Perceval le Gallois), est entendue peu après l'épisode de Cahot le Roux, au terme d'une série de rencontres dont la première a lieu chez la reine des Tentes. Voyant Perlesvaus, celle-ci l'identifie aussitôt avec « le chevalier qui a oublié de poser les questions devant le Graal », pour le plus grand malheur de la communauté. C'est la première fois dans *Le haut livre* que Perlesvaus est ainsi incriminé, directement, explicitement et en présence de témoins. Il croise par la suite encore deux autres demoiselles qui lui rappellent elles aussi son échec au Graal, et il affronte enfin l'un de ses oncles maternels, le renégat de la famille, qui projette de s'emparer du château du Graal, où est conservée la précieuse relique.

À ce stade, toutes les circonstances de l'aventure du Graal sont ravivées : l'entrée en chevalerie (cf. la mort d'un Vermeil) ; chevalerie qui a conduit à l'abandon de la mère, morte de chagrin dans la version du *Conte*, ou, dans la version du *Haut livre*, survivant péniblement à l'absence chronique de son fils (cf. le péché expié à l'ermitage) ; enfin, ultime circonstance de l'aventure graalienne, le défi proprement dit de la quête ou de la conquête du Graal, qu'incarne ici la menace de l'oncle renégat. Au fil de cette anamnèse poétique, Perlesvaus retrouve en lui, et le texte également, si l'on peut dire, le Perceval d'autrefois, Perceval le Gallois. Le héros continue d'être appelé Perceval jusqu'à ce qu'il revienne à Kamaalot, chez sa mère éplorée, de plus en plus éprouvée par le clan des Vermeils et leurs alliés, qui continuent à démembrer le domaine familial.

4. Perlevaus

Aux abords des *vaux* de Kamaalot, le chevalier rencontre sa sœur, qui est à sa recherche depuis le début de l'histoire. Après d'ultimes manœuvres dilatoires, le frère *déconnu* se découvre enfin sous le nom de Perlesvaus. Il est temps de revenir sur l'étymologie de ce nom de baptême, comme y revient d'ailleurs le roman en ce point où le chevalier cesse précisément d'être perdu pour sa mère, pour sa sœur et pour sa terre.

Le nom qu'a reçu Perlesvaus est, d'une certaine façon, un « constat de propriété » (par défaut). Ce nom *propre* est un titre de *propriété*. L'adéquation entre ces deux derniers termes — et sa cristallisation dans le signe que constitue le nom — opère donc ici au premier degré ; et, dans son plus simple appareil, elle organise tout le parcours dramatique du héros, et engage par surcroît le projet poétique du roman où il figure.

4.1 Propriété et propriétés

On doit ici considérer la propriété selon deux acceptions, toutes deux avérées dans la mise en roman du nom de Perlesvaus : premièrement, la terre, le patrimoine ; deuxièmement, ce qui constitue et exprime la singularité, l'individualité, l'identité également. Cela renvoie à un second niveau ou à un second type de propriété(s), c'est-à-dire, dans le cas d'un personnage de roman, ses attributs et ses attributions, et, par extension, ses fonctions spécifiques : en l'occurrence, pour la figure qui nous intéresse, la restauration du patrimoine et la reconquête du Graal.

Déclarée dans le nom de baptême, l'adéquation entre le propre et les propriété(s) est narrativisée par *Le haut livre du Graal*. De fait, Perlesvaus retrouvera sa propriété quand il retrouvera son intégrité. En d'autres termes, il cessera de perdre sa propriété (il combattra en effet pour récupérer ses terres) au moment où il cessera d'être perdu pour sa mère et où il sera réunifié (« remembré » dirait le texte, d'un mot qui connote aussi le remembrement des terres), car, jusque-là, il était « dispersé », « démembré » en plusieurs rôles ou identités étanches : le Bon Chevalier, le Chevalier du Graal, le frère, le neveu, le fils, Par-lui-fet, Perceval, Pellesvaus, etc.

Cette conjonction se produit à la fin du second tiers du roman. Elle est proclamée avec éclat et dans tous ses aspects. Ainsi la mère du héros retrouvé procède-t-elle en la circonstance à la renomination de son fils, « cérémonial » précédé d'une instruction solennelle en forme de harangue sur les deux missions de Perlesvaus, reconquête des terres et quête graalienne, que la mère reproche à son fils d'avoir manquée (l. 5247-5253, 5271-5283). Ce discours est suivi du rappel de l'étymologie du nom de Perlesvaus (l. 5309-5313).

Dûment réintronisé, rappelé à soi, le héros entreprend aussitôt de remembrer ses terres. Peu après, le problème du Graal, en écho à l'accusation toute récente de la mère, resurgit : une demoiselle se présente en effet à Kamaalot pour appeler Perlesvaus à la défense du château où est gardée la sainte coupe. La mère encourage son fils à intervenir, et celui-ci se met en route peu après. Il agit désormais à découvert, déclinant partout le nom de Perlesvaus. Il fait étape à l'ermitage de son oncle Pelles, qui l'exhorte lui aussi à reconquérir le château du Graal, et qui en appelle à cette occasion à un argument qui assimile la relique au patrimoine familial :

— Si vos i convenra metre conseil, que ceste chose ne puet estre acevee par hom terrien se par vos non, car li chasteaux e la terre si doit estre vostre [...].

— Oncle, fait Perlesvaus, je irai voirement, puis que vos me loez; mais il n'est mie raison que cil ait le chastel qui entrez i est; ainz le doit ma mere avoir, qui fust [a]in[z]nee aprés lo Roi Pescheor. (l. 6058-6060, 6069-6072)

— Vous devez entreprendre cette tâche, car nul autre que vous ne peut la mener à bien, puisque le château et la terre vous reviennent de droit [...].
— J'irai donc, mon oncle, fait Perlesvaus, puisque vous me le conseillez; car, en vérité, il est injuste que mon oncle se soit emparé du château; il appartient incontestablement à ma mère, qui est l'aînée de la famille après le Roi Pêcheur. (Ma traduction)

En somme, les missions jusque-là distinctes, disjointes du héros, configuration que dénotait le cloisonnement de ses identités, sont ici fusionnées, conformément, du reste, au « lapsus » de la demoiselle du début (voir plus haut les l. 457-463); et ce fait est désormais lisible dans le nom de Perlesvaus. Cette corrélation entre le nom, l'acte de nomination, le parcours du titulaire et le projet poétique, on la retrouvait dans *Le conte du Graal*. *Le haut livre* l'a transposée dans son propre système d'une manière qui manifeste, là encore, la nature des liens qu'il entretient avec *Le conte*. On peut le vérifier en mettant en parallèle, dans l'un et l'autre texte, les circonstances de la nomination du héros, ainsi que les conséquences de cet événement.

4.2 Nomination du héros

Dans *Le conte du Graal*, le protagoniste est d'abord anonyme. On l'appelle le *valet* (c'est-à-dire le jeune garçon) ou le *nice* (le sot, le simple, le naïf) jusque très tard dans le récit, en fait, pendant plus de trois mille cinq cents vers d'une œuvre qui, sans être achevée il est vrai, en compte près de neuf mille (c'est le topos bien connu de la *retardatio nominis*). Perceval finit par découvrir son nom (car lui-même l'ignore) après sa nuit au château du Roi Pêcheur, où il a vu le fameux cortège du Graal; malheureusement, il est demeuré muet devant le spectacle, se retenant de poser les questions qui auraient guéri le Roi Malade et assuré le bonheur de la communauté. Sur le coup, en *nice* qu'il est, il ne mesure pas les conséquences de sa conduite. Mais, aussitôt sorti du château, il rencontre sa cousine; c'est elle qui lui fait prendre conscience de la catastrophe provoquée par son silence, et qui lui révèle du même coup que, s'il s'est ainsi fourvoyé, c'est qu'il est coupable d'un « péché [11] », celui d'avoir, pour entrer en chevalerie, abandonné sa mère, qui en est morte de chagrin. Au milieu de ces révélations, la cousine demande:

11. L'oncle ermite lui tiendra ultérieurement le même discours (voir plus haut le texte des v. 6392-6402).

« Coment avez vos non, amis ? »
Et cil qui son non ne savoit
Devine et dist que il avoit
Perchevax li Galois a non,
Ne ne set s'il dist voir ou non ;
Mais il dist voir et si nel sot (v. 3572-3577)

« Quel est votre nom, mon ami ? » Et lui qui ne savait son nom en a l'inspiration et il dit que Perceval le Gallois est son nom, sans savoir s'il dit vrai ou non. Mais il a dit vrai, sans le savoir. (trad. Charles Méla, p. 261)

La conscience de soi, de ses responsabilités, de ce qui fait son histoire et modèle son destin détermine la mission et fixe le statut du jeune homme, à savoir, ici, le péché de matricide et l'échec au Graal. En un mot, ce qui fait le propre du héros fait advenir le nom.

Dans *Le haut livre*, Perlesvaus est solennellement réinvesti de son nom de baptême lorsqu'il est rappelé à ses responsabilités de seigneur déchu de ses terres. Ce nom propre est donc un nom de *propriétaire*. Mais ce trait spécifique n'évacue pas du processus de nomination ni de l'étymologie du nom la responsabilité du Graal qui en était l'élément premier ou déclencheur chez Chrétien de Troyes. En effet, comme l'indique l'exhortation de Pelles (voir plus haut le texte des l. 6058-6060), qui elle-même fait écho à l'exhortation de la mère du héros, le château du Graal est la propriété de Perlesvaus, et il est donc assimilable aux *vaux* perdus. C'est d'ailleurs l'une des raisons pour lesquelles, dans le roman, la quête du Graal devient une *conquête* du Graal, et littéralement la prise d'un château fort.

4.3 Étymon

On remontera, pour conclure, à l'étymon commun des noms de Perceval et de Perlesvaus, de manière à apprécier sous cet angle la relation que *Le haut livre du Graal* et *Le conte du Graal* entretiennent à la faveur de la mémoire intertextuelle. L'étymologie qu'établit explicitement *Le haut livre du Graal* à propos de son protagoniste, la mise en roman qui la corrobore (ou vice versa) et la combinatoire des variations que celle-ci fait intervenir illustrent bien quelle charge poétique cette œuvre particulière et les récits médiévaux en général attachent aux noms propres :

> Les noms sont de purs signifiants poétiques dont les personnages ne sont que des effets représentatifs. Tout se passe comme si le récit [...] explorait dans chacune des syllabes de ces noms le mystère insaisissable de leur substance. Ainsi la littérature ouvre les noms à leur espace de jeu[12]...

À défaut d'explication formelle, c'est dans cet espace, modulé par le discours narratif et structuré par l'aventure du héros, que Chrétien, pour sa part, fait *résonner* l'étymon du nom de son Gallois.

12. Roger Dragonetti, *La vie de la lettre au Moyen Âge*, Paris, Seuil, coll. « Connexions du champ freudien », 1980, p. 29-30.

Dans la syllabe initiale, base de l'étymon, on entend le *père* qui, engendrant le fils, imprime en premier sa marque dans le nom de celui-ci. De fait, l'image paternelle est l'un des vecteurs dramatiques les plus déterminants de l'expérience percevalienne [13]. Le garçon n'a pas connu ce père chevalier, que les violences de sa « profession » ont ruiné puis mutilé (castré ?) et enfin tué après que ses deux fils aînés, les frères de Perceval, en eurent été, eux aussi, les victimes. Dans son désir de protéger son cadet, la mère l'a maintenu dans l'ignorance de ces faits, donc de ses origines et de la chevalerie, le détournant ainsi du monde paternel. Mais Perceval rencontre un jour dans la forêt un groupe de chevaliers en armes et s'émerveille de leur tenue. Il les assaille de questions, pour les écouter avec ravissement décliner les noms de leurs pièces d'équipement et lui révéler qu'ils sont, non des anges ou des démons comme il l'a d'abord cru, mais des *chevaliers*, mot que Perceval entend pour la première fois de sa vie. Le garçon éprouve sur-le-champ le désir irrépressible de ressembler à ces personnages magnifiques. En dépit des supplications de sa mère, il se lance aussitôt dans une quête de la chevalerie, autrement dit dans « une quête du père, indissociable d'une quête initiale des noms qui sont propres à la profession du père [14], et, finalement, de son propre nom [15] ». Perceval a en effet l'intuition de son nom au terme d'une première phase d'assimilation des signes de la chevalerie, qui coïncide avec sa première *errance*, jalonnée de bourdes et de catastrophes (le « meurtre » du Chevalier Vermeil, l'« assaut » contre l'amie de l'Orgueilleux, le Graal).

L'ombre du père et le désir encore hésitant d'en reconnaître et d'en assumer toutes les vérités emplit l'épisode du château du Graal :

> Un détail [...] suffit à faire de ce père absent du récit le revenant qui hante la scène tout entière : le Roi Pêcheur a été, comme le père, mutilé *entre les hanches*, mais l'arme qui le frappa fut un *javelot*, comme celui dont mourut le Chevalier Vermeil, auquel Perceval s'identifiait sitôt après l'avoir tué et avoir revêtu ses armes [16].

Autre détail significatif : la stérilité qui doit affecter, dès lors que Perceval reste muet devant le Graal, la terre du roi infirme. Le père mort avait vu lui aussi sa terre ravagée...

De fait, ce que nous avons appelé base de l'étymon ouvre, pour ce qui est de Perlesvaus, sur cette terre en péril que, par le baptême, le père l'engage à sauvegarder. À cette mission patrimoniale s'ajoute la mission

---

13. Pour une analyse approfondie des éléments qui définissent les pôles paternel et maternel de l'identité de Perceval, voir Charles Méla, *La reine et le Graal : la conjointure dans les romans du Graal, de Chrétien de Troyes au Livre de Lancelot*, Paris, Seuil, 1984, p. 86-87 et 89-91.
14. Outre l'entretien avec les chevaliers de la forêt, voir l'instruction d'Yvonet et celle de Gornemant de Goort.
15. Howard Bloch, *Étymologie et généalogie : une anthropologie littéraire du Moyen Âge français*, Paris, Seuil, coll. « Des Travaux », 1989, p. 280.
16. Charles Méla, préface à l'édition du *Conte du Graal*, *op. cit.*, p. 10.

graalienne, placée sous l'égide du père graalien Pelles, dont le nom autant que le statut consonnent avec la première syllabe de l'étymon, qui soutient donc la double mission du héros.

Prenons maintenant ensemble la seconde et la troisième syllabes. Le val, dans le récit de Chrétien, est celui du château du Roi Pêcheur, où le Gallois doit pénétrer pour advenir en tant que héros graalien.

> [Or] dans la scène introductive du Château du Graal, plusieurs motifs sont organisés de telle sorte qu'ils composent musicalement le nom du héros. Le regard du valet, qui « perce » pour ainsi dire les profondeurs de l'eau (*eve*) et la vallée (*val*), associé aux divers accords allitératifs des mots, tous ces motifs font du texte le milieu résonnant, à partir duquel Perceval devine[ra] son propre nom dans l'épisode qui suit immédiatement celui du Graal :
>
> Qu'il esgarda une riviere
> En l'*avalee* d'une angarde.
> L'*eve* rade et parfonde esgarde,
> Si ne s'ose metre dedans
> ....
> Tant que a une roche aproce,
> Si que l'*eve* à la roche touche
> Si qu'il ne puet *avant aler*.
> Atant vit *aval l'eve aler*
> Une nef qui d'amont venoit (v. 2986-2999)
>
> [Perceval] voit une rivière au bas d'un tertre, il regarde l'eau profonde et rapide et n'ose pas s'y engager... Quand il arrive là où l'eau baigne le rocher et l'empêche d'avancer, il voit un bateau qui descend la rivière en suivant le courant [17].

Ainsi le texte module-t-il dans un tracé d'images et de sonorités (qui simultanément donne le chiffre du nom) la voie qui mène à la figure paternelle et identitaire du Roi Pêcheur (cf. l'eau) et à sa demeure, le château du Graal, située « en un val » (v. 3032 et 3050), dont le héros est requis de « percer » le secret [18]. Chrétien indique en effet que le chemin permettant d'accéder au val (et donc au Graal) est une *fraite*, c'est-à-dire une percée dans un rocher :

> Montez vos ent par cele *fraite*
> Qui est en cele roche faite,
> Et quant vos la amont venrez,
> Devant vos *en un val* verrez
> Une maison ou je estois,
> Pres de riviere et pres de bois. (v. 3029-3034)
>
> Grimpez donc par cette anfractuosité qui est ouverte dans la roche, et, quand vous serez arrivé là-haut, vous verrez devant vous, dans un val, une demeure où je réside, à proximité de rivière et de bois. (trad. Charles Méla, p. 225)

---

17. Roger Dragonetti, *op. cit.*, p. 28-29.
18. Voir Charles Méla, *op. cit.*, p. 86.

L'auteur de la *Quatrième continuation* du *Conte*, Gerbert de Montreuil, a bien lu le sens de cette topographie :

A drois avez non Perchevaus,
Car par vous est li vaus perchiez.[19] (éd. de M. Williams, v. 5668-5669[20])

C'est à juste titre que votre nom est Perceval, car le val est percé par vous.

L'étymologie donnée dans le *Parzival* (env. 1204-1219) de Wolfram von Eschenbach, épigone allemand de Chrétien, corrobore cette lecture :

deiswâr du heizest Parzivâl.
der nam ist « rehte enmitten durch ». (éd. de K. Lachman et W. Spiewok, *140*, 16-17[21])

Pour vrai, tu t'appelles Parzival. Ce nom veut dire « celui qui passe au travers ». (trad. D. Buschinger *et al.*, p. 118[22])

Entrer au val du Graal, c'est aussi venir au *repere*[23]... du Roi Malade, dont le nom évoque aussi le péché qui pèse sur Perceval et ordonne son destin. À père pêcheur, fils pécheur, pourrait-on gloser sur la foi d'un enchaînement de mots-rimes au début de la confession à l'oncle ermite :

— He ! biax amis, dist li preudom,
Di moi por coi tu as ce fait,
Et prie Dieu que merci ait
De l'ame de son *pecheor.*
— Sire, chiez le Roi *Pescheor*
Fui une fois et vi la lance... (v. 6368-6373)

— Ah ! mon doux ami, dit le saint homme, dis-moi pourquoi tu as fait cela, et prie Dieu qu'Il ait pitié de l'âme de son pécheur.

— Monseigneur, c'était chez le Roi Pêcheur ! J'y fus une fois et je vis la Lance... (trad. Charles Méla, p. 447-449)

---

19. *Perchevaus, li vaus* : en l'occurrence, la forme *vaus* n'indique pas un pluriel, mais résulte de la vocalisation du *l* palatal de « val » devant consonne, ici le *s* flexionnel du cas sujet (*va-l + s > vaus*).
20. Paris, Champion, coll. « Classiques français du Moyen Âge », 3 vol., 1922 et 1975.
21. Stuttgart, Reclam, 2 vol., 1981.
22. *Parzival*, Paris, Christian Bourgois (10/18), coll. « Bibliothèque médiévale », 1989.
23. Voir le texte du manuscrit B.N. fr. 794 (éd. de Félix Lecoy, Paris, Champion, coll. « Classiques français du Moyen Âge », 2 vol., 1972-75.)

    [...] li plest a converser
    an ce *repere* ci elués,
    qu'an tot le mont n'a a son oés
    nul si bien aeisié *repere*,
    et si a fet tel meison fere
    com il covient a riche roi.
    (v. 3514-3519)

    [Il a] plaisir à revenir ici même pour y vivre, car l'endroit est bien commode à son usage, on ne peut trouver de meilleur repaire et il y a fait bâtir une maison digne du riche roi qu'il est. (trad. Charles Méla, p. 259).
    Voir aussi Charles Méla, *op. cit.*, p. 86.

Mais le héros, muet devant la Lance et le Graal, et incapable de reconnaître l'incarnation souffrante de son propre père, échoue à percer la double énigme. Le lendemain, le château est vide. Le jeune homme ne retrouvera jamais l'endroit, et oubliera jusqu'à son désir d'y revenir pour s'amender. En d'autres termes, Perceval a, dans le *Conte* de Chrétien, finalement *perdu* le val du Graal.

C'est là, d'une certaine façon, l'acte de naissance de Perlesvaus qui, issu du *Conte du Graal,* vient au monde dans *Le haut livre* en *perdant* le val ou les *vaux* de ses origines [24]. À la vérité, il est tentant de voir dans le pluriel *vaus* la combinaison des *vaux* familiaux de Kamaalot et du val du Graal, puisque, dans ce dernier cas, *Le haut livre* maintient dans sa version de l'histoire la topographie du *Conte*: le château du Graal se trouve en effet dans une *valee* (l. 2279) et est environné « d'une *eau* » profonde (l. 2290 et 2292). L'ascendance de Perlesvaus, telle qu'elle est énoncée dans l'étymon que nous venons de déchiffrer, lie donc, dans une sorte de continuum mémoriel la perte du patrimoine et la perte du Graal, toutes deux marquées par la figure du père. Aussi bien, le roman où s'incarne le héros lui assigne la tâche de « remembrer » les deux expériences et donne simultanément mémoire de leur genèse dans la trame des aventures qu'il met en scène. On reconnaît dans l'inscription onomastique de ce programme le dessin du système de la *remembrance* qui régit l'ensemble du *Haut livre*: le démembrement et le remembrement des syllabes du nom de Perlesvaus, qui épousent les péripéties de son destin, opèrent la reviviscence (la *remembrance*) d'une histoire ancrée dans la mémoire intertextuelle.

24. Voir de nouveau Charles Méla, *Blanchefleur et le saint homme ou la semblance des reliques: étude comparée de littérature médiévale,* Paris, Seuil, coll. « Connexions du champ freudien », 1979, p. 23.

Toponymes et hiéronymes : le cas Jeanne des Anges

Maurice Laugaa,
Université de Paris VII

Mon premier est une liste, mon second est une liste, mon troisième est une liste ; mon tout est sœur Jeanne des Anges, supérieure du couvent des Ursulines de Loudun.

Mon premier est une liste de noms, démoniaques ; par pur pédantisme, qualifions-les de démononymes : LÉVIATHAN, BALAAM, ISACAARON, BÉHÉMOT.

Mon second est une liste de noms, sacrés, ou hiéronymes : JOSEPH, MARIE, JÉSUS, FRANÇOIS DE SALES ou, dans l'ordre hiérarchique JÉSUS, MARIE, JOSEPH, FRANÇOIS DE SALES.

Mon troisième est une liste de toponymes : LOUDUN, TOURS, AMBOISE, BLOIS, ORLÉANS, PARIS, RUEIL, SAINT-GERMAIN, PARIS, MELUN, MONTARGIS, LA CHARITÉ, NEVERS, LYON, GRENOBLE, CHAMBÉRY, ANNECY, CHAMBÉRY, ROANNE, MOULINS, NEVERS, BRIARE, PARIS, LOUDUN.

Moi, Jeanne des Anges, habitée de quatre démons (il y en avait même sept au début) ai reçu sur mon corps, comme marque de leur sortie, d'abord une grande croix sanglante (qui dura trois semaines, elle était localisée sur le front), puis quatre noms sur ma main gauche qui ne disparurent qu'en 1661. Je suis morte en 1665. Quant à la troisième liste, elle se compose des étapes du voyage qui m'a conduite de Loudun à Annecy, en passant par Paris, pour montrer ces noms sculptés sur ma main à la foule dévote, et pour accomplir, sur le sépulcre de François de Sales, le vœu que nous avions fait, mon exorciste et moi.

Tout cela se passait en France (et en Savoie), entre 1635 et 1638. Moi, Maurice Laugaa, je reprends maintenant la parole. Urbain Grandier était mort, brûlé sur son bûcher le 18 août 1634, à Loudun. Sœur Jeanne des Anges, ne guérissant pas pour autant, est confiée à plusieurs exorcistes, dont un jésuite, le père Surin. Alors commence l'aventure des noms sculptés par le diable, et ce voyage-exhibition, à travers la France, et un peu au delà, cette « tournée triomphale [1] », où Jeanne rencontre le peuple et les grands du

1. Michel de Certeau, *La possession de Loudun*, Paris, Julliard, 1970.

royaume de France. Jeanne des Anges nous intéresse à plus d'un titre : c'est une femme sous influence, pour reprendre le titre d'un film de Cassavetes. Sous l'influence de la maladie, du démoniaque, de tous ces pères confesseurs exorcistes qui se succèdent à son chevet, sous l'influence d'une critique apitoyée ou hautaine. Et pourtant Jeanne des Anges a tenté quelque chose, un jeu avec son corps et avec les noms, un jeu dont, comme sujet, elle n'était pas entièrement absente.

Mon attention avait été attirée, en lisant les œuvres croisées du père Surin [2] et de Jeanne des Anges, par une concentration de noms propres, sur une centaine de pages de *L'autobiographie* [3], répartis en trois séries, noms de démons, noms sacrés, toponymes. Ces noms saturant le texte autobiographique semblaient s'ordonner en une successivité, comme si la production des noms sacrés, sous l'effet conjoint des forces divines et diaboliques, déterminait en aval la prolifération des toponymes relayant et amplifiant le pouvoir de ces premiers noms. S'agissait-il d'un simple effet de lecture où la successivité produisait l'illusion d'une causalité, ou étions-nous confrontés à un processus d'engendrement, en deçà du récit, en deçà même de l'histoire (on verra plus loin comment), dans cette région obscure où le dialogue de la possédée avec ses démons et son exorciste projette ces noms comme avenir du sujet ?

Telle fut l'amorce d'une recherche, dont je résumerai l'enjeu dans cette proposition : tout se passe comme si, sous l'exorcisme faisant sortir les diables hors de Jeanne des Anges, courait un autre enjeu : comment sortir de Loudun ? ou, selon une formulation voisine, mais non équivalente, un axe Loudun-Richelieu (à la fois toponyme et anthroponyme ; Richelieu est une petite ville proche de Loudun) viendrait orienter l'avenir du sujet, la dissémination ou la projection du corps de Jeanne sur le territoire du politique et du religieux, dirait le pouvoir des noms et des signes.

Mais revenons un peu en arrière. L'« autobiographie » (le terme est, bien entendu, moderne) est une commande de l'institution rédigée à la première personne [4] (en 1644 sans doute) ; un manuscrit, déposé à la bibliothèque de Tours, et datant du XVIIIe siècle, a été reproduit en 1886, avec une préface de Charcot. C'est l'hystérique qui est ici visée. Une réédition récente de ce texte nous permet d'accéder facilement à une œuvre qui, à mon sens, ne relève pas seulement de la curiosité médicale, mais s'inscrit, de manière posthume, dans le champ littéraire.

2. Père Jean-Joseph Surin, *Triomphe de l'amour divin sur les puissances de l'enfer, en la possession de la mère prieure du couvent des Ursulines de Loudun*, Avignon, Seguin aîné, 1829.
3. Jeanne des Anges, Ursuline du couvent de Loudun, *Autobiographie*, Paris, Jérôme Millon, coll. « Atopia », [1985], 1990. Les indications de page (entre parenthèses après l'abréviation *Aut.*) renvoient à l'édition de 1990.
4. Elle débute pourtant par cette phrase, à la troisième personne : « La supérieure de la mère des Anges lui ayant ordonné de mettre par écrit ce qui s'est passé dans sa possession, par esprit d'obéissance, elle s'y soumit aveuglément et écrit ce qui suit. »

Dans le calendrier des événements distinguons deux grandes séquences :

1. L'expulsion des démons, coïncidant avec l'impression des noms sacrés (entre le 5 novembre 1635 et le 17 octobre 1637). Avant la mort d'Urbain Grandier, trois démons ont été expulsés, laissant pour marque trois plaies au dessous du cœur.

2. Le voyage, dont le but avoué est Annecy, mais dont l'étape parisienne est essentielle. Ce voyage est tendu vers un but, mais chaque étape répète, à quelques détails près, le spectacle de l'ostension des noms. Le voyage aller se déroule du 26 avril 1638 au 11 juillet de la même année ; aucune indication de date n'est donnée pour le retour (ce qui n'est pas sans signification).

Voici le détail de ce calendrier :

1re séquence :

— Le 5 novembre 1635, Léviathan est chassé du corps de Jeanne des Anges, celle-ci demeure marquée « d'une grande croix sanglante sur le front qui dura trois semaines. C'était le signe qu'on avait ordonné à ce démon de donner. » (*Aut.*, p. 157-158)

— Le 29 novembre, Balaam sort à son tour, il écrit le nom de Joseph sur la main gauche de la patiente.

— Le 6 janvier 1636, Isacaaron quitte le corps de Jeanne des Anges, et imprime en même temps le nom de Marie sur sa main au-dessus de celui de Joseph.

— Enfin, après un long délai, il faut attendre en effet le 17 octobre 1637, Béhémot abandonne la partie, en imprimant deux noms d'un coup, ceux de Jésus et de François de Sales.

2e séquence :

— Le 26 avril 1638, Jeanne des Anges part de Loudun, pour Annecy en Savoie (où repose le corps de François de Sales).

— Elle arrive à Paris le 11 mai, en repart le 20 juin, après avoir rencontré le cardinal de Richelieu à Rueil, la reine puis le roi à Saint-Germain.

— Elle arrive au terme de son voyage le 11 juillet.

— Au retour, elle repasse par Paris, puis rentre à Loudun.

Selon un autre découpage, le renouvellement des noms sacrés empiète sur ces deux séquences, puisque les premiers noms se renouvellent avant que la série complète soit imprimée, et que le processus ne s'arrête qu'en 1661, quelques années avant la mort. Le temps du renouvellement est à la fois linéaire et cyclique, il manifeste un pouvoir de la répétition. Un cycle de dépérissement et de régénérescence se déroule selon des intervalles variables. Ainsi dans la nuit du 28 janvier 1637, peu après 4 heures du matin,

> les noms de Maria et Joseph que j'ai gravés sur la main gauche furent renouvelés d'une façon merveilleuse. Le gant que je tiens sur ladite main en fut ôté imperceptiblement ; je ne m'en aperçus point, non plus que la sœur Agnès qui était présente. (*Aut.*, p. 180)

Un tableau est d'ailleurs dressé :

> On sera bien aise de savoir de quelle manière les noms de Jésus, Maria, Joseph [curieusement, le quatrième nom n'est pas cité] se renouvellent de temps en temps sur ma main. Ils s'effacent peu à peu, et les jours qu'ils sont renouvelés, ils deviennent vermeils et transparents. (*Aut.*, p. 192)

Cinq traits récurrents sont notés : 1. Inscription dans un cycle liturgique, ou lien avec l'oraison ; 2. Coïncidence avec une activité spirituelle (« mon esprit est élevé vers Dieu ») ; 3. Sensation de fourmillement, que peut percevoir une proche, « en mettant sa joue sur ma main » ; 4. « Des odeurs très suaves [...] se répandent alors dans le chœur de notre église et quelquefois dans toute la maison. » 5. Ces caractères sont eux-mêmes parfumés.

La relation du voyage est scandée par la mention de ces renouvellements, sans que la série complète nous soit donnée [5].

Examinons maintenant le statut de ces différentes séries de noms propres et leur articulation dans un projet unique. Des noms de démons, je dirai peu de choses. Michel de Certeau reconstitue à partir de plusieurs procès-verbaux un tableau des identités diaboliques, comprenant aussi la position des démons dans la hiérarchie des êtres célestes, leur caractère dominant (luxure, paresse, etc.), mais aussi la partie du corps où ils logent. Je m'arrêterai sur ce dernier trait : le corps de la possédée est un territoire que se partage la population démoniaque. D'où « une géographie étrange où la localisation familiale pour les personnes est doublée de localisations physiologiques pour les diables [6] » ; et « un espace qui se tient en toutes ses parties est posé par les listes où voisinent, selon une taxinomie propre, les noms des démons, le lieu de leur résidence et le nom des possédées [7] ». On verra ultérieurement comment cette première localisation se double d'une seconde, le territoire de la France étant re-marqué de ces sorties diaboliques.

---

5. Le 4 mai 1638 à Tours, le jeudi 13 mai, jour de l'Ascension à Paris, de nouveau à Paris, après avoir vu le roi et la reine à Saint-Germain, au monastère de la Visitation de la rue Saint-Antoine où elle se rend pour communier (fin mai ou début juin « il est à remarquer qu'en moins de huit jours, ils furent renouvelés par trois fois » [*Aut.*, p. 218]), à La Charité (fin juin) « comme nous entendions la sainte messe dans une petite chapelle de religieuses, dédiée à Saint-Joseph » (*Aut.*, p. 222), à Lyon (pas d'indication de date), tandis qu'elle tient dans ses mains le cœur de François de Sales, « lequel on ne voit ordinairement qu'au travers un cristal ». (*Aut.*, p. 225). Quelques jours avant le 4 mai 1637 « ils [les noms] avaient été desséchés, à demi-biffés, décolorés et comme égratignés. Dans ce temps, ils furent rendus beaux, éclatants, rouges et vermeils comme la première fois qu'ils furent imprimés ». (*Aut.*, p. 197)
6. Michel de Certeau, *op. cit.*, p. 135.
7. *Ibid.*, p. 140.

La production des noms démoniaques peut donc sembler un effet de liste : possédées et exorcistes puisent dans un stock onomastique déjà constitué. L'identité démoniaque, captée par ces noms, affleure à travers des signes et manifestations diverses, ainsi qu'à travers le dialogue noué par l'exorciste avec le corps éloquent de la possédée.

Plus décisive pour mon propos, la coïncidence d'une expulsion et d'une impression : ou comment un nom chasse l'autre (tout en le représentant). La marque, inscrite sur le corps, renvoie à la tradition des stigmates, mais aussi au pouvoir de l'exorciste de fixer sur un point du corps la trace démoniaque, et plus sourdement à la marque des sorciers [8].

Ces marques relèvent ici de deux séries bien distinctes :

— Asmodée, Aman et Grésil [9] « pour marque de leur sortie [...] me firent trois plaies au-dessous du cœur à la vue de tous les assistants [10] ».

— Léviathan marque Jeanne des Anges « d'une grande croix sanglante sur le front qui dura trois semaines. C'était le signe qu'on avait ordonné à ce démon de donner. »

— Balaam, Isacaaron, et Béhémot sont des « imprimeurs » ; ils écrivent le nom de Joseph, de Marie, de Jésus et de François de Sales, dans l'ordre, sur la main gauche de la patiente.

D'un côté, une marque iconique (les trois plaies, une grande croix) faisant référence à la passion du Christ, sans place assignée sur le corps (au-dessous du cœur, sur le front) et de faible durée de survie. De l'autre, des marques-signes, des noms propres, concentrés en un seul point du corps, la main gauche. Leur durée de survie sera de 25-27 ans. Entre la main et le nom propre, plusieurs coïncidences ou convergences, dont la fonction de deixis, commune à l'un et à l'autre. La substitution du nom propre à l'icône pose doublement problème : quelle est la part de la tradition, et la part de l'invention dans cet « événement » (en laissant de côté le souci de trancher entre

---

8. Voir de François Delpech, « La " marque " des sorcières, logique(s) de la stigmatisation diabolique », Nicole Jacques-Chaquin et Maxime Préaud (dir.), *Le sabbat des Sorciers. XVe-XVIIIe siècles*, Paris, Jérôme Millon éd., 1993. Sur la tradition des stigmates, voir dans le *Dictionnaire de spiritualité*, Paris, Beauchesne éd., tome XIV, 1990, article « Stigmates », p. 1211 ; et Th. Raynaud, premier historien de la stigmatisation, *De stigmatismo sacro et profano*, Lyon, 1654. Sur l'ambivalence de ces signes, voir l'argument pour empêcher la visite à la reine enceinte : « les démons avaient écrit ces noms » (p. 209), la localisation sur la main gauche, l'accusation portée contre Jeanne des Anges par Léviathan : « J'ai été bien trompé. Je pensais faire de cette fille une sorcière, et je suis contraint d'en faire une sainte. » (Jean-Joseph Surin, *op. cit.*, p. 77)
9. Je remonte un peu en arrière pour rendre manifeste une évolution.
10. Je n'entrerai pas ici dans le débat, déjà contemporain : les stigmates sont-ils l'effet d'une supercherie, de l'hystérie ou font-ils signe d'une volonté divine ? Voir, dans le *Triomphe de l'amour divin*, du père Surin, un écho de ces doutes (p. 16). Pour le *Dictionnaire de spiritualité*, *op. cit.*, tome VIII, article « Jeanne des Anges », celle-ci relève d'abord « dans ses textes comme dans sa vie de la pathologie ».

imposture, maladie et miracle)? Je logerai ici le fantôme d'une réponse en proposant trois axes de recherche :

— Les propos de Jeanne des Anges soulignant l'originalité de l'expérience : ainsi la reine lui tient la main « plus d'une heure, admirant une chose qui ne s'était jamais vue depuis le commencement de l'Église » (*Aut.*, p. 213) ; ou encore le nonce du pape dit, l'ayant considérée attentivement, que « c'était une des plus belles choses qu'on eût jamais vues en l'Église de Dieu » (*Aut.*, p. 218).

— Les éléments récurrents, dans la tradition ancienne ; la part de l'institution est en effet considérable, depuis la possession par les démons, l'exorcisme, les stigmates, le pèlerinage au tombeau d'un saint homme, jusqu'au culte de saint Joseph (à partir du XVe siècle) et au culte des reliques. Si saint François d'Assise portant les marques ou impressions des plaies de Jésus-Christ annonce Jeanne des Anges, la substitution du nom propre à l'icône fait, par contre, problème.

En effet la tradition nous fournit bien d'autres exemples d'une inscription sur une partie du corps [11]. Jeanne des Anges, dans ses lettres au révérend père Saint-Jure (*Aut.*, p. 266) donne une liste impressionnante des instruments de la Passion de Jésus-Christ, faite sur son cœur en 1645, d'avril à décembre : c'est une panoplie complète avec la croix, trois clous, une couronne d'épines, des cordes et des fouets, des tenailles et un marteau, un roseau, une lance et une éponge... mais tout cela reste invisible, et il est difficile de vérifier... D'autre part, le culte du nom, et en particulier du nom de Jésus appartient à une tradition ancienne : ainsi dans *La légende dorée* est affirmée la quasi-identité entre le nom et la personne, et saint Bernard pose une série d'équivalences : « Le nom de Jésus [...] veut dire nourriture, fontaine, remède et lumière. » Ce nom est en outre « d'une grande suavité », et Pierre de Ravenne dit : « La vertu de ce nom a mis en fuite toute la puissance du diable sur les corps possédés. »

— Enfin, plus récemment, l'adoration du Nom de Jésus chez Ignace de Loyola, le culte de saint Joseph dans la tradition salésienne, la relation établie par François de Sales entre les stigmates de saint François d'Assise et l'amour de compassion envers le Christ crucifié ont certainement participé à l'élaboration de la merveille.

On notera, pour conclure sur ce point, la rareté, voire l'inexistence des stigmates « épigraphiques », consistant en inscriptions sur diverses parties du corps [12] et la méfiance de l'Institution. Jeanne des Anges n'est pourtant pas la première, à Loudun, à tenter le coup ; Surin nous raconte que « le démon

11. Mais (voir *La légende dorée*, par exemple), l'inscription « Jésus-Christ » découverte sur le cœur de Saint Ignace, évêque d'Antioche, l'est après sa mort.
12. Un seul exemple, tardif — XXe siècle — dans le *Dictionnaire de spiritualité*, *op. cit.* Dans ce même ouvrage, les noms imprimés sur la main de Jeanne des Anges sont rangés dans les cas de « stigmatisation frauduleuse ».

de la sœur Claire, lequel était terrible et se nommait Zébulon, avait promis à l'exorciste de cette sœur qu'il sortirait le jour de Noël, et qu'il écrirait sur le front de cette religieuse le saint nom de Jésus [13] », mais le jour de Noël, rien ne se produit. Jeanne des Anges peut donc à bon droit s'enorgueillir de cette première.

Pour en revenir à nos quatre noms, on notera qu'ils sont travaillés par une asymétrie : si Jésus, Marie, Joseph constituent une Sainte Famille, François de Sales représente la modernité (1567-1622) ; homonyme de François d'Assise, le saint aux stigmates, il est le seul nom « localisé » : le cœur est à Lyon, le corps à Annecy. Il y a dans cet anthroponyme du toponyme potentiel [14]. Si démononymes et hiéronymes présupposent, en amont, le poids d'une tradition [15] et/ou d'une consécration, les règles d'échange entre les deux séries sont aléatoires. Nous apprenons du père Surin [16] et de Jeanne des Anges plus brièvement que Balaam devait d'abord écrire son propre nom, qu'Isacaaron devait « fendre l'ongle du doigt du milieu de la main gauche de la Mère », et que « le signe de la sortie de Béhémot avait été d'abord l'élévation du corps en l'air » : série hétérogène où le nom propre n'est pas encore le trait unifiant d'une pratique.

Une certaine improvisation est manifeste, laissant douter du dessein de Dieu : pourquoi imprimer d'abord le nom de Joseph, puis celui de Maria, enfin celui de Jésus et de François de Sales ? C'est s'exposer à la nécessité d'un remaniement ; la main de Jeanne des Anges est l'objet, en effet, d'étranges manipulations : comme ces tableaux mobiles qui, dans les gares, nous donnent la liste des départs et des arrivées des trains, il faut que le nom de Joseph descende et que celui de Jésus prenne la première place ; ainsi se donne à voir la hiérarchie des noms sacrés. Comme en passant — Surin là-dessus est plus prolixe —, Jeanne des Anges nous explique que le renouvellement merveilleux des noms n'a pas pour seule fonction de perpétuer la liste primitive :

> [...] le nom de Joseph ayant été écrit par Balaam sur le haut de ma main [...] descendit peu à peu [entendons après plusieurs renouvellements le bougé des noms opère hors de notre regard — par retouches successives]

13. Jean-Joseph Surin, *op. cit.*, p. 21.
14. Le nom de François de Sales n'induit-il pas, comme me l'a suggéré Francois Rigolot, celui de Jeanne : Jeanne de Chantal et Jeanne des Anges ? Le voyage à Annecy vaudrait comme tentative de Jeanne pour prendre la place de l'« autre ».
15. Intervient aussi dans le processus de la stigmatisation « l'ardent Séraphin, dardant des rayons d'une clarté si pénétrante qu'elle fit réellement les plaies extérieures du crucifix en la chair, que l'amour avait imprimées intérieurement en l'âme », François de Sales, *Traité de l'amour de Dieu*, 1616 ; Paris, Maison de la Bonne presse, 1925-26 [1616], VI, 15. Sur les autres cas de possession précédant Loudun, voir Robert Mandrou, *Magistrats et sorciers en France au XVIIe siècle : une analyse de psychologie historique*, Paris, Plon, 1968.
16. Jean-Joseph Surin, *op. cit.*, p. 102-103. *Autobiographie*, p. 159. Le père Surin propose au démon d'inscrire le nom de Marie sur la main droite. Le démon refuse. Cependant « Notre Seigneur fit voir que c'était sa volonté que le nom de Marie fût avec celui de Joseph ».

pour faire place à celui de Maria qui fut formé par Isacaaron et ces deux noms descendirent encore pour faire place au nom de Jésus qui fut marqué par Béhémot [17].

Si rien n'est dit sur le nom de François de Sales, c'est qu'il occupe, du premier coup, sa place, qui est la dernière. Il n'en est pas moins essentiel, puisqu'il vaut comme index du voyage.

Ces bricolages onomastiques nous intéressent, par ce qu'ils donnent à entendre d'une improvisation, et de la nécessité des remaniements. Nous pouvons lire à travers ces substitutions et ces déplacements une — ou plusieurs — intentions. Nous pouvons lire un calcul, une stratégie qui, dans la version ultime, rendent enfin possible une convertibilité. Ces opérations tendent en effet à homogénéiser les trois séries et permettent d'énoncer la règle : à 1 je substitue 2, 2 me permet de parcourir 3 ou, en toutes lettres

Balaam + Isacaaron + Béhémot

Joseph + Marie + Jésus + François de Sales

qu'il me faut réécrire en :

Jésus + Marie + Joseph + François de Sales.

Cette série et particulièrement son dernier élément (François de Sales) me conduit à sortir de Loudun pour un trajet Loudun-Annecy (via Paris), le terme du voyage réunissant dans un même culte celui du tombeau et celui du nom (avec un relais lyonnais). Je puis donc lire à la fois dans ces listes la transparence d'un chiffrage, ou l'opacité des doutes et des désirs : je puis y lire une activité symbolique ayant pouvoir sur des sujets, ou le pouvoir d'une subjectivité pour constituer du symbolique. Que ce symbolique relève de la catégorie des noms propres n'est pas pour nous laisser indifférents : moi, Jeanne des Anges, je suis pensée, je suis agie, je suis marquée par les Noms mais peut-être cette possession des noms me délivre-t-elle d'une autre possession ? Peut-être en dernier ressort, suis-je celle qui, sortant de Loudun vient conquérir et s'approprier la série des autres noms qui me mènent à Annecy ?

On aura remarqué, dans le détail du calendrier, l'intervalle considérable entre l'expulsion d'Isacaaron le 6 janvier 1636, et celle de Béhémot, le 17 octobre 1637. Seconde anomalie, alors que chaque démon marque sa sortie d'un signe unique, Béhémot fait coup double, en imprimant en même temps le nom de Jésus et celui de François de Sales. Or, dès le 1er décembre 1635 (avant la sortie d'Isacaaron), quelque chose se passe, en « l'intérieur » de Jeanne des Anges, qui la pousse à lier anthroponymes et toponymes dans une même expérience :

> Pour lors, je sentis se former en mon intérieur une parole d'une manière fort intelligible qui me dit que Isacaaron serait réduit au pouvoir de l'Église sous les pieds de la Sainte Vierge dans l'église de Saumur : que la dureté de

17. *Aut.*, p. 191. Sur ces déplacements, voir aussi Jean-Joseph Surin, *op. cit.*, p. 116.

Béhémot serait assujettie au tombeau de Saint François de Sales, ce qui servirait à manifester sa gloire et à faire connaître sa sainteté [...] (*Aut.*, p. 164-165) [18]

Sœur Jeanne des Anges échoue à lier la sortie d'Isacaaron et le voyage à Saumur et, devant les résistances, n'hésite pas à remanier son projet :

> Je fis vœu à Dieu, par le conseil de mon Père que, s'il lui plaisait de me délivrer d'Isacaaron, je ferais faire une neuvaine à Notre-Dame de Saumur, après mon entière délivrance, sous le bon plaisir de mes supérieurs. (*Aut.*, p. 167)

Le lien très fort entre l'expulsion diabolique et sa localisation (sortie à Saumur) se défait — mais une solution de rechange, un compromis est bientôt proposé, disjoignant les deux opérations, en maintenant l'hypothèse du voyage (sortie à Loudun + sortie de Loudun). Lorsque Isacaaron, au cours d'un nouvel exorcisme, cède à la puissance de la Vierge, et imprime « en même temps le nom de Marie sur ma main au-dessus de Joseph », c'est l'occasion d'interroger Béhémot « de quelle manière Isacaaron était sorti, d'autant qu'il avait été dit qu'il devait sortir à Saumur » (*Aut.*, p. 171).

Dès décembre 1636 donc, la question du voyage est au cœur du débat. On sait par ailleurs que « la dureté de Béhémot » ne sera pas « assujettie au tombeau de François de Sales » à Annecy, mais à Loudun. Ce n'est pourtant pas faute d'insister. Mais les résistances sont grandes. Cette « voix intérieure » n'est-elle pas la « voix du démon » ? Il convient de répéter les exorcismes et de « presser le démon de sortir sans s'arrêter à ce qui m'avait été permis ». Le démon a beau répondre à nouveau « qu'il sortirait au tombeau de l'évêque de Genève et non ailleurs », rien n'y fait. Le père Surin, momentanément absent, est remplacé par un autre exorciste, le père Ressès :

> Comme, un jour, il lui commandait de sortir de mon corps, il répondit qu'il sortirait au tombeau de Monseigneur de Genève. Le Père lui dit qu'il voulait qu'en sortant il écrivît le nom de François de Sales sur ma main, ce que ce démon promit de faire. (*Aut.*, p. 187)

Au retour de Surin, mêmes propos : « [...] ce démon persista à dire ce qu'il avait dit, qu'il n'avait ordre de sortir qu'au tombeau de François de Sales, évêque de Genève ». (*Aut.*, p. 188)

Par de multiples relais, entretiens, correspondance, avec les supérieurs hiérarchiques, le message est transmis. Pour Surin, c'est un ordre de Dieu ; le Provincial, consulté, émet un avis favorable : il faut aller en Savoie, mais l'autorisation n'est pas donnée. Le jour de l'Assomption, « une voix » répète le message :

18. Réécriture tardive ? François de Sales n'est canonisé qu'en 1665. Ce lien entre possession et voyage se retrouve déjà dans l'histoire de Marthe Brossier — cf. Robert Mandrou, *op. cit.*, p. 164-165. Voir aussi le voyage à Paris de Balaam pour rapporter des hosties (Jean-Joseph Surin, *op. cit.*, p. 31-33). Enfin la chemise de Jeanne des Anges fait le voyage jusqu'à Tours pour délivrer Mme de Laubardemont du fardeau d'un enfant mort (*Aut.*, p. 186).

« Puisque les hommes s'opposent aux moyens que Dieu donne pour votre délivrance, il faut que le Père Surin et vous fassiez vœu d'aller ensemble visiter le sépulcre de Monseigneur l'évêque de Genève ; vous ne pouvez être délivrée à Loudun [...]. » (*Aut.*, p. 189)

En présence du Saint-Sacrement, le 17 septembre, « fête des stigmates de Saint François [d'Assise] », Jeanne des Anges et le père Surin font ce vœu. Quelques lignes plus loin, sans autre explication, nous sommes avisés que le jour de sainte Thérèse (17 octobre), Béhémot sort du corps de Jeanne des Anges, en « écrivant » pour signe de sa sortie les noms de Jésus et de François de Sales. Et deux pages plus loin, commence le récit du voyage (six mois se sont écoulés depuis les derniers événements).

Tout se passe donc comme si Jeanne des Anges — ou son démon, ou son bon ange — avait à la fois cédé, et réussi dans son projet. Un compromis se substitue au souhait initial de lier la sortie du septième démon et la sortie hors de Loudun. Deux séquences distinctes nous sont données à lire : le voyage ne commence qu'après l'expulsion de tous les démons ; alors que dans le projet initial un chevauchement, une superposition des séquences, était déchiffrable, le voyage étant inclus dans le processus de délivrance. Mais il s'ensuit de cet échec un profit non négligeable : désormais Jeanne des Anges, saine d'esprit sinon de corps, peut donner à voir et à toucher, tout au long du trajet, la main aux quatre noms. Parmi ces quatre noms, celui de François de Sales occupe, comme je l'ai dit, une position particulière : il est la trace de la localisation ancienne, lorsque Béhémot devait sortir au tombeau de l'évêque de Genève ; il inscrit sur le corps de Jeanne le but du voyage.

Travaillant obscurément à rendre compatibles ces trois séries, une abstraction est à l'œuvre, dont la fin est pratique : comment voyager, comment faire voyager les noms, comment lier ensemble la sortie des démons hors de mon corps, l'impression des noms sur ma main, et la sortie hors de Loudun ? Cette abstraction passe par l'étrange conjonction du symbolique et de l'innommable, dans ce lien indissoluble entre la marque du nom propre et le support de la main. Si, par certains traits, cette aventure onomastique relève pour nous, modernes, d'une hallucination et d'une barbarie, quelque chose survient, dans ce dispositif, qui met en œuvre une rationalité. Il y aurait quelque excès, et je m'en garderai, à rapprocher tout ceci du *Discours de la méthode*, qui est le strict contemporain de ces événements (1637) ; mais, sans nul doute, une méthode est ici à l'œuvre, ou au moins un bricolage, visant à équilibrer, à régler les échanges entre des séries supposées hétérogènes.

Il nous faut maintenant examiner comment s'effectue littéralement une incarnation des noms, j'entends par cette formule quelque chose qui renverrait à la fois à l'ongle incarné et au verbe incarné ; à cette chair-Dieu « qu'un diable », dans un exorcisme du 24 novembre 1632 [19] prétendait gagner à sa

19. Michel de Certeau, *op. cit.*, p. 70-71.

cause. En isolant sa main gauche, en l'aliénant au service de Dieu, Jeanne des Anges, à sa manière, protège le reste de son corps.

Les noms sacrés ne surgissent pas par surprise. Tout un travail préparatoire précède le moment de l'impression. Il faut à la fois résister à la fureur démoniaque (ainsi Balaam « me fit mordre ma main fort cruellement, hurlant comme un chien » [*Aut.*, p. 161] et multiplier les actes de dévotion (ainsi le père Surin est prié « de faire une neuvaine de messes à Saint Joseph pour moi »). Le premier janvier 1636, une apparition nocturne prononce des paroles consolantes. Puis tout disparaît, « à la réserve » d'une odeur suave (« Il me sembla que notre couche était toute parfumée »).

Ces noms renvoient, de manière équivoque, tantôt à l'écriture manuscrite, tantôt à l'imprimé [20]. Balaam « fut contraint d'écrire le nom de Joseph sur ma main gauche » ; les noms de Maria et de Joseph sont « gravés [21] » ou « imprimés » (*Aut.*, p. 197). Selon Surin [22], le saint nom de Maria est « en caractères romains ». Jeanne évoque à plusieurs reprises comment « le bruit de l'impression de ces noms » se répand dans les villes qu'elle visite. Une attention extrême est portée à la matérialité et à la forme des caractères. Ainsi le père Surin peut assister en direct, le 17 octobre 1637, à la formation du nom de Jésus « en beaux caractères vermeils et sanglants » (*Aut.*, p. 191). À Tours, trois médecins examinent ces noms et regardent « attentivement la figure et la beauté des caractères si bien marqués sur la peau de ma main ». Leurs questions sont parfois d'une extrême précision : « D'où venait que le nom de Jésus qui est le plus haut des quatre, avait un plus grand caractère que le nom de Maria ; et le nom de Maria plus grand que celui de Joseph ; et celui de Joseph plus grand que celui de François de Sales [23] ? »

Les observateurs, croyants ou incrédules, se comportent à la fois comme des bibliophiles, vérifiant la qualité d'une impression, et comme des experts, s'interrogeant sur la relation entre le caractère et son support. Par une sorte d'extension naturelle, la lecture de cette page sacrée par la foule curieuse crée un public du livre : le grand nombre des curieux « obligea de faire un imprimé dans lequel on instruisit le public de ce qui s'était passé de plus

---

20. La référence à l'imprimerie est manifeste, mais elle ne doit pas occulter la référence mystique, bien antérieure ; cf. Jean-Joseph Surin, *op. cit.*, « Quand une âme nous est livrée à la sortie de son corps [...] afin que nous lui imprimions vivement et à jamais les choses qui peuvent le plus augmenter sa douleur [...] » (p. 75) [c'est un démon qui parle]. Ou encore à propos des mystères de la Passion : « Dieu les lui imprima bien avant en la vue de ce que Notre-Seigneur avait souffert. » (p. 63) L'impression relève, dans une quasi-simultanéité, de l'expérience mystique, de la tradition des stigmates et de l'imprimerie. Dans un court circuit, saisissant, à propos du Catéchisme spirituel, Surin écrit : « Il me semble que Notre Seigneur me disait qu'il le ferait imprimer et que je le verrais de mes yeux. » (Jean-Joseph Surin, *op. cit.*, première partie, « Science expérimentale », p. 246)
21. *Aut.*, p. 180. Sur l'argument d'une écriture surnaturelle et non humaine, voir Jean-Joseph Surin, *op. cit.*, p. 117
22. Jean-Joseph Surin, *op. cit.*, p. 71.
23. *Aut.*, p. 196. Voir aussi Jean-Joseph Surin, *op. cit.*, p. 71.

considérable dans l'entrée et la sortie des démons de mon corps et sur l'impression des sacrés noms sur ma main [24] ».

Mais la malveillance de quelques-uns les pousse à vérifier si l'exemplaire original ne peut être reproduit :

> Il arriva qu'un misérable voulut imprimer sur sa main et contrefaire les noms que je porte sur la mienne ; mais il se fit une telle inflammation sur sa main qu'il en pensa perdre le bras, et même sa vie, Dieu faisant voir qu'on ne pouvait naturellement faire cette impression. (*Aut.*, p. 221)

Ainsi la punition du contrefacteur rend manifeste le caractère surnaturel de cet événement.

La « main sculptée par le diable » renvoie, de fait, à un double dispositif : elle appartient indubitablement à Jeanne des Anges ; lors des renouvellements, celle-ci sent de légers fourmillements, la chair du nom propre est sa propre chair, et le sang vermeil qui fait la beauté des caractères est à la fois l'équivalent d'une encre à imprimer, et le sang même de Jeanne des Anges circulant par tout son corps. Mais cette main apparaît aussi comme une main sécable, comme un objet coupé quelque part de son corps.

La scène fameuse, lors du séjour parisien où le peuple défile, « depuis les quatre heures du matin jusqu'à dix heures du soir aux flambeaux » rend manifeste ce double statut. D'une part tout est fait pour distinguer entre le corps du sujet, dérobé aux regards, et la main imprimée qui seule est donnée à voir :

> L'on me mit dans une salle basse où il y avait une fenêtre à hauteur d'homme qui répondait à une cour de la maison. J'étais assise, le bras sur un oreiller, et ma main était étendue, hors de la fenêtre, pour être vue du peuple. (*Aut.*, p. 203)

Cependant c'est bien Jeanne des Anges tout entière qui subit le contrecoup de cette interminable exposition : « Il faisait extrêmement chaud et la foule du peuple augmentait tellement la chaleur que je tombai en défaillance et même en pâmoison sur les carreaux. » (*Aut.*, p. 203)

Cette main merveilleuse est donnée à voir, elle est aussi parfois l'objet d'attouchements et de manipulations, ou comment toucher aux noms propres ?

---

24. *Aut.*, p. 202. Toute une activité orale et scripturaire se déploie autour de l'événement miraculeux ; cf. par exemple : « Le Chapitre de la cathédrale nous fit l'honneur de nous rendre visite, comme aussi le Corps de la ville. Ils voulurent voir l'impression des sacrés noms. [...] Ils firent aussi parler sur le même sujet les pères Surin et Thomas, et M. de Morans. Ils firent dresser un acte du tout, qui fut signé des dits Pères, de M. de Morans, et de moi et de ma compagne. Ils ordonnèrent que ledit acte serait inséré au greffe de l'Hôtel de ville, afin d'en conserver la mémoire à perpétuité. » (*Aut.*, p. 230) Sur la signature, voir aussi, *ibid.*, p. 187, l'interrogatoire sur l'apparition de saint Joseph et sur la guérison miraculeuse « qu'il opéra sur moi par ce sacré baume » où Jeanne fait le serment requis, et signe. Enfin, « [q]uelques-uns de la cour proposèrent à M. le Cardinal de faire envelopper ma main dans un gant, et de la cacheter de son sceau. » (*Aut.*, p. 207), ce qu'il désapprouve (« ce serait tenter Dieu »).

Lorsque Jeanne, chapeautée par M. de Laubardemont, va rendre visite à l'archevêque de Paris, Jean-François de Gondi (l'oncle du cardinal de Retz), celui-ci, qui « nous fit un accueil fort honnête, il voulut voir les sacrés noms imprimés sur ma main ; il les admira, il les montra à tous ceux qui étaient présents, disant tout haut : " Il ne faut pas cacher ce qui est à la gloire de Dieu. " » (*Aut.*, p. 202) À Tours, un peu plus tôt, M. le duc d'Orléans « prit ma main et la considéra avec attention ; il appela M. Pallu, médecin, et lui demanda ce qu'on pouvait dire à la vue d'une merveille si éclatante et si extraordinaire » (*Aut.*, p. 198). À quoi le médecin répond « que c'était un ouvrage auquel les agents naturels ni artificiels des hommes ne pouvaient prendre part ». L'attouchement passe ici presque inaperçu. Cette main qui se donne à saisir sera de ce fait plus aisément observée. Le geste de M. le duc d'Orléans tend cependant à objectifier la main, à la détacher symboliquement d'un ensemble.

Le cardinal de Richelieu se contente de regarder cette main « avec beaucoup d'attention » (*Aut.*, p. 206) puis de prononcer ces paroles : « Voilà qui est admirable. » Il évoque le récit de Lord Montaigu qui était présent lorsque « le nom de Marie fut marqué sur votre main et même qu'il tenait les doigts de votre main avec la sienne » (*Aut.*, p. 205). La reine, rieuse et bienveillante, écoute les doléances de Jeanne sur ses années de misère à Loudun, puis, voulant « voir ma main marquée des sacrés noms », « la prit et la tint plus d'une heure, admirant une chose qui ne s'était jamais vue depuis le commencement de l'Église » (*Aut.*, p. 213). Quant au roi, d'abord réticent, s'il vient à son tour dans le cabinet de la reine, c'est pour regarder avec attention et surprise « l'impression des sacrés noms » et prononcer ces paroles historiques : « Je n'ai point douté de la vérité de cette merveille, mais en la voyant comme je la vois, ma croyance est fortifiée [...] il me prit la main de temps en temps pour regarder plus attentivement les sacrés noms. » (*Aut.*, p. 215)

Le frère aîné du cardinal de Richelieu, monseigneur le cardinal de Lyon, est plus agressif :

> Il voulut effacer les noms imprimés sur ma main avec des ciseaux. Ayant commencé à les appliquer, je pris la liberté de lui dire : « Monseigneur, vous me faites souffrir » ; et il fit appeler un chirurgien pour faire raser ces noms. Je m'y opposai, et lui dis : « Monseigneur, je n'ai point d'ordre de mes supérieurs de souffrir ces épreuves. » Monseigneur le Cardinal me demanda qui étaient ces supérieurs. Je lui répondis : « Monseigneur, c'est M. le Cardinal de Richelieu, votre frère. » (*Aut.*, p. 224)

Fin de la séance de torture.

Un peu plus tôt à Paris, « pour contenter M. de Laubardemont » et fermer la bouche aux incrédules condamnant ce miracle, un chirurgien avait tenté une série d'expériences :

> 1° il fit des frictions bien fortes sur ma main avec des linges fort chauds, pour reconnaître si la matière dont ces lettres étaient formées n'étaient [*sic*] point de la gomme appliquée artificieusement ; 2° il se servit des eaux les plus fortes dont il put s'aviser ; il les appliqua sur ma main, mais cette

> épreuve fut inutile; 3° il y appliqua des huiles qui n'eurent aucun effet. Après tous ces efforts, les caractères, au lieu de s'effacer ou altérer, prirent un nouveau lustre et parurent plus beaux qu'auparavant. (*Aut.*, p. 220)

Et le chirurgien, pleurant des larmes de joie, s'écrie: « Que le doigt de Dieu était là ».

Ainsi cette main, lavée, frottée, que l'on souhaite inciser ou protéger d'un gant, cette main bonne à voir et à toucher, voire à sentir, atteste-t-elle d'un double pouvoir: ce sont bien des noms incarnés, où la chair du sujet s'offre comme un livre dont le support et le caractère sont indissociables, ce qui nous renvoie au statut paradoxal du nom propre, qui est à la fois du côté du signe et du côté du corps (et non des choses): attribut du sujet, le nom propre ne désigne pas ici le sujet, mais d'autres sujets, fondant l'identité divisée du corps stigmatisé. Or au moment où l'on croit saisir une chute du nom dans une corporéité, cette main imprimée, qui fait corps avec les signes, désigne implicitement l'avènement du livre et du royaume de Dieu, et vient attester la soumission du littéral au symbole; inversement, elle pointe dans l'aventure du livre et de l'imprimerie une matérialité originelle, dont le discours mystique nous donne d'autres exemples.

Mais ce miracle, ou cet acte de foi, ne compromet pas pour autant les fonctions plus ordinaires du nom propre: classer et désigner; bien plus, il exacerbe ces fonctions: en proposant en effet non pas un nom mais quatre, Jeanne des Anges donne à voir à son public un tableau à plusieurs entrées, dont se projettent au cours du voyage et sur le voyage les paradigmes. Il nous faut revenir en effet sur les corrélations et les équivalences qui structurent la série des hiéronymes et celle des toponymes. Ces noms de ville qui scandent la Relation renvoient à une topologie en partie double: être à Tours, c'est loger « chez nos mères Ursulines », faire ses dévotions au sépulcre de saint François de Paul (encore un François), aller à l'archevêché; être à Lyon, c'est se rendre au petit couvent, puis au grand couvent de la Visitation. C'est donc reconstituer dans l'enceinte de la ville un lieu séparé, un lieu protégé, qui va s'ouvrir à la ville en émoi. Jeanne des Anges devient proprement le cœur, et le centre vers lequel convergent des foules de spectateurs (sept mille par jour à Tours, plus de vingt mille à Paris, et à Grenoble, « presque toute la ville se rendit dans le lieu où nous demeurions ».) Une cité de Dieu, fragile et provisoire, s'édifie donc dans la cité terrestre.

Plus précisément, certaines étapes du voyage témoignent d'une relation particulière avec l'un des noms inscrits sur la main: bien entendu, Annecy et Lyon sont liés à François de Sales, mais d'autres coïncidences sont remarquables; ainsi à Montargis les noms se renouvellent « dans une petite chapelle de religieuses, dédiée à saint Joseph », ce qui augmente parmi ces religieuses la dévotion à ce saint. La dévotion à Marie est omniprésente: à travers les noms des couvents (monastères de la Visitation), les cérémonies à Notre-Dame. Parfois Marie et Joseph sont honorés ensemble: ainsi, au couvent de la Visitation de Chambéry, une jeune paralytique est-elle fortifiée par l'application sur la tête d'une onction de saint Joseph. N'oublions pas en effet que, tout au long du trajet, Jeanne des Anges emmène avec elle sa demi-chemise odorante imprégnée de cette onction [25].

Le cas parisien est différent et semblable. Semblable parce que Notre-Dame et l'Archevêché sont les seuls lieux où se rend Jeanne des Anges. Différent parce que M. de Laubardemont reçoit permission de l'archevêque de loger Jeanne des Anges et sa suite. Une pièce de sa maison est dévolue à la célébration de la sainte messe « afin que nous puissions faire nos dévotions sans être vues ni interrompues » (*Aut.*, p. 200). Mais différent surtout parce que le roi, la reine et M. le cardinal de Richelieu étant absents, Jeanne des Anges, en accord avec M. de Laubardemont, est résolue à ne pas sortir de son logis, et à ne visiter aucune personne dans Paris. La ville royale par excellence est donc soumise au régime commun : une enclave religieuse protège et isole la voyageuse, le reste de la cité lui est interdit, marquant l'emprise du Prince. Il n'en reste pas moins que vers le logis de M. de Laubardemont, où se confondent les signes du politique et du religieux, afflue la ville entière.

Les visites à Rueil et à Saint-Germain, longuement racontées (pas moins de quinze pages) font basculer le sens du voyage. Retenons, de la première, une double proposition : selon le cardinal, Jeanne des Anges a été choisie pour servir à la gloire de Dieu, à l'honneur de l'Église, au bien général de la France ; pour Jeanne, le cardinal est à la fois un père, une mère, un nourricier et un protecteur. Accessoirement le cardinal confirme qu'il finance toute l'opération (« Ne vous mettez point en peine des frais de votre voyage, j'y pourvoirai, je veux vous assister. » [*Aut.*, p. 207])

On retiendra de la visite à Saint-Germain le ballet des hésitations. La reine écrit à M. de Laubardemont, elle souhaite voir Jeanne des Anges. Mais la reine est grosse. La vue des noms imprimés ne va-t-elle pas troubler cette grossesse ? Son médecin donne son accord. Il est bon, au demeurant, que « toute la Cour [soit] témoin de tant de merveilles » (*Aut.*, p. 209). Le cardinal, sollicité, conseille de passer par le roi, qui donne, à son tour, son accord : « Les approches d'une religieuse ne devaient point être suspectes, et [...] il ne fallait pas priver la Reine de cette consolation, puisqu'elle le demandait si ardemment. » (*Aut.*, p. 209) L'accès à Anne d'Autriche, grosse du futur Louis XIV, passe donc par le roi [26].

Second point important, Jeanne des Anges s'étend longuement sur les années de misère à Loudun (« Voilà, Madame, un petit crayon de ce que nous avons souffert » [*Aut.*, p. 213]). Ce n'est pas la première fois que le nom de

25. Quelques exceptions, dûment signalées comme telles, infirment la règle. Ainsi à Blois, où le cocher refuse de « nous mener chez nos mères », les voyageuses restent à l'hostellerie. Les portes en sont enfoncées « par ceux qui voulaient voir ma main ».

26. Lors de la visite, la reine renverse partiellement cette prééminence, dans une sorte de jeu ; elle répond en riant : « Ce n'est pas moi qui ai eu peur, mais le Roi. » (*Aut.*, p. 210)

Loudun réapparaît dans le voyage, comme si le lieu d'où l'on vient devait voyager aussi ; mais pour la première fois, il fait retour longuement.

Enfin le roi, ou plutôt l'oreille du roi. Précédant la visite, le récit : « Deux médecins, l'un du Roi, et l'autre de la Reine, firent le récit au Roi de ce qui s'était passé dans cette entrevue de la Reine et de moi [...]. Ce récit porta le Roi à désirer de voir de ses yeux les sacrés noms, et de m'entendre parler. » (*Aut.*, p. 214-215) Parmi les événements marquants de l'entrevue, l'un retiendra notre attention : apte à gérer le passé, le présent et l'avenir, le roi interroge sur Loudun et Grandier, examine et prend de temps en temps la main, mais surtout s'énonce comme maître du voyage :

> Il me parla du voyage que j'allais faire à Annecy ; il eut la bonté de me donner avis de ne pas passer par de certains lieux très dangereux ; il me marqua mon chemin depuis Paris jusqu'en Savoie, ajoutant : « Votre plus court chemin, en sortant de Lyon, est de tirer droit à Grenoble. Vous verrez à Annecy, dans la petite église des filles de la Visitation, le sépulcre de M. l'évêque de Genève dont vous portez le nom empreint sur votre main. » (*Aut.*, p. 215-216)

Le roi manifeste ainsi son aptitude à dire son autorité, en tant que maître du politique et du religieux, sur cette errance sacrée. Le discours royal comporte deux traits bien distincts : d'une part, il oriente, il guide la voyageuse en la protégeant des périls possibles et en lui indiquant le plus court chemin — le roi est un index ; d'autre part il répète ce que sait déjà Jeanne des Anges. Mais en reformulant un savoir déjà acquis, il use de son pouvoir d'énoncer, il soumet à son autorité une parole particulière.

Au cœur du voyage donc, en ce moment parisien, les plus hautes instances du pouvoir se distribuent les rôles : le cardinal lie « l'honneur de l'Église » et « le bien général de la France », il assure le financement du voyage, au nom du roi. Il reçoit en retour l'étrange assurance d'avoir servi tout à la fois « de père, de mère, de nourricier, de protecteur et de tout » (ce qui est beaucoup). La reine, dans un rôle tout maternel, écoute, d'une oreille attentive, la déploration des misères de Loudun. Le passé et le lieu d'origine font retour, dans une sorte de jubilation naïve. Enfin le roi, maître de l'énonciation, est un guide, d'autant plus précieux qu'au pouvoir de sa parole s'ajoute un pouvoir sur l'écrit :

> Le Roi eut la bonté de nous faire expédier un brevet, par lequel il commandait à tous les gouverneurs des provinces et magistrats des villes par où nous devions passer, afin qu'ils nous rendissent toutes les assistances dont nous avions besoin, et que notre voyage ne reçût aucun trouble ni retardement. (*Aut.*, p. 221).

La triple caution du cardinal, de la reine et du roi tend donc à requalifier le voyage vers Annecy. Le détour parisien est comme la transposition sur la carte, et sur le territoire, d'un autre détour : l'autorité politique cautionne et confisque le religieux, ou plutôt une même entité, politico-religieuse, est mise au service de l'État (le nonce représentant Rome n'occupe dans le tableau qu'une position latérale). Sans doute l'affaire Urbain Grandier est-elle d'emblée une affaire d'État, que M. de Laubardemont mène à sa conclusion tragique, mais l'ostension des noms sacrés et ce mini-tour de France qui nous mène de Loudun à Annecy, c'est-à-dire d'un centre vers la périphérie, jusqu'en Savoie, font sens, en dernier ressort, de leur récupération par l'instance royale. La procession des hiéronymes et leur réinscription sur le territoire français, au fil des étapes, actualisent un trait latent du tableau : le nom de François de Sales fait sens de sa double inscription dans l'institution ; français par la langue, savoyard de naissance, mort à Lyon, partagé après sa mort entre Lyon et Annecy (le cœur à Lyon, le corps à Annecy), il reste un enjeu politique et religieux. Il est, aux marges du royaume, le maître d'une spiritualité moderne qui se diffuse dans tout le royaume. Seul nom-index parmi les quatre imprimés sur la main, *François de Sales* entre en conjonction avec le corps au tombeau, comme Louis XIII le souligne. Ainsi se rejoindraient, dans une ultime approche, ces deux limites du corps et du nom, venant légitimer et localiser les trois noms majeurs de *Jésus*, de *Maria* et de *Joseph*.

Dans le récit de Jeanne des Anges, la nomination de ses trois interlocuteurs (Richelieu, Anne d'Autriche et Louis XIII) n'est pas indifférente. Le premier est désigné d'abord comme « Monseigneur le Cardinal de Richelieu », puis « Monseigneur », ou « Monsieur le Cardinal », ou « ce prélat »/« Son Éminence ». La seconde est d'abord désignée comme « la Reine de France », « Anne d'Autriche », « femme de Louis le Juste » ; dans la suite du récit, elle est « la Reine ». Enfin Louis XIII est toujours « le Roi »[27].

Sans entrer dans le détail d'un débat technique, il me semble qu'ici en remontant la hiérarchie de l'appareil d'État, le signe majeur, le signe qualifiant, qui fonctionne comme un nom propre, (« la Reine », « le Roi ») rend manifeste le statut des monarques comme « seuls vrais personnages publics », incarnant « l'identité et l'unité du Public, corps mystique au nom duquel le roi a été chargé par Dieu du pouvoir[28] ». C'est donc dans l'exercice de leurs fonctions et de leurs prérogatives que Jeanne des Anges vient soumettre à l'autorité suprême le dessein ancien du voyage.

Si l'instance qualifiante, pour expulser les démons et leur ordonner d'inscrire sur la main les noms sacrés, relève d'abord de l'Église comme institution, dont l'exorciste est le représentant, l'étape parisienne, dans la tournée-exhibition, intègre rétrospectivement et prospectivement l'ensemble du

27. Je laisse ici de côté une discussion qui nous mènerait trop loin. Peut-on qualifier ces appellations « le Roi », « la Reine » de noms propres, faut-il les qualifier de faux substantifs, cachant leur statut d'adjectifs (*Logique de Port-Royal*) ou ne sont-ils que des indicateurs (Pariente) dans la mesure où l'objet n'est évoqué que « dans un acte de parole effectif » ? Il faudrait faire la part d'une communauté de locuteurs, qualifiant comme Roi et Reine ceux qui, selon l'institution monarchique, ont déjà été consacrés dans la cérémonie du sacre et du mariage.
28. Christian Jouhaud, *La main de Richelieu ou le Pouvoir cardinal*, Paris, Gallimard, 1991, p. 72.

projet dans un dessein politico-religieux où l'instance royale dit à la fois la vérité et le chemin. L'inscription sur le corps de Jeanne des hiéronymes se redouble d'une autre inscription : le corps mystique et politique du royaume est à son tour marqué par tous ces noms, auxquels indissolublement, s'ajoute un autre nom : *mère Jeanne des Anges*, ursuline, autobiographe d'un corps stigmatisé.

Une citation, pour conclure : « L'auteur pratique avec brio le *name-dropping*, énonciation au fil de la plume de patronymes célèbres dont le prestige rejaillit sur celui qui les mentionne [29]. »

Et, pour toute dernière conclusion, je psalmodierai la liste désormais familière en l'augmentant d'une unité : *Léviathan, Balaam, Isacaaron, Béhémot, Jésus, Marie, Joseph, François de Sales, Loudun, Paris, Annecy, Jeanne des Anges.*

29. Jean-Michel Fredon, compte rendu de *Bande à part*, de Marin Karmitz, Paris, Grasset, 1995, dans *Le Monde*, 1er mars 1995.

« Vous êtes des noms propres ! » Avatars du nom d'auteur après 1830

José-Luis Diaz
Université de Paris VII

Qu'est-ce qu'un nom dans notre monde révolutionné et révolutionnaire ?

George Sand, *Histoire de ma vie*, 1854 [1]

En littérature, nous avons aujourd'hui, madame, une sorte d'étiquette à laquelle doivent se soumettre la personne et le livre d'un auteur. [...] La castration des noms est donc une ruse à laquelle nous sommes tous pris. [...] Vous avez beau vous nommer madame la comtesse d'O...t, si vous voulez être à la mode, vous signerez Jenny...

Balzac, « De la mode en littérature », *La Mode*, 29 mai 1830 [2]

Vous dites : Je suis libéral, républicain ou carliste ; je pense à la patrie, je veux le bonheur de tous...

Moi je réponds : Vous êtes des noms propres ; vous ne pensez à rien ; vous voulez vivre à vire !

Je me résume. Vous êtes les membres froids d'un cadavre. Ce que vous appelez Ordre ou Liberté, c'est du galvanisme. Sautez, grenouilles !

[...] je n'ai de nom que comme étiquette d'un sac vide.

Charles Lassailly, *Les roueries de Trialph, notre contemporain, avant son suicide*, 1833 [3]

Les récents travaux sur le nom d'auteur [4] ont rarement considéré la question sous l'angle historique. Se proposant une sémiologie structurale, ils

1. George Sand, *Œuvres autobiographiques*, Paris, Gallimard, « Bibliothèque de la Pléiade », t. II, p. 140.
2. Balzac, *Œuvres complètes*, Paris, Club de l'Honnête homme, t. XXVI, p. 272.
3. Charles Lassailly, *Les roueries de Trialph, notre contemporain, avant son suicide* [1833], Paris, Plasma, 1978, p. 7-8, et p. 24.
4. Pour l'essentiel, ceux de Maurice Laugaa (*La pensée du pseudonyme*, Paris, Presses universitaires de France, 1986) et de Jean-François Jeandillou (*Esthétique de la mystification*, Paris, Minuit, 1994).

ont essayé de classer ses formes et de nommer doctement ses diverses pathologies (anonymes, pseudonymes, hétéronymes, cryptonymes, auteurs supposés, etc.). Mais pour ce qui concerne son histoire, ils se sont contentés de la suivre d'un peu loin, à travers ce qu'en laissent apercevoir les anciens traités sur le pseudonyme (Baillet, Barbier, Nodier, Quérard, etc.). Partant du constat de cette relative déficience, il m'a semblé utile d'entreprendre une micro-histoire du nom d'auteur — de sa pratique, ainsi que des discours qui la fondent —, envisagé à une brève période, particulièrement agitée, de son devenir : celle du néoromantisme français de l'après 1830.

Si l'on reprend les catégories de Paul Bénichou, c'est l'époque du « romantisme du désenchantement » : Musset, Gautier, Nerval. Ces écrivains ont perdu la foi humanitaire qui caractérise les grands romantiques, leurs aînés. C'est aussi l'époque des Jeune-France, qui inaugurent en littérature ce qui deviendra, ensuite, l'attitude d'un peu toutes les avant-gardes à venir : novation à outrance et provocations ironiques, signes d'une crise d'identité générale, qui ne manque pas de s'en prendre au nom d'auteur. Mais c'est aussi l'époque de grand déploiement de ce que Sainte-Beuve nommera, dans son grand article de 1839, la « littérature industrielle » : grande consommatrice de noms de plume à usage commercial. Deux raisons, contradictoires mais convergentes, pour que cette époque turbulente, qui, sous la bannière de « l'art pour l'art », commence à explorer un tout nouveau « devenir intransitif » de la littérature, soit marquée aussi par une inquiète expérimentation des formes de désignation de l'instance auctoriale. Dans un « monde révolutionné » (George Sand) où les noms ont perdu leur sereine légitimité et tendent à devenir des sortes de monnaies flottantes, il semble que les audaces d'une littérature sans entraves tiennent en partie à l'instabilité nouvelle des noms d'auteurs, entrés eux-mêmes « en littérature ».

Pour mieux comprendre, par contraste, la nouveauté des formes exubérantes de pseudonymie que va instituer le néoromantisme Jeune-France, quelques remarques d'abord sur les pratiques romantiques antérieures du nom d'auteur. Avant que des nouveaux venus en viennent à faire du pseudonyme le terrain privilégié de leurs expérimentations, deux autres imaginaires du nom propre ont été explorés par leurs aînés.

Lié à ce qu'on pourrait appeler un « romantisme mélancolique », le premier d'entre eux a consisté dans une nouvelle pratique de l'anonymat : non plus l'anonymat prudent ou modeste de l'« honnête homme », qui fut de rigueur dans l'espace classique, mais un refus angéliste de nommer le « poète » inconnu, cet « homme sans nom », pour mieux laisser planer le mystère, et pour mieux poétiser son absence. À partir de Chateaubriand et de Lamartine, on rêve d'un céleste « favori des Muses », qui, méprisant l'inscription glorieuse de son nom, « quitte la terre sans laisser de traces [5] » :

N'inscrivez point de nom sur ma demeure sombre.
Du poids d'un monument ne chargez pas mon ombre :

5. Chateaubriand, *René* [1802], Paris, Garnier-Flammarion, 1964, p. 167.

s'exclame l'auteur du « Poète mourant[6] ». Et lui-même publie d'abord ses *Méditations poétiques* sous forme anonyme, dans une plaquette confidentielle. C'était d'avance être fidèle à ce mépris du nom posthume, censé manifester de manière polémique un refus de la « gloire » — cette même « gloire » que la période précédente aima à panthéoniser solennellement, à coups de statues et d'inscriptions lapidaires... Ainsi vont les générations littéraires.

Totalement opposée à ce déni angéliste du nom d'auteur, une autre attitude a consisté, en revanche, dans une sorte d'affirmation héroïque, quasi chevaleresque du patronyme. Loin d'avoir recours à une sorte d'anonymat poétique, le vrai poète serait alors celui qui, dans un monde de sujets devenus interchangeables (parce qu'il fonctionne à la *lettre de change*), a le courage de *signer*, au sens fort du terme, et si possible de son sang : de s'engager tout entier par la simple affirmation de son nom, tel un preux qui combat à visage découvert. Risquer son nom, parce que, comme le dit Raphaël de Valentin, citant Eusèbe Salverte, « notre nom, c'est nous-même[7] », et que ce nom nous engage tout entier : telle est alors la stratégie. C'est dans cette logique que s'inscrivent tous ces grands romantiques de haut parage (Vigny, Chateaubriand, Byron). Ils proclament préférer leur nom à leur titre[8], et annoncent que leur nom sera leur seule épitaphe[9]. C'est dans cette logique aussi que prétend s'inscrire le jeune Balzac, lorsque, préfacier des futurs *Chouans*, il renonce à être compté au nombre de ces « barbouilleurs » qui ont trop usé du rideau jusqu'à le salir :

> Nous accueillons avec plus de gravité et d'estime un homme qui se présente modestement en disant son nom, et aujourd'hui, il y a de la modestie à se nommer, il y a une certaine noblesse à offrir à la critique et à ses concitoyens une vie réelle, un gage, un homme et non une ombre. [...] Je suis pour les tableaux signés ; la littérature est une arène où l'on ne veut plus de visières baissées[10].

La déclaration ne manque pas d'air. Mais, signe des temps, lorsque Balzac éprouve ainsi le besoin d'exprimer une telle conception chevaleresque du

6. Lamartine, *Nouvelles méditations poétiques* [1823], Paris, Gallimard, coll. « Poésie », 1981, p. 169.
7. Balzac, *La peau de chagrin*, Paris, Gallimard, coll. « Bibliothèque de la Pléiade », t. X, p. 199. Voir mon commentaire dans « Balzac et la scène romantique des noms propres », *34-44, Cahiers de recherche de STD*, Paris VII, n° 7, automne 1980, p. 20.
8. C'est le vœu de Chateaubriand (*Mémoires d'outre-tombe*, « Préface testamentaire »), mais c'est aussi celui de Vigny, qui refuse que son titre de comte soit mentionné sous le buste que lui consacre David d'Angers : « J'exigeai que mon nom y fût seul, disant que si deux ou trois personnes dans la postérité savaient mon nom ce serait celui du Poète et non du Noble », *Journal d'un poète*, *Œuvres*, Paris, Gallimard, coll. « Bibliothèque de la Pléiade », t. II, p. 1264. Mais Vigny, dernier de sa lignée, a le bonheur de pouvoir conjuguer les deux logiques, en principe contradictoires, du nom chevaleresque et du nom perdu : « Je suis le premier célèbre et le dernier de mon nom. Mon nom, comme le cygne, chante en expirant. » (*Ibid.*, p. 1319)
9. « Mon nom seul sera mon épitaphe ». C'est là ce que Byron note dans ses *Mémoires*, selon la traduction qu'en donne Mme Swanton Belloc, Paris, Alexandre Mesnier, 1830, t. I, p. 31.
10. Balzac, avertissement du *Gars* [1828], Gallimard, coll. « Bibliothèque de la Pléiade », t. VIII, p. 1671.

nom d'auteur, c'est alors même qu'il est en train de chercher laborieusement à donner quelque apparence de réalité à un « auteur supposé », Victor Morillon, pourvu d'une biographie en règle et censé être le véritable auteur du roman qu'il est en train d'écrire [11].

Concluons que cet imaginaire romantique de la signature périlleuse est pour l'essentiel une mise en scène fantasmatique, se superposant ici à une autre (celle de la pseudonymie), en principe totalement contradictoire avec elle. Mais peu importe : l'essentiel n'est pas tant dans la pratique onomastique concrète que dans le fantasme chevaleresque qui la sous-tend. De même, c'est essentiellement un fantasme — celui de la mort sans traces — qui sous-tend la pratique poétique de l'anonymat : pur fantasme, puisque ces « anonymes pour la montre » ne tardent pas à être tout à fait normalement connus et nommés. Et c'est aussi le travail du fantasme que nous allons voir à l'œuvre dans les diverses pratiques romantiques de la pseudonymie.

Pour bien en comprendre les manœuvres, il faut partir de l'idée que nous sommes à une époque où la pseudonymie est l'objet de vives condamnations, et de condamnations d'un nouvel ordre (ce qui ne va pas empêcher une prolifération, elle aussi nouvelle, des troubles en tout genre dont est victime le nom d'auteur). Ce qui est nouveau dans la très générale condamnation des pseudonymes qui a cours alors, c'est qu'elle ne se fait plus tant au nom d'une police sociale, dénonçant un trouble à l'ordre public, mettant en péril l'assise symbolique de la société, mais bien plus au nom de la « nouvelle loi » romantique qui veut que l'homme s'exprime dans son œuvre, pleinement et à découvert. C'est parce que l'on exige qu'un sujet biographique substantiel puisse garantir l'œuvre littéraire que l'on supporte mal les atteintes au nom d'auteur. Déflation de l'anonymat ou inflation des pseudonymes : il s'agit là de néfastes variations fiduciaires qui s'en prennent à cette « monnaie vivante » fiable que se devrait d'être le nom propre.

Tandis qu'un Quérard continue de s'indigner contre le cancer social des pseudonymes, qui menace tant l'ordre normal de la société que l'édifice de l'histoire littéraire, c'est au nom de valeurs tout autres que les publicistes du temps dénoncent généralement ce mal, dont ils constatent amèrement les progrès. Suivons par exemple le raisonnement du crypto-saint-simonien Alexandre Saint-Chéron, dans un article de 1833, au titre significatif, « La vie poétique et la vie privée [12] » :

> Suivant moi, une œuvre d'art ne peut être originale et vraie et saisir au vif l'enthousiasme qu'à la condition d'être intimement assimilée à l'homme qui

11. Même ambiguïté lorsqu'il reprendra plus tard la même antienne de la signature chevaleresque périlleuse, au moment de reconnaître qu'il est l'auteur de la *Physiologie du mariage*, d'abord parue sous le masque de l'anonymat : « Le mal est venu d'un livre auquel il n'a point attaché son nom, mais qu'il avoue maintenant, puisqu'il y a péril à le signer. » (Préface de *La peau de chagrin* [1831], Paris, Gallimard, coll. « Bibliothèque de la Pléiade », t. X, p. 49)
12. Alexandre Saint-Chéron, « La vie poétique et la vie privée », *L'Artiste*, 1833, t. V, p. 196.

l'a créée; or jamais l'art n'a moins eu ce caractère que l'art de nos jours, jamais l'individualité d'un auteur n'a moins été représentée par son œuvre.

C'est la rupture néfaste entre la vie publique et la vie privée qui explique, dit-il, « la manie de nos jeunes auteurs, de cacher ou de déguiser leurs noms » : « En effet, à quoi bon un nom sur ce livre ? Quel rapport ce nom peut-il avoir avec une œuvre d'art, qui n'est pas l'expression naïve d'une personnalité ? »

Suit la dénonciation des ravages d'une société individualiste, où le nom d'auteur n'est plus qu'un arbitraire signe commercial, et où « chaque artiste ne répond plus qu'à son nom et ne répond plus que de son œuvre ».

Appliquée à l'espace littéraire, c'est là une version dogmatique de la condamnation plus générale et plus rutilante que Trialph, le héros de Charles Lassailly [13], jette à la tête de la « *signora Société* » :

> Vous dites : Je suis libéral, républicain ou carliste ; je pense à la patrie, je veux le bonheur de tous...
>
> Moi je réponds : Vous êtes des noms propres ; vous ne pensez à rien ; vous voulez vivre à vire !

Dans un univers social où tout n'est plus qu'étiquettes — marchandes, politiques, ou littéraires —, c'est l'ensemble des êtres humains qui se trouvent condamnés au statut de simples noms propres — de « noms en l'air », sans nécessité, presque des pseudonymes.

Il ne faut pas perdre de vue cette habitude prise de dénoncer l'arbitraire nominal quand on essaie de comprendre les analystes romantiques du pseudonyme littéraire. Je songe ici en particulier à un article méconnu d'Auguste Luchet, paru en janvier 1834 dans *L'Europe littéraire* : « Mœurs littéraires. Les pseudonymes ». L'auteur y explique à ses contemporains que le pseudonyme est « une ancienne mode littéraire que nous avons fait revenir, par paresse d'en inventer une nouvelle », et qui a remplacé, « dans nos mœurs écrivantes, l'anonyme, devenu commun, naïf et rococo ». Alors que l'anonyme était une « preuve de décence et de pudeur littéraire », le pseudonyme va être la solution onomastique rêvée pour une société dominée par le principe industriel :

> [...] mais aujourd'hui que tout est en progrès, du moins à ce qu'on dit ; aujourd'hui que l'industrie au génie fécond et producteur s'est insensiblement glissée dans toutes les parties de l'ensemble social, que l'intelligence et les facultés de l'esprit sont tout bonnement cotées à la bourse des libraires et des journaux, comme l'amidon, la cannelle et le suif en branches à celles des courtiers [...], nous avons trouvé qu'il était absurde de se tenir dans l'alternative de n'avoir qu'un nom, le sien, ou de ne pas en avoir du tout. Nous avons découvert qu'il était infiniment plus commode de mettre à sa disposition son propre nom d'abord, puis celui de Pierre, celui de Jean, celui de Michel, celui de Raymond ; et de pouvoir combiner à l'infini ces

13. Charles Lassailly, *op. cit.*, p. 7-8.

divers éléments nominatifs par un, par deux, par trois, de façon à se trouver à la fois un et plusieurs.

Enfin, à l'anonyme, véritable duperie de l'ancien régime, véritable monstre acéphale, nous avons substitué l'être bicéphale, tricéphale, quadricéphale, que l'on nomme pseudonyme [14].

Après avoir signalé la collusion de la pratique pseudonymique avec l'industrialisme ambiant, l'auteur va se lancer (comme tous ses pareils) dans un classement des diverses formes plus ou moins coupables de la pseudonymie : de la plus bénigne (la possibilité de « tirer de ses facultés intellectuelles un double, un triple, un quadruple profit, sans avoir le désagrément de fatiguer le public par l'éternelle apparition du même nom au frontispice de vingt ouvrages »), jusqu'aux plus condamnables (le vol véritablement vampirique de son nom auquel se livre un négrier littéraire sur la personne d'une jeune victime aux abois, forcée de vendre « ses prémices au corrupteur pseudonyme, son âme au démon »). Et comme second exemple au féminin de cette pratique hautement scandaleuse, nous avons la divine surprise de trouver le couple Sand-Sandeau, avec Mme Dudevant dans le rôle du vampire (qui file alors l'imparfait amour avec Musset à Venise) et le petit Jules dans le rôle du pauvre jeune homme dépouillé de son bien le plus cher : « G. Sand n'a pas de nom ; ce n'est ni une femme, ni un homme, c'est un pseudonyme. » (p. 107)

Un tel texte a le mérite de donner la juste note qui prévaut alors dans le discours habituel contre le pseudonyme : dénoncé comme artifice industriel, il l'est aussi comme le résultat d'une spoliation inhumaine. S'attribuer un pseudonyme, ce n'est pas cette action inoffensive qui consisterait à s'emparer d'une vêture nominale de fantaisie, pour des raisons d'euphonie et de rentabilité commerciale ; c'est devenir un « voleur de nom », selon l'expression d'Alfred de Musset [15]. Prendre par la force le nom (et donc la vie) d'un autre ; prélever sauvagement sur sa victime une sorte de *scalp* nominal. Ce qui a pour conséquence de la vider de tout son être. C'est dire à quel point on est loin alors de s'accommoder, avec bonne humeur, du devenir arbitraire des signifiants patronymiques en régime industriel. Le nom propre est le lieu d'une douleur, d'un pathos, parce qu'il est le symbole d'une sorte de contrat sacré, quasi féodal. On ne touche pas impunément à cette hache.

On ne doit pas perdre de vue cet imaginaire féodal du nom propre lorsque l'on étudie les pratiques romantiques du pseudonyme. Jouer avec le nom, c'est ébranler le principe d'une coïncidence sacrée entre le signe nominal et son référent biographique. Si les pratiques pseudonymiques se réactivent alors, comme le constate Auguste Luchet, ce n'est pas simple

---

14. Auguste Luchet, « Mœurs littéraires. Les pseudonymes », *L'Europe littéraire*, 9 janvier 1834, p. 100.
15. Voir son texte inachevé : « Sur les voleurs de noms », *Œuvres complètes en prose*, Paris, Gallimard, coll. « Bibliothèque de la Pléiade », p. 943-946.

effet du charlatanisme industriel ; c'est aussi que la nouvelle sacralité biographique dont sont investis imaginairement les noms est, paradoxalement, comme une sorte d'invite à des entreprises d'ironie et de révolte. C'est parce qu'il y a un religieux onomastique — un *numen* des *nomen* — que des *condottieri* de la nomination vont pouvoir faire parade de leurs agressions contre les « noms plus ou moins propres » (pour parler comme Xavier Forneret).

C'est là l'hypothèse que l'on est amené à faire pour s'expliquer la pratique du pseudonyme qui va être celle des Jeune-France : pratique subversive, affichée et désacralisante. Mais avant d'en venir à eux, force est bien d'admettre que tel n'a pas été le seul régime romantique du pseudonyme.

Quand c'est le jeune Balzac qui y a recours, à partir de 1822, il est bien évident que le pseudonyme est un simple paravent commercial qu'il se donne, pour pouvoir publier impunément des « cochonneries » alimentaires, grâce à la « castration des noms ». Le « dédale croisé de pseudonymes » (Sainte-Beuve) est rendu nécessaire par le souci qu'a le jeune auteur de ne pas entacher son nom, en le mêlant à des opérations de basse librairie, et en l'associant à un genre encore fort dévalué : le roman. Comme le lui écrit sa sœur Laurence, Horace de Saint-Aubin a pour fonction de « fai[re] le vilain pour Honoré Balzac [16] ». Logique commerciale d'autant plus marquée que lorsque l'apprenti « marchand de phrases » est amené à changer de libraire, il change aussi de devanture nominale.

Quand c'est la jeune Aurore Dudevant qui l'endosse, le pseudonyme obéit aussi à une logique essentiellement marchande. « Un nom, vous le savez, c'est une marchandise, une denrée, un fonds de commerce », avoue-t-elle tout bonnement à un de ses correspondants [17]. C'est le libraire qui l'exige, relayé par ce directeur de conscience littéraire qu'est Latouche. Et loin de donner lieu à cette machiavélique opération de vampirisme onomastique que décrira complaisamment Auguste Luchet (prenant visiblement le parti du quitté), la note qui ressort de toute l'affaire est celle d'une inconscience euphorique de la part du jeune auteur en gestation. L'euphorie tient au fait qu'Aurore abandonne le soin de fixer son nom de plume à des tiers, se libérant joyeusement de cette basse cuisine éditoriale [18] ; et elle tient aussi à cette forme d'irresponsabilité infantile qu'implique, pour elle, le recours au

16. *Correspondance*, éd. R. Pierrot, Garnier, t. I, p. 255.

17. *Correspondance de George Sand*, éd. G. Lubin, Garnier, t. II, p. 90.

18. C'est ce qu'elle laisse entendre à plusieurs reprises dans sa correspondance contemporaine de l'événement. Voir par exemple ce qu'elle dit de son attitude par rapport à l'éditeur de *Rose et Blanche* : « Je consens à tout, de sorte que je ne sais même pas quel est mon nom littéraire. » (*Corr.*, t. I, p. 984) C'est ce que confirme son récit postérieur dans *Histoire de ma vie* : « On m'a baptisée, obscure et insouciante, entre le manuscrit d'*Indiana*, qui était alors tout mon avenir, et un billet de mille francs, qui était en ce moment-là toute ma fortune [...]. Qu'est-ce qu'un nom dans notre monde révolutionné et révolutionnaire ? Un numéro pour ceux qui ne font rien, une enseigne ou une devise pour ceux qui travaillent ou combattent. » (*Œuvres autobiographiques*, t. II, p. 140)

pseudonyme. Pour cette fugitive qui a planté là son mari pour venir à Paris faire ses coups dans la littérature professionnelle, l'abandon, instamment demandé par sa belle-mère, du patronyme marital, et le recours à un pseudonyme emprunté à celui qui est alors son amant, sont de joyeux signaux de liberté. Le nom de plume est un domino de carnaval, qui permet à l'épouse, devenue « artiste », de fronder la Loi, la conjugale comme la patronymique, pour faire de la littérature buissonnière.

Une stratégie commerciale obligée, qui, au passage, permet d'en prendre à son aise avec la loi du Père : telle semble bien être, chez Balzac comme chez George Sand, la fonction du pseudonyme. Chez eux, pas de subversion contre la religion du nom. On fait comme le veut le libraire, et, sous le masque, on prend ses aises, on se défile en douceur, on biaise allégrement avec la Loi.

À côté de cette pratique, à la fois conventionnelle et euphorique, il serait aisé de distinguer une autre attitude romantique vis-à-vis du pseudonyme, distincte elle aussi de celle des Jeune-France. Je pense à ces véritables héros romantiques de la pseudonymie que sont Kierkegaard et Stendhal. Avec des différences que je n'ai pas le temps d'évaluer, ils semblent avoir une pratique comparable. Leur commun recours à des pseudonymes, arbitraires, ludiques, multipliés et changeants, semble une sorte de nécessité vitale : manière de n'être jamais chez soi, de se poursuivre et de se fuir sous d'éphémères masques d'occasion, sitôt changés dès qu'ils menacent d'instaurer une convention stable. Avec une note de donjuanisme philosophique chez Kierkegaard, avec, chez Stendhal, un brin de cryptonymie paranoïde, c'est en gros la même attitude de part et d'autre : se masquer toujours, pour être infiniment infidèle à soi-même, pour se risquer avec plus de liberté, dans les parages d'une conscience en perpétuel mouvement. Tactique d'aventuriers de l'intelligence, dilettantes et esthètes, qui prennent infiniment le détour du faux pour mieux atteindre perversement au vrai. Très distincte de la tactique plus sommaire de nos deux romanciers, qui, tournant allégrement les interdits, endossent une casaque commerciale pour naviguer plus à l'aise dans l'espace nouvellement ouvert de la littérature marchande.

Par rapport à ces deux pratiques nettement différenciées, il est plus facile de définir la pseudonymie des Jeune-France. Ni philosophes naviguant à perte de vue dans la fiction nominale, ni littérateurs industriels à la recherche d'un nom « médiatique », ces jeunes intrus de la scène littéraire de l'après 1830 vont avoir pour point commun une attitude collective de critique sarcastique à l'égard d'une société marquée par l'arbitraire des signes, tant littéraires que monétaires. Le cri de Trialph est le leur : haro sur le commun des faux noms propres ! Loin de se résoudre euphoriquement au pseudonyme, comme leurs confrères romanciers, c'est à une pratique à la fois subversive, masochiste et spectaculaire du nom fictif qu'ils vont avoir recours. Masochiste, parce qu'incontestablement l'incapacité à se reconnaître sous leur propre nom a été vécue par eux sur fond d'une expérience de l'absurde. C'est Gautier qui le dit par l'entremise de la fiction : « Mon nom même me semble un nom en l'air qui n'est pas mon véritable nom [19]. » Et c'est Charles Lassailly qui le confirme, par Trialph interposé : « Je n'ai de nom que comme étiquette d'un sac vide [20]. » Mais ce pénible sentiment d'étrangeté, qui tient au fait d'avoir « un nom en l'air », un nom qui sonne creux, va être mis en scène d'une manière clownesque.

Mettons que je m'appellerais Trialph, qui vient de « Trieilph », ce qui, en danois de fantaisie, et par étymologie drolatique, veut dire : « Gâchis [21] ! » Voyez, mesdames, messieurs, comme la *signora Société*, me force à des bouffonneries, pseudonymiques et autres, semblent-ils clamer à qui veut les entendre. Dans un univers social tout entier soumis à la fiction monétaire, que faire d'autre que d'entrer dans la danse des faux-semblants ? Reste à se faire soi-même faussaire, et à le faire avec panache, et en soulignant bien la note de discordance sarcastique qu'il y a à suivre le troupeau. Et à choisir des noms bien éclatants, puisqu'on commence à entrer déjà dans la « société du spectacle ». Se masquer, non pour se fondre dans la masse, mais pour se faire remarquer. Le masque en lettres qu'ils ont pris, ils l'exhibent de manière tantôt ludique, tantôt provocante. Transposé dans le domaine de la nomination, c'est le principe du « gilet rouge », arboré par le jeune Théophile Gautier à la première d'*Hernani*. Du tapage dans les patronymes, pour épater la galerie. D'où les harnachements pittoresques de ces jeunes trublions de la pseudonymie : Jehan du Seigneur, Philothée O'Neddy, Augustus Mac-Keat, Pétrus Borel, Aloysius Block, Aloysius Bertrand, Napoléon Thom, Elias Wildmanstadius, Onuphrius Wphly [22], etc. C'est pour en mettre plein la vue aux « prosaïstes » et aux « grisâtres », satisfaits du nom burlesque ou fade de leurs quincailliers de papas, qu'ils ont recours au vermillon onomastique. Félix Pyat a remarqué cette nouvelle manie des jeunes artistes de son temps de se mettre hors-la-loi, et de trafiquer leur nom pour arborer leur différence : « Les meilleurs sont bâtards ; d'autres non moins forts se débaptisent. S'ils ont eu des parrains du nom de Jean, ils s'appellent Jehan, d'Édouard ils font Edward, du cigare ils font une chique [23]. » Comprenant qu'il n'est pas possible de signer une élégie « Jovard » (son patronyme), le héros d'une des nouvelles de Gautier, se fait conseiller par un « beau » de la nouvelle école, sur la meilleure manière d'entrer en littérature. Voici la recette que lui donne le comte Ferdinand de C*** :

> Vous détachez un feuillet de ci de là, vous faites une préface et une postface, vous prenez un pseudonyme, vous dites que vous êtes mort de consomption ou que vous vous êtes lavé la cervelle avec du plomb, vous servez

19. *Mademoiselle de Maupin* [1835], Paris, Gallimard, coll. « Folio », p. 124.
20. Charles Lassailly, *op. cit.*, p. 24.
21. *Ibid.*, p. 109.
22. Les deux derniers sont des pseudonymes de fantaisie donnés par Gautier à des personnages de ses *Jeunes-France, romans goguenards* [1833]. Les autres, des pseudonymes d'artistes du groupe des Jeune-France, ou de leurs environs.
23. Félix Pyat, « Les artistes », *Nouveau tableau de Paris au XIXe siècle*, t. IV, p. 8.

chaud, et vous escamotez le plus joli petit succès qu'il soit possible de voir[24].

Conseil que suit au pied de la lettre le bienheureux Jovard, mais sans attenter le moins du monde à sa vie. Le voilà bientôt entré dans la carrière du succès, muni d'un pseudonyme superlatif, à ranger au rayon des farces et attrapes :

> Le prénom était en us, le nom bourré d'autant de k, de doubles w et autres menues consonnes romantiques, qu'il fut possible d'en faire tenir dans huit syllabes ; il aurait fallu même à un facteur, six jours et six nuits seulement pour l'épeler. (*ibid.*, p. 91-92)

Fier de sa trouvaille, le ci-devant Jovard rêve de faire promener ce « nom si laborieusement forgé sur les épaules et la poitrine de l'homme-affiche, ou de la faire broder sur son propre gilet, en grandes lettres, et cela bien avant les Saint-Simoniens » (*ibid.*, p. 92).

Dans sa préface, Gautier prend soin de se démarquer, pour son propre compte, de ces pseudonymes en technicolor : « Je n'ai pas ajouté à mon prénom une désinence en us, je n'ai pas échangé mon nom de tailleur et de bottier contre un nom moyen-âge et sonore. » (p. X) Avec la vigueur mordante d'un apostat tout récent de la nouvelle religion Jeune-France, nul mieux que lui n'a décrit les jeux de scène que ses ci-devant compères ont mis au goût du jour. Il met à nu avec verve les principaux trucs de la scénographie littéraire Jeune-France. Comme il prend soin d'arranger sa barbe et son costume, sa pipe et son atelier « artiste », l'écrivain Jeune-France prend soin aussi « d'arranger un peu son nom pour lui donner plus de tournure » (p. 17). Se choisir un pseudonyme remarquable, perméable aux modes en vigueur, bourré de connotations exotiques ou archaïques, c'est faire de l'auteur un personnage, comme jailli de sa propre œuvre. Il n'en veut plus être le garant externe, le propriétaire légal, mais se comporte comme une sorte d'hypostase de la fiction : petit diable sorti du livre, et qu'on aurait propulsé sur la couverture, pour dérouter le bourgeois de lecteur. Comme dans cette nouvelle de Xavier Forneret, qui représente des personnages naissant de leur nom même, représenté au moyen de pierres empilées dans un certain ordre[25], l'auteur Jeune-France prétend n'être qu'une sorte d'aléatoire « mise en homme » d'un simple jeu de lettres !

Le pseudonyme Jeune-France, ou le nom venu du texte...

---

24. Théophile Gautier, *Les Jeunes-France, romans gognenards* [1833], Paris, Éditions des autres, 1979, p. 81.

25. « [...] j'aperçus les murs s'agrandir en hauteur et en largeur, quoique rejetant des pierres — de leurs flancs entrouverts — qui allaient sur des gradins formés de clarté moins vive, se ranger en lettres et composer des mots dont naissaient les choses qu'ils signifiaient [...] aussitôt que le mot *assassin* fut tracé, un homme à barbe épaisse, au regard gris et ardent, au front perdu sous de longs cheveux en désordre, parut armé d'un poignard dont le manche était un morceau de tibia et une rotule [...]. » Xavier Forneret, *Rêves* [1846], *Sans titre et autre textes*, Paris, Éditions Thot, 1978, p. 166.

Impossible, dans l'espace imparti, d'essayer de vérifier à quel point ce modèle heuristique vaut pour l'ensemble des pseudonymes Jeune-France. Contentons-nous de deux exemples, puis de quelques remarques générales.

Pétrus Borel n'est pas un pseudonyme, bien qu'il en ait tout l'air. (C'est la mode révolutionnaire de la république romaine qui est la seule responsable de ce nom de baptême. Fiction politique, si l'on veut, de la part de ses parents, et non fiction littéraire de la sienne.) Mais la ruse suprême va consister à faire croire que c'est bien là un pseudonyme. C'est le montage que propose la « Préface » de *Champavert* (1833), qui fait semblant d'avouer, honteusement, une pseudonymie. La fable que développe cette préface est que Pétrus Borel était le pseudonyme d'un prétendu Champavert, qui se serait suicidé de manière sanguinaire, après avoir, par désespoir, sauvagement massacré femme et enfant. C'est le pauvre Jean-Louis, un laboureur ami du pauvre hère, qui vient nous conter la chose à l'avant-scène. Il est censé publier les quelques feuillets subsistants de cette œuvre écrite à la sanguine, et raconter la vie de ce barbare de la littérature : manière de doter ce « pseudo-pseudonyme » d'une biographie en règle, ce qui fait de lui, de surcroît, un « auteur supposé ». C'est le modèle qu'utilisa Sainte-Beuve pour *Joseph Delorme* (1829), mais adapté ici pour se conformer aux canons du romantisme frénétique. Par ce procédé d'inversion et de brouillage, les actes attribués à Champavert — d'un frénétisme sommaire et d'un lycanthropisme rutilant — contaminent l'instance auctoriale, elle-même « lycanthropisée ».

Non satisfait de cette double manigance (« pseudo-pseudonyme » et « auteur supposé »), Pétrus Borel a recours à la stratégie complémentaire du surnom : reprenant les caricatures des journaux, il se fait appeler « Pétrus Borel, le lycanthrope ». Manière de se hisser au statut de personnage légendaire et de donner une auréole romanesque à son vrai nom.

Ainsi procédera également le très étrange Xavier Forneret, dit l'« Homme noir ». Lui aussi reprend comme une bannière le surnom infamant dont on l'a affublé. Ce fut là d'abord le nom du personnage secondaire d'une pièce qu'il a publiée en 1837 : spectre pendant les premiers actes, il se révèle être un mari trompé qui s'est voué à l'errance dans l'espoir d'éveiller l'amour de sa femme. Un dénouement sanglant donne à ce cocu spectral une dimension inquiétante. En reprenant son nom, Forneret s'attribue à lui-même un statut de spectre errant, inassouvi, et aussi une position de marginalité radicale, de supériorité amère et tragique. Cette posture sera confirmée par le cuisant échec que va subir ce drame — noir lui aussi —, et par les caricatures que la presse locale dijonnaise multiplie alors de son auteur. L'année suivante, en tête d'un recueil de maximes (signé « par un homme noir, blanc de visage »), il arbore le nom de son « héros ». Relevant le défi, il se donne le statut d'un homme en deuil, d'un auteur veuf de ses œuvres, plus que celui d'un personnage maléfique.

Deux exemples qui nous prouvent combien ce fut un procédé nouveau de la part des Jeune-France que de mettre en place un véritable processus de « fictionnalisation de l'auteur », faisant du nom sur la couverture le texte matriciel d'une sorte de méta-roman. Restait à l'« homme » — si du moins il subsistait à cette radicale « mise en fiction » — à essayer de s'arranger avec son sobriquet de plume, et à être conforme, dans sa vie quotidienne, au « programme de son nom [26] ». Pas étonnant alors que la carrière de la plupart de ces exubérants de la pseudonymie ait tourné à l'aigre, en dépit du souriant hommage posthume rendu par Gautier. Ce qui, aux yeux de certains, n'est pas sans annoncer la mort tragique d'Isidore Ducasse, ci-devant comte de Lautréamont : autre nom venu du texte (d'un roman d'Eugène Sue, *Latréamont*).

Mais ce serait mal comprendre la pratique Jeune-France du pseudonyme que de la juger à partir de la seule page de titre. La pseudonymie Jeune-France — cette pseudonymie faite spectacle, qui se veut à la fois douloureuse, tapageuse et subversive —, a des conséquences qui dépassent le simple nom d'auteur. Non content de courir à la surface du texte, le virus de la pseudonymie s'insinue à l'intérieur. C'est tout l'espace littéraire qui est censé être miné par le cancer du faux. Dans un univers commercial dominé par le « charlatanisme », tout devient apparences, pures étiquettes. Et c'est le livre tout entier, qui, rageusement, fait mine d'être un amas de signes arbitraires, un pur palimpseste de surfaces.

Surface, le titre : aussi truqué, aussi artificiel, que le nom d'auteur. Le « nom propre de l'œuvre » se plaît, lui aussi, à exhiber sa nature d'artefact. Les titres eux-mêmes sont saisis par un « devenir pseudonymes ». Et ce devient alors un stéréotype que de dénoncer ces titres à dessein bizarres, sans rapport avec l'ouvrage, faits pour appâter le chaland — mais sans s'interdire pour autant d'y avoir recours [27]. À l'inverse, et plus radicalement, Lassailly prétendrait se passer de titre, transposant de l'auteur au livre la pratique de l'anonymat : « Ceci ne devait pas avoir de titre : ce sont des idées ou des mots qui possèdent une valeur quelconque ; mais la monnaie ne serait frappée à aucune effigie [28]. » Moyen de rappeler que l'écrivain, pour ressembler sarcastiquement à son siècle, est condamné à fabriquer de la fausse monnaie.

Surface, aussi, la préface et la postface, ces devantures qui s'autonomisent et qui, au lieu de se contenter d'une sage fonction ancillaire, ne ren-

---

26. La formule est empruntée à Gautier : « Pour se conformer au programme de son nom, Jehan du Seigneur portait, au lieu de gilet, un pourpoint de velours noir taillé en pointe. » *Histoire du romantisme*, reprint « Les Introuvables », 1978, p. 32.
27. *L'âne mort et la femme guillotinée* [1829] (Jules Janin), *Louisa ou les douleurs d'une fille de joie* [1830] (Régnier-Destourbet, sous le pseudonyme de l'Abbé Tiberge), *Plik et Plok, La Coucaratcha* (Eugène Sue), etc. Voir, entre cent autres, le commentaire que fait Imberdis sur le titre de son livre, *L'habit d'Arlequin* : « Le titre, comme c'est l'usage, a très peu de rapport avec l'ouvrage ; il annonce seulement qu'il a été écrit pièce à pièce. » (p. XI) Plus loin, il reparle de son « livre, avec son titre bizarre » (p. XV).
28. Charles Lassailly, *op. cit.*, p. 8.

voient qu'à elles-mêmes, deviennent « autotéliques », s'amusent à des effets de miroir. Surface aussi les crénelures d'épigraphes cosmopolites, dont est alors bardée la moindre page [29].

Enfin au cœur même de l'œuvre, c'est le nom des personnages qui est, lui aussi, comme saisi par la pseudonymie. À défaut de pseudonymie en frontispice, voici que de simples noms de fantaisie, attribués non à l'auteur lui-même, mais à ses *alter ego* fictifs, ont pour fonction de réverbérer leur facticité sur l'instance auctoriale : ainsi de Trialph, chez Lassailly, de Fantasio, chez Musset, de Fortunio, chez Gautier. Manière d'insinuer dans l'œuvre le virus de la pseudonymie, de donner en spectacle le faux du nom, alors même que l'auteur est nommé sans détour. À sa façon, Nodier, ancêtre sternien des trublions Jeune-France, a recours au procédé, dans son *Histoire du roi de Bohême et de ses sept châteaux* (1830). Anonyme au frontispice, il se divise à l'intérieur du volume en plusieurs hypostases : le « pseudonyme Théodore », le « fidèle Breloque », « être sans nom », « toujours disposé à ne rien faire ou à faire des riens », et Don Pic de Fanferluchio, « la tête qui contient le plus de mots contre une idée, de sophismes contre un raisonnement, de paradoxes contre une opinion — de noms, de prénoms, de surnoms — de titres oubliés et de dates inutiles ». Nodier, cet « homme du livre », ce pseudographe, a trouvé là un sophistiqueur à sa mesure. Aux noms d'opérette, en carton-pâte, chers à Musset comme à Gautier (Fantasio et Fortunio), qui aiment à étaler l'arbitraire fantaisiste des signes nominaux, il oppose une sophistique onomastique inflationniste, qui puise généreusement dans les dictionnaires.

Quelle que soit la tactique choisie, c'est la fonction de ces noms de fantaisie que de proclamer la liberté capricieuse du poète « bouffon », l'arbitraire despote du conteur « plus ou moins fantastique ». Pseudonymes ou non, ces « nomothètes » pour rire appliquent *à la lettre* la sémiotique hasardeuse de Fantasio : « Jouer avec les mots est un moyen comme un autre de jouer avec les pensées, les actions et les êtres. Tout est calembour ici bas. »

29. « Une chose qu'il faut soigner, ce sont les épigraphes », explique doctement à Daniel Jovard son mentor littéraire (Téophile Gautier, *Les Jeunes-France, romans goguenards*, *op. cit.*, p. 81).

Nom propre et traduction

Christine Klein-Lataud
Collège Glendon, Université York

Si, à la différence du nom commun, le nom propre est un « désignateur rigide » qui réfère sans signifier, il ne devrait poser aucun problème au traducteur. Il suffirait, en effet, de le conserver tel quel, vestige attestant dans le texte d'arrivée, par sa présence opaque et obstinée, l'existence du texte de départ. C'est bien ce que faisait remarquer, dès 1387, Sir John Trevisa en opposant ainsi nom commun et nom propre :

> [...] en certains endroits, je dois changer l'ordre des mots, et passer du passif à l'actif, et vice-versa. En certains endroits, je dois expliquer un mot, et dire ce qu'il signifie. Mais en dépit des changements de ce genre, le sens subsistera intact. Cependant, certains mots et noms de pays, de contrées, de villes, de cours d'eau, de rivières, de montagnes et de collines, de personnes et de lieux, doivent rester tels quels car ils constituent une catégorie à part [1]...

Mais l'on sait bien que, particulièrement dans le texte littéraire, le nom propre ne peut pas être considéré comme dépourvu de sens et échappant de ce fait au processus traductionnel. Au contraire, il peut être chargé, voire surchargé, de sens [2].

À la démarche onomasiologique du romancier choisissant la toponymie et l'anthroponymie de son livre répond la démarche sémasiologique du lecteur, qui repère dans la forme du nom ou dans ses références et ses connotations la valeur qu'il prend au sein de l'œuvre. Le traducteur, lecteur par excellence, effectue le même parcours analytique. La différence est qu'il ne peut s'arrêter là : il doit, en effet, restituer le texte en langue d'arrivée de telle sorte que le nom propre y joue le même rôle que dans l'œuvre de départ. Dans certains cas, il suffit, comme le préconisait Sir John Trevisa, de le reproduire tel quel, mais dans d'autres, une transposition s'impose. Parfois même, il incombe au traducteur d'effectuer une démarche onomasiologique analogue à celle du romancier et de procéder à une re-création.

Je me propose ici d'aborder les différentes stratégies adoptées par les traducteurs, stratégies qui dépendent de la nature du nom propre, de son

1. Cité par Theo Hermans, « On Translating Proper Names, with Reference to *De Witte* and *Max Havelaar* », *Essays in Honour of Peter King*, éd. par Michael Wintle, Londres, Athlone Press, 1988, p. 11 (je traduis).
2. Je renvoie sur ce point à la bibliographie établie par Johanne Bénard, Martine Léonard et Élisabeth Nardout-Lafarge, *Les noms du roman*, Publications du Département d'études françaises de l'Université de Montréal, coll. « Paragraphes », 1994, p. 117-122.

rôle au sein du texte, de son inscription discursive mais aussi des principes directeurs : en d'autres termes, de la théorie de la traduction adoptée par chacun d'eux, consciemment ou non.

Une première catégorie de noms propres est constituée par ceux qui sont porteurs d'un signifié dans la langue de départ. Ce signifié peut être identique à celui d'un nom commun, dont il ne diffère alors que parce qu'il réfère à un objet unique. C'est le cas du titre d'un roman de Dickens, *Bleak House*, qui désigne également le domicile de M. Jarndyce, un des héros du roman. Le traducteur, Sylvère Monod, qui conserve généralement tels quels les noms anglais, traduit celui-ci et s'en explique dans sa préface :

> L'unique traduction française de ce livre antérieure à la nôtre avait gardé la forme anglaise, solution imparfaite et aveu d'une défaite inutilement humiliante. Il importe en effet que le lecteur français reçoive le même choc devant la traduction que l'anglais devant le texte.

Il faut donc rendre compte du sens de *bleak* tout en répondant à d'autres exigences : le nom doit

> convenir à la fois à une maison et à un livre ; enfin et surtout, ne pas contredire certains passages du roman et en particulier celui où le Lord Chancelier déclare que la maison a un nom lugubre, même si l'endroit ne l'est pas [3].

C'est ainsi qu'il crée *La maison d'Âpre-Vent*, qui satisfait tous ces critères.

Le problème posé par ce titre s'apparente à celui auquel ont été confrontés les traducteurs de *Wuthering Heights*, et une revue des solutions adoptées pourra s'avérer éclairante. Il existe de nombreuses traductions du roman d'Emily Brontë. Ici encore, le titre est emprunté à la demeure qui est le lieu central de l'œuvre. Or ce nom a un sens que, comme *Bleak House*, le texte révèle et commente : « *Wuthering Heights is the name of Mr. Heathcliff's dwelling. "Wuthering" being a significant provincial adjective, descriptive of the atmospheric tumult to which its station is exposed in stormy weather* [4] » (« [...] un provincialisme qui rend d'une façon expressive le tumulte de l'atmosphère auquel sa situation expose cette demeure en temps d'ouragan [5] »). On a donc un nom doté de sens, à la fois par la dénotation de *Heights* et par l'expressivité phonique de *Wuthering*. Les solutions adoptées par les traducteurs sont d'une extrême diversité. La première consiste à transcrire le mot anglais tel quel. C'est par exemple ce que fait Pierre Leyris. La justification du nom dans le texte devient alors énigmatique en français, et Leyris recourt en conséquence à une ressource qui s'avérera importante : la fameuse N. d. T. Celle-ci commente le mot *Wuthering* : « Quelque chose comme notre Ventoux. *Wuthering Heights* signifie, mais sous la forme ramassée qui convient à un lieu dit : les hauteurs où le vent

---

3. Sylvère Monod, préface de *La Maison d'Âpre-Vent*, de Charles Dickens, textes traduits, présentés et annotés par Sylvère Monod, Paris, Gallimard, coll. « Bibliothèque de la Pléiade », 1979, p. XII.
4. Emily Brontë, *Wuthering Heights*, New York, Norton & Co, 1972 [1847].
5. Emily Brontë, *Les hauts de Hurle-Vent*, traduction de Frédéric Delebecque, Paris, Séguier, 1989, p. 26.

fait rage[6] ». Le sens est donc renvoyé en note, solution que nous retrouverons souvent par la suite. Le choix de non-traduction que fait Pierre Leyris s'explique peut-être par le fait que sa traduction vient après celle de Frédéric Delebecque, qui avait créé le titre sous lequel le roman est célèbre en français : *Les hauts de Hurle-Vent*, titre que Leyris admirait beaucoup mais qu'il ne pouvait s'approprier. Parmi les autres choix[7], citons *Les hauteurs tourmentées, Les hauts des Quatre Vents, La maison des vents maudits, Le plateau des rafales, Heurtebise, Les hauts des tempêtes, Haute-Plainte*. La traduction du nom sans mention de l'anglais rend bizarre le commentaire métalinguistique fourni dans le texte même : on ne voit pas en quoi *Heurtebise* constitue un « provincialisme » ou *Haute-Plainte* une « appellation provinciale ». De plus, quand on commence la lecture du roman, on remarque qu'il y a parfois deux solutions adoptées concurremment, l'une pour le titre du livre, l'autre pour le nom de la demeure. Ainsi, la traduction d'Élisabeth Bonville, intitulée *La maison des vents maudits*, conserve *Wuthering Heights* à l'intérieur du texte, en précisant en note qu'il s'agit d'une « expression intraduisible en français[8] ». Comment alors expliquer qu'elle l'ait traduite dans le titre ? Ses motivations étaient probablement d'ordre éditorial. Sa traduction a paru dans une collection qui s'adresse au grand public et un titre anglais aurait pu avoir un effet dissuasif. C'est sans doute la même raison qui a amené Pierre Leyris à modifier sa stratégie pour la réédition de sa traduction en collection de poche chez Flammarion, en 1984, et à l'intituler *Hurlevent des Monts*. Parmi les facteurs affectant les choix du traducteur, on ne peut négliger ce genre de contraintes pragmatiques.

Il eût été logique que la stratégie adoptée pour ce premier toponyme soit suivie pour tous les autres, en vertu du principe de systématicité. Le lieu antithétique de *Wuthering Heights*, demeure sauvage du sauvage Heathcliff, est *Thrushcross Grange*, univers des belles manières et des sentiments médiocres. Sylvère Monod, qui avait choisi de traduire le premier toponyme par Hurlemont, transpose également, en bonne logique, le second, qu'il rend par le Manoir de la Grivelière. Il s'en explique ainsi dans la préface : « *Grange* signifiant Manoir et *Thrushcross* Croix de la Grive, nous avons adopté la forme " Manoir de la Grivelière ", dont la sonorité gracieuse et douce a paru correspondre aux intentions de l'auteur[9]. » Certains traduisent *Wuthering Heights* par Hurlevent mais conservent tel quel *Thrushcross Grange*, créant de ce fait une disparate gênante.

Il arrive toutefois que la disparate soit inévitable. En effet, les noms propres dotés d'un signifié voisinent, dans le texte, avec des noms propres purement référentiels. Le traducteur conserve alors ces derniers tels quels mais traduit les

6. Emily Brontë, *Wuthering Heights*, traduit de l'anglais par Pierre Leyris, Paris, J. J. Pauvert, 1972, p. 34.
7. Glissons sur celui du premier traducteur. Teodor de Wyzema, qui, durassien avant la lettre, intitula le livre *Un amant*...
8. Emily Brontë, *La maison des vents maudits*, traduit de l'anglais par Élisabeth Bonville, Gründ, coll. « Grand Écran littéraire », 1966.
9. Sylvère Monod, préface de *La maison d'Âpre-Vent*, de Charles Dickens, *op. cit.*, p. L.

premiers. Dans le Londres de *La petite Dorrit*[10], les toponymes inscrits dans le réel comme *Mews Street* ou *Grosvenor Square* sont conservés ; cependant, *Bleeding Heart Yard*, toponyme non moins réel mais qui acquiert dans l'œuvre valeur de descripteur, est traduit par « la ruelle du Cœur-qui-saigne ». Que le romancier crée les noms ou les emprunte au réel, ce qui compte pour le traducteur, c'est le sens dont ils se chargent à l'intérieur de l'œuvre.

La nécessité de traduire les toponymes lorsque ce sont des descripteurs s'applique également, bien entendu, aux anthroponymes.

Le cas le plus clair est celui des noms allégoriques. Un bon exemple nous en est fourni par *The Pilgrim's Progress*, de John Bunyan, œuvre typique de la littérature religieuse didactique, publiée en 1678, qui décrit le « Pèlerinage du chrétien à la cité céleste ». Voyage où lieux traversés et personnages rencontrés figurent les épreuves que doivent affronter les chrétiens pour gagner le paradis. Les très nombreux personnages n'ont qu'une valeur allégorique, et ne pas traduire leurs noms serait porter atteinte au sens du texte. Inversement, ne traduire que le signifé en négligeant la forme onomastique prive les personnages de leur existence narratologique. Pour illustrer ce propos, nous pouvons prendre les noms de *By-ends, of Fair-speech*, et de ses amis *my Lord Turn-about, my Lord Time-server, my Lord Fair-Speech, Mr. Smoothman, Mr. Facing-both-ways, Mr. Anything, Mr. Two-tongues*[11]. La première traduction que j'ai pu consulter[12] les rend par : Le Temporiseur de la ville de l'Éloquence, l'Homme qui fait se retourner, l'Esclave du Temps, le Bienfaisant, l'Uni, Celui qui va par deux chemins, l'Ami d'un chacun, Monsieur de langue double. Le dernier nom mis à part, la forme même de la traduction retire toute consistance aux personnages. Au contraire, dans une traduction ultérieure, ils deviennent respectivement : M. Cherche-Profit, de la Ville des Beaux-Discours, Monseigneur Girouette, Monseigneur C'est-selon, M. Beau-Diseur, M. Doucereux, M. Double-Visage, M. Tout ce qu'on veut, M. Deux-langues[13] : la valeur allégorique des noms est sauve, mais la traduction respecte également la forme anthroponymique.

Assez proches des personnages allégoriques, on trouve les personnages types, dont le nom, lui aussi, a une valeur dénotative. Le genre théâtral en est particulièrement riche. Ainsi, Philarète Chasle[14], premier traducteur du théâtre de Ben Jonson, traduit par exemple *Sir Amorous Lafoole* par Sottenville des Amourettes, belle trouvaille qui rend justice à la fois au connoté « noble » du

10. Charles Dickens, *La petite Dorrit*, traduction par Jeanne Métifeu-Béjeau, Paris, Gallimard, coll. « Bibliothèque de la Pléiade », 1970.
11. John Bunyan, *The Pilgrim's Progress*, Boston, Houghton Mifflin Co, 1969 [1678], p. 155.
12. Jean Bunyan, *Le voyage du chrétien vers l'Éternité*, septième édition, Rotterdam, D. Vis, 1778.
13. John Bunyan, *Le pèlerinage du chrétien à la cité céleste sous la similitude d'un songe*, Paris, J.J. Risler, 1834. Pas de nom de traducteur.
14. Philarète Chasle, *Épicène ou La femme silencieuse. Théâtre européen*, 56e et 57e livraisons, Paris, 1835. Cité par Nicole Bonvalet-Mallet, « Marcel Achard adaptateur de Ben Jonson », *Revue d'histoire du théâtre*, nº 3, 1983, p. 354.

nom et à son signifié. Le barbier *Cutbeard* devient Barberase, *Mrs. Otter* Mme Laloutre, etc. Il faut souligner ici le rôle ludique de ce type de nom propre : il informe, mais surtout il fait rire. *Le goûter des généraux*, de Boris Vian, met en scène les généraux Wilson de la Pétardière-Grenouillou et Lenvers de Laveste, ainsi que l'archevêque de Paris, Roland Tapecul. Le traducteur, Simon Watson Taylor, conserve ces noms tels quels. Or, en anglais, ils n'ont plus aucun sens et connotent tout au plus une francité d'ailleurs abusive, puisque la pièce de Vian est une satire de toutes les armées du monde, comme le prouve la présence des généraux Korkiloff et Ching Ping Ting. On perd donc à la fois l'aspect farcesque et la valeur satirique des noms : même si le signifié n'est pas donné directement, dans Pétardière, il y a pétard et péter ; sous Grenouillou, on lit grenouillage, et sous Lenvers de Laveste transparaît l'expression « retourner sa veste ». Ces effets de sens auraient pu être rendus par le traducteur, comme l'a fait Philarète Chasle avec Sottenville des Amourettes. Philip Stratford, lorsqu'il a traduit *Crache à Pic*[15], d'Antonine Maillet, a généralement transposé les noms qui ont valeur de sobriquet : *Jimmy-the-Flea* pour Jimmy la Puce, *Long-Tongue Médard* pour Médard la Grand-Langue, conservant ainsi, dans cette forme bâtarde, à la fois la francité et le sens. Encore faut-il que le résultat ait la forme d'un nom en langue d'arrivée. Et *Little-Next-to-Nothing*, qui rend Ti-Rien, a le double inconvénient d'être trop long et de ressembler aux traductions de noms amérindiens ou africains. D'autre part, Marie-Pet, nom d'une chipie antipathique, relève de la même catégorie des sobriquets, et pourtant Philip Stratford le laisse tel quel, avec pour conséquence qu'au lieu d'être péjoratif, comme l'aurait été Marie *Fart*, le surnom en anglais devient affectueux, *Pet* étant l'équivalent de « mon chou ». Effets pervers de la non-traduction où le nom, conservé en l'état, acquiert par pur hasard un autre sens dans l'autre langue. On a un effet analogue avec la traduction française de *Little Dorrit*, de Dickens, où le financier véreux s'appelle *Mr. Merdle*. Dickens avait probablement choisi le nom à dessein pour évoquer le célèbre mot de cinq lettres, mais, pour le lecteur anglais, la référence a de bonnes chances de passer inaperçue alors qu'elle s'impose au lecteur français.

Le problème de la disparate rencontré dans la traduction de *Crache à pic* se pose fréquemment. Dans sa traduction de *Under Milkwood*, de Dylan Thomas, Jacques Brunius traduit ou ne traduit pas les noms propres, pour des raisons qu'il expose dans sa présentation commentée des *dramatis personæ*. *Ocky Milkman, Dai Bread, Dancing Williams, Organ Morgan* sont traduits, d'après leur signifié, par Ocky Laitier, Daï Miche, Williams le Sauteur, Orgue Morgan. Mais certains autres noms sont conservés : *Captain Cat* reste Captain Cat « pour raisons d'euphonie et de couleur locale[16] », dont on voit mal pourquoi elles s'appliquent dans ce cas et non dans celui d'*Organ Morgan*. De

15. Antonine Maillet, *The Devil is Loose !*, traduit par Philip Stratford, Toronto, Lester & Orpen Dennys, 1986.
16. Dylan Thomas, *Œuvres*, Paris, Seuil, 1970, tome 1, coll. « Au Bois lacté », trad. de Jacques Brunius, p. 273.

même, *Willy Nilly*, qui signifie littéralement « bon gré mal gré », reste tel quel. Dans ce dernier cas, le problème se complique du fait que Willy est un diminutif courant en anglais : le nom fonctionne donc comme une syllepse où Willy est à la fois un prénom et la première partie d'un syntagme figé. Et si *Lily Smalls*, nom de la bonne à tout faire, est traduit par Lily Culotte, on ne voit pas pourquoi *Gossamer Beynon* reste Gossamer Beynon, alors que *gossamer* signifie légère, frivole. Frivoline Beynon aurait paru tout indiqué.

Le nom du bourg pose un problème particulièrement intéressant : *Llareggub*. Ce toponyme imaginaire a une allure très galloise, avec son double L à l'initiale. C'est en fait le palindrome de *Buggerall*, c'est-à-dire « qu'ils aillent tous se faire enc… ». Il faudrait, pour le rendre, créer un palindrome français d'une grossièreté analogue et qui ait des sonorités galloises : autant dire la quadrature du cercle. D'où le choix du traducteur : conserver.

Ce dernier exemple nous amène à une sous-catégorie des noms pourvus de signifié : ceux dont le sémantisme est à décrypter, par le jeu de l'homophonie ou d'une manipulation du signifiant du type contrepet. L'onomastique de Boris Vian nous en offre d'abondants exemples. Dans *L'écume des jours*, on rencontre ainsi Jean-Sol Partre et la duchesse de Bovouard, déguisements transparents de Jean-Paul Sartre et de Simone de Beauvoir. Le traducteur, Stanley Chapman, qui s'est visiblement bien amusé, offre aux lecteurs anglophones *Jean Pulse Heartre* et *the Countess Thighbone de Mauvoir*, qui entretiennent avec le nom de départ le même type de rapport ludique, même si le procédé de transformation est différent. Les à-peu-près sont rendus par des équivalents (le Chuiche devient *the Hucher*, le Chevêche, *the Pibosh*), et, emporté par la furie créatrice, Stanley Chapman va jusqu'à inventer des noms motivés même lorsque l'original ne l'était pas : les frères Desmaret, pédérastes d'honneur, deviennent ainsi the *Kissitwell brothers, pansy page-boys*. L'audace du traducteur justifie le terme inhabituel utilisé pour désigner son travail à la fin du volume : *L'écume des jours* a été non pas *translated* mais *anglicized*[17].

À l'intersection des noms jouant sur le signifié et de ceux qui jouent sur le signifiant, nous rencontrons à nouveau les créations de Dickens. Dans *Bleak House* s'agitent vaniteusement des kyrielles de politiciens dont les noms presque identiques affichent l'interchangeabilité ; de surcroît, chaque série aboutit à un nom soulignant la nullité de son porteur. On a ainsi la série *Buffy, Cuffy, Duffy*, qui débouche sur *Puffy* (Poussif), et la série *Boodle, Coodle*, etc. qui aboutit à *Noodle* (Nouille). Sylvère Monod recrée le même effet avec la série Boussif, Coussif, etc. jusqu'à Poussif, mais, reculant devant Couille par lequel il lui aurait fallu passer pour aller de Bouille à Nouille, il a préféré créer une « dynastie Bullité qui débouche harmonieusement sur Nullité [18] ».

17. Boris Vian, *Froth on the Daydream*, traduit du français par Stanley Chapman, London, Rapp & Carroll, 1967.
18. Sylvère Monod, « N. D. T. ou : le traducteur annotateur », *Franco-British Studies Journal*, Spring 1988, vol. 5, p. 29.

Venons-en aux noms qui n'ont pas valeur de descripteurs mais qui, par leur intégration au texte et par le biais de leur signifiant, se chargent de sens. J'emprunterai un premier exemple à Paul Auster dont le roman *City of Glass* est une sorte de polar existentiel où l'identité, attestée par le nom, se fait insaisissable et évanescente, dans un jeu constant de pseudonymes et d'échanges, y compris avec le nom de Paul Auster lui-même. Le personnage qui joue les détectives déclare s'appeler Quinn, à quoi son interlocuteur répond par un long commentaire métalinguistique :

> " *Quinn. Hmmm. Very interesting. Quinn. A most resonant word. Rhymes with twin, does it not?*"
>
> " *That's right. Twin.* "
>
> " *And sin, too, if I'm not mistaken. [...] I see many possibilities for this word, this Quinn, this... quintessence... of quiddity. Quick, for example. And quill. And quack. And quirk. Hmmm. Rhymes with grin. Not to speak of kin. Hmmm. Very interesting. And win. And fin. And din. And gin. And pin. And tin. And bin. Hmmm. Even rhymes with djinn. Hmmm. And if you say it right, with been. Hmmm. Yes, very interesting. I like your name enormously, Mr. Quinn. It flies off in so many little directions at once*[19]. "

On voit le problème du traducteur : les associations de mots se font sur la base de similarités phonétiques, donc intrinsèquement et consubstantiellement liées à la langue, mais elles dévoilent l'essence du nom, et partant du personnage. *Twin*, c'est le jumeau, en quelque sorte le double, lié à la quête de l'identité dont j'ai dit qu'elle jouait un rôle central dans l'œuvre. *Quack*, c'est le charlatan, autre thème essentiel dans ce roman où tout le monde ment sans cesse. Le signe est donc entièrement remotivé, puisque son signifiant génère le treillage de signifiés dont il est le support. Or, en français, aucun jeu phonétique ne permet de rapprocher Quinn de jumeau ou de charlatan. Il faut donc que le traducteur, en l'occurrence Pierre Furlan, recrée un réseau de paronymes dont le signifié soit en rapport avec la thématique de l'œuvre :

> — [...] Quinn. Un mot plein de résonnances. Il rime avec fouine, n'est-ce pas ?
>
> — C'est juste. Fouine.
>
> — Et avec gin aussi, si je ne m'abuse.
>
> — Vous ne vous abusez pas. [...]
>
> — Hmmm. Que c'est intéressant. J'entrevois beaucoup de possibilités pour ce mot, ce Quinn, cette... quidditas... de quintessence. Il y a aussi couic. Et couac, et couenne. Et couine. Hmmm. Rime avec mine, et marine. Sans parler de devine. Et de débine. Et mieux avec djinn. Hmmm. Très intéressant. Votre nom me plaît énormément, monsieur Quinn. Il s'éparpille dans tant de petites directions à la fois[20].

---

19. Paul Auster, *The New York Trilogy, City of Glass*, New York, Penguin, 1980, p. 89-90.
20. Paul Auster, *Cité de verre*, traduit de l'américain par Pierre Furlan, Arles, Actes Sud, p. 101.

Les « petites directions » choisies par Pierre Furlan soulignent brillamment la thématique du roman, « fouine » et « devine » s'intégrant à l'isotopie « détective », et « débine » à celle de l'échec.

Le nom propre pose un problème analogue au précédent lorsqu'il est le support d'un jeu de mots. Je prendrai deux exemples, l'un où le traducteur a triomphé de la difficulté, l'autre où le succès est moins évident. Dans *Crache à pic,* que nous avons mentionné plus haut, on trouve le passage suivant : « [...] au nom de Charlemagne qui lui parut inventé de toutes pièces, Zéphirine substitua celui de Char à marde, plus dans la tonalité du milieu contrebandier[21]. » À partir du même nom, Charlemagne, et avec la même justification facétieuse, Philip Stratford a trouvé un jeu paronymique particulièrement pertinent : « [...] *for "Charlemagne", which seemed to Zephirine a preposterous invention, she had substituted "Charlie Man" as more in line with the lingo of the smuggling trade*[22]. »

Dans *Bleak House,* un personnage vindicatif défie Sir Dedlock en se déclarant prêt à combattre tous les « *Sir Lucifer, dead or alive, locked or unlocked* ». *Dead* et *locked* (morts et enfermés) jouent sur les deux syllabes du signifiant Dedlock. Sylvère Monod s'en tire par un jeu de mots qui s'appuie également sur le phonétisme de *Dedlock* : « qu'il aient besoin d'*aide* ou non, en *loques* ou en grande tenue[23] ». Mais cette déclaration paraît si saugrenue que le traducteur a éprouvé le besoin d'annoter le passage, signe que sa solution n'est qu'une « tentative » d'équivalence, comme il le dit lui-même. En l'occurrence, l'attention des lecteurs est abusivement attirée sur le brio du traducteur : un jeu de mots sur lequel on glisse en anglais acquiert une visibilité disproportionnée, faussant le rapport avec l'auteur, qu'on n'aperçoit plus que derrière la carrure un peu envahissante de son trop habile traducteur. Ici affleure un débat qui agite beaucoup les milieux traductologiques : le traducteur doit-il ou non se manifester ouvertement dans le texte ? Il n'est, bien entendu, pas question de proposer ici une réponse.

Il arrive qu'il y ait conflit entre le sens spécifique véhiculé par le signifiant du nom à l'intérieur du texte et le signifié qui lui est associé. Theo Hermans, dans son article « On Translating Proper Names, with Reference to *De Witte* and *Max Havelaar*[24] », prend l'exemple du nom *Wawelaar.* Ce nom est un descripteur, puisqu'il signifie « bavard » en néerlandais. Il rentre donc dans la catégorie étudiée au début de cet article et il semblerait que la transposition s'impose. De fait, les traducteurs français et anglais ont en général opté pour Caquet, Radoteur, *Twaddler, Blatherer.* Mais le nom *Wawelaar* est quasi identique à celui du héros éponyme, *Havelaar,* et les deux personnages

21. Antonine Maillet, *Crache à pic,* Montréal, Leméac, 1984, p. 18.
22. Antonine Maillet, *The Devil is Loose !, op. cit.,* p. 7.
23. Charles Dickens, *La maison d'Âpre-Vent, op. cit.,* p. 150.
24. Cité par Theo Hermans, « On Translating Proper Names, with Reference to *De Witte* and *Max Havelaar* », *op. cit.,* p. 21.

incarnent, grosso modo, le mal et le bien. Si on traduit *Wavelaar*, on perd de vue cette symétrie et on porte ainsi atteinte à la structure signifiante de l'œuvre. Le traducteur peut donc préférer renoncer à la valeur dénotative du nom au profit du sens global du texte que construit le jeu des signifiants.

J'en viens maintenant au dernier type de nom propre, celui qui est chargé de sens par son référent. Prenons le cas du traducteur qui a conservé tels quels les noms propres. Le premier effet de ce choix est de dépayser le lecteur et d'inscrire dans le texte d'arrivée la marque de son origine étrangère : le nom propre tranche sur le reste du texte, effet qui est par nature différent de celui qu'il a dans l'œuvre d'origine[25]. Par ailleurs, cette solution de reproduction directe, apparemment simple, pose aussi problème. Le nom propre, en effet, est doté d'un contenu, pour reprendre la terminologie de Marie-Noëlle Gary-Prieur, c'est-à-dire d'un ensemble de propriétés qui le caractérisent et qui découlent de son référent initial[26]. L'exemple qu'elle propose est un phrase extraite de *Libération* : « N'est pas Jules Ferry qui veut. » Pour comprendre cette formule, appliquée en l'occurrence à Lionel Jospin, alors ministre de l'Éducation en France, il faut savoir que Jules Ferry est le grand législateur de l'école publique française. La formule signifie, pour qui connaît Jules Ferry, que Lionel Jospin n'a pas les qualités requises pour accomplir une réforme réussie de l'enseignement. La connaissance du référent initial, et partant du contenu du nom propre, dépend de l'univers socioculturel du récepteur. Or, par définition, le récepteur d'une traduction est différent du destinataire initial : il n'a donc pas le même univers référentiel, et le contenu du nom propre peut lui échapper. Le traducteur, pour lui donner accès à cette information, peut recourir à plusieurs procédés : l'annotation, la glose intégrée au texte, le remplacement du nom propre par un nom commun explicitant le contenu ou la transposition.

L'annotation permet de conserver les noms originaux tout en indiquant, le cas échéant, leur signifié et leur contenu. Dans le volume 1 de l'œuvre de Dickens dans la collection de la Pléiade, on trouve ainsi quarante-neuf noms faisant l'objet d'une note (les notes occupant cent pages pour ce seul volume). Il convient de souligner combien cette politique d'annotation dépend de facteurs pragmatiques : la collection de la Pléiade, qui est coûteuse, et qui vise un public cultivé, présumé amateur de notes, peut se permettre d'annoter extensivement. Mais beaucoup d'éditeurs refusent les notes, forçant alors le traducteur à recourir à d'autres procédés.

Entre aussi en jeu le genre du texte traduit : impossible d'annoter pour le spectateur un texte théâtral, qui doit être directement compréhensible. On

25. Jeux de mots mis à part, c'est cet effet d'exotisation que ridiculisent Paul Reboux et Charles Muller dans leur pastiche de Tolstoï : « Ivan Labibine Ossouzoff, du Gouvernement de Kartimskrasolvitchegosk, district de Vokovosnesensk-Anskrevosantchoursk, commune de Ortoupinskaïeskaïa-Tienswlapopol [...] » *Rédemption*, dans *À la manière de...*, Paris, Grasset, 1964, p. 277.

26. Marie-Noëlle Gary-Prieur, *Grammaire du nom propre*, Paris, Presses universitaires de France, 1994, chap. 3.

remplace le nom propre par un nom commun ou une périphrase qui élucide son contenu (ex. : les beaux-quartiers pour le XVIe arrondissement ou Outremont). Autres exemples de cette stratégie, la traductrice d'*Anagrammes*, roman de Lorrie Moore [27], remplace *the Catskills* par les montagnes au Nord, *Methodist Central* par l'hôpital, le *P & C* par le supermarché ; le traducteur de Dickens remplace *the Old Bailey* par la Cour d'Assises ou *Davy Jones* par le Génie de la mer, etc.

La glose consiste à conserver le nom propre tout en glissant dans le texte une périphrase ou une information permettant l'identification. Dans *Anagrammes*, là où le texte anglais se contente de dire que les héros vont danser comme dans *Oklahoma !*, la traductrice précise « la comédie musicale Oklahoma ? » ; de même, après le nom Huey Newton, elle ajoute « Huey Newton des Panthères Noires ».

Tactique plus radicale, l'adaptation. Elle peut opérer au sein même de la culture d'origine, constituant une adaptation endoculturelle : la traductrice d'*Anagrammes* remplace, par exemple, les références américaines présumées incompréhensibles pour les Français par d'autres références, américaines également, mais supposées connues : *Zero Mostel* devient *Mel Brooks, the Ramada Inn* devient le *Holiday Inn*, etc. Le changement de référence peut, par contre, être une adaptation exoculturelle, c'est-à-dire une transposition dans la culture d'arrivée [28]. Dans le même livre, « *two very clean Johnson & Johnson types* » deviennent « deux du genre bébé Cadum », avec des connotations analogues. Cette deuxième stratégie, qui a le mérite d'assurer la lisibilité, a pour effet d'assimiler le texte-source, de gommer son origine étrangère, et, de fil en aiguille, d'exposer le traducteur à l'accusation d'ethnocentrisme et d'appropriation culturelle. Quant au mélange des deux stratégies, il fait flotter inconfortablement entre deux univers référentiels le lecteur, qui va de l'Opéra de la Ville au World Trade Center, sans plus savoir s'il est aux États-Unis ou en France.

Pour résumer les principes déterminant le choix entre la naturalisation du nom propre ou son maintien dans son altérité, j'emprunterai une formule au bel article de Barbara Folkart intitulé « Traduction et remotivation onomastique » :

> Il faut avoir des raisons pour traduire le nom propre, il faut être en mesure de justifier toute transposition de l'onomastique : si l'on ne peut pas, dans la langue d'arrivée, intégrer le nom substance à un système-forme, autant faire passer le nom tel quel dans le texte d'arrivée [29].

Un des éléments déterminants dans la stratégie de traduction est l'inscription textuelle du nom propre. Par exemple, même pour qui ne sait pas

---

27. Lorrie Moore, *Anagrammes*, traduit de l'anglais par Édith Soonckindt, Paris, Rivages poche, coll. « Bibl. étrangère », 1993.
28. Je remercie mon collègue Philippe Bourdin pour cette suggestion terminologique.
29. Barbara Folkart, « Traduction et remotivation ononastique », *Meta*, vol. XXXI, n° 3, septembre 1986, p. 247.

que c'est un des plus célèbres asiles de fous du XIXe siècle (l'équivalent de Charenton), le nom *Bedlam* est compréhensible en contexte dans le passage suivant de la traduction de *Bleak House* : « Ma parole, nous sommes dans une maison de fous ! Ma parole, pour ne pas mâcher mes mots, nous sommes à Bedlam, monsieur [30]. » La compétence discursive du lecteur supplée en bien des cas à son ignorance référentielle.

D'ailleurs, le texte traduit n'est pas le seul à avoir des lecteurs différents de ses destinataires premiers, et les œuvres éloignées dans le temps posent les mêmes problèmes d'univers référentiel que celles qui sont éloignées dans l'espace. Dans la traduction de *Bleak House*, un certain Smallweed nous est présenté en ces termes : « On raconte dans les bureaux officiels que son père n'était autre que John Doe et sa mère le seul membre féminin de la famille Roe ; et aussi que son premier maillot avait été taillé dans un sac à documents [31]. » Une note vient à propos élucider cette obscure allusion : « John Doe et Richard Roe sont des noms fictifs utilisés par les juristes (jusqu'en 1852) pour représenter le plaignant et le défendeur [...] [32]. » Mais la référence n'est sans doute pas plus claire pour les anglophones d'aujourd'hui, puisque l'éditeur américain fournit une note équivalente.

Quant au halo de connotations vagues que peut susciter le nom, il échappe par nature à la traduction. S'il constitue souvent un indice sociologique décodable par le destinataire (âge, sexe, milieu social), il est aussi largement tributaire des associations individuelles auxquelles procède chaque lecteur. Le narrateur du *Perroquet de Flaubert* voudrait faire passer, non sans humour, la richesse évocatrice qu'il prête à certains noms propres pour une potentialité descriptive, voire identificatrice :

> Je vous ai dit mon nom : Geoffrey Braithwaite. Cela a-t-il servi à quelque chose ? un peu ; au moins, c'est mieux que « B » ou « G », ou « l'homme », ou « l'amateur de fromages ». Et, si vous ne m'aviez pas vu, qu'auriez-vous déduit du nom ? Un professionnel de la classe moyenne ; un avoué peut-être ; un habitant d'un pays plus sain, planté de pins ; costume de cheviotte ; moustache rappelant — peut-être de façon frauduleuse — un passé militaire ; une femme sage ; peut-être un peu de canotage le dimanche ; un homme qui boit plutôt du gin que du whisky ; et ainsi de suite [33].

What's in a name ? Tout. À lui seul, il constituerait un programme que le texte n'a plus qu'à exposer...

Autre forme de nom-programme, l'acrostiche, où le nom est à la fois le thème du discours et son générateur. En effet, on lit deux fois les graphèmes qui le constituent, une fois normalement, c'est-à-dire sur l'axe syntagmatique,

30. Charles Dickens, *La Maison d'Âpre-Vent*, *op. cit.*, p. 774.
31. *Ibid.*, p. 334.
32. *Ibid.*, p. 1641.
33. Julian Barnes, *Le perroquet de Flaubert*, traduit de l'anglais par Jean Guiloineau, Paris, Stock, 1986, p. 126.

une fois verticalement, en début de vers. Parmi les acrostiches contenus dans les poèmes de François Villon, je choisirai celui avec lequel il signe la « Ballade pour prier Nostre Dame ».

Vous portastes, digne Vierge, princesse,
Iesus regnant qui n'a ne fin ne cesse,
Le Tout Puissant, prenant nostre faiblesse,
Laissa les cieulx et nous vint secourir,
Offrit a mort sa tres chiere jeunesse ;
Nostre Seigneur tel est, tel le confesse :
En ceste foy je vueil vivre et mourir [34].

Des quatre traductions que j'ai pu consulter, deux négligent l'acrostiche, tant celle de 1960, en langue moderne, que celle de 1905, en langue archaïsante ; les deux autres créent un poème acrostiche en anglais, ce qui est un tour de force. Le moins remarquable n'est pas la différence des mots choisis pour former l'acrostiche : un seul, *Virgin*, est commun, ce qui prouve que la double contrainte textuelle n'engendre pas l'uniformité.

Voici les deux solutions inventées par les traducteurs :

Virgin most worthy ! you did bear, Princess,
In your womb, Jesus, reigning without cease,
Lo, He all-powerful, took our feebleness,
Leaving, to succour us, the Heavenly sky ;
Offered to Death His own dear youthfulness !
Now such Our Lord is, as I do confess.
And in this faith I mean to live and die [35].

Virgin who bore, most virtuous princess,
Jesus whose reign o'er men shall never cease,
Lord who assum'd our mortal feebleness,
Left Heav'n and to succour us drew nigh,
Offering death his young, sweet loveliness.
Now such Our Lord is, such I him confess.
Tis in this faith I mean to live and die [36].

Que le nom de Villon traverse l'épaisseur de la langue pour briller dans le texte anglais, c'est le miracle accompli par les traducteurs. On touche avec ce dernier exemple au paradoxe de la traduction : pour que l'énonciation du poète soit possible dans une autre langue, il faut qu'une autre voix la prenne en charge, et c'est de ce jeu subtil, à la fois décalage et recréation, que témoigne le nom propre.

---

34. Albert Pauphilet, *Poètes et romanciers du Moyen Âge*, Paris, Gallimard, coll. « Bibliothèque de la Pléiade », 1958, p. 1170.
35. François Villon, *Complete Poems*, traduit par Beram Saklatvala, Londres, Everyman's Library, 1968, p. 75.
36. Norman Cameron, *Collected Poems*, éd. par W. Hope et J. Barker, Anvil Press Poetry, 1990, p. 111.

Traduire son nom en passant la frontière. La quête identitaire dans *Resident Alien*, de Clark Blaise [1]

Jacques Cardinal
Université de Montréal

> Quand on ne donne pas de nom à un être humain, on ne lui donne pas le droit de mourir, pour ainsi dire, puisqu'on ne lui a pas donné le droit de vivre. Un être humain ne vit que nommé.
>
> Françoise Dolto [2]

Clark Blaise est né dans le North Dakota en 1940 d'un père canadien-français et d'une mère canadienne-anglaise. Il n'est pas franco-américain puisque la langue qui lui vient de ses parents est l'anglais. Toutefois, c'est un patronyme anglicisé qui lui est transmis puisque Blaise est l'adaptation phonétique de *Blais*, nom qui serait supposé, de prime abord, plus ou moins bien prononçable en anglais. Jusque-là, il n'y a rien de bien exceptionnel, et l'on pourrait sans doute évoquer mille et un cas de Québécois qui, passant la frontière, ont traduit leur nom. Parmi les raisons qui ont pu motiver un tel geste, le désir de s'intégrer à une Amérique anglophone, à une époque où ne s'était pas encore affirmé un certain discours de la différence, a certainement compté. Je voudrais interroger ici l'incidence de la traduction du nom propre dans ce roman de Clark Blaise à partir de la problématique de la transmission, c'est-à-dire depuis une théorie psychanalytique du sujet fondée sur le désir, où le nom, notamment, *via* la fonction paternelle, sert de point d'ancrage au sujet dans l'assomption de son identité. J'analyserai ainsi non seulement comment le père du narrateur transmet son nom tout en oblitérant une partie de son histoire, mais comment cette oblitération ou ce secret de famille revient hanter le narrateur qui, après avoir surmonté un certain vertige, parvient à nommer les raisons cachées du silence que la traduction du nom devait préserver.

---

1. Cette étude s'inscrit dans le cadre d'une recherche subventionnée par le Conseil de recherche en sciences humaines du Canada. Clark Blaise, *Resident Alien*, Markham (Ontario), Penguin Short Fiction, Canada, 1986. Il existe une traduction parue sous le titre *Ma vie traduite, revue et corrigée*, trad. de Jean Chapdelaine Gagnon, Montréal, Éd. du Roseau, coll. « Calliope », 1988.
2. Cité par Joël Clerget, *Le nom et la nomination. Source, sens et pouvoirs*, Toulouse, Éditions Erès, 1990, p. 13.

Je montrerai enfin comment le roman, à travers une construction où alternent le nom de l'auteur et ses noms fictifs, s'avère un véritable travail de symbolisation à partir duquel l'écrivain parvient malgré tout à assumer une part de son histoire et, partant de là, une part de son identité.

La double face du nom propre

Peut-être vous est-il déjà arrivé, ne serait-ce qu'une seule fois, de ressentir quelque chose comme une pointe d'angoisse au moment de présenter votre passeport au douanier? « Et si, tout à coup, peut-on alors se dire, je ne passais pas? Et si, tout à coup, on ne me reconnaissait pas sur cette photo? Qu'à devoir signer mon nom, pris de panique, je n'y parvenais plus, m'incriminant ainsi d'imposture aux yeux d'un douanier tout particulièrement inquiétant? Et si, tout à coup, un malin génie avait caché de la drogue, de l'uranium enrichi, des secrets d'État ou que sais-je encore dans mes bagages pour me compromettre et me perdre? » Et vous vous voyez pris déjà, avec votre esprit romanesque et vos excellentes dispositions à la paranoïa, dans la machine infernale d'une bureaucratie kafkaïenne où l'on vous accuse sans que vous puissiez vous justifier, c'est-à-dire établir hors de tout doute votre identité et votre certificat de bon citoyen. Ces pensées folles, vous vous empressez cependant de les balayer de cette main assurée avec laquelle vous présentez votre passeport. Tout votre corps se ressaisit en un instant pour offrir le masque d'un sujet qui sait très bien qui il est, maître de soi et répondant sans hésitation de son nom. Ainsi, à la frontière, chacun, selon ses talents de comédien, se fait en quelque sorte une tête pour dire: « Moi monsieur, je n'ai vraiment rien à me reprocher. » On semble ainsi plaider l'innocence, refoulant peut-être quelque vague sentiment de culpabilité, mais de la manière la plus neutre. Car, il ne faut pas trop en mettre à ce jeu, cela pourrait paraître suspect. À penser ainsi l'authenticité comme soutenue notamment par un théâtre du corps, on voit que le sujet peut être pris par une sorte de vertige où, conscient de son jeu et craignant que l'autre le soit également, tout, alors, peut paraître vrai et faux. Qui en effet pourrait dire avec certitude que ce masque des bons sentiments n'en cache pas un autre? Or, c'est ce vertige du semblant, cette mascarade de l'imaginaire que le lien du sujet à son nom parvient à surmonter, ne serait-ce que ponctuellement. Le nom, en tant que repère de l'état civil, arraisonne, pour ainsi dire, cette mascarade à une procédure de reconnaissance, et permet, au moins formellement, l'identification du sujet en tant que citoyen.

Mais l'identification, certes, n'est pas le tout de l'identité, loin de là. Et c'est en cela que réside peut-être l'ambiguïté du nom qui soutient deux moments distincts, quoique inséparables, du sujet: ce qui le fait citoyen et sujet du désir. Le nom propre est ainsi une sorte de carrefour depuis lequel le sujet, répondant d'un statut et d'une loi, peut circuler dans l'espace civil et politique, alors qu'en même temps, sujet du désir, quelque chose lui échappe ou vient à manquer qui le fait sujet de l'interprétation et du déchiffrement, là où justement les certitudes identitaires peuvent être fragiles, et, en tout cas, soumises à un continuel travail d'élaboration et de remise en question [3]. C'est peut-être cette double face du nom propre, lisible et à déchiffrer, symbolique et imaginaire, qui, tout à coup, se met à vaciller lorsqu'on traverse la frontière. Le sujet ne fait-il pas alors l'expérience de sa division et de ce qu'elle recèle d'inadéquation? Car s'il peut répondre présent lorsqu'on l'interpelle, il n'est pas dit pour autant qu'il sache qui il est, absolument. C'est en cela que la traversée constitue parfois une sorte d'épreuve, aussi fugitive ou refoulée soit-elle, où apparaît le fantasme de ne pas coller au nom qui est le sien. Comme si, derrière ce passeport qui est l'attestation d'un nom et d'une citoyenneté, pointait une autre écriture, une autre signature, un autre livre porteur de toutes les certitudes et incertitudes imaginaires du sujet, là où celui-ci peut dire: « Je suis le même, répondant de ce nom, et pourtant je suis un autre. » N'est-ce pas d'ailleurs le malheur d'Œdipe qui, croyant fuir sa ville et ceux qu'ils croient être ses parents légitimes, ne fera qu'accomplir les sombres prédictions de l'oracle? Œdipe est en effet ce sujet en partie étranger à lui-même et à son histoire. « Et si j'étais un autre? » ne résonne-t-il pas dès lors, avec plus ou moins de force, comme la condition existentielle de celui qui ne peut répondre avec une absolue certitude à la question de son origine? C'est l'ombre inquiétante de cette question, se profilant derrière le supposé savoir de notre nom, qui apparaît soudain, alors que nous sommes à la frontière. Bien sûr, il peut s'avérer que cette angoisse soit tout à fait fondée, mais qu'elle se manifeste à l'occasion d'une traversée banale, par un Canadien, de la frontière vers les États-Unis, révèle quelque chose comme une incertitude fondamentale à l'égard de son nom.

La frontière serait ainsi une sorte de tribunal, incarnation de la loi, devant lequel chacun serait traduit pour répondre de son nom. On pourrait dire à cet égard que la traversée d'une frontière rend manifeste pour le sujet qu'au fondement du nom, il y a un acte de parole avec tout ce que cela suppose de contingence. Car un acte de parole n'est jamais, au départ, qu'une parole parmi d'autres et il faut justement toute la force de la loi pour nouer,

---

3. Marie-Claire Boons, dans son article « La loi du nom » (*Cahiers Confrontations*, n° 11, printemps 1984, p. 139-148), fait, depuis une approche lacanienne, une bonne synthèse de cette division du sujet qui, par le nom, s'inscrit à la fois comme citoyen et sujet du désir. Citons ce passage où elle analyse la configuration particulière qui noue ensemble ces deux temps du sujet: « Quand l'État inscrit le nom d'un individu, cet acte, en sa violence même, aliène et libère un sujet puisque la loi lui reconnaît le pouvoir potentiel de dire des règles, d'en inventer de nouvelles, de s'en choisir, mais toujours à partir des règles édictées. [...] Un sujet n'est donc pas sans cette marque de l'identité qui l'assujettit mais cette marque reçue lui ouvre aussitôt le chemin de son travail contre elle. » (p. 147) Jean-Luc Nancy a aussi analysé, depuis une approche philosophico-politique, cette distinction entre sujet et citoyenneté dans son article « Renouer le politique », *Sujet et Citoyenneté. Maghreb/Europe. Cahiers Intersignes*, nos 8/9, Paris, Éditions de l'Aube, automne 1994, p. 111-126. Citons enfin le travail juridico-psychanalytique de Pierre Legendre qui a analysé ce montage institutionnel de la loi et du nom dans plusieurs de ses livres, dont *Les enfants du texte. Étude sur la fonction parentale des États*, Paris, Fayard, 1992.

autant que faire se peut, un sujet à son nom. Il faut en effet que le nom fasse loi pour que le sujet soit reconnu tel. Il en est ainsi en raison même de ce qui le fait, ce sujet, déterminé par le désir et le jeu de la différence sexuelle. Car, si la maternité est un fait biologique à partir duquel il est possible d'établir clairement la filiation de l'enfant, la paternité reste de l'ordre de la parole, et la transmission du nom du père à l'enfant l'inscription symbolique de cette reconnaissance. Pour surmonter sa contingence, cet acte de parole se fonde sur un ensemble d'institutions : le mariage, le certificat de naissance et d'état civil, le baptême, qui jalonnent le processus de transmission du nom, sont autant de performatifs dans la mesure où, justement, le sujet performe des actes en récitant quelques formules protocolaires en présence d'un tiers. C'est en cela que ce qui fait le sujet du nom, le fait en même temps sujet de la loi. Reconnaître un enfant et lui transmettre son nom nécessite ce minimum de protocole à partir de quoi il assume ce nom comme étant une partie de son histoire. Le sujet est ainsi, d'entrée de jeu, pris dans un endettement symbolique dans la mesure où il a reçu son nom malgré lui, comme un don, et où il lui échoit de l'assumer tant bien que mal, selon ce qu'il peut receler ou non de secrets. Devant la loi, à la frontière, on peut dire que d'une certaine manière le sujet se souvient, ne serait-ce que très vaguement ou tout à fait inconsciemment, que son nom est un don et que, comme tel, à l'origine, il n'en maîtrise pas l'économie. De plus, en ce que, par lui le sujet étant nommé, appelé, désiré, le nom est aussi le signifiant depuis lequel il anticipe tout le processus de son inscription dans le langage. Parce qu'il est assignation et interpellation, le nom propre ouvre ainsi le sujet à l'écoute des autres noms ; il lui permet de se constituer sujet du langage en reconnaissant que le nom, tout comme la loi, tranche dans le babil du monde pour produire du sens[4]. Entre l'inassignable de l'origine et l'assignation du nom, une ligne est ainsi tracée depuis laquelle le sujet se repère : il tient, en tant que sujet parce qu'il a été nommé, mais, en même temps, il se tient là avec son nom devant une origine qui relève ultimement du mystère et de l'innommable. La nomination s'avère en cela un véritable travail de symbolisation pour conjurer un Réel impossible, et permettre au sujet de se constituer. Le nom, la double face du nom serait donc le support plus ou moins assuré de l'identité du sujet. Identité, il faut le préciser, qui ne relève d'aucune manière de la

---

4. Denis Vasse décrit bien cette genèse qui noue ensemble un sujet, son nom et la loi, dans son livre *L'ombilic et la voix. Deux enfants en psychanalyse* (Paris, Seuil, coll. « Le Champ freudien », 1974) : « En nommant le corps qu'il voit dans la glace, du nom que l'Autre lui donne, et qui le meut en son corps en lui faisant abandonner sa propre image pour regarder celui qui l'appelle, une paradoxale *équivalence* s'établit entre la représentation visuelle qui vient de l'enfant et la représentation verbale qui vient de l'autre : il en vient à voir dans le miroir Jean, Pierre ou Paul, à voir ce qu'il ne voit pas, *à voir ce qu'il entend*. Cette *substitution* incomparable de ce qui est entendu à ce qui est vu, réfère la multiplicité des membres du corps, des parties de l'image, à l'unité d'un signifiant verbal. Le nom du sujet vient se substituer à l'image de son corps et en assure la maîtrise : la seule réponse à son nom mobilise et modifie la totalité de l'image. Dans le processus de la nomination, l'effet de voix, la vocation, le délivre de la chosification spéculaire. » (p. 116)

métaphysique du sujet, mais de ce qui fait du sujet un être divisé entre l'assomption de son nom et l'ouverture, en lui, à un continuel processus d'élaboration, de symbolisation où la fiction produit des effets de vérité [5].

Or, si le sujet est tributaire d'un acte de nomination qui l'inscrit dans le monde, la frontière est aussi déterminée par cet acte qui fait loi. Elle est la mise en représentation d'une loi en tant que manifestation tangible du politique et du droit international qui, en principe, règlent les rapports entres les États. Mais la frontière est aussi manifestation de la loi en ce qu'elle se fonde sur un acte de parole. Il faut en effet en déclarer le nom pour que la frontière existe et discerne, depuis sa ligne et son nom, le même et l'autre ; la frontière n'étant pas une nature, cette déclaration ou cet acte de nomination fait d'elle une loi. Elle en fait également un énoncé dont la légitimité tient à la reconnaissance du sujet de l'énonciation ; en tant qu'acte de parole, la frontière n'en est pas moins, en effet, travaillée par l'incertitude inhérente au discours de la reconnaissance du nom. Comme tout nom de pays se déclarant à la Société des Nations, il peut être contesté dans sa légitimité ; un nom peut toujours en contester un autre. C'est pourquoi le nom s'érige en loi, se monumentalise, et se fait borne-frontière. La frontière est ainsi déterminée par la loi du nom dans la mesure où la loi est d'entrée de jeu l'avènement d'une parole nommante qui se repère dans le monde en s'autorisant de soi-même ou d'un tiers. La loi du nom consiste en cela à établir le nom comme loi. Chiasme où se manifeste, entre le nom et la loi, la loi et le nom, le montage d'un discours d'autorisation où le performatif apparaît et s'efface en même temps pour légitimer un nom en le présentant comme un constatif [6]. Bref, un nom se déclare parfois en affirmant du même souffle qu'il était là depuis longtemps. On pourrait dire de l'épreuve de la frontière qu'elle est, pour le sujet, l'expérience sensible de cette ligne qui noue ensemble le nom et la loi. La frontière est également incarnation de la loi en ce qu'elle s'inscrit dans l'économie générale de l'écriture où l'activité de tracer engendre la limite depuis laquelle un sujet vient se poser. La frontière n'est en cela que l'expression géopolitique d'une activité plus fondamentale au principe même de l'écriture [7].

---

5. Serge Viderman a montré, dans son livre *La construction de l'espace analytique* (Paris, Gallimard, coll. « Tel », 1982), comment le travail analytique table sur la fiction et le registre de l'imaginaire pour nommer un désir, et non pas nécessairement dévoiler une expérience refoulée. On sait par ailleurs comment Jacques Derrida déconstruit pertinemment la métaphysique du nom propre dans *De la grammatologie* (Paris, Minuit, coll. « Critique », 1967, p. 157 et suiv.) ; or, cette déconstruction concerne d'abord la linguistique ou le système de la langue et s'attaque à l'idée d'un signifiant transcendantal organisant l'ordre de la signification. Mais de là à conclure qu'il n'y a pas de sujet répondant de son nom (de son identité depuis ce qui le fait sujet du nom), c'est-à-dire de sa finitude et de son histoire, c'est là un dérapage idéologique ou une idéologie de la différence qui ne relève pas de la déconstruction.
6. Voir par exemple l'analyse du discours de la Déclaration de l'indépendance des États-Unis par Jacques Derrida dans son livre *Otobiographies. L'enseignement de Nietzsche et la politique du nom propre*, Paris, Galilée, coll. « Débats », 1984.
7. Claude Raffestin analyse cette activité dans son article « Éléments pour une théorie de la frontière », *Diogène*, n° 134, 1986, p. 3-21. On peut également citer dans cette perspective où la frontière relève d'une anthropologie de l'écriture Francoise Paul-Lévy/Marion Segaud,

À la frontière, devant la loi. *Vor dem Gesetz* pour rappeler ici le titre de la célèbre nouvelle de Kafka qui relate cette attente infinie d'un sujet devant les portes de la loi, infranchissables et gardées par de terribles gardiens. Le sujet est là, assujetti à une loi, à la loi de la loi qui suppose qu'elle est ce sur quoi le sujet vient buter sans être en mesure d'en maîtriser la venue ou la présence [8], sujet d'une double frontière ; frontière infranchissable de l'originaire, mais aussi, en tant que sujet de l'ordre symbolique où il se repère depuis la finitude de son nom, frontière franchie pour rencontrer l'autre et faire l'épreuve de l'étranger. C'est le nom qui permet de rencontrer l'autre, de se tenir en face de lui, au mieux, en assumant sa finitude sur le mode d'une question. C'est pourquoi il ne faut peut-être pas considérer d'emblée le nom, qu'il soit celui d'un sujet ou d'un État, comme un obstacle, mais comme une condition de possibilité de la rencontre avec l'autre. Le nom propre est en cela une sorte de mot de passe à partir duquel un processus de reconnaissance est institué. Mais, chacun le sait, tout ne passe pas à la frontière du nom, là où se produisent d'emblée des effets de communautés, d'inclusion et d'exclusion fondés sur toutes sortes de récits, de croyances ou d'idées. Le *schibboleth*, par exemple, l'épreuve faite de la prononciation toute particulière d'un nom, produit déjà ses effets de frontière qui font de l'autre un ami ou un ennemi. L'usage de la langue est aussi la mise en place d'une frontière où l'accent dessine les contours d'une géographie depuis laquelle se construit une opposition entre un centre et une périphérie, un bon usage et, au mieux, le charme d'un accent exotique. De même, il y a des noms propres qui ont le don de nous faire perdre patience ou de nous ravir. Il suffit par exemple de prononcer les noms de Lacan et de Derrida pour faire fuir ceux-ci et rameuter ceux-là. Le nom a la propriété de produire des effets de communautés plus ou moins stables, selon le contexte.

Le père secret et le fils décrypteur

On voit ainsi qu'un acte de nomination est en jeu, qui fonde le sujet et lui permet d'être assigné à une place et de circuler dans l'espace familial, civil et politique. Le roman de Clark Blaise, *Resident Alien*, concerne justement le cas d'un sujet qui, à la frontière, apprend tout à coup n'être pas tout à fait celui qu'il croyait être [9]. Il apprend que son nom, Porter, n'est en définitive que la

---

Anthropologie de l'espace, Paris, Centre Georges Pompidou/Centre de Création industrielle, coll. « Alors : », 1983. De même, sous la direction de Robert Lafont, *Anthropologie de l'écriture*, Paris, Centre Georges Pompidou/Centre de création industrielle, 1984.

8. Je me réfère ici au commentaire de Jacques Derrida sur ce texte de Kafka, « Préjugés, devant la loi », *La faculté de juger* (Colloque de Cerisy), Paris, Minuit, coll. « Critique », 1985, p. 87-139.

9. Voici la scène : « *"In a minute we'll be going into Canada. Canada is where your father and I come from. " She flashed some of those documents in front of me. " We're going to Montreal. We have relatives in Montreal. " I still had no spoken, could nor speak. " Our name will change when we go over the border. Forget all you ever know about Porter. Our real name is Carry-A. Like this — see?" She showed me a plastic-coated green-framed card with an old picture of my father*

traduction de Carrier et que son père est un Canadien français émigré illégalement aux États-Unis. Cela, il l'apprend brutalement, comme un secret soudainement dévoilé, alors que le père, fuyant son travail après avoir brutalisé un employé, revient à Montréal pour se cacher. C'est dire que cette traduction cachait non seulement un autre nom, mais aussi une autre histoire. Dès lors le fils, Phil Porter, narrateur du roman, voudra élucider ce mystère : « Pourquoi mon père, Réjean Carrier, a-t-il traduit son nom en passant la frontière pour se faire appeler Reg Porter ? » Bien sûr, on pourrait soutenir, et sans même avoir lu le roman tant cette histoire est banale pour un Québécois, qu'il en est ainsi pour ce sujet en raison même de son statut de minoritaire désireux de s'assimiler au grand rêve de l'Amérique[10]. Il y a certes du vrai dans cela, mais il faut tout de même lire le roman pour analyser le travail de symbolisation particulier qu'il met en scène. À cet égard, le montage formel du roman est important puisqu'il se présente comme un grand texte autobiographique qui a toutefois la singularité d'être construit sur une division entre, d'une part, une suite de récits (*The Voice of Unhousement* et *Memories of Unhousement*) où le narrateur n'a pas d'autre nom que celui de l'auteur, Clark Blaise, et, d'autre part, un autre récit, situé au centre du roman, *The Porter/Carrier Stories*, lequel récit poursuit le travail autobiographique mais en passant par une autre inscription nominale. Cette alternance du nom de l'auteur et d'un nom fictif a, on s'en doute, une valeur symbolique que j'expliciterai un peu plus loin. Il suffit de remarquer pour l'instant que ce montage narratif où l'on passe du « je » au « il » n'efface pas pour autant, de la part du sujet, le travail visant l'assomption de son nom. Car, malgré la forme fragmentée du roman, il est tout de même possible de retrouver le fil d'un certain travail de symbolisation à quoi le sujet de l'écriture se raccroche, tant bien que mal, pour que soit lisible le nom depuis lequel il répond de son désir.

---

on it. I couldn't pronounce the name, but the letters bit into my brain. Réjean Carrier. "What's my name?" I asked. "I thought I told you to shut up," said my father. There were two cars in front of us. My father found a radio station playing strange music in a foreign language. "You can be anything you want to be," said my mother. » (p. 74-75) « *And my father caught the first elevator to Canada, convinced that no one knew his secret name and true identity. Some time in the middle of that night, somewhere in the middle of upstate New York, my father Reg Porter reverted to Réjean Carrier, and I was allowed to retain my name of Phil, but Porter was taken from me forever. "You weren't born in Cincinnati like we always said," my mother explained. "I'm sorry, but we had to tell you that. We were born in Montreal".* » (p. 81)

10. Précisons que la traduction du nom n'est pas d'entrée de jeu une catastrophe ; elle n'est pas une chose bonne ou mauvaise en soi ; après tout, chacun selon son désir peut bien passer la frontière de la famille, du pays et de la langue pour s'inventer, dans la mesure du possible, une autre histoire, et faire l'épreuve de l'étranger. La question est plutôt de savoir si le travail de cette traduction cache un secret, en l'occurrence quelque chose qui serait ici de l'ordre d'un nom venant entraver le processus de la transmission. Rappelons toutefois que, pour un Québécois, ce désir de l'Amérique et cette identification à l'autre ne sont pas simples là où le sujet discerne peut-être mal son nom sur la scène de l'Histoire. Jean Larose a bien analysé le piège de cette identification mimétique chez Ernest Dufaux, alias Will James, le célèbre cow-boy de l'Ouest dont tous ignoraient la véritable identité ; « Le cheval du réel », *L'amour du pauvre*, Montréal, Boréal, coll. « Papiers collés », 1992.

Puisque le nom est un don qui assigne le sujet à une histoire, la question qui s'impose d'emblée est celle de savoir qui est ce père qui n'assume de transmettre son nom qu'à le traduire ? Or, nous apprenons au fil du récit du fils que Réjean Carrier, alias Reg Porter, est un imposteur, un séducteur, un mythomane, un homme violent aussi, dont la profession est d'être vendeur, et qui n'a rien à dire s'il n'a rien à vendre. Phil découvre également que ce père s'est marié plusieurs fois, et qu'il a des enfants un peu partout en Amérique. Sur le registre de la mythomanie par exemple, le père raconte à tous ses clients qu'il est un authentique Français né dans un château ; qu'il est venu en Amérique avec ses parents qui, après le krash de 1929, ont été ruinés ; qu'il a dû sacrifier ses études de médecine à Harvard pour soutenir, après le décès de ses parents, ses frères et sœurs qui ont depuis fait de brillantes carrières, alors que lui a dû se contenter de devenir vendeur. Il ajoute même, au comble du déni :

> *His work even took him all the way up to Montreal, if you can believe it (they speak — no,* try *to speak a little French up there, he'd joke), where he met is charming wife, daughter of one of the wealthiest men in Canada.* Who's Who *— you can look it up.* (p. 40)

Cette mythomanie s'appuie sur un mythe bien vivant encore dans cette Amérique puritaine où la France incarne le raffinement aristocratique, la Culture et les jeux de l'amour et du hasard. Le père joue à fond son identification à ce mythe pour en tirer tout le capital symbolique possible et nier sa véritable appartenance qu'il évoque au passage avec mépris, se faisant lui-même le gardien de cette frontière imaginaire au sein de la même langue. L'évocation du beau-père, et de sa renommée, n'est pas fortuite car c'est lui, nous l'apprendrons à la toute fin, qui écrase ce *nobody* de Canadien français que sa fille a eu le malheur d'épouser.

Mais cette image du père, Phil l'assume tant bien que mal, prêt à croire à ce mythe, comme il le dit d'ailleurs lui-même :

> *And I have so deliberatly mythologized him, the manly force in my life, the dark, romantic, French, medieval, libidinous force in my life, the foreign element in my life, believing somehow that eighteen siblings, his six wives, his boxing career, his violence and his drinking and his police record, his infidelities, in some way ennoble me, tell me I'm not just the timid academic son of my mother's rectitude.* (p. 56)

Mais ce mythe cache bien entendu une autre histoire qui apparaîtra au fur et à mesure que Phil découvrira l'histoire de son père. On constate ainsi que Reg Porter transmet bel et bien son nom ; il assume sa place, et Phil, son fils, assume son nom et le désir de l'anglais que ce nom incarne. De cela, il n'éprouve aucun malaise. C'est plutôt dans son identification à son père qu'il souffre ; il a mal là où son père a mal quant à son nom, à ce qui dans son nom le pointe du doigt comme étant un Canadien français. De retour à Montréal, ce père s'enfuira encore et c'est sa mère, canadienne-anglaise, qui se chargera de lui transmettre le désir de sa langue et l'espoir de le voir faire ses études à l'Université McGill [11]. La question est de savoir ce que cache ce désir de rompre avec sa langue et de s'identifier à l'autre jusqu'au mimétisme ?

Ce portrait montre bien que le père est, pour Phil, un lieu d'identification problématique dans la mesure où il offre une image très instable et que son patronyme en crypte un autre : « *The real man, my father, I never met* » (p. 38), dira-t-il. C'est ce nœud d'impostures et de demi-vérités que le narrateur voudra trancher en dévoilant l'histoire que tous ces masques veulent cacher. Or, cette difficulté à s'identifier au père masqué et secret, ce malaise à assumer sa place, fait retour pour le fils sous la forme d'une véritable crise de dépossession. En effet, Phil souffre depuis sa petite enfance d'épilepsie. L'épilepsie décrit bien la dépossession du sujet qui méconnaît son nom, une partie de son nom. La crise éclate d'ailleurs au moment crucial où, de retour de l'école, il constate la panique de ses parents affairés à préparer une fois de plus leur fuite après une autre faillite du père. Et c'est bien ce que trame le roman en conjuguant l'énigme du nom, l'histoire cachée du père et la cause vaguement inconnue de l'épilepsie du fils [12]. Car Phil cherche autant à s'expliquer son nom que la cause de son mal. Une double énigme, celle du nom et de la maladie, détermine ainsi sa quête identitaire. Et c'est le nœud de cette double énigme qui se dénouera vers la fin à l'occasion d'une scène hautement symbolique.

Phil se trouve alors au chevet de son père malade ; l'infirmière lui demande, devant le corps du père à moitié dénudé, de lui dire l'origine d'une cicatrice en forme de fer à repasser qu'il a dans le dos. C'est la vision de la cicatrice qui fait jaillir le souvenir refoulé :

> *The scar happened over forty years ago, when I was three years old. My mother was ironing clothes. My father was bathing me in the kitchen sink. And I started screaming. Why, I don't know. But he remembered it vividly : the record playing "Don't Fence Me In," the water, and being lifted and dropped, lifted and dropped, and his head strinking the porcelain partition between the sinks. I didn't remember it till this minute.* (p. 157-158)

Voilà donc ce qu'apprend enfin Phil : la haine que lui porte son père. Et c'est peut-être un secret plus inquiétant encore, plus refoulé, que celui du

---

11. Ce désir de transmission a lieu lorsque la mère du narrateur lui présente Ella, professeure à McGill. La mère lui présente cette femme comme on dévoile un secret bien gardé, un désir. La scène est d'ailleurs à ce point ambiguë, lourde de désir, que le fils ne s'y trompe peut-être pas : « *"I want you to meet an important person in my life," she said. "And in yours, I hope." "Who ?" And I swear, had she asked me, Who do you think ? I would have answered, My father, my real father".* » (p. 94) Le fantasme du fils explicite que le désir de sa mère de lui transmettre l'anglais et McGill est indissociable d'un autre désir, d'une autre parole et d'une autre filiation. Le narrateur fantasme en effet l'apparition de son véritable père précisément là où, pour la mère, la transmission de sa langue et de sa culture s'incarnent symboliquement dans une institution dont le prestige est garant de la valeur de la parole qui y est transmise.
12. Car il y a d'abord deux versions plus ou moins établies expliquant la cause de cette épilepsie ; celle de l'accident en tricycle, puis celle de la tentative de meurtre perpétrée par le mari de la gardienne. Or, le roman élabore un nouvelle version de ce mal en dévoilant la violence du père.

nom caché bien qu'ils soient indissolublement noués ensemble. Pourquoi cette haine? Cette violence? Peut-être pouvons-nous la comprendre depuis cette chanson, *Don't Fence Me In* («Ne m'enferme pas») qui, d'une certaine manière, est comme la formule qui jette le père dans cette espèce d'état second. *Don't Fence Me In* n'est-elle pas en effet l'injonction d'un père qui veut affirmer sa liberté là où il se sent prisonnier de son mariage, de son histoire, de son nom? Tout se passe en effet comme si cette chanson déclenchait une sorte de passage à l'acte, un coup de folie interrompue seulement par la violence du coup de fer à repasser. C'est le souvenir de ce père quasi infanticide que Phil retrouve alors qu'il lit sur son corps les marques de sa propre histoire. Le corps du père devient en effet ce corps d'écriture et de lecture depuis lequel le fils retrouve son histoire. La cicatrice s'avère ainsi, ne serait-ce que négativement (porteuse d'une folle violence) l'écriture du nom du père tel qu'un fils peut y reconnaître son histoire. Là où Réjean Carrier, alias Reg Porter, a toujours offert une image plus ou moins floue, refoulée par la mythomanie, image en partie oblitérée en raison de ses origines, il apparaît ici ultimement comme un corps déchiffrable, une lettre, un livre. Le fer vient le marquer, fait violence à la violence pour faire triompher la lettre ou le nom depuis lequel un sujet se repère [13]. Le narrateur retrouve ce corps d'écriture alors que l'aura de la crise s'intensifiait et qu'il ne se reconnaissait plus que sous le nom d'un perpétuel mutant, *a newt, a mud-puppy, an Axolotl* (p. 124), sorte de grenouille du troisième type qui dit bien l'imaginaire chimérique d'un sujet qui discerne mal sa place et son désir qui lui viennent de son nom. Or, toute cette scène a lieu immédiatement après que Philippe Carrier a signé les documents officiels où il se dégage de la responsabilité d'assumer les frais d'hospitalisation de son père. Geste encore une fois symbolique où, en même temps, il assume son nom et se défait de son père. Scène de signature qui, au seuil de la mort, révèle le nœud de cette filiation. Ce nœud, dans l'absolu, on ne saurait le trancher; mais on peut en dénouer l'étreinte pour l'assumer avec plus de liberté et, à son tour, le transmettre autrement.

Dans le roman, le passage par la fiction du nom «Porter/Carrier» s'arrête sur cette scène. Dans la dernière partie, *Memories of Unhousement*, le narrateur retrouve en effet le nom de l'auteur, Clark Blaise. Il refait une autre fois son autobiographie, mais depuis un autre travail d'élaboration auquel la fiction lui a permis d'accéder. Car le roman se termine là où le narrateur comprend la folie, le désespoir du père. Il raconte notamment comment

13. On pourrait ajouter, dépliant le nom depuis lequel le nom du père vient ici s'inscrire et s'avérer lisible, que ce fer à repasser, qui se dit en anglais *iron*, laisse entendre d'emblée le «je» — le *I* de *I-ron* — depuis lequel un sujet, par son nom, entre dans l'ordre symbolique; *I-ron*, n'est-il pas en effet le signifiant de cette scène qui marque le sujet, l'assujettit et, du même coup, le libère? De même, filant ici la métaphore, le fer à repasser n'a-t-il pas pour fonction d'effacer le faux pli, de refaire le pli, la ligne du vêtement et du corps pour faire du sujet celui d'une écriture ouverte à son déchiffrement et à sa transmission? Ce télescopage n'est pas arbitraire, où l'on voit que, sur le plan d'une logique du désir, un objet et son nom (son signifiant) peuvent être, en certaines circonstances, indissociables pour tel sujet.

celui-ci se décide à passer la frontière alors qu'il n'en peut plus de vivre comme un étranger, reclus dans sa chambre, dans la maison du père de sa femme à Winnipeg :

> *There was, in fact, only one thing that could not be housed, because he was not organically a part of it, and that was my father. [...] "How dare you, sir, walk across my carpet with your dirty boots? Out, out, I say!"* (p. 177)

Il décide donc de s'expatrier en laissant femme et enfant derrière lui, ouvrant le chemin vers une autre vie. La lettre qu'il leur laisse le dit, mais elle est surtout remarquable en ce qu'on y voit le père y pratiquer sa nouvelle signature :

> *She didn't care about the rest of the paper, which wasn't a proper letter at all. It was a page of signatures. His signature : Lee R. Blaise, it said, up and down several rows. No more a Blais, that quiet little burp of a name between "blay" and "bligh" that I couldn't pronounce anyway. "Lee Blaise," I said to myself. Yes, yes. Clark Blaise. It looked right. It balanced. It was anchored.* (p.183-184)

Cette page de signatures, la même répétée quelques dizaines de fois, dit tout à la fois la transparence et l'opacité du nom, son pluriel et sa singularité. De même, cette page ne se donne-t-elle pas à lire comme l'appel peut-être véhément du père désirant enfin assumer son nom en même temps qu'il comble le vide de cette page ? Il change son nom, le réinvente pour se donner une nouvelle histoire. « Blais » est supposément imprononçable en anglais, proche du rot et, en cela, en deçà d'un nom appartenant à une langue. Ce sont là les derniers mots du roman où se retrouve le nom, celui-là même avec lequel l'auteur signe ses livres. Il dit l'assumer désormais en reconnaissant qu'il sonne bien, qu'il est équilibré, qu'il est ancré. Cet ancrage qu'il reconnaît dans son nom, il le comprend parce qu'il sait désormais l'errance, la fuite et le malheur du père. Il est maintenant ancré parce qu'il a su nommer une partie de son histoire. Cet ancrage n'est pourtant pas de l'ordre d'une fixation identitaire, mais concerne plutôt ce qui résulte d'un travail de symbolisation où le sujet assume son nom.

Il importe peu que cette histoire soit la « vérité vraie », comme on dit [14]. Elle est plutôt un « effet de vérité » dans la mesure où le sujet de l'écriture parvient à soutenir quelque chose que, dans son nom, il ne savait pas lire [15]. Le passage par la fiction aura permis en effet de symboliser le lourd silence et une certaine imposture qui pesait sur ce nom. La symbolisation

---

14. Robert Lecker a analysé dans son livre *An Other I. The Fictions of Clark Blaise* (Toronto, ECW Press, 1988) la singularité du discours autobiographique chez Clark Blaise pour y reconnaître justement non pas un discours où prédomine l'histoire du sujet, mais son mode de représentation, sa rhétorique.
15. Dans un autre roman, *Lunar Attractions*, Clark Blaise donne en effet une autre version de la traversée de la frontière par son père. Ici, il est un trafiquant d'alcool du temps de la prohibition qui, pour échapper à la mafia, change de nom. Version plus romanesque si l'on veut mais qui continue à s'élaborer sur le motif récurrent d'un père au statut illégal, pris dans l'imposture de son nom. Voir Clark Blaise, *Lunar Attractions*, Erin (Ontario), The Porcupine's Quill, coll. « Sherbrooke Street », 1990.

s'élaborant dans un travail d'écriture pour répondre au manque, au non-dit, au secret. En cela, on peut dire que la forme du roman est analytique puisqu'elle donne à symboliser ce qui était jusque-là de l'ordre d'un non-savoir. Le montage formel du roman entre deux écritures du nom donne à penser, non pas comme inconciliable, mais comme double le repérage du sujet dans le nom. On peut d'ailleurs lire le nom de « Porter » comme étant ce qui, littéralement, *porte* l'histoire du sujet vers ce qu'il ne savait pas dire. Comme si le nom fictif avait fait franchir la frontière du secret de famille pour le *porter* un peu plus loin. « Porter » est aussi le nom pour dire ce passage vers le secret et le travail du narrateur en tant que passeur. N'est-ce pas d'ailleurs ainsi que Phil analyse son propre nom :

> *They were talking in French, but his French, he wanted to say, wasn't good enough. It had once been a thin, elastic membrane, transparent and stuffed with words. Now it was a loose sack of familiar phrases, a duffel bag to drag along the trops to Montreal.* Fardeau *or* charge*?* Supporter *or* appuyer*? What's wrong with good old porter, 'to carry'?* (p. 125)

« Carrier » est donc, par assonance avec le verbe *to carry*, traduit par « Porter ». Le nom propre s'ouvre ici sur une sémantisation pour dire sa fonction de soutien avec tout ce qu'elle comporte d'ambivalence : entre le fardeau et l'appui qu'il constitue, le nom est en effet autant un destin que le fondement du désir. « Porter » serait ainsi le nom pour dire, en même temps, ce qu'il y a de sous-jacent ou de principe fondateur dans le nom, et de désir qui em-porte le sujet vers l'autre. « Porter » dit cette double place du sujet ancré dans un nom et pourtant, mû par le désir de le déchiffrer dans tous ses secrets. Or, ce travail de traduction à même le nom de « Porter » surgit une autre fois, au détour de la narration, pour s'imposer au narrateur comme étant justement ce sur quoi il vient inévitablement buter. La scène est celle où, en présence de la traductrice de son livre (il est alors un écrivain bien connu à Montréal), il lit la première phrase de la traduction de son roman, *Head Waters, Les sources de mémoire* : « Les fils des suicidés supportent un fardeau sans grâce. » (p. 124) Le lecteur vient une autre fois buter sur ce « fardeau ». Et qu'est-ce que ce « fardeau » sinon le corps du père suicidé qui entrave la narration ? C'est cette phrase, traduite en français, dans la langue de son père, qui (lui) apparaît soudain pour dire à quel point il porte son nom comme une entrave ; « Porter », « Fardeau » sont ainsi les noms pour dire ce père lourd de son secret que le narrateur traîne dans tous les détours de sa mémoire et de la fiction autobiographique autant pour le connaître que pour s'en libérer. Cette traduction du nom mise en place dans le texte a donc, on le constate, une signification déchiffrable depuis la logique du désir qui travaille la motivation du nom. Il est certain que cette traduction de « Carrier » par *to carry* et, de là par « Porter », suppose déjà que le sujet entend d'une oreille anglophone son nom français. C'est dire peut-être en cela le travail d'effacement, à même le nom du père, de ce qui en lui est carrié, pourri, et mort. Un « mort » toutefois qui, on vient de le remarquer, revient sous un autre nom, insiste dans le fil de la narration à la manière d'un fantôme qui hante le narrateur. Cette mort symbolique d'un sujet à son nom ne l'empêche pas pour autant de réapparaître ou de survivre dans un autre, au contraire. Peut-être même s'agit-il, dans ce travail de traduction du nom, d'une demi-mort là où le nom oblitéré risque de ressurgir à tout moment parce qu'il est difficile de murer le nom comme dans un tombeau. Aussi caché soit-il le nom reste vivant, serait-il mort-vivant, dès lors qu'il y a des sujets pour le proférer. Et, en un sens, le surgissement du nom dans ce qu'il a de français revient justement, et malgré la traduction, comme pour rappeler au sujet comment il s'inscrit au carrefour de deux langues. Ainsi, « Porter » traduisant « Carrier » peut encore être prononcé, en français, « porter ». Tout comme dans le cas de « Blaise », il n'y a en définitive que la prononciation qui établit clairement s'il s'agit d'un nom anglais ou français. Cette traduction du nom vient donc buter sur ce reste ou cette trace de français qu'elle ne peut effacer et que le narrateur retrouve dans tous les détours de son histoire. Or, cette duplicité qui émerge à la surface des noms selon la langue depuis laquelle on les convoque, illustre bien, par ailleurs, qu'un nom n'est pas le plus juste repère de l'identité linguistique ; le sujet peut bien avoir un nom étranger là où il est d'abord sujet de la langue [16].

« Porter/Carrier » serait ainsi à lire comme le nom qui opère le passage vers celui de « Blaise/Blais ». Le nom fictif permet au sujet de passer la frontière du non-dit et de faire jouer le sens là où son nom est trop lourd à porter. « Porter-Carrier » devient le nom crypto-phore de « Blaise-Blais » en ce qu'il est tout à la fois caché et porteur ou dépositaire de ce dernier [17]. Tout le roman dit ce trajet du nom et la logique de son inscription et de sa lecture. Le roman fait œuvre de traduction pour accomplir la quête identitaire du narrateur ; non pas identité d'un sujet tel qu'en lui-même l'éternité ne le change pas, mais identité en ce qu'elle suppose un travail de symbolisation de la part de celui qui peut répondre de son nom, de l'histoire de son nom. Et si le roman se termine avec le mot « ancrage », il n'est pas dit que le sujet

16. Comme le montre bien le roman, puisque Thérèse Aulérie, la cousine du narrateur, porte en fait un patronyme également traduit au son, mais cette fois, il est francisé ; Aulérie est en effet la francisation de O'Leary. « *Here I was, a Carrier who spoke no French, and she was an O'Leary who read "Archie" comic books but knew no English...* » (p. 89) Rappelons à cet égard que si le Québécois a souvent été assimilé par l'Anglais, l'inverse a souvent été vrai comme s'est d'ailleurs employé à le montrer Jacques Ferron dans son univers romanesque (par exemple, *Le ciel de Québec*, Montréal, VLB éditeur, 1979).

17. Cet enchaînement nominal ne s'arrête pas là puisque « Blaise » se prononce tout aussi bien en français et qu'il est le prénom du très célèbre Pascal en lequel Clark Blaise reconnaît qu'il est, par l'esprit, un authentique Québécois : « *Pascal, that old* Québécois, *would insist that infinity suspends reason and that to cope with the "infinity of things" lying beyond reason requires grace. And if faith or grace is not forthcoming, silence and fear alone are possible. No one raised in the shadows of French Canada is immune to Pascal, no matter in what form or language he might have absorbed him... It is the hint of unfathomable complexity, the insolent infinity that defeats our humanity, that interests me...* » *New Canadian Writing*, 1968, p. 68, cité par Barry Cameron, *Clark Blaise and His Works*, ECW Press, Toronto, 1984, p. 7. On voit qu'une autre filiation, une autre identification, traverse son nom pour lui donner en même temps un destin d'écrivain.

ne peut lever l'ancre et partir au loin, à l'étranger, là où le pousse le vent. Le sujet n'est pas en cela l'aveugle prisonnier de son nom, mais il porte à travers celui-ci une histoire, si humble soit-elle, qui lui permettra de rencontrer l'autre. Dans un contexte idéologique où le concept d'identité est parfois décrit comme une peste, il est sans doute opportun de rappeler que la critique de la métaphysique de l'identité n'abolit pas pour autant le processus identitaire du sujet à son nom.

À lire ce roman, on mesure peut-être mieux, enfin, comment le nom propre place le sujet au carrefour du familial, du civil et du politique. Son statut de «résident étranger», illégal quant à sa citoyenneté, le narrateur en hérite en même temps que du secret relatif à la traduction de son nom. Illégal, dans ce cas, parce que mal nommé là où son nom oblitère une partie de son histoire. Le roman se donne ainsi comme l'histoire de ce nom, mais retraduit, revu et corrigé pour le transmettre sans le lourd secret qui pesait sur lui.

L’invention du nom

La fabrique du nom

Anne Élaine Cliche
Université du Québec à Montréal

Je vais aborder la question par un jeu de mots. Ce n'est pas un jeu de mots facile puisqu'il est en hébreu. On le trouve, parmi bien d'autres, dans le Talmud de Babylone, au traité « Berakhot », consacré, comme son nom l'indique, aux bénédictions. Le mot sur lequel on joue peut se translittérer dans notre alphabet : CH M O T. Suivant que l'on met sous le chin (CH), la voyelle *a* ou la voyelle *é*, le sens du mot est changé. La vocalisation étant, en hébreu, facultative — et dans la Torah, tout à fait absente —, les jeux de mots sont légion, et le Talmud ne rate jamais une occasion de se jouer des signifiants. Voici le passage :

> Comment sait-on que tout nom propre porte en lui une signification ? Grâce au passage que cite R. Éléazar : Venez contempler les œuvres de l'Éternel, les ruines [les ravages] (CHaMOT) qu'il a opérées sur la Terre (Ps. 46, 9) ; il ne faut pas lire CHaMOT mais CHeMOT, les « noms » [1].

Je voulais commencer par un jeu de mots parce que le nom est toujours pris dans une résonance qui l'invoque, le brise, le « ruine » sur le corps qui, là, s'engendre. Je voulais commencer par un jeu de mots parce que c'est le nom du désir qui m'intéresse ici ; celui qui marque sur le corps les ravages de la jouissance.

Le Talmud établit donc l'équivalence entre les noms et les ravages, selon le principe rabbinique du *kéri-kétiv* (lu-écrit). CHaMOT-CHeMOT, en hébreu, c'est un seul mot de quatre lettres, que la lecture, suivant la vocalisation qu'elle adopte, départage en deux. « Comment sait-on que tout nom propre porte en lui une signification ? » Il n'y a, répond rabbi Éléazar, qu'à relire le psaume dans toutes ses ouvertures vocaliques pour entendre que les noms sont œuvres de Dieu et ruines de la Terre. Ce qu'il faudra ici démontrer.

La signification du nom n'est sans doute en effet jamais autre chose que ces ravages qu'il opère sur la Terre, ravages particuliers que le psaume ici convoqué place à la fin des temps, époque, dit-on, de l'avènement du Messie. La fin de ce psaume 46 parle de ce temps messianique, toujours futur, où s'affirmera la vérité qui, comme on sait, n'est pas de ce monde :

> Venez contempler les œuvres de l'Éternel, les ruines [les ravages] qu'il a opérées sur la Terre. Il met fin aux guerres jusqu'aux confins du globe, Il brise les arcs, met en pièces les lances et livre au feu les chars [des

1. Aggadoth, du *Talmud de Babylone*, traité « Berakhot », Paris, Verdier, 1982, 7b.

combats]. Cessez et sachez que moi, je suis Dieu, grand parmi les peuples, grand sur la Terre !

Le psaume raconte ainsi la fin du monde, et les ravages — ou les noms — de l'Éternel sont ceux qui mettent un terme aux guerres fratricides de notre humaine condition. Si l'on poursuit un peu la pensée de rabbi Éléazar, on comprend qu'au temps futur de la rédemption-résurrection, les ruines du monde seront les noms pour dire la révélation de Dieu. Ainsi nous est-il donné à entendre que le nom est toujours hors du temps ; il est cette fin des temps d'où l'Histoire se raconte et s'enclenche, il est cette ruine de langage qui n'opère jamais que la dévastation d'où j'aurai été — au futur antérieur — pour commencer. Désolation dernière, le nom ne me dit jamais rien que cette place, ce *là*, où je dois encore venir pour le faire résonner et pour en répondre devant qui m'appelle et m'intime à parler (CHeM : *nom* et CHaM : *là* s'écrivent, sans vocalisation, exactement de la même façon).

J'aurais voulu commencer plus doucement. J'aurais voulu être un peu moins obscure. Je n'y peux rien. Tombant sur ce passage du Talmud, je n'ai pu m'empêcher d'entendre une vérité toute freudienne, à savoir qu'on commence toujours à parler sur la ruine du nom. À plus forte raison commence-t-on, de là, à écrire puisque écrire advient chaque fois pour faire entendre ce nom dévasté qui est le mien et qui est aussi le ravage de l'écrit. L'écriture est traversée par cette fin des temps où nous entrons dès que nous sommes à l'écoute du signifiant.

« Un peu de temps à l'état pur », disait Proust pour décrire la métaphore. Le nom est cette métaphore irréductible. Il n'y aura sans doute jamais d'autre révélation que celle-là. Dieu, nous dit encore la Bible, c'est le Nom. Les Juifs l'ont compris, eux qui s'interdisent, pour l'avoir oubliée, la prononciation du tétragramme YHWH, et qui, de là, ne cessent de le renommer : Élohim, Chaddaï, Sébahot, Adonaï, El, Je suis, ou tout bonnement HaCHeM, le Nom. Ce que les Chrétiens ont traduit par Yahvé ou Jéhova n'est en fait que le verbe *être* conjugué à la fois au passé, au présent et au futur : mot imprononçable parce qu'il n'est que traces et ruines du Temps.

Mais il y a dans le Talmud une histoire plus amusante pour parler de la signification des noms propres, tout empreinte de cette logique rabbinique si proche de la logique du roman. Elle se trouve cette fois dans le traité « Yoma » consacré à Yom Kippour, jour du Grand Pardon, chapitre qui parle des jeûnes et des sacrifices faits en ce jour :

> R. Meïr, R. Juda et R. Yossi voyageaient de compagnie. R. Meïr avait l'habitude de chercher la signification des noms propres, contrairement à ses compagnons. Comme ils arrivaient à une auberge, ils demandèrent à l'hôte :
>
> — Quel est ton nom ?
>
> — Kidor, répondit-il.
>
> — Ce nom me fait augurer que c'est un méchant homme, dit R. Meïr à ses compagnons, car il est écrit : [*Ki dor tapoukhot hema*] car c'est une génération perverse. (Deut. 32 20)

R. Juda et R. Yossi confièrent leur bourse à l'hôte [pour le Chabbat où il est interdit d'avoir de l'argent sur soi]. Mais R. Meïr s'en abstint. Il mit la sienne dans une cruche et alla l'enterrer devant la tombe du père de cet homme, près de la tête. La nuit, l'hôte dénommé Kidor eut un rêve. Son père lui apparut et lui dit :

— Viens prendre cette bourse qui se trouve près de ma tête.

Le lendemain, Kidor vint voir R. Meïr au moment où il se levait et lui raconta ce qu'il avait rêvé.

— Ce qu'on rêve la veille du Chabbat n'a aucune signification, lui dit R. Meïr.

Cependant, il surveilla tout le jour le lieu où il avait caché sa bourse, et le soir venu [à la fin du Chabbat], il l'en retira. Le lendemain lorsque R. Juda et R. Yossi demandèrent à Kidor de leur rendre leurs bourses, il leur répondit :

— Vous ne m'avez rien confié de tel.

— Pourquoi ne prêtez-vous aucune attention aux noms des gens ? leur dit R. Meïr.

— Et toi, pourquoi ne nous as-tu pas avertis, maître ? demandèrent les deux rabbis.

— Tout ce que je pouvais vous dire, c'est que je craignais bien que son nom ne révèle sa méchanceté, mais comment pouvais-je le dire avec certitude ?

[...]

R. Juda et R. Yossi finirent par croire à la signification des noms propres. Lorsqu'ils arrivèrent à une auberge dont l'hôte avait nom Bala, ils ne s'y arrêtèrent pas. Ils se dirent qu'il y avait des chances que ce Bala soit un malhonnête homme, car il est écrit :*Et je dis de celle qui est flétrie (bala) par son inconduite (Encore maintenant on se livre avec elle aux débauches habituelles)...* (Ezé. 23, 43).

Talmud, traité « Yoma » p. 83 b)

Où l'on apprend que notre nom peut toujours s'arrimer à un morceau de texte, et nous destiner ainsi à accomplir ce qui était écrit bien avant nous. Où l'on apprend aussi que l'Écriture est une fabrique de noms propres qui fonctionne comme un infini déplacement, selon les lois d'un principe de substitutions qui vous prend et vous déporte dans l'histoire suivant une chaîne de dérivés dont vous ne faites jamais qu'entrapercevoir quelque maillon, celui qui vous dispose là où vous êtes, aveugle et sourd à cette parole intarrissable qui vous pousse à faire ce que vous faites, à dire ce que vous dites. Voilà bien le propre de la métaphore.

Le Talmud raconte que le nom est un destin, ce que, bien sûr, toutes les Écritures confirment. Caïn, Jacob, Israël, chaque nom s'inscrit dans une causalité que l'histoire du porteur du nom travaille à contredire, à assumer, à parcourir ou à défendre, quand on ne le renomme pas en cours de route. Car le nom se porte. Et ce faisant, il vous entraîne de tout son poids et vous déporte vers le site de sa fabrication. Il n'est pas si fou de prétendre que le nom est toujours, à l'avance, un jeu de mots. Ainsi Ève, comme presque toutes les mères de la Bible, choisit le nom du premier fils du monde, Caïn, en en donnant dans le même souffle les raisons. Le texte s'énonce comme suit : « Elle enfanta Caïn et elle dit [quelque chose comme] : j'ai *caïné* un homme avec Dieu[2] [*QaNiTI ICH ETH-HaCHeM*]. » Ce qui veut dire « j'ai acquis un homme avec Dieu ». Le nom Caïn découle directement du verbe QaNaH signifiant *acquérir*. Voici donc un fils chéri et béni, un enfant de la possession dont on sait que la bénédiction s'inversera en malédiction après le meurtre de son frère, Abel (*HéVeL* ou *buée*). Tout cela parce que Caïn, par un autre jeu sur la racine du mot, signifie aussi *jaloux*, *impur* et se *lamenter*.

On le voit, il n'est pas indifférent que la première femme enfante et dise d'un seul et même mouvement. Nous en sommes encore là aujourd'hui. Non seulement issus d'un corps mais aussi d'une parole dont nous cherchons la résonance sans savoir qu'elle est notre corps même, marqué par le tranchant des signifiants premiers, inaudibles et pourtant criants. C'est à cela que je voulais arriver et m'y voilà déjà rendue. Il va falloir développer.

J'ai choisi la Bible et le Talmud — de plus en plus, je choisis la Bible et le Talmud —, mais c'est pour parler de la littérature et du roman qui me semblent provenir de la même source, c'est-à-dire d'un savoir inconscient que certains appellent Dieu.

Les noms bibliques, mais aussi les noms fictifs que choisissent les romanciers, s'offrent obstinément comme les signes d'une invocation (étymologique, littérale, historique, autobiographique) que le travail du texte et de l'écriture déploie, détourne, déroute ou fait tourner court. Abel Beauchemin, Pierre X. Magnant, Bottom, Bérénice Einberg, Marcel, Guermantes, Ferdinand, Emma Bovary, Malone, Vautrin, Joseph K., le nom propre est déjà une scène surchargée de signifiants dont la fonction n'est pas tant de désigner ni de distinguer mais de briser l'écriture sur son arrête, de la soustraire au programme que ces noms recèlent. Car s'il est vrai que le nom est un destin, le Talmud raconte bien comment ce destin n'est jamais immédiatement déchiffrable dans la lettre du nom. Au contraire, ce destin vous revient par débris, par la bande d'un autre texte que celui de votre histoire. Les noms propres des romans agissent à l'instar de rabbi Meïr sur le seuil de l'auberge, ils ouvrent la porte sur une autre écriture qui a pour fonction d'en révéler l'accomplissement, ici, maintenant, de façon détournée ou directe. Ils n'ont de sens que déportés dans les réseaux qu'ils charrient.

C'est dire aussi qu'il n'y a pas de prédestinée. Ni pour le Juif, ni pour le roman. Le destin c'est la place qui vous est assignée. Vous ne pouvez en changer mais vous pouvez en devenir le sujet pour y être moins assujetti. On forge sa destinée, mais c'est à partir d'une matière qui n'est pas n'importe laquelle. D'où ce terme de « fabrique » que j'ai volé à Francis Ponge pour dire

---

2. Voir à ce sujet l'analyse exhaustive qu'en fait Daniel Sibony dans *L'autre incastrable*, Paris, Seuil, 1978.

qu'il y a une manière de faire son nom comme il y a une manière de faire ses livres ou de faire sa vie.

Comment sait-on que tout nom propre porte en lui une signification? C'est que le nom vient toujours d'ailleurs et vous renvoie ailleurs, histoire de voir si vous y êtes, dans cette zone d'ombre de votre mort. Et c'est au devant de cette mort que courent l'écriture, le roman, la fiction. Écrire, on l'a dit souvent, c'est se rendre tout de suite posthume, se projeter dès maintenant sur la scène dévastée de sa propre disparition.

Le nom est une ruine dont les débris constituent justement la densité de l'écriture. Je voudrais le dire plus simplement. Mais le nom n'est pas une chose simple. Il a ceci de particulier d'être incertain et pourtant assuré, opaque et infiniment ouvert.

— Pourquoi ne nous as-tu pas prévenus? reprochent rabbi Juda et rabbi Yossi à rabbi Meïr qui répond aussitôt:

— Comment pouvais-je le dire avec certitude?

En effet, une petite vérification s'imposait ici, pour le bonheur de la démonstration. C'est la bourse enterrée à la tête du père Kidor qui provoque un rêve chez le fils aubergiste, rêve dont rabbi Meïr ne rate pas l'interprétation bien qu'il en esquive l'énoncé. La vérification était simple. Puisque le nom vous vient du père, autant remettre sa bourse au père mort, pour voir. Car on est au moins assuré que les morts ne volent pas; au mieux, ils parlent, ce qui est un avantage pour les vivants. Rabbi Meïr est un fin psychanalyste. Il laisse au rêveur la chance d'entrevoir seul la vérité du nom: « Ce qu'on rêve la veille du Chabbat n'a aucune signification », dit-il. Mais la boutade tombe dans l'oreille d'un sourd. L'histoire nous apprend que Kidor est comme nous tous, un rêveur « qui dort » — si vous me permettez à mon tour le jeu de mots —, un rêveur qui dort et qui continue de dormir sur son nom. Ce qui, on le voit ici, est un avantage pour le psychanalyste qui, comme on sait, retrouve ainsi toujours sa bourse pleine.

Mais je m'égare...

J'aime beaucoup cette histoire où, d'un aubergiste à l'autre, de Kidor à Bala, la bourse et la débauche sont subtilement associées. Dans les livres saints, on n'est jamais bien loin du bordel, et l'histoire d'Israël n'est encore que l'histoire de sa prostitution — en hébreu ZNOUNIM, mot qui traverse toute la Bible. Les rabbins, c'est connu, ont le sens de l'humour et de la vérité. Si le nom vous destine quelque part, affirment-ils, c'est bien toujours sur le site de la dette (dont l'argent — vol, rapine, usure, rachat — est bien sûr l'enjeu incontournable) et sur le site du sexe (débauche, perversion, prostitution, jouissance). On ne pouvait mieux le dire que par cette histoire d'aubergistes. La fin de l'épisode avec Kidor est à ce titre encore éloquente. Si rabbi Meïr, qui croit aux noms propres, retrouve sa bourse intacte, les deux autres qui l'ont perdue procèdent à une petite réparation. Ils entraînent l'aubergiste Kidor à la taverne et le saoulent. C'est alors qu'ils découvrent des lentilles dans les poils de sa barbe. Ils courent donc chez la femme de Kidor et la prient, au nom de son mari, de rendre les bourses. Pour prouver que cette demande provient de la bouche même du mari voleur, les rabbis ajoutent que ce dernier leur a dit aussi avoir mangé des lentilles. Cette petite ruse s'appuie sur une logique bien singulière selon laquelle une vérité supposément prononcée, avouée, par Kidor — littéralement *sortie de sa bouche* — permet de soutenir la réalité d'un autre aveu (qui lui, n'a jamais eu lieu). La femme, dupe de la ruse, restitue donc les bourses. À la suite de quoi, l'aubergiste, apprenant le subterfuge, tuera sa femme.

Tout ce détour est nécessaire pour aboutir à deux lois morales. Le Talmud affirme en effet à la fin de cette histoire : si tu ne te laves ni les mains ni la bouche avant de manger, tu risques de manger du porc. Mais si tu ne te laves ni les mains ni la bouche après avoir mangé, tu risques de commettre un meurtre. Le nom est donc ici, à l'instar du sang sur les mains de Lady Macbeth, ce qui tache ou fait résidu et vous enchaîne à une faute immémoriale et indélébile ; ce qui vous trahit toujours et vous entraîne dans la répétition (du vol, au mensonge, au meurtre). Car s'il y a des lentilles dans la barbe de Kidor, ce qui donne aux rabbis l'occasion d'un petit subterfuge, c'est que son nom est déjà entaché d'une causalité fort claire : « *ki dor tapoukhot hema* : car c'est une génération perverse ».

Je signale en passant que cette génération perverse dont parle le deutéronome et d'où provient le nom de Kidor est, bien sûr, Israël. Comme quoi un nom peut en cacher un autre, plus vaste. Comme quoi aussi, la sainteté du peuple et du nom n'empêche aucunement la perversion. Bien au contraire. C'est une jolie façon de raconter la signification du nom qui fait de vous, à tout moment, une proie facile pour qui est à l'écoute. Et si l'inconscient se définit d'être si difficile à entendre, c'est sans doute parce qu'il n'a d'autre fonction, justement, que d'être à l'écoute. Voilà comment nous sommes, à nos frais, dispensés d'entendre. D'où la psychanalyse qui vous demande, cela n'arrive pas souvent dans la vie, de payer pour retrouver l'ouïe et le *j'ouis.*

Maintenant, voici une phrase simple : je ne peux écrire un roman si je n'ai pas trouvé les noms de mes personnages.

J'aurais pu commencer avec ça. J'ai préféré les histoires du Talmud. Mais ces histoires ne disent que ce que je veux dire, à savoir que le nom est support de l'écriture, qu'il est cette place ouverte sur une absence que l'écriture tente de combler, d'occuper, de remplir sans jamais y parvenir. Écrire revient toujours à « tenter » le nom, à l'attirer pour lui faire rendre ses lettres inouïes.

Le nom n'est jamais sûr, dit rabbi Meïr. C'est vrai. Comme le père n'est jamais sûr, dit Freud. Voilà pourquoi on n'en finit plus de l'inventer, de le désirer, de vouloir le faire résonner dans cette entreprise folle qu'est l'écriture d'une fiction. Ainsi, ce sont bien les noms propres qui lancent l'écriture pour la rassembler et la recouper. Il y aurait là comme un acte qui viserait à *produire du père* et qui échouerait, bien entendu. Mais cet acte n'aurait rien du simulacre ni du semblant ; il serait plutôt la tentative-tentation nécessaire à l'écriture. « Tentative pour sortir de la sphère paternelle », écrivait Kafka ; tentative pour sortir de la gangue du nom afin de se renommer dans tous les noms de la fiction et dans la dérive qu'ils promettent, qu'ils assurent. On ne s'appelle pas Bala, comme le second aubergiste, sans annoncer la débauche de cette fille « flétrie » qu'est devenue Israël. On ne s'appelle pas Bala sans avoir à repasser par cet ensemble de signifiants qui vous a fabriqué ; faute de quoi, vous n'aurez qu'à porter jusqu'au bout le texte dont vous ignorez tout et qui, lui, ne vous ignore jamais.

Voilà sans doute ce que l'on peut entendre dans l'expression, si chère à Lacan, des « noms-du-père » ou de la « métaphore paternelle ». Non pas *le* mais *les* noms du père pour désigner ces paroles qui vous précèdent toujours, qui courent au devant de vous et vous attachent comme un jeu de mots au milieu d'une phrase.

Faites-moi une phrase avec Kidor. « Qui dort dîne », auraient pu répondre nos trois rabbins. Car c'est bien d'avoir dîné d'un plat de lentilles qui trahit Kidor et permet le dénouement de cette histoire à dormir debout.

On ne parle en son nom qu'à s'en faire la dupe. Ce qui pousse Lacan à dire — c'est un jeu de mots connu : « les non-dupes errent ». Supposer que l'on puisse faire table rase de ses noms condamne sans doute à errer. Quant à l'écrivain, cette dupe incorrigible, il est sans doute et par là même plus enclin à fabriquer ces noms qui ne lui reviennent pas et sur lesquels, pourtant, il ne cesse de buter. Il prend son nom pour ce qu'il est : un signifiant dont il doit trouver, inventer, au prix de l'écriture, la motivation dont il est certain.

Les noms du père, ce sont les sonorités frappées au bord de la jouissance de l'Autre, marquant le désir de celle qui vous parle, dans le meilleur des cas, d'un autre — du père, cet imposteur, ou de qui en tient lieu — pour en déposer les lettres sur votre peau, à la racine de votre jouissance. « J'ai *caïné* un homme avec Dieu », dit à peu près Ève. Ce *caïnage* est déjà un versant du père, un nom pour la jouissance de cette première femme — où est Adam, n'est-ce pas, dans cette histoire ? Tout se passe comme s'il n'était pour rien dans l'affaire. Ça commence bien, me direz-vous. La première mère affirme avoir fait l'amour avec Dieu. Il faudra bien, un jour, que l'on commence à tirer les conséquences de cela. Mais ce n'est pas ici tout à fait mon propos.

Donc : « J'ai acquis un homme avec Dieu. » Voilà pour nos jouissances qui s'arriment chaque fois à ces petites choses dites « en l'air » et sur les ruines desquelles nous nous dressons.

Ces noms du père reviennent dans l'écriture pris au corps du texte, à ce que certains appellent le style et qui est, tout compte fait, la signature : rythme, découpage, débits, sonorités, figures, enchaînements, circuits, halètements, personnages ; tous ces débris qui font livre et histoire et qui sont, ces noms avérés du père, fabriqués.

Qu'est-ce qu'un signifiant? Précisément cela: un ensemble de ruines (CHaMOT) qui fait noms (CHeMOT); un ensemble de sons différenciés, heurtés qui sont aussi les ruines de l'objet de la pulsion, lui, perdu[3]. D'où ce plaisir de bouche que peut produire l'écriture, plaisir des noms dont Proust, on s'en souvient, a longuement goûté l'extase.

Depuis le début, j'ai invoqué la motivation du signe, le déterminisme du nom. Barthes se demandait « s'il est vraiment possible d'être écrivain sans croire, d'une certaine manière, au rapport naturel des noms et des essences[4] ». Alors je demande à mon tour: pourquoi y a-t-il des noms qui nous font écrire et d'autres pas? C'est que l'écriture ne commence jamais que directement là où vous finissez. Ce *là* est un centre précis, inconnaissable, que l'on ne saurait, à l'instar de rabbi Meïr, prouver à qui nous enjoint de le prévenir. *Là où vous finissez*, c'est-à-dire sur le roc de votre engendrement, roc-ruine que vous ne reconnaissez qu'à la certitude de pouvoir enfin commencer à dire qui vous êtes... sous un autre nom.

« La vérité a structure de fiction », disait Lacan. Mais la fiction, elle, a structure de nom et de renom, autant dire d'autre chose que la simple impasse de votre identité imaginaire, autre chose que ce moi toujours prêt à nier le lien pourtant étroit entre les noms et les choses, entre le nom et les actes ravageants qu'il entraîne. Il y a en cela d'ailleurs toute une portée éthique. Si Kidor savait de quels textes son père et lui, bref sa génération — *dor* — est issue, s'il le savait, il pourrait choisir. Non pas d'échapper à son nom, mais de le lire et, ainsi, d'échapper à la scène sur laquelle il vient l'accomplir. Plutôt que de voler l'argent des autres, il pourrait faire comme les trois rabbis accourus chez sa femme : « voler » les paroles d'autrui, entendez : devenir écrivain. C'est ce qu'a bien compris le peuple d'Israël qui a écrit le Livre à partir de Dieu, cette voix qui ne cesse de revenir pour crier et accuser la génération perverse et la prostituée que ce peuple élu est et ne peut cesser d'être. Acte de transmission s'il en est; non plus du mal tout court mais de son interminable interprétation.

De même, Proust, Céline, Flaubert, Beckett, Aquin, Ducharme, Kafka, tous ces noms cachés derrière ceux des personnages que j'évoquais plus haut, de même, eux n'ont pas échappé au mal de leur nom ni à ses ravages. Seulement, ils ont su donner à ces ruines une forme à offrir au prochain. Ce prochain dont on aimerait qu'il soit toujours un lecteur.

Fin des temps, dans l'allégresse et la stupéfaction du règne de gloire (CHaMOT veut aussi dire « stupéfaction »)

---

3. Il faudrait sans doute élaborer sur le statut très particulier de cet objet que Lacan désigne de la lettre *a* et qui est l'objet chu, précisément, de la rencontre entre le corps et le nom. Je renvoie le lecteur aux travaux de Jacques Lacan, de Serge Leclaire et de Daniel Sibony, entre autres.
4. Dans « Proust et les noms », *Le degré zéro de l'écriture*, Paris, Seuil, « Points », [1953] 1972, p. 134.

La définition des noms propres dans *Les mots croisés* de Perec

Jean-François Jeandillou,
Université de Paris X

Quand une œuvre fait cossu c'est souvent que son énergie est floue [1].

Georges Perec, *Petite histoire de la musique*

Dans un corpus de mots croisés, chaque liste définitionnelle forme, avec la grille qui lui est associée, un tout à la fois clos et ordonné. Cette unité peut être sans outrance considérée comme du texte pour peu que l'écriture ne s'y limite pas à une simple consignation d'énoncés, et qu'elle présente des « séquences où certains paramètres formels ont été travaillés bien au delà des exigences de la langue [2] ». De ce point de vue, la textualité des *Mots croisés*, de Perec, tient à un choix de formules particulièrement contraintes, et au type même de connexion qui les relie aux dénominations : selon un incessant va-et-vient, lecture et relecture obligée construisent une espèce d'espace cruciverbiste où sont pris en compte la matérialité littérale du signifiant, sa disposition linéaire et les phénomènes d'ambiguïté qu'il est susceptible de déterminer.

En fait, la relative complexité des correspondances, la multiplicité des allusions et surtout la diversité des travestissements sémiotiques tendent à s'éclairer mutuellement dès qu'on les saisit au sein d'une configuration latente, au lieu de n'y voir qu'un chapelet de devinettes autonomes, de colles ou d'astuces étrangères à toute systématique. D'une grille à l'autre, des séries corrélatives participent à la structuration d'un texte global [3] où le discours explicitement définitionnel signifie, de manière à la fois implicite et réflexive, les procédés de cryptage dont il use.

L'inscription d'un Np dans la grille littérale rompt cependant l'habituelle articulation entre l'énigme et son *mot*, car les indices fournis ne sont plus de

---

1. Georges Perec, *Petite histoire de la musique* (1977), repris dans *Vœux*, Paris, Seuil, 1989. Cet énoncé (p. 73) se décode comme suit : « Riche art, vague nerf ».
2. Selon le postulat de Bernard Magné, *Perecollages 1981-1988*, Toulouse, PUM, 1989, p. 200.
3. Ma recension concerne le seul recueil actuellement disponible en librairie : *Les mots croisés II*, Paris, P.O.L./Mazarine, 1986. Y figurent les grilles « publiées par l'hebdomadaire *Le Point*, entre le 31 juillet 1978 et le 27 octobre 1980 », ainsi qu'un « Avant-propos » de l'auteur (p. 9-23) reprenant celui du premier tome paru chez Mazarine en 1979. Les pages indiquées entre parenthèses renvoient à ce recueil.

l'ordre de la glose lexico-sémantique. Greimas a pu décrire « l'écriture cruciverbiste [4] » comme l'expansion syntagmatique d'un terme unique, qu'il s'agit de restituer en vertu d'une équivalence de contenu. Dans Dn, il voit un signifié lexicalisé ou, plus exactement, une lexicalisation du sens développé par Df. Majoritairement pertinente par ailleurs, cette analyse ne l'est guère — de fait, Greimas néglige totalement ces cas de figure — quand Dn est un anthroponyme ou un toponyme : au lieu de gloser un terme appartenant à la langue, Df doit permettre d'identifier un signifiant par le biais d'informations censément extralinguistiques. Plus qu'à la compétence du lecteur / joueur, c'est alors à ses connaissances mondaines qu'elle fait appel.

Pour en analyser la facture, je laisserai de côté les caractéristiques proprement syntaxiques de Df, dont Greimas a rendu compte avec précision, car la conjonction avec un Np n'en modifie pas les habituelles possibilités combinatoires. Sans surprise, on retrouve ici les Df avec représentant anaphorique — « Deux célèbres frères y naquirent en 1811 » [THAILANDE], « Que l'Académie ait eu des mots avec lui, quoi de plus normal ? » [FURETIERE] —, avec permutation syntagmatique — « Coule en Normandie » [CAMEMBERT], « Fume au bout de la botte » [STROMBOLI] — ou substitution paradigmatique — « Les frères ennemis » [ATRIDES], « Gustave » [EMMA] —, dont il a établi la typologie. En revanche, eu égard au type de savoir convoqué (et donc présupposé) chez le lecteur, des « paliers de dérivation » particuliers sont mis en place, qui favorisent le repérage d'un élément onomastique tout en détournant de son immédiate découverte. Perec en effet s'insurge contre les Df de « premier degré » qui, dépourvues d'ambivalence, sont « absolument contraires à l'esprit même des mots croisés » : « Fleuve d'Italie » [PO] est ainsi une Df « réelle (simplement raccourcie par rapport à celle du dictionnaire) » (p. 16). Au juste, l'auteur n'élimine pas toutes les facilités de cette sorte. S'il est exceptionnel que Df puisse se réduire à une parfaite description définie — « Remplaça Mao » [LIU] ≈ *le remplaçant de Mao* ; « Arrière-petit-fils de Tantale, mais beaucoup plus sage que lui » [NESTOR] —, bien des énoncés ne sont guère plus que des descriptions incomplètes : pour identifier [URI] grâce à « Patrie d'un célèbre tireur », il suffit de catalyser *Guillaume Tell* à partir de la propriété qui le caractérise. La démarche est similaire pour associer [ERIE] à « Un des cinq grands » — où *lac* est effacé —, [AQUITAINE] à « Longtemps disputée entre la France et l'Angleterre », [INO] à « Nourrit son neveu », [NASHVILLE] à « Capitale musicale », etc.

Sans regret, je négligerai donc toutes les « bonnes définitions » qui, reposant sur de simples allusions (historiques ou géographiques, en particulier), n'engagent aucun processus de surdétermination. Entrent dans cette catégorie aussi bien les Df en extension — avec énumération des référents correspondant au Np : « Le Klondyke, le Pérou, la Californie, etc. » [ELDORADOS], « Dans le Vaucluse, au Canada et aux États-Unis » [SAULT] — que celles qui

4. *Du sens*, Paris, Seuil, 1970, p. 285-307. À la suite de cet auteur, nous utiliserons les abréviations Df et Dn en lieu et place de « définition » et de « dénomination ».

sélectionnent un référent sans grande ambiguïté : « Ses propos sont rustiques » [FAIL], « Aurait pu garder les compagnons de son maître » [EUMEE]. M'intéressent moins les modes de référence vague que ceux qui brouillent l'identification. Pour caractériser la distance instaurée entre Df et Dn, je considérerai donc le Np en tant qu'il est producteur de discours. Du point de vue de la stratégie générale des *Mots croisés*, le parcours prévu, programmé, est certes celui qui va de Df à Dn ; mais l'écriture des énoncés, c.-à-d. la textualisation du Np, s'effectue selon un ordre inverse. Le nom n'étant pas *terminus ad quem* mais *a quo*, c'est la Df seule qui doit s'analyser comme produit d'un travail effectué *sur* le nom, *autour* ou *à partir* de lui. Il s'agit moins, alors, de faire référence que de construire le sens au risque même du faux sens ou du contresens. D'où un dialogisme [5] qui doit dépasser l'immédiate signification pour restaurer des connexions sous-jacentes.

I. La référence troublée

> Il faudrait dans la phrase les mots composés à de telles places que la phrase ait un sens pour chacun des sens de chacun de ses termes.
>
> Francis Ponge [6]

Comme, au lieu de l'éviter, les traitements définitionnels proposés par Perec cultivent l'ambiguïté, on ne peut en dégager l'adéquation que par recoupement ou sélection, en éliminant les effets de sens contingents. À l'inverse, on ne peut en cerner la déceptivité sans repérer les multiples isotopies que déterminent, suivant les communs principes du cruciverbisme, la polysémie et l'homonymie.

1. Polysémies définitionnelles

Un unique terme polysémique suffit à fonder une double lecture de Df. L'identification du nom recherché est alors d'autant plus douteuse qu'une seule interprétation demeure congruente : « Sans lui on n'aurait jamais eu de prise » [NICOT], « La femme qu'il aimait était jolie parce qu'elle était polie » [PYGMALION], « Il a été heureux d'échouer... » [NOE]. Pour mieux désorienter le lecteur, Perec s'autorise en outre la reprise d'un même terme, avec des valeurs différentes, au sein de Df voisines. Mais cette interconnexion, fondée sur une antanaclase, n'exploite elle aussi la polysémie que par défaut : « Était évidemment moins célèbre quand il faisait de la figuration » [KANDINSKY] — « Il a beau être très célèbre, il fait toujours de la figuration » [HITCHCOCK].

---

5. Voir mon article « Verbigérations cruciverbistes : pour un dialogisme énigmatique dans *Les mots croisés* de Perec », *Le Cabinet d'amateur*, n° 4, Presses universitaires du Mirail-Toulouse, 1996, p. 39-57.
6. Francis Ponge, *Pratiques d'écriture ou l'inachèvement perpétuel*, Paris, Hermann, 1984, p. 40.

Le défigement de locutions donne lieu au même type d'ambivalence chaque fois que le sens usuel est tacitement invalidé : « S'est laissé prendre à l'essai » [MONTAIGNE], « C'est un double zéro et il en est fier ! » [JAMES BOND]. En revanche, l'effet déceptif s'atténue si une contradiction patente vient annuler l'interprétation courante (« Est arrivée dans un fauteuil, mais ça n'aura pas été sans peine » [YOURCENAR]), ou si les deux analyses peuvent renvoyer conjointement à un même Np : « A joué à certains un tour de cochon » [CIRCE], « C'était pourtant un endroit aux pommes » [EDEN]. Tel est en outre le cas de toutes les Df qui, relatives au célèbre bovidé [IO], requièrent une lecture à la fois métaphorique et au pied de la lettre : « On l'a envoyée paître », « On lui a fait une vacherie », « S'est trouvée toute bête », « On lui a fait les cornes », « Aurait dû ruminer sa vengeance », etc.

Ces amphibologies parfaites offrent une lisibilité accrue, optimale (sinon maximale), eu égard à la conciliation qu'elles assurent entre des valeurs distinctes, situées sur des plans non moins distincts. Pour être doublement motivée, la Df n'a pourtant pas besoin de valider ce double registre. Perec obtient un effet comparable en recourant à une paire de connecteurs isotopiques : « Dans le talon de la botte » [REGGIO]. Seule l'interprétation métaphorique convient ici, mais la formule semble particulièrement « heureuse » dans la mesure où elle en multiplie les indices.

2. Homonymies

Même s'il fait parfois l'objet d'une sémantisation adventice, le Np n'est pas à proprement parler polysémique ; son ambiguïté, il la doit toujours à des similitudes de signifiant. Voilà pourquoi, alors que la polysémie concerne les seuls constituants de Df, l'homonymie peut être utilisée aussi bien en Df qu'en Dn.

a) Dans les définitions, elle se manifeste sous trois aspects principaux, établissant une indécision :

— Quant au référent exact d'un Np : « Non loin du Paradis » [AOSTE], « Ce n'est pas pour en dire du mal qu'on le compare à Quasimodo » [UNGARETTI]. Au reste, Perec joue aussi de cette ambiguïté potentielle en la neutralisant explicitement, donc en orientant la recherche vers la dénomination idoine : « Un compagnon de Fantasio mais pas un personnage de Musset » [SPIROU], « Béjart, mais côté Thalie et pas Terpsichore » [ARMANDE]. Servant là de *definiens*, les Np *Musset* et *Thalie / Terpsichore* annulent l'homonymie de *Fantasio* et de *Béjart* pour les mettre en relation conforme avec le *definiendum*.

— Quant au statut (commun ou proprial) d'un nom : la place de ce dernier, en tête de l'énoncé, permet alors de supprimer l'information discriminante que fournirait la majuscule initiale : « Poisson dans son plus jeune âge » [POMPADOUR]. Pour peu que la ressemblance se réduise à une simple homophonie, le dévoiement perd évidemment de son efficacité : « Madame Swan, comme diraient les Anglais » / « Un amour de swan... » [LEDA].

— Quant à l'identification d'un signe linguistique: « A vu pis » [IO], « Sacré beuglant » [APIS]. Des variantes de ce cas de figure sont réalisées par recours à la néologique sémantique — « On risquait d'y être atteint d'hydrophobie » [LERNE] — ou quand un terme, semblant fonctionner en usage, renvoie à un titre d'œuvre: « Il a eu son fauteuil en partie grâce à ses chaises » [IONESCO].

Ici comme ailleurs, l'ambivalence paraît spécialement justifiée si elle induit une alternative recevable — « Elle est dans l'Atlas » [MILA] —, mais elle n'est que leurre chaque fois qu'une contradiction élimine l'une des deux options: « Pour ceux qui aiment le roman... » [ELNE].

b) Le Np figurant dans la grille littérale donne lieu, lui aussi, à divers jeux homonymiques. Le plus souvent, Perec propose une double Df susceptible de correspondre aux référents possibles — « L'un est un neveu et l'autre un éléphant » [CORNELIUS], « Beaucoup plus romantique en France qu'en Italie » [QUASIMODO] —, cette explicitation n'étant d'ailleurs pas exclusive de pirouettes paronymiques — « L'une se vengea du perfide Alboïn, l'autre fut victime de la perfide Albion » [ROSEMONDE] — ni de variations sur des locutions: « Beaucoup plus facile de se payer une toile du fils qu'une toile du père ! » [RENOIR].

Quelle que soit la nature des éléments onomastiques — toponyme / anthroponyme (« Environ 13000 Américains ou seulement un père et un fils » [FAIRBANKS]), nom d'habitant / patronyme (« Natif de Mont-Louis ou de Sidi-Bel-Abbès » [CERDAN]), etc. —, le repérage s'opère par recoupement d'indices hétérogènes. Il devient beaucoup moins aisé quand l'homonymie demeure voilée (« On entend ça à Cochin » [HINDI]) ou que les Df multiples semblent s'appliquer, illusoirement, à un référent unique: « Habillait les femmes et même, plus récemment, habillé en femme » [POIRET], « N'intéresse pas de la même façon les caissiers, les hippies et les amateurs de bande dessinée » [BURROUGHS]. La précision historique ou la cohérence des allusions culturelles importent moins que la similitude des signifiants. Aussi Perec ne recule-t-il pas devant les assimilations intempestives: « Plus coulant au Canada qu'il ne le fut en Grande-Bretagne » [CHURCHILL], « Plus coulant au Canada qu'il ne le fut en France » [RICHELIEU].

Nombreux sont par ailleurs les artifices conférant au Np une valeur de sens qu'il n'a pas en lui-même. Outre le rapprochement avec un nom commun ou avec tout autre signe linguistique — « Sa prophétie ne l'est pas particulièrement » [OSEE], « Aussi dramatique avec ou sans majuscule mais pas pour les mêmes raisons » [METASTASE] — Perec utilise des étymologies volontiers fantaisistes, des pseudo-variations morphologiques ou des rapprochements interlinguistiques propres à motiver la relation Df-Dn au delà d'une commune visée référentielle: « Il a montré qu'il savait aussi en faire des grands... » [PETIPA], « Pas assez féminine pour être un ghetto » [VILLEJUIF], « Un poète dont le nom a quelque chose de glacial » [FROST]. Cette motivation se trouve évidemment renforcée chaque fois qu'est prise en compte la polysémie des termes définitionnels, par le biais d'une syllepse («Plutôt épaté, mais ne l'était pas sur le monde actuel» [CAMUS]) ou d'une fausse antonymie («En Haute-Savoie c'est un nom propre!» [SALES]).

La stratégie fondamentale du cryptage doit permettre, au dire de l'auteur, de circonscrire «le lieu fragile et unique où il [*le terme à découvrir*] sera à la fois révélé et caché» (p. 21). Le souci constant de «l'ambivalence» n'implique donc pas une quête de l'opacité absolue, car la solution doit être «évidente» tout en étant celée. Le travail tactique de la mise en forme définitionnelle impose une conciliation périlleuse entre matérialité et fonctionnement référentiel du langage. Mais un degré supplémentaire est atteint dès que celle-là semble prendre le pas sur celui-ci: que reste-t-il des fameux concerts [PASDELOUP] dans «On n'est quand même pas obligé d'y aller en faisant le moins de bruit possible!»? Très régulièrement, une tournure négative vient couper court à toute visée extralinguistique et orienter la recherche à travers de purs réseaux formels: entre [MACROBE] et «Rien à voir avec une grosse bête ni avec le patron des végétariens», le rapport dépend d'une attraction paronymique plus que d'une quelconque allusion; quant à la glose de [TITIEN] — «Son nom pourrait évoquer un jeune braque, mais son œuvre pas du tout» —, elle est déterminée par une approximation phonétique (*petit chien*) et par une homonymie (*braque*, nom commun dénotant un canidé, connote le patronyme du peintre cubiste). L'isotopie picturale doit donc être reconstituée, par-delà une superficielle cohésion syntagmatique, à l'aide d'associations paradigmatiques.

Cette pression des termes *in absentia* est plus forte encore dans la Df de [LAMPEDUSA] — «N'a pas du tout subi l'influence de Leopardi» —, où rien ne semble fixer positivement la référence, encore que la présence de Leopardi, comme la notion d'influence, laisse attendre le nom d'un écrivain italien. En fait, le parcours du décryptement impose d'articuler le titre *Il Gattopardo* (œuvre la plus célèbre de Lampedusa) et l'anthroponyme *Leopardi*, resémantisé pour l'occasion. La non-synonymie de ces éléments, en même temps que leur paronymie, justifie la dénégation de toute influence entre les œuvres des deux auteurs.

On ne saurait évidemment rendre compte des dispositifs voisins auxquels il est fait appel pour déterminer des effets de plurivocité. Tous — telles les récurrentes Dn littérales, classiquement signalées par un indice opportun: «Phonétiquement belle» / «Belle à l'oreille» [LN] — font partie grosso modo des conventions du cruciverbisme; en sorte que c'est surtout leur fréquence ou leur diversité qui devient ici caractéristique.

Beaucoup moins nombreuses dans la tradition, parce que tenues pour de trop faciles tricheries, sont en revanche les manipulations fondées sur l'autonymie. De ces travestissements honteux, Perec use malgré tout avec autant de brio que de prédilection.

II. Le nom propre à la lettre

Si l'ambiguïsation polysémique ou homonymique trouble la référence, l'autonymie tend à l'opacifier. La visée bute sur le signifiant dès que celui-ci est saisi, non comme medium transitoire, mais comme objet en soi : « Avant le nom du père » [BEN]. En rétablissant l'articulation entre Df et Dn, on comprend que *Ben* ne réfère pas — comme il le ferait dans « Ben est un artiste » —, mais se signifie lui-même[7] : « " Ben " (se place) avant le nom du père ». L'énoncé proposé se rapproche ainsi des Df métalinguistiques — « S'emploie toujours avec intention » [AFIN], « Annonce une renaissance » [NEO], « Désigne un groupement » [FEDERATIF] —, qui saisissent le tout d'un morphème au lieu de simplement décrire un contenu sémantique ou un référent.

Obligeant à le considérer en lui-même et pour lui-même, cette attention portée au support onomastique n'implique pas une perte totale et systématique de sa correspondance mondaine. La Dn autonymique demeure compatible avec une Df à la fois métalinguistique et allusive : « Le vrai prénom / d'une célèbre nymphette » [DOLORES], « Honore / Madame Dumont » [ADELIE]. Il est en outre logique que se retrouvent ici des jeux homonymiques, le Np mentionné restant aussi envisageable sous le rapport de sa similitude avec un autre nom : « Plus naturel chez Calvino que chez Svevo » [ITALO], « Plus commun pour Raphaël que pour Corelli » [ARCANGELO].

Parmi les multiples Df qui entrent dans cette catégorie, certaines comportent en outre un constituant réflexif : « Précède Marlène » [LILI], « Étiennette est moins savante » [STEPHANIE]. Si l'étymologisme lui permet de confronter, à bon droit, des doublets, on voit dans ce dernier exemple combien Perec se moque des impératifs fixés par l'autonymie. Insoucieux des marques graphiques — italiques, guillemets — propres à la signaler, il laisse croire à un fonctionnement référentiel du diminutif en accordant l'adjectif au féminin, alors que la mention devrait ici entraîner un masculin[8] : « " Étiennette " est moins savant (que " Stéphanie ") ».

L'efficacité déceptive de toutes ces Df tient à ce qu'elles semblent interprétables de façon purement linéaire alors qu'elles présentent une hiérarchie interne, métasémiotique. Pour autant, l'autonymie implicite des constituants n'est pas nécessairement connotée. On sait qu'un signe affecté d'une connotation autonymique[9] doit fonctionner, simultanément, de double manière : sa

---

7. À bon droit, J. Rey-Debove estime qu'un « signe ne peut se désigner ni se signifier » car il « signifie toujours moins que ce qu'il est » (*Le métalangage*, Paris, le Robert, 1974, p. 131). C'est pourquoi les autonymes ne sont pas rigoureusement réflexifs mais « homonymes des mots qu'ils désignent » (p. 29) : ils leurs sont semblables, non identiques. Pour ne pas complexifier outre mesure l'exposé, je négligerai cette discrimination, que la présente note suffit à opérer une fois pour toutes.
8. Comme l'a bien montré Rey-Debove (*op. cit.*, p. 67), les signes autonymes ont un genre constant, le masculin — « " Madame la Présidente " est trop pompeux » — et un nombre indépendant du signe qu'ils signifient : « " Égéries " n'est plus guère usité. », « Vos " chère cousine " me déplaisent. »
9. Voir *ibid.*, chap. 4.

dénotation reste pertinente alors même qu'au plan de la connotation s'inscrit un contenu second, qui est le signe lui-même. Dans *Les mots croisés* — les exemples ci-dessus en témoignent —, ce double registre n'est que peu maintenu pour les Df de Np. Tel est néanmoins le cas de *montagne*, assorti (par extraordinaire) de démarcations patentes dans « Avant une des " montagnes " de la musique » [ALBAN] ; là, c'est un des éléments de Df qui, se connotant lui-même, renvoie secondairement à sa traduction allemande (*Berg*). Dans « Pourvu d'un certain don, et de beaucoup d'imagination » [QUICHOTTE], le terme dénotatif *don* connote son propre homonyme espagnol : le *don* de « Don Quichotte » n'ayant pas le même signifié que le mot français ici employé en usage, il se symboliserait au moyen de la formule E1(C1(E1'(C1'))). Enfin, on admettra que la Dn [GEMINIANI] fonctionne bien doublement lorsqu'elle est définie « Après Corelli, ou après Raphaël... », car la présence d'une mention en Df — « Raphaël » ne renvoie pas au peintre mais au prénom du coureur cycliste — entraîne l'utilisation de *Geminiani* comme élément indexical et sui-référentiel à la fois [10].

1. RIORIM NE SMON

La *distance* entre les deux pôles de Df et Dn s'accroît d'autant que, pour la combler, le lecteur se noie dans l'épaisseur de la signification ou dans le flou de la référence, alors qu'il lui faut scruter — et réorganiser — son support.

Quand, apparemment irrécupérable, la séquence enregistrée dans la grille peut se lire de droite à gauche ou de bas en haut, Perec se fait fort d'établir un lien opportun entre Df et Dn autonyme, en ajoutant un commentaire relatif au boustrophédon [11]. Celui-ci se manifeste par des formules référentielles qui, en réalité, métaphorisent le retournement graphique : « Remonte de Pise à Florence » / « Traverse Pise de droite à gauche » [ONRA], « Verseuse renversée » [EBEH], « Suit Robin de l'autre côté » [DOOH]. Déceptifs lorsqu'ils ne concernent pas le référent mais son nom seul, ces indices spatiaux ne le sont plus si l'information qu'ils apportent est cohérente, ou acceptable comme telle : « Il se voit dans un miroir, comme dirait la Castafiore ! » [NITNIT], « Ses habitants pourraient l'écrire comme ça » [MELASUREJ].

Le Np « Dagobert », qui sert fréquemment de *definiens* pour les Dn de ce type — « Convient à Dagobert » [AV], « Dagobert le fait » [TIOB] —, donne lieu à une Df logiquement contrariée quand lui-même devient un *definiendum*

10. La préposition « après » prend ainsi une valeur chronologique dans le premier cas (musicien italien postérieur à Corelli), métalinguistique dans le second (nom de famille du sportif, faisant suite à son prénom).

11. Un tour de force supplémentaire (au moyen de paradoxales oppositions) signale le cas échéant l'absolue réversibilité de Dn : « À peu près quatre fois plus de terre dans un sens que d'eau dans l'autre » [ERIE], « Anglais dans un sens, français dans l'autre et international dans les deux » [UNO].

inversé : « Mettrait sa culotte à l'endroit » [TREBOGAD]. L'expression récurrente « dans un sens » est un indice du même ordre, puisque le mot *sens* y a toujours un double sens, relatif à l'acception et à la direction suivant laquelle s'inscrit le signifiant : « Dans un sens fut couverte d'or » [EANAD], « Dans un sens c'est une secte » [NOOM], « Père, dans un sens, d'une Espagnole et d'une Norvégienne » [OLAL].

Au lieu d'allonger la liste des subterfuges, on constatera que, formant réseau dans le contexte général des *Mots croisés*, ils tendent à devenir des signaux relativement explicites : transparentes, parce que surdéterminées, sont les allusions au verlan, au recto-verso, à l'autre côté, à l'aplomb et à toutes les sortes de renversement. Mais, si leur présence est constante, leur forme reste souvent imprécise ou à peine perceptible : « Même comme ça ses disciples le comprendraient » [NACAL], « Fait beaucoup moins terrible de ce côté » [NAVI], « Entre 4 et 3 » [IP]. Il y a alors, du point de vue du lecteur, doute quant au recours au palindrome.

2. Les noms sous les noms

L'autonymie permet d'exploiter sans vergogne les manifestations anagrammatiques du Np. Le travail définitionnel consiste alors à choisir des indices — au besoin minimaux : « À vous d'y trouver Alice » [LECIA] — qui semblent également convenir à l'individu ou à l'objet représenté par le Np originel : « C'est un Hun et il est barbare » [NHU], « C'est l'Odéon, mais en 68 ! » [NEOOD]. Malgré l'objectivation que subit le nom, toute trace n'est donc pas effacée du référent initial ; d'autant que Perec prend soin de faire figurer, en Df, le signifiant soumis à manipulation. Le jeu cruciverbiste ne demande plus, ici, de découvrir un Np grâce à sa Df, mais de déguiser convenablement celui qu'elle mentionne.

Jamais en reste pour « traiter comme des chevilles des mots qui n'en sont pas » (p. 19) et comme des anagrammes des Np orthodoxes, l'auteur d'*Ulcérations* accomplit enfin de suprêmes prouesses en conjuguant deux types définitionnels pour rendre compte d'une double lecture de Dn : « Vous pouvez en faire une oreille mais mieux valait ne pas la lui prêter » [LORELEI].

3. Amputations onomastiques

Respectueux de la linéarité, le palindrome ne fait que l'inverser quand l'anagramme la bouleverse. Relevant d'une cryptographie plus exacerbée, la troncation donne lieu à d'encore « plus douloureuses (et parfois complaisantes) contorsions » (p. 15). Dans les cas limites où les lettres de Dn ne recèlent aucun signifiant intégralement identifiable, le commentaire métalinguistique est un pis-aller dont Perec ne se satisfait pas ; il tente toujours de signifier indirectement la troncation en simulant une référenciation. Autrement dit, il décrit un pur résidu formel en faisant mine de viser le monde extralinguistique.

• DES NOMS SANS FIN. Se trouve ici éliminée, par apocope, la *chute* graphique du signifiant. Ce que Perec sous-entend en employant des termes polysémiques qui impliquent, en général, la préservation du segment initial (« Les débuts de Lélia » [LEL], « Edgar qui naît... » [EDG]), mais il s'accommode volontiers d'indications plus vagues : « Vient d'Uruguay » [URU], « Lettres de Vuillard » [VUI]). Ces énoncés se prêtent mal à une double lecture, les termes métasémiotiques n'étant guère susceptibles de se lire, adéquatement, en rapport avec le référent du Np : [URU] ne vient pas d'Uruguay mais uniquement de *Uruguay*. Syntaxiquement motivée, en surface, par le choix d'expressions toutes faites (*les débuts de...*) ou homophoniques (*qui naît*), Df ne gagne sa motivation profonde qu'à les falsifier, par recours à la mention. Néanmoins, l'absence d'autonyme — qui impose de catalyser le Np idoine avant de l'amputer — peut aussi donner lieu à des manipulations similaires : « A une tête d'empereur » [CAE], « Un Boris qui a perdu la tête ou un Fleming qui n'a pas découvert la pénicilline » [IAN].

• DES NOMS SANS QUEUE NI TÊTE. La réduction, par aphérèse et apocope, touche simultanément les extrémités de Dn. D'où des formules plus ou moins cryptées, qui traduisent la position interne du reliquat : « Le cœur de Jalna » [ALN], « En plein Montmartre » [TM]. Ici comme ailleurs prévaut la pseudo-cohérence isotopique, qui donne un semblant de développement au *thème* déterminé par le Np autonyme. C'est pourquoi l'imprécision, quant au commentaire graphique sous-jacent, ne rebute pas l'auteur : « Un extrait de Rodogune » [OG], « Lettres de Regnard » [GNA], « Quartier de Berlin » [ERL], « Fragment de Milton » [LT], « Morceau choisi de Queneau » [UEN].

• OÙ LE NOM PERD LA TÊTE. Aux quelques éléments favorisant un repérage du segment sauvegardé — « Finale de Haendel » [NDEL], « Capitale de David, mais sans sa capitale » [EBRON] — s'opposent des indications plus débonnaires car non discriminantes : « Morceau de Mahler » [LER], « Une moitié de Borgia » [GIA], « C'est tout ce qu'on a pu sauver de Boudu ! » [UDU]. Il arrive aussi que l'aphérèse s'applique, par métonymie, à un Np absent, catalysable grâce à sa contiguïté latente avec un terme de Df : « Un Nicolas qui a perdu la tête » [OGOL]. Elle affecte enfin des signifiants intègres, appréhendés comme incomplets ; encore l'interprétation est-elle commune aux deux aspects envisagés : « C'est très vieux même sans H ! » [ERODE], « Nettement plus extrémiste avec un H devant » [EBERT].

• DES NOMS SANS CŒUR. Réservé à des séquences très brèves, en général bilitères, ce traitement gomme les constituants internes de l'autonyme pour ne retenir que ses frontières. De nouveau, l'ambiguïté de chaque locution tient à ce qu'elle semble viser un référent — « Aux bords du Tchad » [TD], « Aux confins du Niger » [NR] — alors qu'elle ne porte que sur la lettre. La Df ne concernant pas un Np intègre, c'est bien la position du segment retenu qu'elle s'attache à représenter de manière détournée.

On aurait tort de croire ces classes étanches. En cas de nécessité, Perec ne se prive pas de concevoir des jeux à règles multiples. Figurent ainsi, dans ses *Mots croisés*, des prélèvements discontinus — « Lettres de Duquesne » [DQ], « Le Koran à la manière arabe » [KRN] —, des troncations réfléchies [12] — « Dans un sens c'est un demi-Symboliste » [ELEIV], « Est retourné en Belgique » [IGL] — ou anagrammatiques — « En Auvergne et en désordre » [GERN] —, et des interprétations alternatives, par troncation/palindrome notamment : « Un peintre qui a perdu la tête ou un sage qui a mal tourné » [EGAS].

Ce qui confère, selon l'expression consacrée, sa « force » au problème cruciverbiste, c'est à la fois la diversité des modes d'encryptement et l'aspect elliptique des formules employées. Ainsi le joueur doit-il, avant même de chercher à identifier le Np défini (ou travesti), s'interroger sur le type de correspondance pertinent. Aucun indice ne lui permet, avec certitude, de privilégier un traitement homonymique, polysémique et/ou autonymique ; nulle convention ne lui fait savoir si ce traitement s'applique en Dn et/ou en Df. L'énigme perecquienne ne dépend pas seulement d'une *réponse* cachée ; elle brouille les règles mêmes qui permettent de rechercher cette réponse.

4. Synecdoques

L'« ingéniosité » du cruciverbiste permet d'éviter, « pour les petits mots et les chevilles » (p. 20), le retour de Df par trop ressemblantes. C'est pourquoi, au lieu de soumettre [TA] à une analyse morpho-sémantique, au lieu d'en faire le produit d'une troncation ou d'un palindrome, Perec en renouvelle l'approche grâce à une Df que je dirai synecdochique, car elle est fondée sur une logique de la *pars pro toto* : « Barbare avec un merlan... » définit le tronçon de signifiant [TA] par rapport au référent d'un global *Tamerlan*.

En dépit des apparences, il ne s'agit pas là d'une des formes déjà vues d'apocope. La Df ne contient pas de terme intègre dont Dn serait un fragment [13]; elle n'est pas non plus dépourvue d'autonymie [14]. Le terme concerné voit son signifiant distribué pour une part en Df, pour l'autre en Dn, mais c'est la réunion seule des deux segments qui rend la référence adéquate : pris séparément, ils se dotent de valeurs inappropriées (*ta - merlan*). Selon une originale figure de synecdoque, Df caractérise donc, par inclusion, la totalité signifiante afin d'en désigner une partie. Même quand elle paraît, en tant qu'entité onomastique, douée d'autonomie, Dn peut être traitée comme membre complémentaire : « Il est en tête si le der est derrière » [LEA],

---

12. Associées à leur reflet, elles établissent des correspondances proprement intratextuelles : à « Morceau de Saint-Saëns » [AEN] (26 V7) et à « La moitié d'Hitler » [TLE] (34 H7) s'opposent ainsi — platement, il est vrai, mais là n'est pas l'important — « Morceau de Saint-Saëns dans un autre sens » [EAS] (45 H6) et « La moitié d'Hitler, dans un certain sens » [ELT] (34 H4).
13. Tel serait le cas, par exemple, de *Tête de Tamerlan, Un beau brin de Lolita, Fragment de Du Bartas*..., etc.
14. Tel serait le cas, par exemple, de *Les débuts d'un barbare, Une nymphette qui a perdu la tête, Un fleuve pris à la source*, etc.

« Ali la rend folle » [ENEE]. Au demeurant, les séquences inscrites en Dn restent souvent ininterprétables par elles-mêmes — « Aboierait si Tintin était là » [RIN] —, d'où l'utilité de ce métalangage crypté.

Tandis que les autres énigmes imposent des cheminements infiniment variés, celles-ci se décodent selon une procédure à peu près stable. Il suffit de saisir en mention le terme qui, à la fin de Df (Df2), fait office de clé graphique ; désémantisé, celui-ci s'analyse alors comme composante seconde (Sa2) d'un tout dont Dn constitue l'*initium* (Sa1). La reconstruction de cet ensemble est naturellement facilitée par les clés sémantico-référentielles fournies au début de Df (Df1) [15] :

« avec un merlan » (Df2)

autonymie

désémantisation

↓

[TA] (Sa1) *merlan* (Sa2)

« barbare » (Df1)

Sa2 n'est pas précisément un homonyme de la clé Df2. Car il ne s'agit plus d'un signe linguistique mais d'un simple reliquat graphique : *merlan* n'a pas en soi de valeur dans *Tamerlan*. Il faut donc vider de son contenu le terme clé pour ne conserver que sa charpente. À partir de cette étude de cas, il est aisé d'induire un schéma canonique, en adoptant maintenant le point de vue génératif :

« terme clé » (Df2)

signe en usage

motivation sémantique

↓

[Dn] (Sa1) (Sa2)

« description coréférentielle » (Df1)

15. Greimas a montré comment toute Df se laisse réduire « à une articulation binaire à relation hypotaxique entre ses éléments constitutifs » (*op. cit.*, p. 299). Ce qu'il dit de « Transport /

Notons que la clé graphique figure à l'occasion en Df1, sans que ce glissement — souvent conditionné par la syntaxe ou la simple euphonie — pose problème : « Elle la fait se jeter dans le Rhin » [MOS], « On en fait une grande ville » [LY], « Tintin en fait un célèbre cabot » [RIN]. Il n'est pas plus troublant quand, par exception, Dn équivaut à Sa2 : « Me manque pour être un sommet » [IJE], « Super en Auvergne » [BESSE]. Concernant la place des éléments dans la chaîne signifiante, ces permutations ne modifient guère leur position logique ni leur rôle dans la configuration globale du dispositif.

Le caractère plaisantin — et outrecuidant — de la démarche ne doit pas occulter son audacieuse rigueur. S'appuyant sans vergogne sur de fausses coupes, le raisonnement mis en œuvre porte atteinte à l'onomastique plus que tout autre, dans *Les mots croisés*, car la plupart des termes ainsi dénaturés ne souffrent aucun découpage : *Saturne*, réduit à [SAT], n'a rien d'« Un dieu sans son urne » ; et l'on ne saurait admettre que [SAND] « S'est fait un nom en privant d'eau son Jules », quoiqu'elle ait privé *Jules Sandeau* de son *eau*[16]... En tout état de cause, le choix de cette technique nécessite que Sa2 puisse être — abusivement, comme dans le rébus ou la charade à tiroirs — tenu pour significatif : [THI] sera ainsi rattaché à *Thibaudet* — « Critique avec un baudet » — mais non à *Thisbé*, parce que le fragment subséquent demeurerait alors inexploitable. Comme toujours, la distance Df-Dn augmente quand à la synecdoque s'ajoute un effet de reflet — « Normal qu'il soit renversé puisqu'il est baba ! » [ILA] —, elle se réduit en cas de double Df : « Sa culture donne des pommes ou du miel » [API].

On constate là encore que l'esprit du cruciverbisme tient à des jeux de signes autant que de sens. Le « mot » de l'énigme, par définition « très recherché » (64 H8), l'est plus encore quand il n'en est précisément pas un, et que demeure incertain le mode d'ambiguïsation retenu. L'alternance se justifie dans la mesure où elle évite le systématisme des correspondances, pour un même segment « que l'on s'interdit évidemment de définir deux fois de suite de la même façon » : « Heureusement pour lui que tous les chemins menaient à Rome » / « Avant les Romains » / « Ali la rend folle » [ENEE] (13 H5, 55 H7 et 67 H8), « Vient d'Uruguay » / « C'est un rapace qui n'a pas bu » [URU] (24 V8 et 27 V3), « Ce n'est pas la même qui est commune à Kleist et à Goethe » / « En deux mots c'est un objectif pour un ministre des Finances, en un seul c'en est un pour les éditeurs » [FRANCFORT] (28 V3 / 52 H3). Mais ces formulations se prêtent à tous les errements quand, analogues d'une Df à l'autre, elles recouvrent des processus différents : « Au bout du chemin » [ROME] (86 H5) / « Aux deux bouts du chemin » [CN] (24 H4) / « Au bout de la route » [UTE] (100 H8).

---

médiéval » [IRE] ou de « Terrasse / sa victime » [ACCES] n'est pas moins représentatif des Df perecquiennes. La bipartition s'opère néanmoins d'une manière spécifique dans les Df du type « Critique / avec un baudet » [THI].

16. Il est remarquable que, dans ce cas précis, l'astuce synecdochique ne bloque pas le fonctionnement référentiel du résidu figurant en Dn, puisque celui-ci est *encore* un Np.

La définition des noms propres, Perec la situe constamment au carrefour de la signification et de la désignation, non sans faire fond sur la littéralité. C'est en quoi les éléments onomastiques, supports de rêverie voire de délire (méta)linguistiques, deviennent producteurs d'écriture : le travail de déplacement (par homophonie) et de condensation (par sémantisation aventice ou effets de polysémie) va de pair avec une ambiguïsation portant sur l'intégrité formelle des signifiants. Sans jamais sortir du langage, Perec en explore les confins ; d'où une féroce dénaturation du Np traité, en autonymie, sur un pied d'égalité avec n'importe quel autre type de segment graphique. *Les mots croisés* apparaissent ainsi un laboratoire où se fabriquent des linéaments, des prolégomènes de fiction. Le traitement proposé n'est là qu'un préalable à la narrativisation, une étape sans suite [17] ; pour tourner court, il n'en demeure pas moins gros de toutes les spéculations possibles, car le nom s'y déploie à travers la virtualité de ses fonctionnements.

---

17. L'encryptement — et, par conséquent, la textualisation — du Np est plus complexe dans *Les beaux présents* et dans *Les vœux* conçus par Perec (Paris, Seuil, 1989 et 1994). Voir par exemple la *Petite histoire de la musique* qui, fondée sur de comparables découpages et recompositions homophoniques, débouche sur une construction de micro-récits ou de saynètes dialoguées.

L'innommable des noms proustiens

Nicole Deschamps
Université de Montréal

> « ... cachée au fond de son nom, la fée se transforme... »
>
> *À la recherche du temps perdu*, vol. II, p. 311 [1]

À l'opposé de ces personnages anonymes qui flottent à la périphérie de *La recherche* tels des ovnis, il y a les personnages de premier plan chez qui les noms tissent un réseau de significations subtiles, complexes, enchevêtrées, mais jamais vraiment déroutantes. Entre ces deux pôles s'inscrivent les noms des personnages dont le narrateur est le plus parfait exemple, noms aussi bien révélateurs qu'iconoclastes des référents. Le héros n'a pas de nom, sauf dans la bouche de Gilberte, qui l'appelle par son « petit nom » pas encore révélé au lecteur, ou plus tard celle d'Albertine, qui le nomme carrément « Marcel », du prénom de l'auteur. Il y a aussi une signature, celle qui se trouve au bas de son article enfin publié dans le *Figaro* et qui lui permet de se reconnaître comme auteur d'un texte qui, autrement, lui est devenu aussi étranger qu'un récit de rêve [2].

Par ailleurs, Mademoiselle de Saint-Loup n'a pas de prénom, bien que son nom soit inscrit dans une généalogie qui n'a rien d'aléatoire. Quant à Gilberte et à Albertine, voici leurs prénoms voués à la disparition dans la confusion de leur signature, Albertine étant déjà morte au moment où arrive l'énigmatique télégramme signé par Gilberte, mais laborieusement déchiffré comme venant peut-être d'Albertine [3].

---

1. En cours de texte, je cite *À la recherche du temps perdu*, Paris, Gallimard, coll. « Bibliothèque de la Pléiade », 1987-1989, 4 vol., sous le sigle *RTP*, accompagné du numéro du tome et suivi de celui de la page.
2. Cette scène de *La prisonnière* (*RTP* IV, p. 147-153), importante parce qu'elle hante les avant-textes de *La recherche*, rejoint certainement l'exploration de l'onomastique. Elle pourrait même toucher le cœur du sujet. Devenu lecteur de lui-même au sens strict du terme, le narrateur ne se reconnaît ni dans le contenu de ce qu'il a écrit ni dans l'image que lui renvoient ses lecteurs.
3. « La dépêche que j'avais reçue dernièrement et que j'avais crue d'Albertine était de Gilberte. Comme l'originalité assez factice de l'écriture de Gilberte consistait principalement, quand elle écrivait une ligne, à faire figurer dans la ligne supérieure les barres de *t* qui avaient l'air de souligner les mots ou les points sur les *i* qui avaient l'air d'interrompre les phrases de la ligne d'au-dessus, et en revanche à intercaler dans la ligne d'au-dessous les queues et arabesques des mots qui leur étaient superposés, il était tout naturel que l'employé du télégraphe eût lu les boucles d'*s* ou d'*y* de la ligne supérieure comme un *ine*

Plusieurs critiques ont déjà exploré les richesses de l'onomastique proustienne, thème explicitement théorisé dans *La recherche*, thème repérable en sa constance et en sa cohérence jusque dans les avant-textes, thème enfin qui vient résonner partout dans l'écho d'un nom commun, la *madeleine*, elle-même lieu commun d'où rayonne la narration. À lui seul, le choix de ce mot, « madeleine », d'abord prosaïquement appelée « biscotte » selon la lettre du souvenir, suffirait à soulever la discussion au sujet de la célèbre distinction proposée dans *La recherche* entre le mot et le nom :

> Les mots nous présentent des choses une petite image claire et usuelle comme celles que l'on suspend aux murs des écoles pour donner aux enfants l'exemple de ce qu'est un établi, un oiseau, une fourmilière, choses conçues comme pareilles à toutes celles de même sorte. Mais les noms présentent des personnes une *image confuse* qui tire d'eux, de leur sonorité éclatante ou sombre, la couleur dont elle est peinte uniformément [...]. (*RTP* I, p. 380 ; je souligne.)

En réservant aux noms le pouvoir de créer une synergie entre le signifiant et le signifié, fonction qu'auraient tous les mots en poésie, le narrateur écrivain se montre sans doute moins audacieux dans sa théorie que l'auteur dans sa pratique, mais son énoncé platonicien rejoint celui de Shakespeare : « *What's in a name? That which we call a rose, / By any other name would smell as sweet.* » Et l'un et l'autre de ces énoncés, ailleurs démentis dans l'évolution des textes où ils se trouvent, se rejoignent surtout en cela qu'ils sont empreints de poésie. Qu'est-ce à dire puisque même aux plus grands poètes, on pourrait adresser l'embarrassante question d'Emily Dickinson : « *Are you — Nobody — Too ?* » Romancier, Proust s'avance sur le même territoire lorsqu'il écrit intuitivement : « Tous les poètes me semblent ne faire qu'un seul poète dont les noms différents [etc]. » (*RTP* IV, p. 831) L'idée proustienne que nous passions de « L'âge des noms » à « L'âge des mots », puis à « L'âge des choses » demeure une illusion (et Proust montre qu'il le sait), comme si les choses avaient, hors de leur appellation, la pérennité que Juliette projette sur le Roméo dont elle est éprise ou sur l'essence des roses. Mais Roméo et Juliette, ignorants de la ruse qui avait jadis sauvé la vie d'Ulysse, meurent justement de s'appeler obstinément Montague et Capulet, plutôt que Personne. Encore mieux que la réalité, la fiction nous rappelle les enjeux du nom propre. D'une part, suivant l'expression d'Antoine Compagnon, « le nom est vide, impropre, arbitraire et accidentel ; de l'autre, il est plein, propre, nécessaire et essentiel[4] ». C'est dans cet espace ambigu qu'il accomplit sa fonction poétique.

Quant aux noms communs, même si la logique ne peut qu'acquiescer à leur distinction d'avec les noms propres, pour l'écrivain comme pour son lec-

---

finissant le mot de Gilberte. Le point sur l'*i* de Gilberte était monté au-dessus faire point de suspension. Quant à son *G*, il avait l'air d'un *A* gothique. Qu'en dehors de cela deux ou trois mots eussent été mal lus, pris les uns pour les autres (certains, d'ailleurs, m'avaient paru incompréhensibles), cela était suffisant pour expliquer les détails de mon erreur... » (*RTP* IV, p. 234)

4. Antoine Compagnon, *Nous, Michel de Montaigne*, Paris, Seuil, 1980, p. 12.

teur, ils fonctionnent de façon identique puisque « les beaux livres sont écrits dans une sorte de langue étrangère, beaucoup moins pure qu'on ne le croit » et que « nous mettons parfois dans les mots une image différente de celle qu'a vue l'auteur » (*RTP* IV, p. 830). Relativisant l'importance de la signification des mots à travers la fétichisation qu'en feraient les amateurs de variantes, soucieux de préciser par exemple si le mot « pêche » est relié au fruit ou au poisson, l'analyste du style de Bergotte trouve cependant que la « vérité [d'un texte] est dans la progression des rapports » (*RTP* IV, p. 830), dynamisme dont il fait ailleurs « une progression enchantée », voire au prix de contresens (*RTP* IV, p. 1410). La neige décrite par Bergotte devient pour son lecteur un carrefour de représentations, au même titre que les noms qui font rêver :

> C'est cet amalgame que je retrouvais maintenant dans ces pages de Bergotte où peut-être ses paroles sur la neige suscitaient une fraîcheur plus pénétrante et pure qu'elles n'en possédaient en réalité, mais aussi la neige que j'apercevais dégageait plus de poésie que de la neige que les yeux seuls verraient ; amalgame qui n'est ni esprit pur, ni simple vision, patine qui couvrait chaque mot, épaisseur et velouté du temps écoulé où les impressions que j'avais ressenties autrefois m'étaient rendues non plus séparées comme l'intelligence les utilise et classe, mais fondues dans un *vague indéfinissable*, charme de la vie. (*RTP* IV, p. 832 ; je souligne.)

Appliquée aux mots, la part de « vague indéfinissable » rejoint donc « l'image confuse » qui était réservée aux noms.

Dans la nébuleuse de l'onomastique proustienne, le personnage tardivement nommé Albertine Simonet présente le meilleur exemple d'une condensation qui réunirait tous ces aspects propres aux représentations ainsi qu'à la combinatoire des mots qui les décrivent. Le héros se place en position d'être interrogé par cette Sphinge dont il n'apprivoisera jamais qu'imparfaitement le mystère, même s'il arrive à résoudre quelques-unes de ses énigmes. Image de l'œuvre à faire, à détruire puis à reconstruire, l'Albertine que nous cherchons à définir serait donc un point de focalisation de *La recherche*, un au-delà du « tableau vivant » si bien repéré par Alain Roger[5], bref, son horizon, terme qui incidemment nous permettrait de concilier la toponymie et l'anthroponymie qui forment l'onomastique proustienne.

À la recherche d'une nouvelle façon d'aborder un sujet déjà largement étudié et en tenant compte de ces acquis, j'essaierai d'explorer la part d'*innommable* dans le nom proustien, c'est-à-dire son rapport à l'Image, telle qu'elle est définie par Silvio Fanti en micropsychanalyse comme « l'ensemble génétiquement organisé des représentations et des affects structurant l'inconscient à partir du ça[6] », ainsi que par son inscription dans le poétique. La

5. Alain Roger, *Proust. Les plaisirs et les noms*, Paris, Denoël, coll. « l'Infini », 1985, p. 145.
6. « L'Image est l'ensemble dynamique des représentations et des affects fonctionnant économiquement comme un tout génétique. Cette définition micropsychanalytique de l'Image

métaphore que j'ai tout à l'heure employée d'un horizon impersonnel de l'œuvre proustienne rejoint celle de ce « plan horizontal infini » qu'on trouve dans l'ouvrage théorique de Fanti :

> L'Image... ultime barrage énergétique... à concevoir non pas dans un plan vertical qui nous emprisonnerait... mais dans un plan horizontal infini sur lequel nous marchons... sur lequel nous nous déplaçons... et vivons... barrage nous séparant du vide mais indépendant de nous... qui à peu de chose près serait là sans nous... à la différence du surmoi... qui fait tellement partie de nous que, sans nous, il disparaît [7]...

L'intérêt particulier de ce texte, qui cite un extrait de séance, est justement que viennent s'y fondre, comme chez Proust, théorie et métaphore, ce qui pourrait bien définir le propre de la recherche dans le domaine de la psychanalyse.

Complexité de la fonction poétique du nom proustien

En conclusion de son article « Proust et les noms », Roland Barthes [8] se demande si tous les écrivains dignes de ce nom ne croiraient pas, à l'exemple de Proust, « au rapport naturel des noms et des essences », c'est-à-dire, explique-t-il, que « la fonction poétique, au sens le plus large du terme, se définirait ainsi par une conscience cratylienne des signes et l'écrivain serait le récitant de ce grand mythe séculaire qui veut que le langage imite les idées et que, contrairement aux précisions de la science linguistique, les signes soient motivés ». L'intérêt de cette question n'a aucunement vieilli et la méthode proposée pour l'approfondir nous paraît toujours d'actualité. Barthes y engage le critique « à lire la littérature dans la perspective mythique qui fonde son langage, et à déchiffrer le mot littéraire (qui n'est en rien le mot courant), non comme le dictionnaire l'explicite, mais comme l'écrivain le construit ». Par là, il rejoint ce que dira plus tard André Green à propos de la « fonction poétique », dont l'analyse serait la « voie inattendue » pour faire entrer « le phonème [...] dans le champ de la problématique psychanalytique [9]. »

Reste à savoir comment se transforme la rêverie onomastique du début de *La recherche*. Les noms de lieux seront-ils aussi touchés par le désenchan-

---

clarifie sa mystérieuse fonction. S'inscrivant dans le ça et l'inconscient bien avant les représentations-affects onto-phylogénétiques qu'elle soumet aux seules lois énergétiques de l'hérédité idéenne et au clapet du vide de la pulsion de mort-de vie, l'Image est l'ultime écran psychique du vide. » Silvio Fanti, *L'homme en micropsychanalyse*, Paris, Buchet/Chastel, 1988, p. 120.

7. *Ibid.*, p.129.
8. D'abord publié en 1967 en hommage à Roman Jakobson, ce texte a été repris dans *Le degré zéro de l'écriture* suivi de *Nouveaux essais critiques*, Paris, Seuil, coll. « Points », 1972, p. 134.
9. André Green, « Le langage dans la psychanalyse », *Langages*, Paris, Les Belles Lettres, coll. « Confluents psychanalytiques », 1984, p. 52.

tement que les noms de personnes provoquent, et ces derniers seront-ils tous voués, à l'exemple du nom de Guermantes, à leur déconstruction finale ? Après avoir élaboré le développement foisonnant qui démarre par l'association souvent commentée qui relie *orange, amarante* et *Guermantes,* coloration, vernis, patine du nom serti de mots, remodelé par l'art après avoir été modelé par le déplacement et la condensation de représentations et d'affects en grande partie inconscients, le narrateur s'emploie dans *Le temps retrouvé* à vider de sa substance signifiante le nom des Guermantes, auquel il avait associé celui du Combray de son enfance :

> Et j'avais continué à relire l'invitation [des Guermantes] jusqu'au moment où, révoltées, les lettres qui composaient ce nom si familier et si mystérieux, comme celui même de Combray, eussent repris leur indépendance et eussent dessiné devant mes yeux fatigués *comme un nom que je ne connaissais pas.* (*RTP* IV, p. 435).

Une ébauche de ce texte dit encore plus explicitement :

> Puis, à force de regarder le nom de Guermantes, où les lettres se subordonnent à la sonorité qu'elles énoncent [...], les lettres révoltées reprirent leur indépendance, le N et le T devinrent les égales des autres, le rythme auquel elles obéissaient en se plaçant devant mes yeux, fut aboli et *le nom composé de ses seules lettres m'apparut comme inconnu, sans passé, comme un nom que je lirais pour la première fois dans un dictionnaire de Volapuck*[10]. (*RTP* IV, p. 834)

Il me paraît ici frappant que le nom vénéré de la première médiatrice de l'écriture soit moins profané ou démystifié, comme l'ont remarqué plusieurs, que rendu à son intrinsèque *étrangeté.*

Si tous les critiques s'entendent pour souligner l'illusion cratylienne chez Proust, plusieurs l'ont fait de façon à nuancer, à approfondir et parfois à contredire la lecture pour ainsi dire fondatrice de Barthes. Quoi qu'il en soit, ces études, faites d'un point de vue linguistique, stylistique, génétique, sémiotique ou psychanalytique, ont grandement contribué à mettre en évidence le fait que le texte de *La recherche* outrepasse sa poétique des noms. Quant à celle-ci, elle serait peut-être à réévaluer dans l'ensemble de sa complexité intertextuelle, le rapport de Proust à Platon ayant toujours été considéré d'un point de vue strictement philosophique. À relire le *Cratyle* en cherchant à demeurer plutôt sensible à sa forme qu'à son contenu, il est frappant de constater que la séduction littéraire de ce texte philosophique n'est pas moindre que les énoncés de Proust et de Shakespeare que nous venons de rapprocher. C'est d'ailleurs sur cette voie claire obscure du littéraire que Socrate oriente d'entrée de jeu sa conversation avec Hermogène puis Cratyle. Après avoir remarqué que « l'étude des noms n'est pas une petite affaire », puis rejeté sur cette question l'enseignement des sophistes, il

10. Ces passages ont été cités et commentés par Jean Milly dans *La phrase de Proust,* Paris, Éditions Champion, coll. « Unichamp », 1983, p. 86. Dans les deux citations de Proust, c'est moi qui souligne.

propose d'interroger d'abord et avant tout les textes poétiques : « [...] c'est Homère et les autres poètes, dit-il, qu'il faut prendre pour maîtres » [11]. Qui sait si Proust n'aura pas sur ce point suivi à la lettre l'enseignement du texte de Platon, par exemple en reprenant tels quels les mots « lisse » et « doux » qu'emploie Socrate pour décrire l'effet du *l* [12], puis en les appliquant par entraînement du contexte à la description du nom de Parme :

> Le nom de Parme, une des villes où je désirais le plus aller, depuis que j'avais lu *La chartreuse*, m'apparaissant compact, lisse, mauve et doux, si on me parlait d'une maison quelconque de Parme dans laquelle je serais reçu, on me causait le plaisir de penser que j'habiterais une demeure lisse, compacte, mauve et douce, qui n'avait de rapport avec les demeures d'aucune ville d'Italie puisque je l'imaginais seulement à l'aide de cette syllabe lourde du nom de Parme, où ne circule aucun air, et de tout ce que je lui avais fait absorber de douceur stendhalienne et du reflet des violettes. (*RTP* I, p. 381)

Sans commenter ce passage en détail, nous en soulignerons quelques traits qui mettent en évidence la complexité chez Proust de « la fonction poétique des noms propres », suivant l'expression d'Eugène Nicole [13]. Le procédé proustien d'« association lexicale » ayant été parfaitement démontré par Gérard Genette et Jean Milly [14], je n'insisterai pas sur cet aspect qui a d'abord orienté ma lecture du passage sur le nom de Parme.

Deux fois répétée, la série « compact, lisse, mauve et doux » s'applique d'abord à un lieu réel à découvrir, ensuite à une construction de l'imagination dont les contours oscillent entre le particulier et l'indéfini. À la relative banalité des qualificatifs « lisse » et « doux », peut-être empruntés à Platon, mais phonétiquement sans rapport avec le mot *Parme*, plutôt apparenté, selon Jean Milly, à « compact » et surtout à « pas perdus » ou à « petite femme noire » d'un autre passage dont je parlerai tout à l'heure, Proust ajoute encore « mauve », et ces quatre mots, en particulier le dernier qui désigne une couleur, ce qui n'est pas indifférent, fraient la voie des représentations : souvenir de lecture de Stendhal, explicitement déployé jusqu'à la citation abrégée du titre de *La chartreuse* [*de Parme*], allusion à la couleur des violettes et par là aux échos qu'y reconnaîtront les lecteurs en ce « mauve si doux » (*RTP* II, p. 312) qui rayonne du vêtement de la duchesse lors de sa première apparition, ou bien en ce « rose uni, violacé, crémeux » (*RTP* II, p. 242) du teint d'Albertine, construction d'une anticipation qui permet un déplacement

---

11. Je cite Platon d'après la traduction de Louis Méridier, *Ion, Ménexène, Euthydème, Cratyle*, Paris, Gallimard, coll. « Tel », 1989, p. 106 et 116.
12. *Cratyle, op. cit.*, p. 169
13. Eugène Nicole, « L'onomastique littéraire » *Poétique*, n° 54, avril 1983, p. 245.
14. Gérard Genette, « Proust et le langage indirect », *Figures II*, Paris, Seuil, coll. « Tel Quel », 1969, p. 223-294 et Jean Milly, « Sur quelques noms proustiens », *Littérature*, n° 14, mai 1974, p. 68-87, repris dans *La phrase de Proust, op. cit.*, p. 73-97. C'est leurs analyses stylistiques, en particulier celle de Jean Milly, qui est plus développée sur le passage cité sur Parme, qui m'ont mise sur la piste du rapprochement entre la ville et la princesse de Parme.

du nom de Parme à l'idée de cette ville comme d'un lieu suprêmement désiré, puis à l'image plus insolite d'une « quelconque » demeure idéale, fragilement rattachée au sens par la sonorité de « cette syllabe lourde du nom de Parme, où ne circule aucun air ».

Tout cela n'est rien encore puisque l'encodage de la *ville de Parme* va se poursuivre dans un autre texte qui reprend les éléments du premier en les perturbant. Il s'agit cette fois-ci de la déception du héros devant *la princesse de Parme*, dont le nom sera vidé de « toute huile essentielle de violettes » afin d'y

> incorporer à la place l'image d'une petite femme noire, [...] aussi peu stendhalienne que, par exemple, à Paris, dans le quartier de l'Europe, la rue de Parme, qui ressemble beaucoup moins au nom de Parme qu'à toutes les rues avoisinantes, et fait moins penser à *La chartreuse* où meurt Fabrice qu'à la salle des pas perdus de la gare Saint-Lazare. (*RTP* II, p. 719)

Carrefour de représentations, le nom de Parme devient donc un lieu qui condense en les opposant une ville idéale et le Paris familier, de sublimes personnages de roman et une vraie princesse décevante, un souvenir de lecture explicite (*La chartreuse de Parme*) et un autre qui hante peut-être le texte sans être nommé (*Cratyle*).

S'empresser d'établir un lien entre la *Chartreuse* infernale et paradisiaque où s'accomplit le destin du héros de Stendhal et la prison utérine risquerait de fermer le sens là où il se dilate au contraire. Si *La chartreuse* [*de Parme*] est un livre enivrant, le seul mot *chartreuse*, en langage onirique, parle aussi de liqueur et de religieuse, et autant qu'une femme cloîtrée, une *religieuse* est une pâtisserie, ce qui nous ramène sans trop d'effort du côté de la *madeleine* « sous son plissage sévère et dévot » (*RTP* I, p. 46). Et que dire du mot « Parme » effacé, retiré du titre abrégé par Proust, mais dont la trace continue à diffuser sa présence en suscitant potentiellement d'autres associations ? Moins délicats que l'aérienne pâtisserie si précieusement décrite, le *parmesan* et le *jambon de Parme* qui se laissent deviner sous l'écran de « compact », répandent une odeur autrement animale que celle des violettes et des infusions de thé ou de tilleul. Ce ne sont pas seulement les grâces de la laitière baignée de rose par le soleil levant, aperçue sur le quai de la gare en route vers Balbec, ni celles, imaginées, des paysannes de Roussainville, qui dynamisent les représentations, mais l'écho du corps à corps entre un fœtus anonyme et un lieu « quelconque », qui ne s'appelle pas encore *maman*. De ce lieu nourricier, intime, étrange et féroce, le poète sait témoigner sans le trahir ni en dévoiler le nom : se frayant après coup un passage à travers les mots et les silences qui en masquent d'autres, il le décrira efficacement « compact, lisse, mauve et doux ».

Il va sans dire que chacune de ces représentations, qui finit par se perdre en ses échos, se ramifie en plusieurs autres dont on pourrait retrouver la trace soit dans le texte ou les avant-textes, soit dans quelques bribes de l'histoire de l'auteur, voire dans les associations des lecteurs. Nous aurions ici une illustration du processus de surdétermination, probablement à l'œuvre dans tout texte littéraire, mais particulièrement intéressant à observer chez Proust. D'un nom de lieu qui vient s'amalgamer à un nom de personne, créant ainsi un espace comme vidé par un trop-plein de significations, passons à l'exploration du nom d'Albertine.

La « petite Simonet » avec un seul *n*

Si les noms de Parme ou de Balbec, de Gilberte ou de Guermantes paraissent dans *La recherche* précédés d'une aura de poésie qui ira se dissipant, celui d'Albertine se construit à l'inverse, d'abord par l'aplatissement de son patronyme.

> Je ne savais guère ce qu'était Albertine Simonet. Elle ignorait certes ce qu'elle devait être un jour pour moi. Même ce nom de Simonet que j'avais déjà entendu sur la plage, si on m'avait demandé de l'écrire je l'aurais orthographié avec deux n, ne me doutant pas de l'importance que cette famille attachait à n'en posséder qu'un seul. Au fur et à mesure que l'on descend dans l'échelle sociale, le snobisme s'accroche à des riens... (*RTP* II, p. 200)

Le héros, qui avoue avoir l'habitude de prendre volontiers « pour des princes des fils de boutiquiers montant à cheval » (*RTP* II, p. 200), avait spontanément situé Albertine et ses amies dans « le milieu interlope [...] d'une petite bourgeoisie fort riche », justement d'un « genre » à lui déplaire puisque ces personnes seraient à ses yeux sans le mystère qu'il prête aux aristocrates. La beauté du corps de ces roturières est cependant admirable et tout le mérite en revient à leurs pères, magiquement transformés en *artistes*: « Les vieux bourgeois avares d'où étaient issues ces Dianes et ces nymphes me semblaient les plus grands statuaires. » (*RTP* II, p. 200)

Or nous savons très bien que la figure des parents n'existe que par ouï-dire pour Albertine, qui est orpheline, pauvre et de plus élevée par une « tante », qui est en réalité une amie au nom de fée villageoise, Madame Bontemps. Les origines incertaines des Simonet ont beau être âprement défendues dans les salons où se perpétue la tradition bourgeoise la plus étriquée : « Comment, c'est tout ce qu'il y a de mieux, ce sont des Simonet avec un seul *n* ! » (*RTP* II, p. 289), l'insistance du narrateur à faire tenir le mérite de cette famille à l'économie d'une consonne ne fait que stigmatiser le ridicule du snobisme ambiant. Ce motif de la consonne en trop ou en moins est repris un peu plus loin sous un mode ironique. Mine de rien, le narrateur parle alors de ces « femmes peu cultivées » qui épousent « un homme fort lettré » et qui reçoivent de lui, comme en dot, un trésor d'expressions nouvelles qui les transforment peu à peu. On reconnaît l'accomplissement de leur métamorphose « à ce qu'elles mettent deux *l* au mot intelligente » (*RTP* II, p. 653). Ajoutons qu'un trait d'ironie involontaire viendra compléter la fiche *Simonet*: les correcteurs de chez Gallimard laisseront répétitivement passer la coquille *Simonin* au lieu de *Simonet* au cours de la relecture des épreuves, erreur également commise par Proust lui-même (*RTP* II, p. 1440).

Il y a pourtant plus que vanité superficielle dans la susceptibilité à l'orthographe d'un nom. Inconscient, le préjugé puise sa force dans l'amnésie des individus, eux-mêmes emportés par la légende familiale qui les anéantit en les structurant. Voici la réflexion que le nom *Simonnet*, cette fois-ci épelé avec deux n, inspire au narrateur :

> La haine que nous portons aux autres Simonnet est d'autant plus forte *qu'elle n'est pas individuelle, mais se transmet héréditairement.* Au bout de deux générations on se souvient seulement de la moue insultante que les grands-parents avaient à l'égard des autres Simonnet ; on ignore la cause ; on ne serait pas étonné d'apprendre que cela a commencé par un assassinat. Jusqu'au jour fréquent où, entre une Simonnet et un Simonnet qui ne sont pas parents du tout, cela finit par un mariage. (*RTP* II, p. 664 ; je souligne.)

Mariage entre hommes et femmes du même nom, mais qui ne commettraient pas d'inceste parce qu'ils ne se croient pas ou plus apparentés, spectre d'un assassinat, l'histoire des familles est à la fois incertaine, sombre et contraignante. Le héros en tire une loi générale, lui-même partie prenante d'un phénomène qui n'affecte pas seulement la famille Simonnet ou Simonet, mais témoigne du fonctionnement universel de l'*hérédité psychique*, au sens précis que Silvio Fanti donne à ce terme en micropsychanalyse [15]. De loin s'esquissent certains traits de l'Image qui composeront finalement la figure de l'héroïne.

Cette façon de présenter péjorativement l'appartenance sociale d'Albertine marque un changement par rapport à une version antérieure dans laquelle l'ébauche du personnage est supposée de la noblesse, même si elle est simplement appelée « la petite Boucteau » ou « Bouqueteau », l'orthographe de ce dernier mot permettant des associations avec *bouquet* et *boqueteau*, et ces mots réunis pourraient faire surgir l'image du petit bois, hanté par le souvenir des aubépines, où a lieu la mise en scène œdipienne du jeu de furet (*RTP* II, p. 271). À ce jeu de société que semblent maîtriser Albertine et ses amies, le héros se montre inapte à devenir le vainqueur. Il y aurait là plusieurs points à élucider, en particulier l'insolite résolution de la scène par une interpellation aux aubépines, qui *distingue* Gilberte des plantes [16] et par là

15. « Grâce à l'Image, l'hérédité idéenne et la phylogénèse sont un vécu énergétique doté de la même actualité que l'ontogénèse. *L'Image nous fait vivre en permanence nos milliards d'ancêtres qui nous font vivre en permanence.* Contenant énergétique des grandes étapes du développement de l'homme, l'Image est un condensé de l'histoire idéenne pulsionnelle des besoins-désirs qui alimentent le rêve et, par lui, les répétitions agressives-sexuelles de tous de toujours. Ainsi en attestent les fantasmes originaires, qu'on les ramène ou non à la théorie de la horde primitive. En résumé : dans sa relation au ça entendu comme réservoir de l'hérédité idéenne se diversifiant en psychique-somatique et comme révélateur énergétique du fonctionnement co-pulsionnel, non seulement l'Image et son organisation génétique structurent l'inconscient, mais l'interdépendance dynamique de ses trois niveaux constitue ce que j'appelle l'*hérédité psychique.* » Silvio Fanti, *Dictionnaire pratique de la psychanalyse et de la micropsychanalyse*, Paris, Buchet/Chastel, 1983, p. 155. Je souligne.

16. « Et pourtant, comme Gilberte avait été mon premier amour pour une jeune fille, elles [les aubépines] avaient été mon premier amour pour une fleur. » (*RTP* II, p. 275).

d'Albertine qui, elle, continue à faire partie du bouquet des jeunes filles en fleurs (*RTP* II, p. 275). Heureux hasard ou intention de Proust, il est à peine étonnant de trouver au dictionnaire que l'*albertine* désigne une variété d'anémones [17]. Pour le moment, retenons que Proust avait d'abord imaginé une valorisation sociale de son personnage, sur le modèle de l'introduction du nom de Guermantes et qu'il y a renoncé. Dans ce scénario abandonné, le héros, lui-même affligé du snobisme qu'il projettera finalement sur la famille d'Albertine, comptait sur la médiation de Robert de Saint-Loup (*RTP* II, p. 961) pour accéder à cette jeune fille supposée d'un rang supérieur au sien.

Mais revenons au scénario finalement retenu. Le contexte de l'introduction du nom d'Albertine Simonet ne fera qu'accentuer ce premier effet de désenchantement, qui fait plutôt penser au mouvement amorcé par la déception devant les arbres du *Temps retrouvé* (un *boqueteau*?) qu'à l'enchantement de la rêverie sur les noms de Parme ou de Guermantes, à l'époque de Combray. L'embellissement d'Albertine n'aura lieu qu'en après-coup, reconstruction et réparation de la figure maternelle profanée, mais surtout tentative d'apprivoiser l'Image. Rappelons que c'est Elstir qui identifie Albertine Simonet après l'avoir distinguée des autres jeunes filles aperçues sur la plage et que la scène a lieu dans son atelier. Tandis que le peintre monologue sur la botanique, thème qui prendra plus tard l'importance que l'on sait à propos de la fécondation des fleurs, le héros, qui entend ce discours sans l'écouter, fixe le tableau qui représente *Miss Sacripant*, dont il apprendra bientôt qu'elle est Odette, la scandaleuse *Dame en rose* de son enfance, image de *Madeleine* pécheresse [18] jamais repentie, mère de Gilberte et grand-mère de Mademoiselle de Saint-Loup, ultime rejeton de la lignée Swann. Ces détails ont leur importance puisque Gilberte est elle-même le double évanescent d'Albertine, la première étant incarnée dans une généalogie ascendante et descendante et l'autre demeurant *flottante*, non seulement sans famille et « poutana » (*RTP* IV, p. 401), comme l'appelle Françoise en son patois, mais d'un sexe indécis, voire même d'une appartenance à des règnes antérieurs à l'être humain.

Toujours dans la même scène, le héros rencontre aussi la femme d'Elstir, la « belle Gabrielle », au nom d'archange de l'Annonciation, qu'il trouve *laide et vieille*, bien que l'artiste en ait fait sa muse, idée qui finit par transformer la laideur du modèle en beauté palpable et comestible, même aux yeux du narrateur qui voit en elle « une créature immatérielle, un portrait d'Elstir » (*RTP* II, p. 206), mais surtout une extériorisation littéralement divinisée de ce qui n'est pas ou n'est plus l'artiste :

---

17. Cette intéressante observation est signalée par Yves Baudelle, *Sémiotique de l'onomastique romanesque*, thèse dactylographiée de l'Université de Lille, 1989, p. 243.
18. Ce lien avait d'abord été fait par Michel Butor, dans « Les sept femmes de Gilbert le mauvais », *Répertoire IV*, Paris, Minuit, 1974, p. 314. Pour une lecture génétique des noms d'Odette, voir l'analyse très rigoureuse de Françoise Leriche, « Louisa/Sonia, Wanda, Anna, Madeleine, Carmen, Odette, Suzanne. Les avatars d'un personnage du Contre Sainte-Beuve au « Manuscrit Cortot » : transformations génétiques et stratégie mondaine » *Bulletin d'informations proustiennes*, n° 19, 1988, p. 59-83.

> Quel repos, d'ailleurs, de poser ses lèvres sur ce Beau que jusqu'ici il fallait avec tant de peine extraire de soi, et qui maintenant mystérieusement incarné s'offrait à lui pour une suite de communions efficaces! (*RTP* II, p. 206).

Outre l'intérêt de sa facette platonicienne, le personnage de Gabrielle, aussi fécondant pour l'œuvre d'Elstir que la madeleine pour celle du narrateur, permet d'illustrer en une parfaite condensation prémonitoire le rapprochement entre Albertine et la grand-mère, rapprochement déjà esquissé dans la mise en scène de leur présence simultanée sur la digue, mais qui se révélera finalement à travers un récit de rêve.

Élaboration du mystère d'Albertine

Si la «petite Simonet» manque de mystère aux yeux du narrateur qui la voit belle, certes, mais snob et vulgaire jusque dans les expressions prétendument recherchées qu'elle emploie, il en va tout autrement d'Albertine, qui se transforme peu à peu en objet sacré. Son étrangeté ira croissant. Plus que ses mensonges, plus que l'ambiguïté de son orientation sexuelle, son silence provoquera les délires du héros et c'est sa *disparition* dans le sommeil puis la mort qui le fascinera ultimement. Loin de s'inscrire dans une rêverie sur le nom, la métamorphose du personnage semble s'accomplir à la mesure de sa dépersonnalisation:

> Pour être exact, [...] je devrais donner un nom différent à chacune de ces Albertine qui apparaissaient devant moi, jamais la même, comme — appelées simplement par moi pour plus de commodité la mer — ces mers qui se succédaient et devant lesquelles, autre nymphe, elle se détachait. (*RTP* II, p. 299).

N'insistons pas sur la prégnance de «la mer» puis de «ces mers qui se succédaient»: le texte dit bien tout ce qu'il donne à entendre.

Manifestement, le nom d'Albertine a pourtant de solides ancrages dans une foule de référents qui ont été clairement identifiés par plusieurs critiques dont les découvertes sur ce point semblent unanimes. Certaines ramifications s'irradient dans l'œuvre jusqu'à l'englober, d'autres plongent dans le biographique, révélant surtout sa part d'inconnaissable à travers le superficiellement signifiant, cela que nous pourrions appeler, suivant la touchante expression de Lautréamont, «le puéril revers des choses». Passons donc rapidement sur les rapprochements connus entre le nom d'Albertine et ceux d'Albert Nahimas (père et fils) et d'Alfred Agostinelli, ce dernier ayant en effet joué après sa mort un rôle de catalyseur dans l'élaboration du personnage d'Albertine. D'autres observations seraient à mon avis plus pertinentes et révélatrices de la méthode proustienne de transmutation des faits biographiques, par exemple celle qu'a faite Antoine Compagnon à propos du rôle du récit de rêve comme médiateur entre les noms réels et les noms fictifs dans les carnets [19].

---

19. Antoine Compagnon, «Disproportion de Proust: les carnets de *La recherche*», *Carnets d'écrivains*, Paris, éditions du CNRS, 1990, p. 156.

Génétiquement, le nom d'Albertine surgit tardivement en 1913 [20], en remplacement de Maria, sur lequel il serait inutile d'insister pour en souligner l'empreinte religieuse. Enrichi, embelli, le sème de Maria survivra d'ailleurs dans la version finale sous le nom d'Alix de Stermaria, personnage marginal qui n'est pas sans affinité avec Albertine [21], entre autres par l'identité des initiales de leurs noms. Et nous pourrions aussi parler d'une Mademoiselle Floriot, d'une Simone et d'une Gisèle, autre que celle de la version finale, qui est le masque d'Albertine dans l'extrait « La regarder dormir », publié en 1922 dans la *Nouvelle Revue française*, texte qui deviendra le dernier publié du vivant de Proust, en quelque sorte son testament. Enfin, soulignons encore une fois la parenté, relevée par tous les critiques, entre Gilberte et Albertine, en particulier à travers la répétition de la syllabe *ber*, qui résonne dans toute l'onomastique proustienne (Bergotte, Berma, Gilbert le Mauvais, Robert de Saint-Loup...). Cette syllabe aurait même son écho dans le nom de la grand-mère maternelle de l'auteur, Adèle Berncastel [22], et sans doute n'est-il pas nécessaire d'avoir entendu sa propre grand-mère appeler un *ber* ce qu'en France on appelle un *berceau*, pour reconnaître, comme Alain Buisine l'a déjà très bien fait, le « *ber* [proustien] comme syllabe souterraine et fondatrice, comme cellule matricielle et maternelle, comme source matronymique de l'onomastique [dans *La recherche*] [23] ». Nous reviendrons sur ce dernier point puisque l'interprétation d'Alain Buisine, si pertinente soit-elle pour la compréhension d'ensemble de l'onomastique proustienne, ne tient pas assez compte du pôle paternel représenté par Swann.

Au delà des noms d'Albertine vient le cortège des représentations de son corps, les unes exaltant sa transmutation idéalisée comme dans la scène du « diabolo » où elle ressemble ironiquement à l'*Idolâtrie* de Giotto ou bien lorsqu'elle est comparée à sainte Cécile dans la scène qui la fait voir au pianola, les autres révélant son corps en ce qu'il a de sensuel, de précis et d'indéfini à la fois : ses grosses joues roses, ses petits seins, ses jambes de sportive, sa nudité de garçon manqué, sa beauté énigmatique sous les plis des manteaux de Fortuny. Ces diverses représentations se concentrent dans la mise en scène de son sommeil où elle paraît se dépouiller de toute apparence de femme vivante pour devenir une plante, une pierre, un paysage, la déesse du temps, une gisante du Moyen Âge attendant une hypothétique résurrection (*RTP* III, p. 862). Sur ce thème, Jean-Pierre Richard a bien mon-

---

20. Bernard Brun, « Le maschere di Albertine nei Cahiers inediti » dans *Aut, aut*, n°s 193-194, janvier-avril 1983, p. 3-15.
21. Voir à ce sujet l'analyse génétique d'Enid Marantz, « L'infini, l'inachevé et la clôture dans l'écriture proustienne ; le cas de Mlle de Stermaria » dans « L'infini, l'inachevé », *Études françaises*, vol. XXX, n° 1, été 1994, p. 41-58.
22. À ma connaissance, Jean Milly est le premier à avoir fait l'hypothèse de ce rapprochement entre Albertine et la grand-mère de l'auteur. Cette observation, reprise par d'autres critiques, me paraît plus déterminante que le rôle manifestement joué par Alfred Agostinelli dans l'élaboration du personnage d'Albertine.
23. Alain Buisine, « Matronymies » dans « Des noms et des corps », *Littérature*, mai 1984, p. 62.

tré l'effet de « condensation, quelquefois lui-même exaspéré en saturation, ou structuré en cristallisation » qui s'attache au personnage d'Albertine comme « signifiant-pivot », tout particulièrement dans l'image qui la fait voir, suivant l'expression de Proust, « [...] *comme une pierre autour de laquelle il a neigé*, [...] le centre générateur d'une immense construction qui passait par le plan de mon cœur[24] » (*RTP* IV, p. 22). Dans le contexte où elle surgit, l'image d'Albertine cristallisée en neige est particulièrement inattendue puisqu'elle succède à l'examen d'une *photo* d'elle, photo que le narrateur vient de présenter à Saint-Loup et qui est tacitement jugée décevante.

Du « jeu de l'Alphabet » à l'innommable des noms proustiens

Interrogeons maintenant ce « jeu de l'Alphabet » auquel Proust fait allusion dans ses brouillons et qui est aussi le titre bien connu d'un article de Serge Gaubert sur l'onomastique proustienne. Ce sera notre point de départ pour rejoindre l'Image, aussi difficile à reconnaître dans la pluralité des noms qu'elle porte que la fonction poétique à définir. Au jeu de l'Alphabet, chaque lettre est sculptée individuellement plutôt que représentée à la façon d'un signe imprimé. Comme au *scrabble*, il s'agit de former des mots à partir de lettres choisies au hasard. Les combinaisons possibles sont multiples, mais certainement limitées. Voyons par exemple cette note dans laquelle Proust hésite sur la stratégie qu'il adoptera pour marquer le passage de Gilberte à Albertine :

> CAPITAL. Pour Mlle Bouqueteau ou bien pour la f[emme] de ch[ambre] de M[adam]e Putbus se préparer que la chaîne aille de Gilberte à Albertine ou bien d'Albertine à la femme de chambre de M[adam]e Putbus ; je dirai [...] c'est ainsi que les lettres du nom de la femme que j'allais aimer m'avaient été fournies, comme dans ce jeu où on puise dans un alphabet en bois, par la femme que j'avais tant aimée. Une chaîne circule à travers notre vie, reliant ce qui est déjà mort à ce qui est en pleine vie [...][25].

Il y a donc une intention marquée par l'auteur à faire d'Albertine un nom *carrefour*. Or c'est justement ce qu'il réussira, mais d'une façon beaucoup plus complexe que dans la note de régie que nous venons de lire. Soulignons à ce propos que Proust semble toujours demeurer conscient de son processus de création. « Ce que je fais, je l'ignore ; mais je sais ce que je veux faire ; je ne m'attache qu'à ce qui me semble déceler quelque loi générale. » (*RTP*, IV, p. 1314) Pour saisir la portée de ce déplacement de Gilberte à Albertine, qui embraye la fin de *La recherche*, revenons un instant sur le héros, anonyme ou presque, ce qui nous permettra d'examiner l'hypothèse de Serge Gaubert, qui explique le fonctionnement du jeu de l'Alphabet par la disparition des

---

24. Cité par Jean-Pierre Richard, qui souligne et commente dans *Proust et le monde sensible*, Paris, Seuil, coll. « Poétique », 1974, p. 149.
25. Note tirée du *Carnet 3*, d'après la transcription de Bernard Brun dans « Le maschere di Albertine », *op. cit.*, p. 13.

lettres du nom du narrateur au profit de leur réapparition dans ses créatures. « Il serait donc normal, dit-il, qu'on trouve les mêmes lettres dans le nom de plusieurs personnages à la fois "parents" entre eux et "parents" du narrateur[26]. » Voilà ce qui paraît relativement facile à démontrer, à condition d'imaginer que le narrateur s'appelle Marcel Proust.

Mais que faire de *Marcel*, qui paraît se trouver dans la version finale plus ou moins fortuitement[27] ? Rappelons que c'est bien ce «petit nom», rien d'autre, qui est explicitement proféré par Albertine, après l'avoir été par Gilberte, événement exceptionnel qui avait alors donné au narrateur l'impression d'avoir été tenu tout entier dans la bouche de sa première amie. Là-dessus, l'hypothèse d'Alain Roger me paraît éclairante. De *Marcel*, il fait un « inducteur anonyme, celui qui chaque fois et inlassablement, " embraye " les séries, mais Proust n'a pas voulu que cela fût visible[28] ». D'où le rôle primordial qu'il donnera à Swann dans l'histoire de l'engendrement de l'œuvre :

> En somme, si j'y réfléchissais, la matière de mon expérience, laquelle serait la matière de mon livre, me venait de Swann, non pas seulement par tout ce qui le concernait lui-même et Gilberte. Mais c'était lui qui m'avait dès Combray donné le désir d'aller à Balbec, où sans cela mes parents n'eussent jamais eu l'idée de m'envoyer, et sans quoi je n'aurais pas connu Albertine [...]. Pédoncule un peu mince peut-être, pour supporter ainsi l'étendue de toute ma vie (le « côté de Guermantes » s'étant trouvé en ce sens ainsi procéder du « côté de chez Swann »). (*RTP* IV, p. 493)

Père incertain de Gilberte, Swann devient, par hasard mais très sûrement, le suprême médiateur du livre, son fragile et résistant «pédoncule». Bref, tout se passe comme s'il y avait un vide synaptique entre le héros et l'auteur, entre Gilberte et Albertine, entre le narrateur et son œuvre qu'incarne Albertine, entre les créateurs évanescents que sont Swann et le narrateur triomphant prénommé Marcel.

Peut-être le nom de Mademoiselle de Saint-Loup, tout enclos dans un patronyme fictif, mais aux harmoniques plus ambiguës, à qui le narrateur va demander très explicitement d'être le «succédané» d'Albertine (*RTP* IV, p. 608) et le « carrefour » de sa vie, est-il le chaînon manquant, non seulement entre les personnages, mais entre l'auteur et sa création ?

---

26. Serge Gaubert, «Le jeu de l'Alphabet», *Recherche de Proust*, Paris, Seuil, coll. «Points», 1980, p. 68.
27. À vrai dire, le prénom du narrateur tient une place bien légère à côté de l'ampleur de la présence du pronom «je» qui structure le récit. Or, comme vient de le démontrer à nouveau Marie-Noëlle Gary-Prieur, le «je» fait partie de ces « embrayeurs qui partagent avec le nom propre la propriété d'être ce que Jakobson a appelé des "structures doubles" ». À propos des embrayeurs aussi, on a débattu de la question du sens : *je* est-il un « signe vide » ou « un signe qui change constamment de sens » ? Aucune des deux idées n'est très satisfaisante, et on admet généralement que *je* a un sens défini dans la langue et réactualisé dans chaque énoncé où il paraît. » Marie-Noëlle Gary-Prieur, *Grammaire du nom propre*, Paris, Presses universitaires de France, 1994, p. 12.
28. Alain Roger, *op.cit.*, p. 173.

> Comme la plupart des êtres, d'ailleurs, n'était-elle pas comme sont dans les forêts les « étoiles » des carrefours où viennent converger des routes venues, pour notre vie aussi, des points les plus différents ? Elles étaient nombreuses pour moi, celles qui aboutissaient à Mlle de Saint-Loup et qui rayonnaient autour d'elle... (*RTP* IV, p. 606)

Suit une longue généalogie des personnages, qui les situe les uns par rapport aux autres dans l'histoire de leur engendrement et suivant leur appartenance aux côtés de Swann et de Guermantes. Ici, aucune hésitation sur le rôle de Swann : dans la généalogie inscrite dans le récit du narrateur, c'est lui, et lui seul, le père de Gilberte, le grand-père de Mlle de Saint-Loup et l'inspirateur de l'œuvre. Sur ce point, l'interprétation d'Alain Roger viendrait nuancer plutôt que contredire la lecture « matronymique » d'Alain Buisine, dont j'ai parlé précédemment.

Le fantôme d'Albertine et le héros participent à la dynamique de ce mouvement, et pourtant ils n'y sont inscrits qu'à titre de témoins, l'un écrivant l'histoire, l'autre la suscitant comme image idéale de l'œuvre, mais aussi comme destinataire exigeant. Quant au mot « loup », qui hante les contes pour enfants, voir au dictionnaire le trésor de ses significations : « mammifère carnivore », « poisson de la Méditerranée », « masque ou demi-masque de velours noir », puis ressasser les souvenirs biographiques en cette appellation, tout embuée d'affection maternelle, « mon loup », qui est bien le pseudonyme de Marcel Proust à l'âge où il ne s'appelait encore que Marcel. Quel loup de mer, pourrait-on dire familièrement de ce narrateur prénommé Marcel et devenu Proust contre vents et marées ! Sinon un « saint », certainement un héros.

Le « saint » de Saint-Loup, déplacé puis associé aux noms Simonet, Simonnet ou Simonin, nous rapproche de *Saint-Simon*, référence explicitement enchâssée dans la fiction, ces deux noms, Saint-Loup (l'ami bien-aimé : un frère ?) et Saint-Simon (le modèle vénéré : un père ?), soulignant ensemble le rapport très explicite de *La recherche* avec les livres formateurs qu'auront été, tels des ancêtres obsédants, les *Mémoires* de Saint-Simon et les contes des *Mille et une nuits*[29]. On sait que Proust a puisé abondamment dans l'onomastique de Saint-Simon, laquelle avait un caractère *historique*. Ce relais par les *Mémoires* confirmerait une fois de plus que, dans *La recherche*, l'archéologie des lectures rejoint celle des souvenirs.

Explorer l'onomastique d'un roman, c'est parler de filiations, de génétique textuelle, de surdétermination, d'intertextualité, voire d'étymologie, comme le fait parodiquement Brichot dans ses élucubrations savantes sur les

29. En soulignant l'importance de Swann, ce que dit à ce propos Dominique Jullien me paraît essentiel. « Swann apparaît donc comme le porteur des deux livres modèles, mais d'une façon inconsciente et voilée. Il leur désigne également des territoires de l'expérience, que l'œuvre future explorera : les *Mémoires* de Saint-Simon serviront d'étalon à l'expérience de la mondanité ; les *Mille et une nuits* seront l'image de l'enfance et de ses magies. », *Proust et ses modèles*, Paris, José Corti, 1989, p. 35.

noms de lieux[30]. C'est aussi accepter de jouer avec les mots à la recherche d'une pluralité de sens, qui parfois semblent illuminer un nom, parfois le rendre plus énigmatique encore.

De même que la *madeleine*, sensuelle et familière, est un premier écran, ainsi Albertine Simonet aux mille facettes pourrait être l'ultime écran auquel s'affrontent le héros et l'auteur. La résonance de son nom a surtout ses échos dans la dernière partie de *La recherche*, celle qui risque d'être détruite par l'intervention du créateur qui voudrait la recommencer : on sait les bouleversements de son œuvre que Proust avait imaginés lorsqu'il a été surpris par la mort. Subrepticement, Albertine Simonet s'immisce jusque dans l'intimité de ce narrateur presque effacé qui, rêvant de son nom à elle, pense au nom (maman ?, mon Dieu ?) qui nous vient à l'esprit en sortant du sommeil ou d'un évanouissement, « presque avant le mot " je ", dit-il, comme si l'être qu'il nomme était plus nous que nous-même » (*RTP* II, p. 159). Quel rapport entre Albertine endormie et la grand-mère des souvenirs et des rêves, l'effondrement du nom de Parme devant l'apparition d'une « petite femme noire », héritière d'un nom de famille étranger à son apparence physique, et les hallucinations de Proust mourant, se croyant poursuivi par une « grosse femme noire », spectre grotesquement maternel que Céleste Albaret lui promet de chasser de sa chambre ? Quel rapport entre ces représentations et le fonctionnement de l'onomastique ?

L'« inquiétante étrangeté » d'Albertine n'a évidemment rien à voir avec le fantastique, mais avec la mémoire et l'oubli des *traces du réel* qui subsistent dans le personnage fictif qu'elle est, indicible témoignage de la mémoire cellulaire du créateur. En présence de cette incarnation de la Beauté qui, telle la muse d'Elstir, semble avoir été délivrée de l'empreinte de la mort, l'œuvre à faire, puis à refaire, s'impose comme une réparation à une profanation de plus en plus explicite des images maternelles. Même s'il fallait d'abord lire comme une valorisation du personnage d'Albertine le fait que le narrateur l'aperçoive une première fois en présence de sa grand-mère bien-aimée, le contexte assombrit cette interprétation en faisant planer sur la grâce des filles l'*ombre effrayante* de leur mère et de leur grand-mère. Dans le portrait idéalisé des jeunes filles de Balbec, il y a déjà la programmation non seulement du corps enlaidi, spectral ou effacé de leurs aïeules, mais la catastrophique répétition des préjugés ancestraux (*RTP* II, p. 245). Comme écrivain, le narrateur a bel et bien réussi le récit de la mort de sa grand-mère qu'il fait voir touchante et torturée mais aussi effrayante en Méduse au regard potentiellement pétrifiant. Est-ce pour cela qu'il recrée une Albertine apaisée, endormie, disparue, qui ne ment plus, qui n'exige rien et surtout qui n'a pas d'yeux pour le juger ? L'Image serait-elle enfin apprivoisée ? Certainement pas. À la fois anonyme et trop présente en ses noms innombrables, Albertine ne répond pas, ne dialogue pas, mais continue d'exiger, à la façon d'un Surmoi, que l'œuvre se poursuive.

30. *RTP* III, p. 280-284.

La parodie du nom propre dans les récits de Bataille

Claude Lévesque
Université de Montréal

L'anonymat n'est pas un simple paravent, pour Bataille, une dissimulation provisoire préservant l'intégrité d'une identité ou d'une intimité contre les attaques du dehors. Loin de tendre vers une maîtrise de soi, une intériorisation ou une idéalisation, la pensée, selon lui, est essentiellement ouverture sur le dehors, sur l'étrangeté irréductible du monde et de soi. Son mouvement le plus profond est la dérive hors de soi, l'éclatement, l'extravagance, la dissémination de toute identité et de tout propre. À plusieurs reprises, Bataille avoue qu'il écrit pour effacer son nom, comme si, dans l'effacement du nom propre, de l'identité fixe, permanente, qu'il prête à son porteur, il lui était donné de rejoindre de quelque manière le murmure anonyme de l'être et du langage, le sans-nom auquel nous appartenons, et qui, mystérieusement, nous hante, nous habite et nous attire irrésistiblement au delà de nos possibilités et de nos limites personnelles.

> Le moi n'importe en rien. Pour un lecteur, je suis l'être quelconque : nom, identité, historique n'y changent rien. Il (lecteur) est quelconque et je (l'auteur) le suis. Il et je sommes sans nom sortis du.....sans-nom, pour ce.....sans-nom comme sont pour le désert deux grains de sable, ou plutôt pour une mer deux vagues se perdant dans les vagues voisines. Le.....sans-nom auquel appartient la « personnalité connue » du monde du etc., auquel elle appartient si totalement qu'elle l'ignore. [...] Joie inerte de mourant, de désert, chute dans l'impossible, cri sans résonance, silence d'accident mortel [1].

L'anonymat équivaut en quelque sorte au sacrifice du nom propre, à sa destruction rituelle, à la communication impossible avec le sans-nom, au « cri sans résonance ».

Le sacrifice pour Bataille ne vaut pas seulement pour le rite où une victime est détruite dans une enceinte sacrée, mais pour toute représentation, récit ou fiction, où le héros principal court à sa perte, succombe et se perd avec sa victime, le sacrificateur étant lui-même touché par le coup qu'il frappe. Bataille rejoint ici Blanchot [2] qui nous rappelle que

---

1. Georges Bataille, *L'expérience intérieure*, *Œuvres complètes*, Paris, Gallimard, 1973 à 1988, tome V, p. 64-65. Toutes les citations renvoient à cette édition et les titres sont donnés en abrégé.
2. Maurice Blanchot, *L'espace littéraire*, Paris, Gallimard, coll. « Idées », 1955, p. 206.

> parler poétiquement et disparaître appartiennent à la profondeur d'un même mouvement, que celui qui chante doit se mettre tout entier en jeu et, à la fin, périr, car il ne parle que lorsque l'approche anticipée de la mort, la séparation devancée, l'adieu donné par avance effacent en lui la fausse certitude de l'être, dissipent les sécurités protectrices, le livrent à une insécurité illimitée.

Ainsi l'homme appartient à ce qui est au delà du langage, à l'innommable, à la nuit sans phrase et à la mort antécédente qui, par la distance infinie qu'elle inaugure, rend possibles le langage et la signification. En lui-même et essentiellement, l'homme se situe à la limite, étant à la fois en deçà de la limite, du côté du possible ou du sens, mais aussi au delà, du côté du non-sens, en chute dans l'impossible, où règne le silence terrifiant de la mort. « L'homme est si bien à la mesure de la mort, que, loin de succomber à l'effroi, c'est la vision d'effroi qui le délivre. » (*EI*, t. V, p. 272) Le besoin de perdre et de se perdre, de traverser toutes ces frontières qui nous isolent, nous renferment dans un quant-à-soi stérile, est « la vérité la plus intime, et la plus lointaine, vérité ardente, mouvementée » (*EI*, t. V, p. 271).

Seule l'écriture de la fiction ou de la poésie, comme désécriture, destruction de toute fixité, de toute univocité, permet d'ouvrir le langage à ce mouvement de rupture, de dépossession, de jouissance mortelle qui l'habite et l'engage dans un glissement insensé, une dépense lexicale et syntaxique sans mesure.

> Le langage manque, parce que le langage est fait de propositions qui font intervenir des identités et à partir du moment où, du fait du trop-plein de sommes à dépenser, on est obligé de ne plus dépenser pour le gain, mais de dépenser pour dépenser, on ne peut plus se tenir sur le plan de l'identité? (*Sur Nietszche*, t. VI, p. 350)

Une telle écriture qui déconstruit tout propre, tout ce qui est indivisible et décidable, communique avec l'innommable, avec le sacré, le sans-nom du sacré. Cette communication, toutefois, n'est pas fusion, qui ferait appel à la présence pleine dans l'unité et la proximité, mais fascination et répulsion à la fois, proximité et distance, destruction et absence, tirant la chaise, selon l'expression de Bataille, à l'objet comme au sujet. On ne peut s'approcher froidement, objectivement, d'un tel objet — qui n'en est pas un : le seul fait de l'atteindre si peu que ce soit altère le sujet au contraire, le déchire, le brûle et l'aveugle. En vérité, ce qui est « communiqué », c'est une déchirure, une perte fulgurante et féconde qui ruine en moi « ce qui s'oppose à la ruine » (*EI*, t. V, p. 138). Bref, cette communication ne communique rien, elle est si excessive qu'elle excède la communication d'un sens, d'une vérité, se donnant plutôt comme passion du non-savoir, docte ignorance, chute dans le vide, « et rien, ni dans la chute ni dans le vide n'est révélé, car la révélation du vide n'est qu'un moyen de tomber plus avant dans l'absence » (*EI*, t. V, p. 66). Une telle communication qui se vide de toute communication fraie avec l'abîme, non sans terreur et angoisse, mais sans y sombrer : se déployant dans l'espace de l'absence, elle est pure jouissance sans nom de ce qui échappe à toute emprise et à toute maîtrise.

Dans ses multiples projets de préface à *Madame Edwarda* (*ME*) Bataille dénonce l'incapacité du langage à dire l'impossible, sinon peut-être à travers une écriture qui se sait inadéquate et impropre, une écriture qui écrit en s'empêchant d'écrire, se rature constamment, se contredit sans vergogne, se réfute, en somme, de manière permanente, inscrivant dans le langage de la possibilité et du sens, le non-sens et l'impossibilité qui le déstabilisent, l'ouvre sur le fascinant lointain.

> Qu'afin de s'efforcer d'atteindre au plus profond, il existe un autre langage, nous en devons douter. Ainsi n'avons-nous jamais trouvé les mots qui éclairent le monde en deux parties égales, merveilleux et nauséabond de la volupté et de la mort, jamais les mots n'avaient la force fulgurante, jamais ils n'avaient la saleté qui suffise. Nous tournons autour et jamais nous n'entrons horriblement dans le saint des saints. Nous vivons en dehors de ce terrible, peut-être sur le seuil, mais sans le soupçonner. Nous ne voyons qu'alentour. (*EI*, t. V, p. 493)

Le sacré, le saint des saints, le sacrifice, l'innommable, le sans-limites, tous ces noms renvoient au divin et même à Dieu. On ne peut, en effet, s'interroger sur le statut du nom propre sans rencontrer, à un moment ou l'autre, le nom des noms, « le mot qui dépasse tous les mots, le mot *Dieu* ». Dès l'instant où nous prononçons le nom de Dieu, ajoute Bataille, « ce mot se dépassant lui-même détruit vertigineusement ses limites » (*ME*, t. III, p. 12). Le nom propre de Dieu, quel qu'il soit, ne peut être le nom sacré de Dieu, mais le nom profane du divin. Aucun nom ne peut retenir dans ses filets trop limités ce qui est sans limites. Qu'il soit propre ou commun, le nom appartient à la dimension abstraite de l'universel, qui est l'élément commun et essentiel du langage, et c'est depuis cette distance infranchissable qu'il tente de dire la singularité inexprimable du monde des choses et des êtres, vainement toutefois, puisqu'il doit rompre avec le propre et le singulier pour le viser en tant que tel dans l'universel. Le nom n'est jamais qu'une transposition hétérogène, impropre, inadéquate, qui trahit l'innommable. L'immédiat ne disparaît pas pour autant : c'est bien lui que je vise, mais à distance, en le ratant. Cet échec le maintient dans une singularité irréductible sous la garde de l'universel, qui n'en reste pas moins éloigné à l'infini.

Bataille, pourtant, a cru pouvoir prononcer authentiquement le nom de Dieu, énoncer des paroles de vérité, des paroles prophétiques sur lui, sur l'Église, sur le mal qui fait irruption en elle, dans son premier livre intitulé *Notre-Dame-de-Rheims*, qu'il a publié sous son nom patronymique en 1918, à l'âge de vingt et un ans, livre toutefois qu'il n'a jamais reconnu, dont il ne fait nulle mention de son vivant. Cette mince plaquette n'a été retrouvée que plusieurs années après sa mort, comme si, après avoir signé cette œuvre de son propre nom, il avait passé le reste de sa vie à l'effacer, à l'oublier, à le détruire, comme il le fera, d'ailleurs, de son premier récit, dix ans plus tard. Tout dans ce texte juvénile se situe aux antipodes de l'œuvre entière de Bataille : la signature d'abord, le ton lyrique, l'écriture précieuse, sublimante et homogène, la dimension moralisante, nationaliste et théologique, enfin.

Comme l'écrit Denis Hollier[3], qui nous a fait connaître ce texte, « Bataille n'écrira que pour ruiner cette cathédrale » et tout ce qu'elle symbolise, se confiant plutôt à la beauté des ruines, à la fécondité de la perte, de l'inachèvenent et de l'incomplétude. Écrire pour lui n'était possible que dans l'espace tragique et joyeux de la mort de Dieu, et donc après la destruction de toute archie, de tout fondement, de toute garantie sécurisante ; c'était écrire dans l'amour et l'horreur des ruines, ruine du nom du Père, ruine de toute intégrité, de toute identité, qu'elles soient personnelles, religieuses, sociales ou politiques. Écrire, en somme, pour apprivoiser tout ce qui nous fait le plus horreur, tout ce qui nous dépossède ou nous déstabilise, pour inscrire, de manière affirmative, la finitude en nous, et se tenir courageusement à hauteur de mort, et même aller jusqu'à aimer la mort, sa propre déchirure et sa propre absence. « Il n'est pas d'être sans fêlure, écrit Bataille, mais nous allons de la fêlure subie, de la déchirure, à la gloire (à la fêlure aimée). » (*EI*, t. V, p. 259). En dénonçant ardemment la guerre dans ce court essai, Bataille accomplit le meurtre symbolique du père, s'attaquant d'abord à tout ce que signifie le nom de ce père indigne. Il y insiste surtout lourdement sur l'impureté, le manque de foi, qui sont les véritables causes de tout le mal, de toutes les ruptures de continuité, de toutes les blessures. C'est le matérialisme contemporain, pense-t-il, qui est responsable de la destruction de la cathédrale, symbole de paix et de foi, de sorte que sa restauration ne sera possible qu'en se tournant vers la Vierge, mère de Dieu, mère de l'Église et de la France.

Quelques années avant la publication de ce livre, Bataille s'était converti au catholicisme et s'était fait baptiser à Reims, abandonnant l'attitude irréligieuse de son père à laquelle il s'était d'abord identifié. Il abandonnera cet homme aveugle et paralysé de manière beaucoup plus décisive et tragique, au moment de l'invasion allemande en août de la même année, le laissant, lui et son frère Martial (au nom doublement belliqueux) pour suivre, non sans une profonde culpabilité, une mère affolée et dépressive. « Mon père, irréligieux, écrit Louis XXX (un des pseudonymes de Bataille) dans *Le Petit* (*LP*), mourut refusant le prêtre. À la puberté, j'étais irréligieux moi-même (ma mère indifférente). Mais j'allai voir un prêtre en août 14 et jusqu'en 20, restai rarement une semaine sans confesser mes fautes ! » (*LP*, t. III, p. 61) *Notre-Dame-de-Rheims* dédouble et divise la figure du père et de la mère, leur substituant un modèle hautement idéalisé et sublime. La mère indifférente et suicidaire, fuyant la guerre, s'efface devant l'autre mère, intacte celle-là, étant vierge et mère de Dieu, en laquelle, séparé à jamais du père (du moins le croit-il), il se confie entièrement, comme un enfant. Par ailleurs, le jeune Bataille fait l'éloge du roi Charles VII, dont on connaît pourtant les faiblesses, singulièrement sa dépendance servile à l'égard de Jeanne d'Arc. Ce père royal, sublime et doux lui permet d'oublier, de supprimer la figure du père immonde, obscène, athée, sans morale, qui s'est libéré, malgré sa paralysie

3. Denis Hollier, *La prise de la Concorde. Essais sur Georges Bataille*, Paris, Gallimard, coll. « Le Chemin », 1974, p. 32.

et sa cécité, de toute entrave, de toute domination maternelle, de toute loi et de toute autorité.

Bataille avoue lui-même qu'il a d'abord été amoureux de ce père indigne, violent et impie. Ne s'était-il pas déjà identifié à lui, à l'âge de treize ans, dans ce qu'il avait de plus subversif? « J'étais certain, écrit-il, qu'un jour, moi, parce qu'une insolence heureuse me portait, je devrais tout renverser, de toute nécessité tout renverser. » Or, on ne peut tout renverser sans rencontrer, au départ, la loi du père, son autorité, son ascendant : dès 1914, il dit lui avoir voué « une haine profonde et inconsciente ». « J'adoptais en toutes choses les opinions et les attitudes les plus radicalement opposées à celles de l'être nauséabond par excellence. » Certaines scènes horrifiantes où l'on touche à la limite avaient été pour lui décisives, avouera-t-il plus tard, au point de sentir la nécessité par la suite, en toutes occasions, d'en retrouver l'équivalent. Bataille n'oubliera donc pas ce père anarchique, révolté, libre absolument, faisant face à la souffrance et à la mort. Il s'identifiera à nouveau à lui et l'aimera pleinement, comme il le dira ouvertement plusieurs années plus tard : « Mon père aveugle, des orbites creuses, un long nez d'oiseau maigre, des cris de souffrance, de longs rires silencieux : j'aimerais lui ressembler ! »

> Aujourd'hui, je me sais « aveugle » sans mesure, l'homme « abandonné » sur le globe comme mon père à N. Personne sur terre, aux cieux, n'eut souci de l'angoisse de mon père agonisant. Cependant, je le crois, comme toujours il faisait face. Quelle « horrible fierté », par instants, dans le sourire aveugle de papa ! (*LP*, t. III, p. 61)

Malgré une volonté évidente de faire échec à l'irréligion du père, d'effacer son nom, sa figure aux yeux brûlés et obscènes, *Notre-Dame-de-Rheims* inscrit tout de même, à l'insu de son auteur, le nom d'Aristide Bataille, de manière morcelée, mutilée, anagrammatique, comme ces ruines fumantes que la guerre laisse derrière elle.

> On se *battait* dans les *A*rdennes et les nôtres fuyaient ; des chars, où des blessés saignaient dans la *paille*, déversaient par la ville l'horreur de la *bataille* tout proche [l'horreur de cet être à la fois proche, vil et nauséabond] [...] Il n'est personne dont les yeux ne soient *brûlés* du reflet des flammes. Les portes closes, les cloches brisées, la cathédrale avait cessé de donner la vie [...] Certes, elle s'étend comme un *cadavre* et parmi les plaines qui sont un cimetière immense — *sans la paix*[4] (Je souligne).

Bataille mettra dix ans, après *Notre-Dame-de-Rheims*, à parachever le travail du deuil, à effectuer au plus profond de lui-même le meurtre du père, sachant obscurément que le père symbolique, le père mort, est autrement plus fécond, plus puissant, que tout père réel, que toute autorité vivante et présente. Renouant avec l'écriture, Bataille s'adonnera à un style corrosif, fragmentaire, paradoxal, discontinu, ne recherchant ni l'achèvement, ni la

4. Georges Bataille, *Notre-Dame-de-Rheims*, reproduit dans Denis Hollier, *op. cit.*, p. 38-39.

résolution des limites et des contradictions, bien au contraire. En 1920, l'évolution de la vie et de la pensée de Bataille prend un nouveau tournant, décisif cette fois : il perd la foi et, dit-il, il ne croit plus désormais qu'en sa chance. Dès lors, il se tourne à nouveau vers le père — qu'il n'a d'ailleurs jamais quitté — et reprend contact avec ce monde sans transcendance du père révolté, avec ce que Zarathoustra appelle le sens de la Terre, disant doublement oui à la finitude, à la Terre, à tout ce qui est, aussi bien à la jouissance qu'à la souffrance, à la vie qu'à la mort, aux plus petites choses comme aux plus grandes.

> Il est vain, qu'un être réponde *non* à ce qu'il est, et, puisqu'il est recherche de la puissance, il ne peut dire que *oui* à la puissance qu'il a besoin d'être. Il est risible de fuir au lieu d'aller jusqu'au bout de la puissance. Une existence avide arrivée au plus haut degré de sa croissance atteint un point de déséquilibre et elle dépense tout à coup avec prodigalité : elle perd explosivement le surcroît des forces qu'elle avait amassées avec peine [...] ; l'utile devient même alors le subordonné et l'esclave de la perte. (*Documents,* t. I, p. 519)

Dans le rapport entre l'appropriation et l'expropriation, Bataille accordera toujours la primauté à la dépense violente que les êtres font d'eux-mêmes par rapport à la volonté capitalisante et avare de capter les forces utiles, même si ceux qui dépensent sans compter s'aperçoivent qu'ils respirent dans le pouvoir de la mort et qu'il n'y a donc pas d'issue icarienne ou salvatrice.

À vingt-neuf ans, en 1926, un peu avant de se soumettre à une thérapie analytique avec le Dr Borel, il écrit son premier livre, du moins le premier qu'il reconnaît comme sien : il est intitulé *W.-C.* (water-closet) et est signé Troppmann, du nom d'un célèbre assassin, mort sous la guillotine en 1870 pour avoir tué les huit membres d'une même famille, père et mère inclus. Ce pseudonyme est doublement parricide, en tant que Troppmann, le meurtrier, et en tant que pseudonyme, qui constitue par lui-même l'effacement du nom du père, la rentrée dans l'anonymat, au delà de la mort du père. Bataille utilisera tout au long de son œuvre plusieurs pseudonymes : Lord Auch, qui signe son premier récit publié, Pierre Angélique, l'apôtre du mal, de l'absence de Dieu, qui n'est que la parodie de saint Thomas d'Aquin, l'auteur de la Somme théologique, Louis XXX, en chiffres romains (les chiffres de l'obscénité), qui évoque quelque généalogie royale parodique, enfin Dianus, prêtre du temple de Diane, dont le titre, le roi des bois, était donné au criminel qui, ayant arraché le « rameau d'or » sacré au roi en place, dans un affrontement mortel, verrait sa souveraineté se limiter à l'attente de la mort, celle que viendrait lui infliger le prochain criminel qui lui arracherait à son tour le rameau d'or. La mort du père n'est pas seulement inscrite dans le pseudonyme, mais également à l'intérieur du récit dans *Histoire de l'œil,* entre autres, et dans *Ma mère.* Tout se passe comme si l'écriture, pour Bataille, trouvait sa condition de possibilité dans l'après-coup d'un crime originaire, d'une violence primitive, d'une rupture abrupte avec l'origine, père et mère confondus, ce qui lui fait dire dans *L'expérience intérieure*: «Je n'ai pas de mère, l'homme n'a pas de mère.» (*EI*, t. V, p. 62)

W.-C., si l'on en croit Bataille, était une «littérature de fou». Ce récit précédait immédiatement *Histoire de l'œil* et en constituait en quelque sorte la préface. «C'était un cri d'horreur, écrit-il (horreur de moi, non de ma débauche, mais de la tête de philosophe où depuis...) "comme c'était triste".» Cet œil, cet œil sorti de son orbite, purement extatique et mort à la fois, cet objet dont on peut suivre les multiples trajets dans *Histoire de l'œil*, est déjà là dans *W.-C.*:

> Un dessin de «W.-C» figurait un œil: celui de l'échafaud [...] et s'ouvrait dans la lunette de la guillotine. Le nom de la figure était l'«éternel retour», dont l'horrible machine était le portique. Venant de l'horizon, le chemin de l'éternité passait là. Un vers parodique [...] m'avait donné la légende: — *Dieu que le sang du corps est triste au fond du son.*» (*LP*, t. V, p. 59)

L'œil qui s'ouvre dans la lunette (de la guillotine) n'est là que pour être tranché, et ce tranchant, c'est l'éternel retour qui le produit dans l'œil de l'instant (*Augenblick*) en ce qu'il détache l'homme et le monde de son soleil, faisant de l'aveuglement un pouvoir supérieur de connaissance.

Quant au vers parodique qu'évoque Bataille, il s'apparente aux jeux verbaux qui se pratiquaient couramment dans le milieu surréaliste que pourtant il ne fréquentait pas. Cette sentence insolite fait entrer le mot Dieu (à l'origine du monde et de cette phrase) dans un mouvement dérapant, vertigineux, où il se vide de son sens et se rature lui-même. Ce glissement insensé, où les mots apparentés selon le son ou selon l'ordre du dictionnaire s'appellent les uns les autres et s'accouplent, caractérise le mouvement même de l'écriture bataillienne, où constamment l'inattendu, l'incongruité d'un mot obscène font irruption, inscrivant dans l'homogénéité du langage le corps étranger qui le gangrène, l'ouvre et le divise. La guillotine de l'Éternel retour tranche justement dans tout ce qui se donne comme identité, unité, finalité, elle décapite l'homme et le monde de toute origine et de tout fondement. Au delà de la vérité et du mensonge, de la réalité et de la fiction, cette opération guillotinante produit l'espace décentré, dé-hiérarchisé, du simulacre et de la parodie. Une telle révélation avait pour effet fulgurant, selon Bataille, de nous dérober le sol sous les pieds: «L'objet de sa vision, ce qui le fit rire et trembler, n'était pas le retour (et pas même le temps), mais ce que mit à nu le retour, le fond impossible des choses.» (*EI*, t. V, p. 177-178) Le texte théorique inaugural qu'est *L'anus solaire* (*AS*), livre qui se situe entre *W.-C.* et *Histoire de l'œil*, tire toutes les conséquences de la mort de Dieu et de l'éternel retour:

> Il est clair que le monde est purement parodique, c'est-à-dire que chaque chose qu'on regarde est la parodie d'une autre, ou encore la même chose sous une forme décevante [...]. Aussi le plomb est la parodie de l'or. /L'air est la parodie de l'eau. /Le cerveau est la parodie de l'équateur. /Le coït est la parodie du crime. (*AS*, t. I, p. 81)

Il faut ajouter à cette énumération — qui ne peut être qu'infinie — ce qu'implique le pseudonyme utilisé pour *Histoire de l'œil*, Lord Auch, qui est la parodie du nom propre, du nom des noms, de la majuscule hautaine de tout nom propre, une majuscule qui renvoie, en dernière instance, au Très Haut, à Dieu. Ainsi, dès la signature, nous tombons de haut, nous sommes en chute, nous glissons et dérapons : le pseudonyme, dans sa majesté loufoque,

> inscrit ce qui suit sous le signe du pire. Le nom de Lord Auch, écrit Bataille, se rapporte à l'habitude d'un de mes amis, irrité ; il ne disait plus « aux chiottes ! », abrégeait et disait « aux ch ». Lord en anglais veut dire Dieu (dans les textes saints) : Lord Auch est Dieu se soulageant [...] : rouge, divinement, fienter avec une majesté d'orage, la face grimaçante, arrachée, être en larmes *impossible* : qui savait, avant moi, ce qu'est la majesté ? » (*LP*, t. III, p. 59-60)

Le mot *impossible*, dans cet extrait, est en lettres capitales : il indique ce qui est en excès dans l'expérience quand la pensée pense plus qu'elle ne peut penser, pensant cela qui ne se laisse pas penser, dans une affirmation qui affirme plus que ce qui peut s'affirmer. Ce surplus, dans l'affirmation, affirme sans rien affirmer, n'affirmant rien finalement. Étrangement, cette expérience qui s'ouvre sur la béance du rien, où rien (ne) s'expérimente, s'apparente à la jouissance extrême, proprement érotique, procurant un bonheur ravageur au sein même d'une souffrance extrême également. La jouissance, lorsqu'elle se produit, entraîne la perte du propre, à la fois la perte de l'intégrité du corps, qu'elle disloque et brise littéralement, la perte de la propreté dans l'immondice et la perte de l'identité personnelle dans le chaos sacrificiel, où, dans l'excès, l'être se perd en se donnant et glisse hors de lui-même. Or cette expérience abyssale des limites possède toujours pour Bataille une dimension divine. « Dieu n'est pas la limite de l'homme, écrit-il dans *Le coupable*, mais la limite de l'homme est divine. Autrement dit, l'homme est divin dans l'expérience des limites. » (*EI*, t. V, p. 350) Le divin désormais se dit de toute expérience qui dépossède et se tient à la limite, et singulièrement de l'expérience érotique. C'est ce que semble indiquer la suite des récits érotiques ouverte par *Madame Edwarda*, soit *Ma mère*, *Charlotte d'Ingerville* et *Sainte*, tous écrits sous le pseudonyme de Pierre Angélique, et présentés, dans les notes posthumes, sous la rubrique *Divinus Deus*. L'érotisme dont il s'agit dans tous les récits de Bataille relève principalement, sinon uniquement, de ce que la psychanalyse appelle l'érotisme anal, comme le montre manifestement le pseudonyme Lord Auch, les titres *W.-C.*, *L'abbé C* (l'abaissé), *L'anus solaire*, les noms de certains personnages comme Dirty, Chianine, Edron, Madame Hanusse, Soutane sale. Mais l'analité, ici, prend un sens beaucoup plus radical qu'il ne semble au premier abord. Elle renvoie à ce qui est à la base des faits sociaux, religieux et profanes, à ces deux impulsions fondamentales que sont l'excrétion et l'appropriation, où l'appropriation n'a jamais la primauté, mais est une fonction de l'excrétion, n'étant que le moyen d'assurer une plus grande dépense. La philosophie, chez Bataille, n'est plus la réduction de l'inconnu au connu, où l'intériorisation triomphe, elle introduit plutôt, en se sabordant, l'étranger dans la pensée, l'excès impratiquable dans la réflexion, l'impossible dans l'écriture, la revendication des satisfactions violentes dans la société. L'excrément est donc beaucoup plus que l'excrément : il est à la fois le mouvement illimité de la dépense, du don, de la sortie extatique hors de soi et son produit hétérogène, dans sa capacité d'affecter le sujet, de l'altérer, de le décomposer. Cette pratique hétérogène est apparentée à un immense potlatch, à une dangereuse dépense lexicale et énergétique.

Lord Auch est un Dieu qui se sacrifie et s'autodétruit, faisant don de lui-même, pratiquant une prodigalité sans limites, se vidant majestueusement de lui-même, de ce qui lui est le plus propre, et jusqu'à son nom propre, se constituant finalement comme l'événement et l'avènement du vide, à l'exemple du sexe lumineux et angoissant comme un trou de Mme Edwarda. Dieu n'est-il pas, pour Bataille, l'anagramme du mot vide ? Le nom intraduisible, argotique, insolent de Lord Auch se donne comme la matrice du récit qu'il signe dans un éclat de rire, le rire étant toujours lié au tragique pour Bataille : ce pseudonyme signifie, entre autres, le sacrifice de Dieu, la jouissance impossible, le don pur de soi, c'est-à-dire la mort de Dieu, mais ne renvoie-t-il pas aussi à Aristide l'aveugle, celui que Bataille, l'aidant à s'asseoir sur un vase, a vu chier un grand nombre de fois ?

Or la mort de Dieu, c'est la destruction de tous les arrière-mondes, de tout point de vue absolu, de tout fondement assuré, de toute garantie en dernière instance. C'est le commencement du risque, du probable, du pressentiment sans certitude, du dangereux peut-être. « Mais qui se soucie de ces dangereux peut-être ! », s'exclame Nietzsche[5]. Ne s'appuyant sur rien qui le précède et le détermine, le langage se constitue de part en part sur le mode de la fiction, du simulacre et de la parodie. Son rapport au propre, à la singularité, n'est jamais qu'une promesse, elle-même engagée dans un détour qui ne revient jamais au même, n'aboutit jamais. Il est donc nécessairement à distance de tout, à l'écart de l'être, en rupture de présence avec celui qui parle, celui à qui il s'adresse et avec le monde : il est donc inadéquat et impropre à dire la vérité en chair et en os. Aucun terme n'est plus valable qu'un autre, de sorte que tous le sont et se trouvent engagés dans un vaste mouvement métaphorique et métonymique de suppléance où, étant impropre, chaque terme est destiné par avance à être échangé, se substituant lui-même à un autre, et ainsi de suite à l'infini, sans qu'aucun terme ne soit privilégié.

Le nom propre voudrait être pure référence à la singularité, ne signifier que pour un être unique, n'être qu'absolument propre, inimitable, irremplaçable, comme tout événement singulier. Or le signifiant unique d'une singularité existante, le nom propre comme pur non-sens, est une illusion, un désir nécessairement insatisfait. Du seul fait qu'il appartient à un réseau

5. Friedrich Nietzsche, *Par-delà le bien et le mal, Œuvres philosophiques complètes*, Paris, Gallimard, 1971, p. 22-23.

linguistique, comme Derrida l'a admirablement démontré, le signifiant commence toujours déjà à signifier, de sorte que le sens s'inscrit d'emblée dans le non-sens que l'on voudrait pur, indemne. Dès que je le reconnais et le comprends, le nom, qu'il soit propre ou impropre, possède une valeur idéale et universelle, et cette valeur signifiante ne dépend d'aucune manière de la vie singulière du sujet parlant ou de son objet. Son itérabilité lui fait perdre la singularité dont il se réclame. En croisant l'universel qui lui donne sa lisibilité, le singulier s'efface, se perd et, ainsi, se garde dans son illisibilité : le propre s'absente dans le nom propre. Cette non-propriété du nom propre, sa non-référentialité, fait de tout nom propre un simulacre, un pseudonyme, qui dénonce le caractère nécessairement anonyme du langage. L'anonymat du nom propre, son impropriété, c'est donc la situation originaire du langage.

Le propre se retire, se rature dans le nom propre, et dans tout nom, mais cet exil du langage dans le langage nous fait signe. Le retrait est attrait, il fascine et provoque le désir. Le nom propre, en rendant manifeste le propre, en le nommant comme tel, dans l'universel du comme tel, le perd dans le même mouvement. Ce gain dans l'ordre de l'universel signe la perte du propre. Il reste que le nom propre est constitué comme un symptôme : il rend manifeste que ce qui se refuse au langage est encore tourné vers nous, mais à la manière d'un secret bien gardé, indéchiffrable, s'éloignant à l'infini de nous. Aussi, tout texte, du seul fait qu'il se donne à lire, est essentiellement mû et structuré par l'illisibilité d'un secret à jamais illisible, et c'est la possibilité du secret qui assure la possibilité de la littérature, qui en est la poursuite incessante et jamais achevée. Si le Je, pour Bataille, est l'expression de l'universel, s'il incarne en moi « la chiennerie docile », une figure domestiquée, l'ipse est le nom de la sauvagerie, de l'irréductible béance du désir, qui est à la fois singulier, absurde et inconnaissable. Cette division du Je et de l'ipse constitue « une dissociation de soi-même angoissante, une désharmonie, un désaccord définitif — subis avec vigueur — sans vains efforts pour les pallier » (*EI*, t. V, p. 108).

Aussi donc, *Histoire de l'œil*, dès son pseudonyme, Lord Auch, était placé sous le signe du pire. Le pire, ce comparatif absolu, indique un excès dans le mal, au delà de toute commune mesure, au delà de toute maîtrise : il équivaut à un superlatif absolu. Ce pseudonyme, par sa dimension parodique et transgressive, nous situe d'emblée aux abords du seuil de tolérance — qu'il transgresse. Il donne surtout le ton, la portée ou la clé (au sens musical) de ce récit : celui-ci, dès le nom de l'auteur, est tissé dans un langage obscène, ordurier, vulgaire, s'excluant d'emblée du langage dominant, correct, bourgeois, civilisé ; il se distingue, singulièrement, du langage épuré, purement conceptuel et logique de la métaphysique — qui croit pouvoir énoncer ses thèses dans un langage propre, vrai et adéquat. Dès le départ, ce récit s'apprête à voler bas, à se montrer bas, à fouiller les entrailles de l'homme et de la terre. « Je n'aimais, écrit le narrateur, que ce qui est classé comme sale. » Les récits batailliens mettent en scène un monde à l'envers, entièrement culbuté et proche du sol, proche de la poussière et de tout ce qui est sale. Tout le travail de Bataille consistera justement à dé-classer, dé-hiérarchiser, déconstruire cette opposition de classe entre le propre (du monde bourgeois) et l'impropre, le sale (des prolétaires), prenant le parti de la vieille taupe et préférant à la visée altière et panoramique de l'aigle hégélien le travail de sape de ce que la culture rejette immédiatement comme le mal même, à savoir la mort, la sexualité, l'ordure et la jouissance. Il ne s'agit pas de privilégier le sale par opposition au propre, mais de tout salir pour qu'il n'y ait plus rien de sale ni de pur, pour que rien ne soit exclu ni dévalorisé, mais que tout soit aimé et affirmé.

La philosophie, pour sa part, ne s'est-elle pas constituée en excluant le chant et la littérature, en neutralisant le désir et l'émotion, la virulence des fantasmes, les parties délirantes des mythes et des vieilles constructions religieuses ? Bataille, par contre, énonce le principe que ce qui rend possible l'existence humaine, ce qui la soutient et l'ordonne, c'est précisément ce qui la fait dévier et la ruine : l'innommable, l'horreur et l'excès, tout excès. La philosophie, pour Bataille, est alors l'expérience de l'impossible, de l'impossible à penser, à vivre et à dire. Dans la mesure où elle s'ouvre sur le non-savoir, le secret du propre, sur l'impossible, « elle cesse d'avoir quoi que ce soit de commun avec la philosophie formelle qui domine ». Dans cet espace discontinu et contradictoire, le savoir ne se sépare pas de l'horreur du non-savoir, le sens de l'absence de sens, la pudeur de l'insistante obscénité, la lisibilité de l'illisibilité, le nom propre du nom commun.

Histoire de l'œil est le récit d'une « promenade à travers l'impossible », selon les mots de l'auteur. L'œil, ici, ouvre l'œil, littéralement, sur ce qu'il est interdit de voir, sur ce qui échappe irrémédiablement à toute vision. Le récit tourne autour d'un secret sans contenu et, en cela, il produit des effets de nom propre, rendant manifeste la singularité que vise toute nomination, disant sans le dire un secret qui se dérobe infiniment, mais qui inscrit dans le style même de l'écriture, dans son ton et son rythme, des traces de singularité et une certaine idiomaticité. « On raconte, écrit Blanchot, ce qu'on ne peut rapporter. On raconte ce qui est trop réel pour ne pas ruiner les conditions de la réalité mesurée qui est la nôtre [6]. » Bataille n'hésite pas à rapprocher *Histoire de l'œil*, qui est le récit d'une incongruité extravagante, des mystères antiques les plus graves.

Il convient de garder à l'esprit que cette joie fulminante qui traverse *Histoire de l'œil* est portée et traversée par ce cri d'horreur qu'était *W.-C.* À travers des jeux érotiques qui, au départ, apparaissent puérils, *Histoire de l'œil* s'achemine par degré vers un moment d'horreur, une vision cauchemardesque, une sorte de scène primitive, qui clôt le récit en l'ouvrant sur l'abîme et l'absence de sens. En effet, ce qui se donne d'abord comme de simples divertissements adolescents s'avère en vérité beaucoup plus grave. L'« amusement » a sa logique propre, de sorte que, cette logique suivant son cours,

---

6. Maurice Blanchot, *Le livre à venir*, Paris, Gallimard, 1959, p. 225-226.

ces divertissements obscènes, où l'on se met en jeu totalement et avec soi, la totalité de ce qui est, ouvrent inéluctablement sur « une suffocante absence de bornes », sur un vide insondable.

Le pseudonyme Lord Auch n'est qu'un chaînon dans la série fantasmatique qui forme le tissu narratif lui-même, en tant qu'il se définit comme un délire érotique, une pure rêverie excrémentielle. Le mot « chiottes » d'ailleurs s'inscrit à l'intérieur du récit, sans compter tous les W.-C. et les bidets qui s'y trouvent à point nommé, ainsi que l'odeur de latrine qui se répand, comme une scansion, une odeur de mort, à chacun de ses tournants. Lord Auch a son équivalent parodique à l'intérieur d'*Histoire de l'œil*, en la personne très altière, très aristocratique de Sir Edmond, dont le nom est l'anagramme de démon, mais aussi du coup de dé, une foule de mots dont le préfixe est « dé » se disséminant dans les moments forts de ce texte, le plaçant dès lors sous le signe de la chance. De Lord à Sir, il y a baisse de niveau, dégradation, comme de Dieu à démon, chute vers le bas : en effet, Lord Auch, tout comme Sir Edmond, appartient aux dieux de la Nuit, des réalités terrifiantes d'en bas. La majesté ridicule, érectile et guindée de Sir Edmond n'est que la parodie de la culture sublimante, idéaliste, qui ne touche à l'ordure que par personne interposée, à titre de voyeur, de pervers, avec des yeux qui touchent, des yeux qui, malgré les apparences, n'ont rien de théorique ou d'objectif.

Ainsi Lord Auch ouvre le récit sur la sauvage destruction de la normalité humaine, sur la violence sauvage de l'animalité en l'homme, animalité que l'homme, d'ailleurs, n'a jamais vraiment quittée, qu'il ne cesse de dénier, mais dont il garde, par-devers lui, une profonde nostalgie. *Histoire de l'œil* tente un pas au delà de l'humanité, en direction de la jouissance animale qui, dans le fantasme, apparaît illimitée, sans toutefois jamais passer au delà véritablement, laissant à son secret inviolable ce sans-nom qui ne cesse de nous fasciner.

Onomastique textuelle et paratextuelle : *La convention* et l'invention

André Gervais
Université du Québec à Rimouski

Quand le paratexte parle du texte, voire de son *texte*. Énoncé bien connu depuis tel livre de Gérard Genette [1]. Mais la réciproque guette, inévitablement, Randa Sabry d'abord et Jean-Louis Cornille ensuite proposant d'inverser la perspective. Je cite le second [2] :

> Ce dont le lecteur ne se doute peut-être pas, et que Gérard Genette ne choisit pas d'envisager, c'est que ce procédé d'interférence entre ce qui relève de l'édition [le paratexte] et ce qui revient à l'auteur [le texte] paraît être autrement répandu qu'on ne l'imagine, et qu'entre ces deux instances éloignées au possible il se pourrait bien qu'il se soit développé en littérature une manière subtile de dialogue, tout un art de la conversation subliminaire, dont l'essentiel tiendrait en ce que cette distance s'y amenuise entre ceux qui se partagent, et quelquefois se disputent, la gestion et la responsabilité de l'œuvre.

Je cite la première [3] :

> Discours du paratexte sur le texte, discours du texte sur le paratexte : loin de recouvrir une quelconque symétrie, ce chiasme dissimule plutôt une complémentarité douteuse, au niveau tant de la forme que du contenu. [...] le paratexte propose un certain type de livre et sélectionne dans le texte quelques traits qu'il donne pour essentiels. Le texte, lui, se dérobant souvent à ce qu'affiche le paratexte, répond partiellement ou à côté, pointe et subvertit à son tour telles de ses composantes paratextuelles, travestit ses propres données ou les élève à la dimension d'un imaginaire. Chacun des deux volets du livre développe donc sa propre version des faits, dans un lacis de pièges et de ruses.

C'est muni de ces précisions et permissions, dans le sas — s, a, s — de cette « conversation sub-liminaire » où texte et paratexte développent leur

1. Gérard Genette, *Seuils*, coll. « Poétique », Paris, Seuil, 1987. Faut-il rappeler que le paratexte est ce qui va avec le texte publié afin de le présenter ou de le commenter : « autour du texte, dans l'espace du même volume », le péritexte ; « à distance plus respectueuse (ou plus prudente), [...] à l'extérieur du livre », l'épitexte. « Comme il doit désormais aller de soi, péritexte et épitexte se partagent exhaustivement et sans reste le champ spatial du paratexte » (p. 10-11).
2. Jean-Louis Cornille, « L'impression littéraire », *Poétique*, n° 83, septembre 1990, p. 323.
3. Randa Sabry, « Quand le texte parle de son paratexte », *Poétique*, n° 69 (numéro intitulé *Paratextes*), février 1987, p. 98-99. Ce numéro, « accompagnement » et « développement », mais aussi, en quelque sorte, « dépassement » du livre de Genette, paraît le même mois que lui.

« propre version des faits », que je considérerai quelques éléments de l'onomastique de *La convention*, bref récit de Suzanne Lamy paru en octobre 1985 [4]. C'est le seul livre de fiction qu'elle ait publié de son vivant et, disons-le d'emblée, ce n'est pas un récit autobiographique [5]. Une petite enquête [6], cependant, permet assez rapidement de constater que de précis éléments faits d'anecdotique et d'existentiel — je mets dans ces deux termes toute la légèreté et tout le poids qu'il faut — sont empruntés par l'auteur au biographique qui est le sien. « Avec le biotexte, rappelle Jean Ricardou, il s'agit de choisir, au cœur de telle vie, les précis éléments qui obéissent à certaines règles du texte en fabrique [7]. »

Cette « conversation sub-liminaire », sous les seuils qui délimitent le texte et le paratexte, est entendue et « restituée » par le lecteur. Pourtant, rappelle Randa Sabry, un texte « n'est pas censé nous parler de » son paratexte, ce discours n'ayant — comme le bavardage, qui a fasciné Suzanne Lamy [8] — « aucune caractéristique spécifique. Sans forme ni contours précis, il relève de la dispersion, du morcellement, du hors-programme, de l'arbitraire [9] ». Pourtant, reprend Jean-Louis Cornille, il s'agit bien d'un

---

4. Suzanne Lamy, *La convention*, Montréal/Pantin (France), VLB éditeur/Le Castor astral, 1985, 83 p. Sur la première de couverture, les noms des éditeurs sont en minuscules. Les pages d'où sont tirées les citations sont entre parenthèses.
5. Suzanne Lamy étant morte du cancer le 25 février 1987, on constate dans quel piège est tombé Jean Royer lorsqu'on lit (« Suzanne Lamy. Elle était le double d'Ariane et une théoricienne passionnée », *Le Devoir*, Montréal, 28 février 1987) : « [...] un récit remarquable intitulé *La convention* et qui, m'avait-elle confié un jour, " porte un côté autobiographique ". Aujourd'hui, sa mort éclaire cet aveu qui était resté chez elle très pudique. En effet, *La convention* est un récit qui met en scène trois personnages dont l'un va bientôt mourir du cancer. » Or il n'y a qu'à lire le témoignage (« La trahison des corps », *Spirale*, Montréal, n° 87, été 1987) de l'une de ses grandes amies, Andrée Yanacopoulo, pour apprendre que Suzanne Lamy n'a appris qu'en janvier 1987 quelle était la véritable nature du mal qui s'était signalé d'abord par une douleur à l'épaule, durant l'été 1986. Ce témoignage est repris dans Suzanne Lamy, *Textes* suivis de *Témoignages sur Suzanne Lamy* et de *L'amour et l'inceste en psychanalyse : une éthique à redécouvrir* de Julien Bigras, édition préparée par Andrée Yanacopoulo, Montréal, l'Hexagone, 1990, p. 144-147, avec cet autre, d'Anne-Marie Alonzo, qui, indirectement, répond à Jean Royer (« Un soir de décembre 1986 », p. 115-116) : « Et que dit l'amie de celle qui, dans son dernier livre, *La convention*, harcelait la mort. À lire, on aurait pu croire à l'autobiographie. »
6. *Hors paratexte* : rencontres avec Andrée Yanacopoulo (16 août, suivi d'une lettre, 25 août, puis d'un téléphone, 6 novembre 1994), Laurent Lamy, mari de Suzanne (17 août), et Patricia Lamy, fille de Suzanne (19 août et 19 novembre 1994) ; téléphones à Anita Hehn, une autre des grandes amies de Suzanne (6 novembre 1994), et à Michel Saint-Jean, photographe (16 novembre 1994 et 27 janvier 1995) ; lettre à Maguy Seyfried, sœur de Suzanne (16 novembre, réponse du 12 décembre 1994). Enfin, tirées de l'*épitexte privé*, deux lettres (Montréal, 4 mars, et Paris, 18 septembre 1985) que Suzanne Lamy a envoyées à Jacques Lanctôt, son éditeur. Il va sans dire que je remercie toutes ces personnes pour leur remarquable collaboration. Plus loin (voir notes 14, 15, 23, 28, 29, 31 et 36), dans l'*intertexte restreint*, rappels de connivences entre ce récit et telles critiques parues dans le magazine *Spirale*.
7. Pour une définition de ce terme proposé en 1982, voir Renald Bérubé et André Gervais, « Petit glossaire des termes en " texte " », *Urgences*, n° 19, janvier 1988, p. 7-74.
8. « Éloge du bavardage », *D'elles*, Montréal, l'Hexagone, 1979.
9. Randa Sabry, « Quand le texte parle de son paratexte », *op. cit.*, p. 83.

« réseau d'allusions [qui] se traduit en deçà des mots [10] » et qu'il est possible, particulièrement par une lecture anagrammatique qui déborde nécessairement le strict cadre des spéculations saussuriennes, de reconnaître et de construire [11].

LA CONVENTION I : l'isotopie écriture

La convention dont parle le titre — grand L, petit c — est celle qui accorde, qui lie le discours de Soria, *en romain sur pages blanches*, discours au cœur duquel sont épinglées des lettres de François Hains, son compagnon, *en romain sur pages grises*, et le discours du Docteur F., médecin traitant de François, *en italique sur pages blanches* [12]. L'espace doublement fictif de ce livre intitulé *La convention*, récit, est évidemment le résultat du montage de ces deux récits, comme au cinéma [13], de la composition de ces deux récits, le caractère romain étant commun à François et à Soria, et les pages blanches à Soria et au Docteur F. Le récit de Soria, de toute façon l'être — personnage, narratrice et amante — vers lequel tout converge, étant à la fois, avec ses huit parties, le récit englobant (englobant les quatre lettres de François) et le récit englobé (par les souvenirs en quatre parties du Docteur F.).

Photos de la couverture

Or Soria, si elle envoie l'original au Docteur F., « en garde une copie » (p. 82) qu'elle augmentera peut-être, dont elle brouillera peut-être quelques fragments [14]. Le Docteur F., lui, confrontant ce « cahier. Tout figé qu'il soit » (p. 14) et son « carnet de rendez-vous » (p. 9) à la clinique, se souvient. Écrit-il ? Peut-être, mais rien n'est moins sûr. Entre l'image du cahier manuscrit (dite dans le texte) en train d'être écrit par Soria et lu — décrit, parcouru, médité — par le Docteur F., lecteur (ou destinataire) interne, et celle du livre (proposée par le paratexte) en train d'être lu — décrit, parcouru, analysé — par moi, lecteur externe, y a-t-il vraiment un choix à faire ? Le livre, brisure — oxymore et *double-bind* — des deux discours, des deux

---

10. Jean-Louis-Cornille, « L'impression littéraire », *op. cit.*, p. 338.
11. Voir Jan Baetens, « Postérité littéraire des *Anagrammes* », *Poétique*, n° 66, avril 1986.
12. Les lettres de François sont du 15 au 25 juillet 1976, le discours de Soria est du 20 août 1982 au 13 octobre 1983, et celui du Docteur F., nécessairement postérieur à cette dernière date (« Je vous envoie ce cahier », écrit alors Soria dans le cahier même, p. 82), court au moins jusqu'au 1er septembre 1984 (« Un an aujourd'hui que ça s'est passé », écrit-il à l'occasion du premier anniversaire de la mort de François, p. 14).
13. Le cinéma est, de loin, l'activité culturelle la plus soutenue de Soria et François (voir p. 20 et 54).
14. Variante sur le motif du « manuscrit transmis ». Voir Suzanne Lamy : « Un bon tour d'Umberto Eco » [sur *Le nom de la rose*] (*Spirale*, n° 28, octobre 1982, p. 11) : « [...] le narrateur officie de main de maître. Mais toujours dans les règles, jouant et de la polyvalence et de l'ambiguïté. De l'ironie aussi naturellement, il s'agit là d'un manuscrit transmis. »

« témoignages [15] », en propose une version « enchaînée », voire « unifiée » à la lettrine [16], à la fois « nœud mal compris, qui ne se défait pas » comme le dit le Docteur F. à la clausule même (p. 83) et « fissure qui constamment s'agrandit, tend à occuper tout l'espace » comme l'écrit Soria à « l'acmé de la peine » (p. 61). Deux des photos prises par Patricia Lamy en février 1985 d'un édifice qui vient de brûler à Montréal, rue Saint-Hubert, au moment où, parallèlement, le manuscrit est accepté chez VLB, deviendront, quelques mois plus tard, les illustrations des pages 1 et 4 de la couverture. Il n'est pas difficile de reconnaître ce nœud dans le manuscrit dans le livre ou dans les trois dernières lettrines (À, À, A), et cette fissure dans l'édifice.

L'indicatif du titre

C'est dans le paradigme : *l'ac*ceptation du manuscrit (par l'éditeur J*ac*ques Lanctôt), « *l'ac*mé de la peine », *la c*lausule du texte, *la c*ouverture du livre et, on le voit soudain comme la lettre volée, *La convention*, qui est le nom de ce texte dans la trame duquel je lis, au fil d'Ariane des pages, l'accroc constamment réinscrit : « *À c*ôté, *la* lettre P, pour premier rendez-vous » (p. 9), « *L'ac*compagnement de la mer sans noyau ni origine » (p. 17), « C'est *là* qu'au grand soleil il y a eu de l'ombre [17] » (p. 20), « *La c*ourse aux médecins *a c*ommencé » (p. 24), « Moi, toujours un peu perdue. Ne serait-ce que par *l'ac*cent des Québécois » (p. 34), « *lac* Mistassini » (p. 37), « bientôt l'obscurité se ferait — pour *le* dernier *ac*te » (p. 54), « à *la c*linique près de toi » (p. 60), « Dans *la c*hambre, nous tournons autour de la douleur » (p. 61), « J'étais dép*lacé* » (p. 71), « le restaurant où nous sommes arrivés dans les derniers, c'était tranquil*le, ac*cueillant » (p. 79), « Dans vos yeux, dans vos bras, sous

15. Le mot est de Suzanne Lamy : « Une pastille à odeur d'encens » (*Spirale*, n° 19, mai 1981, p. 4) : « Serais-je saturée du témoignage ? Non. Je me souviens que *Les mots* ont été l'occasion d'une écriture. Il y a quelques mois, mon angoisse n'a cessé de grandir tout au long de la tragédie de Zorn ne faisant qu'un avec son mal, sa colère, cloué là, sur sa croix. Un jour, dans cinq ans, dans dix ans, je relirai l'admirable *Lettre au père de Kafka.* » Voir aussi sur Yann Andréa : *M.D.* (*Spirale*, n° 38, novembre 1983, p. 6) : « Témoignage que l'on croit irrécusable sur la chute et sur la cure de désintoxication, par le ton volontairement laconique, la notation quotidienne, parfois heure par heure, de cette saison hors du commun. Une part de Yann Andréa aime, souffre. L'autre regarde, consigne la décrépitude, l'horreur. L'une et l'autre liées par l'enchaînement à Marguerite Duras. La pudeur n'a plus cours : lettre morte. La nuit, la mort est regardée en face. »
16. Les lettrines du discours du Docteur F. sont d'abord une consonne puis des voyelles (C, I, U, A), celles du discours de Soria d'abord des consonnes puis une voyelle (J, L, R, D, C, À, À). Cette inversion n'est pas, on s'en doute, la seule en jeu dans le récit.
17. Cette phrase, qui est aussi un vers de douze syllabes, s'inscrit dans l'ensemble constitué d'une part des phrases-vers du récit — « Tu m'égrisais dans la douceur d'un vent d'été » (p. 28), « Mon corps chantait, lustré par ton désir » (p. 34), « À l'acmé de la peine, à nouveau, je suis toute » (p. 61), entre autres —, d'autre part de l'intertexte poétique moderne : « Comme si tes mains m'étreignaient de plus loin que de toi » (p. 20, voir Miron), « Au détour du chemin, j'ai entrevu le soleil et la mer confondus dans les larmes que je retenais mal » (p. 22, voir Rimbaud), « Jamais plus » (p. 59, voir Poe traduit par Mallarmé et repris par Duras), entre autres.

votre bouche, votre ventre, une volonté imp*lac*able en moi, de *sac*cager, de brûler» (p. 81), etc.

Photo des pages de garde

C'est dans le paradigme, *paratexte et texte confondus* — «À la limite, le texte ne peut tenir de discours sur son paratexte qu'en situation paradoxale [18]» —, comme le suggère «Para» sur la colonne Morris de la photo prise par Michel Saint-Jean durant l'été 1985 [19], dans un éclairage fin de journée, d'une façade de la charcuterie *Au cochon rose*, rue de la Convention — petit l, grand C — à Paris, rue qui «doit son nom, de 1893, à celui de l'Assemblée qui siégea de 1792 à 1795 [20]». Cette façon de découper d'emblée, au second plan, en bas au centre de la photo, «charcu» dans «charcuterie», mais aussi, au premier plan, sur la marge de droite, au centre encore, «Para» dans «Paradis», trouve là, déjà, une première justification [21]. Ici on coupe la queue des mots, là la tête des gens. Une seconde justification se trouve dans le texte: c'est «*la c*oupe» (p. 9) de la robe de Soria que le Docteur F. remarque lors de la première visite du couple Soria-François Hains à son bureau, c'est le «*la*rge *c*erne» (p. 71) aux aisselles de la robe d'une Soria veillant, somnolente, son compagnon éveillé, qu'il remarque encore, celle-ci, de son côté, écrivant de lui: «J'ai aimé sa mesure, cru en *la q*ualité de son écoute. Il ne semble pas être homme à se dérober.» (p. 49) Il est certain qu'il en va là de la guillotine du Docteur Louis [22] — relayé euphoriquement par le

---

18. Randa Sabry, «Quand le texte parle de son paratexte», *op. cit.*, p. 85.
19. C'est dans les lettres de François à Soria qu'on apprend (p. 41) qu'ils se sont retrouvés à Montréal en juin 1976, pendant une semaine, eux qui sont «ensemble» (p. 17) depuis 1974. Il n'est pas interdit de penser que durant cette semaine ont eu lieu les fêtes de la Saint-Jean-Baptiste («le chemisier de batiste que tu portais un soir de juin», p. 41).
20. Jacques Hillairet, *Dictionnaire historique des rues de Paris* [1963], deuxième édition, Paris, Minuit, 1964. «Le titre évoque peut-être trop Paris. Peut-être intituler tout simplement: *La convention*. La rue de la Convention étant nommée, la Convention que j'aime, celle de la Révolution, demeure, avec ce que cela peut suggérer de potentiel révolutionnaire!» (Suzanne Lamy à Jacques Lanctôt, 4 mars 1985).
21. Et ce même si le photographe me raconte que, pour cette photo, la seule consigne — la seule convention — entre lui et l'éditeur, c'est qu'on voit le nom de la rue. D'autres photos, non retenues, montraient l'enseigne du métro Convention. «J'ai trouvé la photo de la rue [de la] Convention amusante, même si elle tire le livre dans le sens du réalisme. Mais "Paradis, Charcu, Hôtels et Agences" pris ensemble ont un air surréaliste.» (Suzanne Lamy à Jacques Lanctôt, 18 septembre 1985) Et ce même si la troisième lectrice du manuscrit, à la demande de Suzanne Lamy, est... Monique *LaRue*, romancière, critique et professeure au cégep. «Merci de ta lettre, de tes mots chaleureux: ils m'ont été le coup de pouce qui me manquait pour continuer, reprendre. Je ne savais plus si ça valait la peine. Merci aussi pour la rapidité avec laquelle tu m'as envoyé le contrat. Monique LaRue à qui j'ai fait lire le texte a pointé un peu les mêmes choses que toi et Carole [David].» (Suzanne Lamy à Jacques Lanctôt, 4 mars 1985)
22. Henriette Walter (*Des mots sans-culottes*, Paris, Laffont, 1989, p. 95-96): «Un chirurgien, le docteur Antoine Louis, secrétaire perpétuel de l'Académie des sciences, et qui avait été rédacteur, dans *L'Encyclopédie*, d'un certain nombre d'articles sur la coutellerie, met alors au point cette nouvelle machine, avec la collaboration d'un fabricant de clavecins, Tobias

Docteur F. et « la qualité de son écoute », puis dysphoriquement par le Professeur P. (p. 53) —, comme ici du « larynx amputé » (p. 25) de François. Il est également certain qu'il en va là de Robespierre qui, membre de la Commune insurrectionnelle de Paris, proposa et fit adopter en août 1792 la réunion d'une Convention nationale, comme ici de telle robe et de « no*tre hi*stoire [qui], d'un coup, est devenue de plomb : elle sent le sarcophage[23] » (p. 21). Tout l'enjeu étant dans ce « -terie » charcuté de « notre histoire » québécoise, française et égyptienne, qu'elle soit désignée par l'édifice brûlé rue Saint-Hubert — entre Roy et Cherrier, précise Pa*tri*cia —, par l'exécution de Louis XVI, le roi, en janvier 1793, et par les *trois* périodes de la Convention, ou encore par le sexe de Soria, « Vallée des Rois », ainsi le décrit-elle en 1976, « *tri*angle sombre aux boucles relâchées » (p. 38), ainsi François le décrit-il dans la même lettre. Si la rue de la Convention naît à son nom en 1893, François Hains, lui, meurt en 1983, date anagrammatique, de n'avoir pas eu le larynx charcuté.

Ce mot — larynx [larẽks] — condense en effet le nom de l'homme (*Hains*), l'indicatif du titre (*la c-*) et, « lorsque tu prononces le nom de Soria, cette inflexion particulière que tu es seul à y mettre, le *r* amolli par les voyelles avoisinantes, de ta voix devenue rauque » (p. 47). Presque une façon d'entendre « Solia », et, partant, côté Docteur F., « un courant. De sympathie ? Plutôt de solidarité. Un *acq*uiescement par silences, gestes rares. » (p. 49) Ou comment, par le larynx de l'un, passe le oui de l'autre.

Que ce soit à l'extérieur du livre (sur la couverture) ou à l'intérieur du livre (sur les pages de garde d'ouverture et les pages de garde de fermeture[24]), que ce soit à Montréal l'hiver, dans deux photos réduites sur fond blanc (de neige ?), ou à Paris l'été, dans une photo agrandie jusqu'à ce qu'il n'y ait plus de marge, le dispositif péritextuel ne peut que désigner la sortie de cette histoire non encore lue, la fin de ce lien des deux *F* — François et le Docteur F. — à Soria, la distance qu'il y a entre être littéralement traversé par la foudre — voir François parlant de Soria et de lui (p. 36) et voir Soria parlant du Docteur F. et d'elle (p. 79) — et traverser simplement la rue. Autre homologie : deux photographes — une femme et un homme — et trois photos, côté paratexte, et « cette troisième personne que nous formions — comme tous les couples — » (p. 61), côté texte.

Schmidt. Ainsi était née la *Louison* ou la *Louisette*, dont le nom évoquait celui de son véritable inventeur. »

23. Un sarcophage est, chez les Égyptiens, un cercueil de pierre. Dans la critique qu'elle fait du livre de François-Bernard Michel (« S comme Souffle, comme Souffrir », *Spirale*, n° 51, avril 1985, p. 11), critique dont un passage est cité en épigraphe, Suzanne Lamy associe « " pétrification " du mal » (déjà entre guillemets) et « irréparable dommage ».

24. VLB éditeur inverse couramment les trois premières pages des livres qu'il publie : la p. 1 (p. 3, normalement) devenant la page du faux titre, et les p. 2-3 (p. 1-2, non imprimées normalement) reproduisant une illustration.

LA CONVENTION I : l'isotopie écriture, LA CONVENTION II : l'isotopie éros et le prière d'insérer

L'indicatif du titre est donc nettement tourné vers le féminin. La convention dont parle le titre, n'est-ce pas encore « la splendeur d'un paVot noir » (p. 41) qui, métaphorisant le con, introduit sa majuscule, la seule ici à s'inscrire au centre d'un mot [25], au point de contact, de tension de « La contention » (p. 21), moment où il devient évident qu'il y a quelque chose à examiner. Ce que feront parallèlement le Docteur F. et l'écriture de Soria. Comme si la « convention », côté Soria, était des trois syllabes qui la constituent le développement disséminé sur l'isotopie écriture : *con-* pour « Consigner, dans tous les sens » (p. 70), *-ven-* pour « cette histoire, à coup sûr réinventée » (p. 82) et *-tion* pour « M'y voici dans cette transcription, autant par ce que je perds que par ce qu'il risque d'en naître » (p. 69) [26]. Mais il y a plus. Par exemple dans les trois phrases du bref paragraphe suivant (p. 47) :

> Ce que je note correspond mal à ce qui a été. Je déforme, je triche, même si je tente de transcrire au mieux, d'entrer ce moment dans la répétition, contre le temps. Une façon de l'inventer en croyant le revivre.

Dans le « -terie » proposé par le terme même qui désigne le jeu du processus, il en va, des trois *-tr-* (transcrire, entrer dans la répétition, contre le temps) aux trois syllabes du nom du titre (*con*tre / in*ven*ter / répéti*tion*), il en va, donc, du décalage-décollage entre transcrire et inventer, il en va du travail de l'écriture (« que j'éc*rive*. [...] à croire qu'un pont, peut-être », p. 42), sur l'isotopie thanatos (« Ta maladie fait de nous les *rives* disjointes d'un cours d'eau qui déjà menace de tarir [27] » [p. 27]) et sur l'isotopie éros (« tes mains sur ma peau, me décrivant alors que le livre me tient », filant jusqu'à la « *riva*lité » [p. 47] entre les lignes droites sur la page et les lignes-courbes dans le lit...). On reconnaît, dans cette dernière citation, le prière d'insérer de la quatrième de couverture, comme si la couverture était autant celle du livre que

---

25. Rappel intertextuel : « RAVIN (V entrouVre son raVin, sa ValVe ou son Vagin.) ». Cette glose de Michel Leiris, dans son *Glossaire j'y serre mes gloses* (1939), s'inscrit dans l'intertexte général que l'œuvre de Suzanne Lamy entretient avec le surréalisme français, notamment avec l'œuvre d'André Breton : voir, entre autres, le livre sur le dernier récit de celui-ci (André Breton, « Hermétisme et poésie » *Arcane 17*, Montréal, Presses de l'Université de Montréal, 1977) et le chapitre sur Breton et Marguerite Duras (« Breton-Duras, B. D., ma bande dessinée », *Quand je lis je m'invente*, l'Hexagone, 1984).

26. Trois citations que je choisis non seulement parce qu'elles sont « à la virgule » mais aussi parce qu'elles engagent autre chose : la signature (« Consigner » ou signer avec, « en creux » : voir Randa Sabry, « Quand le texte parle de son paratexte », *op. cit.*, p. 98), l'accumulation de notes devenant malgré soi narration (« réinventée »), « histoire » de toi, et le surgissement d'une voix (« M'y voici ») dans le *double-bind* de la perte (parce que je perds, parce qu'il risque d'en être).

27. On peut faire de cette phrase une lecture analogue à celle que fait Jean Starobinski (*Les mots sous les mots. Les anagrammes de Ferdinand de Saussure*, Paris, Gallimard, coll. « Le chemin », 1971, p. 158) d'une phrase de Baudelaire, en ce que son dernier mot rassemble des éléments linéairement distribués depuis son premier ou son deuxième mot : *Ta*, *ri*ves, cou*rs*/tarir.

celle du lit, comme si la couverture devait être aussi, par la photo, le lieu de montrer le trou, déjà mais sans qu'on sache le reconnaître, mais sans qu'on sache qu'on puisse en renaître : dans « Il me semble que dans cette histoire, à coup sûr réinventée, d'autres pourraient, pourront *se retrouver* » (p. 82), il y a, à même ce trou doublement cadré — de l'intérieur de l'édifice et de l'extérieur de la photo —, la possibilité de se rêver, de se river.

LA CONVENTION I et LA CONVENTION II ensemble et l'indicatif de l'éditeur

Deux critiques, parues dans le magazine *Spirale* en avril 1984 et en avril 1985 — la première, durant l'écriture du récit, portant sur un livre de Jacqueline Chénieux-Gendron (prénom et nom composé) intitulé *Le surréalisme et le roman* [28], et la seconde, durant les retouches apportées au récit, sur un livre de François-Bernard Michel (prénom composé et nom, inversement) intitulé *Le souffle coupé* [29] —, ne sont pas sans faire *résonner ensemble*, selon la convention établie par le récit ainsi intitulé, cette façon d'« entrer ce moment dans la répétition, contre le temps » (p. 47), ce temps qui « n'est que prison, carcan qui se resserre » (p. 55). De faire *résonner ensemble*, à l'enseigne du S de Suzanne, de Surréalisme et de Souffle. Il suffit, si je puis dire, de rapprocher les passages suivants. D'abord de l'un, à propos du pôle, autour d'André Breton, « du hasard objectif, de l'anagogie, qui rallie la tendance sensible et émerveillée devant le réel » :

> En fait, ce clivage [en deux pôles] se soutient du rapport que les uns et les autres entretiennent avec le Temps et l'érotisme. Le surréalisme de la continuité, de la confiance (même désespérée) dans la durée, il s'agrège autour de Breton, alors que le surréalisme de la catastrophe, de l'écriture compensatrice, se retrouve autour d'Aragon, de Bataille (sur les confins du surréalisme) [30].

Ensuite de l'autre, à propos de « la relation symbiotique maladie/écriture » :

> Les rapports à établir entre la maladie et l'écriture restent des plus délicats. Comment faire le partage entre ce qui relève de la langue, des codes de l'époque, du milieu, du style de l'écrivain, ou de la maladie [31] ?

Après *La maladie comme métaphore* [trad. fr., 1979, de *Illness as Metaphor*, 1978], de Susan Sontag, ce livre vient à point nommé, dans l'interrogation en

28. Jacqueline Chénier-Gendron, *Le surréalisme et le roman, 1922-1950*, Lausanne, L'Âge d'homme, 1983.
29. François-Bernard Michel, *Le souffle coupé. Respirer et écrire*, Paris, Gallimard, 1984.
30. « Le texte " le sens " l'invention de la vie », *Spirale*, n° 42, avril 1984, p. 16. *Le surréalisme et le roman. 1922-1950* est sorti en mars 1983.
31. « S comme Souffle, comme Souffrir » (*Le souffle coupé. Respirer et écrire*) contient un chapitre intitulé : « L'énigme de la mort de Stéphane Mallarmé : écriture de silence et spasme du larynx ».

cours sur l'insertion de la maladie dans notre histoire culturelle, pour creuser ce refus de l'alternance, de l'échange qui peut prendre d'ailleurs d'autres formes, mais qui ici, manifestement, cherche à dire quelque chose de façon particulière. Quoi ? Si le malade l'avait su ou avait pu le dire, si ce que le sujet désirant cherchait à dire n'était pas resté hors d'atteinte, sans doute le symptôme aurait-il lâché prise (ce qui semble avoir été le cas pour Gide), l'être existant par sa parole, comme l'exprime le fameux «*parlêtre*» de Lacan.

C'est lorsque l'indicatif de l'éditeur (*Le C*astor astral, puisqu'il y a coédition [32]) entre lui aussi en résonance avec l'indicatif du titre (*La c*onvention), que, surgissent à la lecture du texte, côté *Hains*, «*Le c*ancrelat de l'un, *le c*afard coincé de l'autre» et «*le c*rabe» (p. 20), «Pas *le c*ourage de vivre mutilé [33]» (p. 47) et «Cette après-midi, en présence du Docteur F., il a dit : *le c*ourant baisse [34]» (p. 74), ces indices réfléchis par «*Le c*orps de l'artiste, son souffle» (p. 30). L'indicatif de l'éditeur ne pouvant alors désigner que «la plus insidieuse forme de carcinome» (p. 25), *le c*ancer, bien que ce dernier mot n'apparaisse pas comme tel dans le récit. Sur l'isotopie éros, la répétition, et sur l'isotopie thanatos, le temps, «car*can* qui se res*serre*», juste paragramme.

Faire *résonner ensemble*, dans l'intertexte, à l'enseigne du S de Suzanne, Surréalisme («la continuité, [...] *la c*onfiance (même désespérée) dans la durée») et Souffle («l'insertion de la maladie dans no*tre his*toire culturelle»), c'est aussi faire résonner, dans le texte, sur l'isotopie éros, par le terme commun qui, en grec, désigne l'homme en tant qu'être sexué, *André* Breton et Maurice *André*. Mais aussi «présence et absence» (p. 30), relation amoureuse et ablation — mutilation : *mute* — amoureuse. Dans François Hains (les a-i-s communs), nom complet, ou dans Soria (les a-i-s inversés en s-i-a), prénom en forme de surnom, voire de pseudonyme. L'anthroponyme «François Hains» est introduit en même temps que le personnage, dès le deuxième

32. «Au sujet de coéditions possibles, sais-tu que le Castor astral a un correspondant au Québec, François Tétreau, le frère de Philippe qui collabore à *Spirale* pour la musique ? J'ai vu que Serge Rigolet que j'ai rencontré ici écrit dans *Le Magazine littéraire*. Ce serait peut-être mieux que rien.» (Suzanne Lamy à Jacques Lanctôt, 4 mars 1985) Elle évoque aussi les Éd. Pierre Horay et la coll. «P.O.L.» chez Hachette.

33. Vivre mutilé — comme Van Gogh —, François le refuse. Voir Suzanne Lamy : «Qui analyse qui ?» [sur Viviane Forrester : *Van Gogh ou l'enterrement dans les blés*] (*Spirale*, n° 35, juin 1983, p. 8) : «La horde familiale Van Gogh, le filet dont les mailles ont toujours eu tendance à se resserrer sur l'exclu, le suspect, l'atmosphère qui aura entouré Vincent Van Gogh tout au long de sa vie, Viviane Forrester ne cesse d'en défaire les entrelacements, d'en découdre les plis et replis les plus sournois de façon telle qu'il est presque impossible de ne pas s'engager avec elle dans cette mise au jour du besoin de colmater un deuil, de cette obligation faite à soi-même de participer à un crime, d'épouser quelque honte, de se sentir à jamais mutilé, dans l'erreur.» De *Vincent* à «Rue de la Convention, 123 [*cent vingt-trois*]» (p. 72), autre inversion.

34. C'est par ce mot («courant»), évidemment polysémique, que peut être fait le rapport intertextuel avec le célèbre poème d'Apollinaire, «Le pont Mirabeau». Faut-il ajouter (Jacques Hillairet, *op. cit.*) que la rue de la Convention commence au rond-point du pont Mirabeau, justement.

paragraphe du discours du Docteur F. (p. 9), discours chronologiquement le plus récent, alors que l'anthroponyme « Soria » l'est bien après le personnage, à l'occasion de la dernière lettre de François à elle (p. 38), épinglée au beau milieu du discours chronologiquement le plus ancien.

La dédicace d'œuvre

La dédicace du récit résiste absolument à toute lecture. S'agit-il d'une personne réelle, d'un vrai médecin dont on abrège le nom par discrétion, ou d'une personne possible dont on joue à abréger le nom pour je ne sais quelle raison ? Et que signifie, ici, dédier ce récit à cette personne ? Et n'y a-t-il pas quelque rapport entre le prénom de ce docteur (Jacques) et le prénom de l'éditeur (Jacques également) ? N'y a-t-il pas quelque rapport entre le prénom du correspondant au Québec du coéditeur (François) et le prénom du personnage malade (François également) ? Entre ce prénom et le double prénom de l'auteur-docteur dont Suzanne Lamy a fait la critique (François-Bernard) ?

C'est ici que la petite enquête dont j'ai rapidement fait état plus haut devient utile. C'est en août 1983, en effet, deux ou trois jours avant la quasi-noyade de Suzanne Lamy à Hossegor, plage sise sur la côte atlantique, entre Bordeaux et Biarritz, quasi-noyade de laquelle elle est sauvée par Laurent Lamy — voir le rêve des p. 62-65 —, que le docteur Jacques Galaup, ami d'enfance de Suzanne, lui raconte, en présence de Laurent, dans un restaurant de Toulouse, l'anecdote qui est à la base de *La convention*[35]. Suzanne est alors dans la région toulousaine, sa région natale[36], pour rendre visite à sa mère qui, très malade, est dans la clinique où exerce le Docteur Galaup[37]. Faut-il préciser que la date de la mort de la mère est devenue, dans le récit, la date de la mort de François[38] ? Ou encore que le nom du docteur (Galaup)

---

35. Les termes coïncident tout à fait : une « histoire qui ressemble à ça » et « le fond de l'histoire [dans le récit] est très, très réel » (me dit Laurent Lamy), « une histoire ressemblant à l'histoire de *La convention*, mais peu de chose, il a été lui-même étonné qu'elle y ait trouvé matière à faire un livre » (m'écrit Maguy Seyfried). Cette histoire, qui est une histoire vécue, est déjà transformée, lorsqu'elle arrive aux oreilles de Suzanne, par ce qu'en veut bien raconter le docteur. Qu'en a-t-elle noté alors, et ces notes, fragments d'un avant-texte, ont-elles été conservées ? Autre question — de génétique textuelle, cette fois-ci.
36. Rue de la Convention, deux édifices font résonner le rapport écriture/maladie. D'une part, l'Imprimerie nationale qui, installée là depuis 1925, a d'abord été dite royale : « L'*Imprimerie royale*, devenue *nationale*, fut transférée, sous la Révolution, en 1795, au ci-devant *hôtel de Toulouse* » (Jacques Hillairet, *op. cit.*) ; d'autre part, l'hôpital Boucicaut, inauguré en 1897, qui s'occupe actuellement, entre autres, de la cancérologie des voies aéro-digestives supérieures (larynx, pharynx, œsophage).
37. « L'année est 1983 et ma mère est morte justement le 1er septembre 1983. Elle était dans la clinique où exerce le docteur Galaup comme O.R.L., dans un autre service que le sien, et j'étais présente lorsqu'elle est morte. Ma sœur avait été présente auprès d'elle au mois d'août avant que je ne prenne la relève. » (m'écrit Maguy Seyfried)
38. Déjà, dans un entretien avec Viviane Forrester, « Rechercher ce qu'on ne sait pas encore » (*Spirale*, n° 21, septembre 1981, p. 24 et 17), Suzanne Lamy pouvait entendre :

et le nom de jeune fille de l'auteure (Lapalu) sont, à une lettre près, en relation anagrammatique, et que cette lettre, *dans le paratexte*, permet justement de relier, *dans le texte*, le F du Docteur F. au H de Hains ? Mais ce pont alphabétique de trois lettres — relayé par celui de l'éditeur (VLB) —, François Hains seul, avec son F et son H, peut en constituer les piliers [39].

Je ne vais pas plus loin dans cette voie pour le moment. La signature

Quant à *S*uzanne *L*apalu devenue, sans changer d'initiales, *S*uzanne *L*amy, elle signe non seulement à l'extérieur, sur la page imprimée (du livre), mais aussi à l'intérieur, sur la page manuscrite (de la fiction) et dans l'écriture, « en creux » dans le texte. Quatre fois, au moins. Deux fois dans le discours de Soria : la première lorsqu'à la mort de François le Docteur F. « a ajouté qu'une *amie* était *là* qui m'attendait. Qu'à cela aussi, on y avait pensé » (p. 78), la seconde lorsqu'elle-même, à la dernière page qui lui est dévolue (p. 82), s'adresse directement au Docteur F. à propos de l'original du cahier de notes : « Je vous le laisse, vous qui êtes du côté de la *s*cience et de la *l*oi, et aussi de l'intime. » Et deux fois dans le discours du Docteur F. : la première lorsqu'il parle de ses clients : « La première fois qu'ils viennent chez moi — comme chez tout spécialiste, je suppose — ils sont *plus* ou moins intimidés, Ils *parl*ent de leur ma*la*die, s'embrouillent, font des coqs-à-l'âne » (p. 10), la seconde lorsqu'une fin d'après-midi, entrant dans la chambre, il remarque telle robe « aux *aisselles* bordées d'un large cerne » (p. 71). N'est-ce pas en distribuant ainsi ces occurrences — SL, Lapalu, Lamy — que le « -terie » propose, dans ce récit composé sur la ligne de crête de deux intimités abandonnées (le laisse / aisselles), un chiasme implacable ?

« C'est vous, *La C*onvention... » (p. 72). Cette petite phrase, commentée aussitôt qu'inscrite (avec ses trois points de suspension) par Soria dans un bref dialogue qu'elle a avec le Docteur F., désigne à la fois deux noms

---

« S. L. : Votre prochain livre ?

V. F. : *Les allées cavalières* [qui sortira en 1982], une fausse autobiographie à partir de la journée où ma mère est morte, sorte de leitmotiv à partir duquel j'invente des histoires, des amants à ma mère. Elle n'aurait pas aimé ça, elle était très puritaine. C'est peut-être ce qu'elle aura fait de plus maternel : me donner un livre. Après, les comptes seront réglés.

S. L. : Ça donne envie de le lire.

V. F. : Oui ? C'est la première fois que j'en parle. »

39. « En présence d'un tiers [le Docteur F.], *la c*omplicité prenait un autre goût » (p. 74). Cette phrase termine un long paragraphe qui commence par « J'ai pris sa main [de François] pour qu'il sache que l'allusion était saisie » et dans lequel le parcours d'une vie est évoqué. H et F, alors, comme hommes et femmes : « Ça s'écrivait : des hommes, des femmes, en grave ou en aigu, en parcelles piaffantes [insertion, ici très détournée, du nom du dédicataire : piaffantes / galop / Galaup], le long des boulevards, des égouts, en chiens cauteleux, en cloportes, pour un éclair, une seconde vie... » Voir déjà : « Cette complicité et ce désir fondus, tout de même, c'est bien ça qu'on appelle l'amour. Quand les choses viennent réfractées par l'autre. » (p. 46)

propres — tel segment de la Révolution française, telle rue de Paris — et un nom commun, telle entente superlative — *envoûtente* — incorporant autant le singulier unique (Soria) que le singulier pluriel (*le c*ouple Soria-François Hains).

De « aisselles » à « le laisse », de Robespierre à robe et à pierre, ou encore de en[vous]tente à envoûtente, n'en va-t-il pas toujours du S, initiale de Soria et finales de François Hains, et mixte des c des deux indicatifs (*la c-* et *le c-*) ?

« Bien au delà des mots » (p. 14), le Docteur F. ne voit que *la c*alligraphie — « la fermeté des lettres, l'arrondi de certains jambages, les creux » (p. 14-15) —, l'isotopie écriture et l'isotopie éros *résonnant ensemble* dans « *L'i*nimitable de ch*aq*ue écriture » (p. 15). Bien au delà des mots, il y a, d'un indicatif à l'autre et du paratexte au texte en passant par l'intertexte, le mal, « fléau de notre temps, *le c*ancer [40] ». En deçà des mots, il y a d'autres mots, ceux-ci, ceux de cette lecture.

Mais y a-t-il encore homologie entre « cet aspect tout à fait particulier de la réflexivité scripturale : la conscience qu'a un texte d'être un livre [41] » et ce fait que Suzanne Lamy *ne savait pas*, du point de vue de la vie, *qu'elle savait*, du point de vue de l'écriture ?

---

40. « S comme Souffle, comme Souffrir », *op. cit.*
41. Randa Sabry, « Quand le texte parle de son paratexte », *op. cit.*, p. 84.

Nom et genre

« Je rêvais profondément à ces noms... » Fonctions du nom propre dans *Vie de Henry Brulard*

Brigitte Diaz
Université de Caen

« Une partie de son enfance a été prise dans une écoute particulière : celle des noms propres[1]... » Cette phrase, que j'emprunte à Roland Barthes évoquant l'enfant qu'il fut, pourrait, dans son anonymat accueillant, constituer la formule inaugurale de bien des autobiographies ; tant il est vrai que le récit d'enfance, chapitre obligé de l'entreprise autobiographique, s'apparente volontiers à une constellation énigmatique de signifiants : les noms propres. Noms de lieux et noms de personnes y dessinent un paysage onomastique, où se cherche une présence, comme on guette une anamorphose dans un tableau : celle de l'autobiographe. Le lecteur de ces épopées intimes, que sont, depuis Rousseau, les autobiographies, est parfois embarrassé par ces noms ordinaires qu'aucune sorcellerie évocatoire ne transcende. Mais il le sent bien, son désintérêt poli pour ces noms propres trop communs est proportionnel à l'ardeur que met à les recenser l'autobiographe, converti pour la circonstance en greffier scrupuleux de quelque état civil intime.

Comme bien d'autres autobiographies du XIXe siècle, et peut-être plus que d'autres, puisque Stendhal (contrairement à George Sand, par exemple, qui débita sa vie en tranches feuilletonnesques) n'envisageait pas de publication immédiate et donc ne se posait pas vraiment[2] la question de la réception de tous ces noms, *Vie de Henry Brulard*, nous livre son encombrant trésor de patronymes. À côté de longues listes, tumeurs qui soudain noircissent la page, se marquent des creux, des absences : il est des noms qu'on n'écrit pas, ou alors tronqués, réduits à une simple initiale : B. comme Beyle. Nommer, mais aussi se nommer — quelles qu'en soient les modalités, cri ou soupir, signature ou initiale —, constituent le geste matriciel de l'entreprise autobiographique. C'est l'hypothèse que nous suivrons ici ; nous verrons

1. *Roland Barthes par Roland Barthes*, Paris, Seuil, « Écrivains de toujours », 1975, p. 55.
2. Certes, la publication a été envisagée mais renvoyée à un futur hypothétique et posthume, comme l'atteste cette lettre de Stendhal à Mme Jules Gaulthier : « Je laisse ces confessions à un ami suisse, qui les vendra 10 ans après moi, en 1856. Tous les noms sont changés et, d'ailleurs, qui prendra intérêt en 56 à la mémoire de mes protecteurs en 1812, alors acteurs de la comédie ? Peut-être aucun libraire ne voudra se charger, en 1856, d'un manuscrit où j'ai évité l'emphase comme la peste. » (*Correspondance*, Paris, Gallimard, coll. « Bibliothèque de la Pléiade », 14 mars 1836, t. 1, p. 193)

comment, pour Stendhal, les noms propres furent des clés vivantes pour comprendre le monde et le moi : tout à la fois balises de la mémoire, signes idéologiques, emblèmes amoureux ou fétiches érotiques. Nous verrons aussi comment les détours onomastiques que suit ici le parcours sinueux de l'autobiographe le ramènent, paradoxalement, vers un centre qu'il avait pourtant pris soin d'éviter, son propre nom.

Statut du nom propre dans *Vie de Henry Brulard*

> J'aimerais assez qu'on changeât tous les noms. On pourrait remettre ceux-ci si par hasard on réimprime ces bavardages cinquante ans après ma mort.
>
> *Souvenirs d'Égotisme*

Constatons d'abord que *Vie de Henry Brulard* rompt avec la cryptonymie qui s'impose dans les autres formes d'écriture du moi pratiquées par Stendhal. *Le Journal* du jeune Henri Beyle est un laboratoire du moi et un espace de dissidence en marge de l'ordre familial. On comprend donc qu'il y profère rarement le nom tant abhorré du père — Chérubin Beyle — et qu'il préfère s'y rebaptiser de quelque pseudonyme à usage personnel (Dominique, Myself...). Pour d'autres raisons, pudeur ou goût du secret, les noms de personnes cités y apparaissent volontiers cryptés (Palfy : Pierre Daru), ou réduits à une lettre, qui n'est souvent pas même l'initiale du nom (π : Pulchérie Le Brun ; Z : le comte et la comtesse Daru). Autant de procédés qui rendent nécessaire l'usage d'un petit glossaire stendhalien, mais tel est bien le but déclaré de cette cryptonymie généralisée : préserver des regards indiscrets les confidences et aveux que le diariste s'adresse à lui seul.

Dans la correspondance, le régime onomastique, plus variable, dépend largement du destinataire et de son degré de connivence avec Beyle. Avec les plus proches, son « éréthisme » pour la pseudonymie est à son comble :

> Il n'écrivait jamais une lettre, rapporte Mérimée, sans la signer d'un nom supposé : César, Bombet, Cotonet, etc. Il datait ses lettres d'Abeille, au lieu de Civita-Vecchia [...]. Tous ses amis avaient leur nom de guerre, et jamais il ne les appelait d'une autre façon [3].

Plus convivial qu'idiolectal, le trafic onomastique dans la communication épistolaire travaille surtout à instaurer une sorte de langage clanique.

Avec l'autobiographie, les choses changent. Le moi ne cherche plus à se travestir pour échapper à quelque autorité, mais prétend au contraire se dépouiller de ses fictions pour atteindre au vrai. En dépit du maquillage initial

3. Prosper Mérimée, *H. B.*, dans *La gloire de Stendhal*, Paris, Roger Stéphane, Quai Voltaire, 1994, p. 151.

du nom — Beyle-Brulard —, tenue de camouflage grossière qui ne cherche manifestement à tromper personne, le rapport de Stendhal au nom propre y est fort différent. Dans l'exercice diariste comme dans l'exercice épistolaire, il était créateur, encodeur, et grand falsificateur de noms ; l'autobiographie le fait recenseur et décodeur de noms réels. La manipulation onomastique est maintenant au service d'une démarche heuristique : « Quel homme ai-je été[4] ? » Ce changement de perspective explique l'utilisation exclusive des « vrais » noms de personnes dans *Vie de Henry Brulard*. À cet égard, les recommandations préliminaires que Stendhal adresse aux éditeurs éventuels de son manuscrit, leur enjoignant de « changer tous les noms de femmes, condition *sine qua non* » (p. 526), ressortissent davantage à une mise en scène parodique du contrat de discrétion de l'autobiographe qu'à une exigence véritable. À quoi bon d'ailleurs mentir à ces *alter ego* idéalisés, les Madame Roland et autres, qu'il s'est choisis comme destinataires privilégiés ? Quant au nom de l'auteur, si c'est effectivement celui de Henry Brulard qui figure dans ces courts avertissements appelés « Testaments », où s'énonce un pseudo « pacte autobiographique », il disparaît à peu près du récit pour laisser la place au vrai nom, Henri Beyle, qui seul peut générer les réminiscences[5].

D'autres raisons expliquent l'abandon dans l'autobiographie de la stratégie pseudonymique. En disciple de Tracy, Stendhal pense que « toutes nos erreurs nous viennent de l'inexactitude de nos souvenirs[6] », aussi, pour pallier les défauts de la mémoire, voit-il volontiers dans le nom propre l'agent sûr d'une résurrection du passé. Le nom est une balise fiable, sorte de « carbone 14 » qui permet de situer à coup sûr les épisodes de la préhistoire du moi. Garanti par sa trace sur les rôles officiels, le nom exorcise la confusion des souvenirs. Ceux-ci vacillent-ils ? il suffit de les enter sur un nom, lui-même gravé sur un registre consultable

> en faisant rechercher dans les actes de l'état civil de Grenoble (que Louis XVIII appelait Grelibre) l'acte de mariage de M. Camille Teisseire (rue des Vieux-Jésuites ou place Grenette car sa vaste maison a deux entrées) avec Mlle Marine Perier, j'aurais la date de la tyrannie Raillane. (p. 609)

Des démonstrations de ce genre abondent dans un récit qui se rêve une transparence de procès-verbal.

Se faisant l'archéologue de son moi, Stendhal aspire à une objectivité quasi scientifique ; il « fuit l'emphase comme la peste » et craint par-dessus

4. C'est la question inaugurale de *Vie de Henry Brulard* : « Qu'ai-je donc été ? Je ne le saurais », *Vie de Henry Brulard*, *Œuvres intimes*, t. 2, Paris, Gallimard, coll. « Bibliothèque de la Pléiade », 1982, p. 532. Par la suite les références de pagination seront signalées dans le corps du texte, entre parenthèses.
5. C'est ce que signale Béatrice Didier : « On constate une certaine répulsion de l'autobiographe à se ressusciter, enfant, sous le nom de Brulard. Ce nom gêne le mécanisme de remontée de la mémoire, parce qu'il est fictif », *Stendhal autobiographe*, Paris, Presses universitaires de France, 1983, p. 281.
6. Voir, entre autres, la longue lettre à sa sœur Pauline, du 19 novembre 1805, où il lui explique la Logique de Tracy, *Correspondance*, t. I, p. 248.

tout, de « faire du roman ». Or, l'expression du passé invite au lyrisme romanesque, voire à l'affabulation ; d'où le recours aux noms propres qui, dans leur arbitraire absolu, lui semblent les signes linguistiques peut-être les moins falsifiants. Cette méfiance à l'égard du langage explique sans doute la frénésie avec laquelle il convoque ces noms de personnes qui n'ont pourtant fait dans sa vie qu'une discrète figuration [7]. Plus encore que des sondes jetées dans le gouffre de la mémoire, ces bataillons de patronymes font office de garde-fou contre tout débordement de l'imaginaire. Ils défilent avec la respectabilité de leur caution référentielle et tout nimbés de cette aura de vérité qu'a forcément le nom « vrai [8] ». Inventerait-on des noms comme Genou, Basset, Corbeau, Dumolard, Lavalette, Odru, Pison-du-Galand... ? semble nous dire Stendhal. Pour l'autobiographe, les noms propres sont donc d'abord les tuteurs du souvenir. Mais c'est évidemment une autre fonction que l'enfant Beyle leur donnait : guides d'un autre genre, ils furent pour lui les cicérones qui l'initièrent aux arcanes de l'univers familial et de la société grenobloise.

Nommer, c'est classer [9]

> C'est Ampère et A. de Jussieu qui m'ont fait voir la portée du mot à ce faquin de vicomte de La Passe : « Oserais-je vous demander votre nom ? » que La Passe ne me pardonnera jamais.
>
> *Vie de Henry Brulard*

Dans cette enquête œdipienne que lui fait mener le narrateur adulte, le petit Henri attrape au moins une vérité. Chez les Beyle, comme chez les Gagnon, le nom « oblige ». Dans cette famille de notables bourgeois, le nom obéit au régime aristocratique : il a une valeur emblématique et sacrée ; il relie l'individu à une tradition et à une Histoire. Sacré parmi tous, le nom du Roi : « Mes parents étaient comme des domestiques à l'égard du roi. Au seul nom de roi et de Bourbon, les larmes leur venaient aux yeux » (p. 864). À tel point que l'enfant est tout impressionné quand il passe devant l'échoppe d'un ferrailleur grenoblois, un dénommé Bourbon, dont le nom le frappe « car ce n'était qu'avec les signes du plus profond respect et du plus véritable dévouement que [ses] bourgeois de parents prononçaient ce nom » (p. 773). À l'instar du nom royal, celui de Beyle est l'objet de commentaires paternels chargés d'en assurer la légitimité : « Ma famille, malgré l'état de médecin et d'avocat se croyait être sur le bord de la noblesse, les prétentions de mon

7. Une abondance que l'on peut évaluer par le volumineux appareil de notices biographiques chargées de recenser la très dense population de la mémoire stendhalienne.
8. « Un nom réel a une sorte de force magnétique ; il communique à tout ce qu'il touche une aura de vérité », Philippe Lejeune, *Moi aussi*, Paris, Seuil, 1986, p. 71.
9. « On ne nomme donc jamais : on classe l'autre », Claude Lévi-Strauss, *La pensée sauvage*, Paris, Plon, 1962, p. 240.

père n'allaient à rien moins que celles de gentilhomme déchu... » (p. 788) Ces prétentions nobiliaires ont pour corollaire le mépris affiché pour la roture [10]; toutes pratiques moquées par l'enfant, qui n'y voit qu'une grotesque parodie de l'onomastique d'Ancien Régime. L'autobiographe iconoclaste répond à cette prétention par la généalogie truquée et trouée du nom de Brulard que nulle origine ne vient garantir sinon cet avatar parodique de la figure paternelle « le père Brulard », moine paillard qui n'aurait légué pour tout patrimoine à l'enfant que sa tête énorme. Est-il besoin de dire que la pulsion pseudonymique de Stendhal, qui fait du nom un signe instable, poétique, égotiste aussi, puisqu'il brise le fantasme de la lignée au profit de la singularité, est la réponse nihiliste du fils à la religion paternelle du Nom? Mais si sacrilège soit-il, le choix de la tactique pseudonymique semble pourtant s'originer dans un mythe familial qui vient, cette fois, de la branche maternelle, celle des Gagnon, la seule légitime, on le sait, pour Stendhal [11]. C'est l'histoire romanesque, racontée à l'enfant par la tante Élisabeth Gagnon, de l'ancêtre venu d'Italie se cacher en Avignon après une mystérieuse aventure et choisissant de franciser son nom en celui de Gagnon. Dans les vides de l'histoire, Stendhal récrit son roman des origines qui l'instaure descendant d'un aventurier italien, un Guadani, ou un Guadaniamo, passé en France après quelque crime passionnel. Guadani ou Brulard, qu'importe: motivé ou immotivé, le pseudonyme est une pierre lancée contre la loi du Père.

Mais avant d'apprendre à jouer avec les noms, l'enfant a appris à les écouter. De leurs modulations dans les bouches familiales il tire quantité d'enseignements. Il y a les noms qu'on profère avec précaution et révérence, comme celui de la très aristocratique mère de Louis de Barral, son ami: « *c'était une Grolée****, disait mon grand-père avec respect... » (p. 794), les italiques s'essayant à mimer l'onctuosité requise pour proférer ce patronyme de qualité. À l'inverse, certains noms écorchent les bouches, et les déforment en un vilain rictus, en particulier celle du grand vicaire et chanoine Rey, ami de la famille et antirépublicain farouche qui « faisait une singulière grimace en prononçant de travers les noms de Diderot et de D'Alembert » (p. 858), ce qui ne manque pas d'ailleurs de susciter chez l'enfant « une jouissance intime et profonde » (p. 858). Et puis, il est des noms maudits, qu'on ne profère que contraints et forcés, comme celui d'Amar, conventionnel grenoblois qui fit inscrire en 1793 le nom du père, Chérubin Beyle, sur la liste des suspects: « On exprimait en termes polis toute l'horreur qu'inspirait le nom d'Amar. » (p. 639) Goguenard, l'enfant oppose à l'horreur familiale une feinte candeur:

---

10. « Tout le mépris qu'on exprima ce soir là, pendant tout le souper était fondé sur l'état de bourgeois de campagne de M. Bigillion, père de mes amis, et sur ce que son frère cadet, homme très fin, était directeur de la prison départementale, place Saint-André, une sorte de geôlier bourgeois. Cette famille avait reçu saint Bruno à la Grande Chartreuse en [...]. Rien n'était mieux prouvé; cela était bien autrement respectable que la famille B[ey]le, juge du village de Sassenage sous les seigneurs du Moyen Âge. » (p. 788)
11. « Je me regardais comme Gagnon et je ne pensais jamais aux Beyle qu'avec une répugnance qui dure encore en 1835. » (p. 603)

« Mais, dis-je à mon père, Amar t'a placé sur la liste comme notoirement *suspect* de ne pas aimer la République, il me semble qu'il est *certain* que tu ne l'aimes pas... » (p. 637)

Pour le jeune Beyle, la perception des clivages idéologiques passe donc par la profération familiale des noms. Étalon-or de l'onomastique familiale, le nom aristocratique est toujours prononcé avec suavité ; celui des ennemis politiques est soumis à plus dur traitement : écorché ou tourné en dérision, comme celui de Pichegru qui suscite les sarcasmes du grand-père Gagnon, pourtant « aristocrate modéré » : « Il haïssait les Jacobins surtout comme gens mal vêtus et de mauvais ton. *Quel nom : Pichegru !* disait-il. C'était là sa grande objection contre ce fameux traître qui alors conquérait la Hollande. » (p. 654) À nom hideux, homme hideux : l'imaginaire cratylien qui fait consensus chez les Beyle veut que le nom porte en lui la gloire ou l'infâmie de la personne.

Les réseaux onomastiques qui circulent dans l'enceinte familiale circonscrivent donc des espaces idéologiques et délimitent le territoire de la socialité autorisée. Pas étonnant dès lors si c'est sous la forme d'une liste de noms propres que fut révélée à Stendhal l'existence d'un autre Grenoble, une ville « charmante » celle-là, « pétillante d'esprit et où les jolies femmes ne s'oubliaient pas » et dont il n'avait pas soupçonné l'existence étant enfant. Il en doit la découverte au hasard d'une rencontre faite à Milan, en 1802, avec un officier d'état-major nostalgique de la cité dauphinoise :

> Il avait passé 15 ou 18 mois à Grenoble, il soutenait que c'était la ville la plus agréable de province ; il me cita Mmes Allemand-Dulauron, Piat-Desvials, Tournus, Duchamps, des Montmaur, les demoiselles Rivière (filles de l'aubergiste, rue Montorge), les demoiselles Bailly, marchandes de mode, amies de mon oncle, MM. Drevon, Drevon l'aîné, et Drevon la pareille, M. Dolle de la porte de Franc, et, pour la société aristocratique (mot de 1800 remplacé par ultra, puis par légitimiste), M. le chevalier de Marcieu, M. de Bailly. Hélas ! à peine avais-je entendu prononcer ces noms aimables ; mes parents ne les rappelaient que pour déplorer leur folie, car ils blâmaient tout, ils *avaient la jaunisse*... (p. 620)

Paradoxe cocasse, c'est le prosaïsme de ces noms de bourgeois, interdits de séjour dans l'espace familial, qui ressuscitent pour Stendhal l'exotisme insoupçonné d'un autre côté de Grenoble.

De cette traversée des noms, l'enfant retient le pouvoir discriminant du nom. Nommer c'est classer, mais c'est aussi se classer et se placer sur l'échiquier social ; on sait l'usage tactique que Stendhal fera de cette découverte. Mais en attendant de devenir le champion de la pseudonymie, il se contente de s'inventer, pour plaire à sa famille, de nobles fréquentations, pourvues de noms comme il faut, comme cette Mme de La Bayette qui impressionne beaucoup le grand-père Gagnon : « La Bayette, bonne famille, dit mon grand-père... » (p. 796), mais qu'il ne pourra jamais lui présenter, et pour cause. Il mesure à cette occasion la duplicité d'une bourgeoisie qui rêve à la pérennité du nom aristocratique mais qui ne peut s'empêcher de trafiquer les siens [12]. Autour de ce paradoxe bourgeois il livre un cocasse sottisier, et fait défiler ces honnêtes trafiquants de noms : comme ce M. Basset, « haut de 4 pieds 3 pouces, au désespoir de s'appeler Basset » qui se rebaptise « M. le baron de Richebourg » (p. 811) ; ou encore ce cabaretier « le jeune Genou, qui, sans bas, [lui] a souvent servi du café au café Genou, au coin de la Grande-Rue et de la rue du département, et qui, depuis 20 ans, est à Paris M. de Genoude… » (p. 875)

Poétique du nom

> J'allai m'imaginer que Florian devait être un livre sublime, apparemment d'après les titres : *Gonzalve de Cordoue, Estelle*, etc.
>
> *Vie de Henry Brulard*

Selon la loi familiale le nom a donc le double statut d'emblème sacré et de signe social discriminatoire, mais pour l'enfant il a d'abord eu une valeur affective. Échappant aux mailles serrées des réseaux familiaux, des noms affleurent à la surface de la mémoire ; ce sont le plus souvent de simples prénoms, ou même des surnoms. Si le patronyme n'est pas de mise dans ces souvenirs d'enfance, c'est d'abord parce que la mémoire affective se moque bien de l'état civil, mais c'est aussi que les personnes évoquées ici n'ont pas de nom, petit peuple de serviteurs qui n'a pas accès à la distinction patronymique. On peut supposer que, consciemment ou non, l'attachement du petit Henri à ces obscurs objets fut aussi dirigé contre l'aristocratisme ambiant [13]. Les humbles servantes qu'il a aimées ont des noms simples et ronds qui contrastent avec la sophistication de celui de la tante Séraphie, sorcière au prénom d'ange, que l'enfant accuse de diaboliques machinations avec son père, Chérubin, autre démon : c'est sa « bonne amie Marion (Marie Thomasset de Vinay), servante de Molière et qui détestait Séraphie » (p. 681) ; c'est la Fanchon, « comme on l'appelait » (p. 660), jeune servante dont il fit, dit-il, son amie intime lors de l'idyllique séjour aux Échelles chez son oncle Romain Gagnon ; c'est aussi sa « *tatan* Camille », tellement belle qu'il n'osait lui parler (p. 660). Et c'est surtout celui que, quarante ans plus tard, il appelle son « meilleur ami » (p. 674), et même, le « meilleur ami que j'eusse » (p. 677), Lambert, simple serviteur dont il n'est pas même sûr de connaître le nom véritable : « Je pense à une chose : je peux faire rechercher l'extrait mortuaire

---

12. « Il faut convenir que c'était un plaisant animal qu'un bourgeois de France vers 1794, quand j'ai pu commencer à le comprendre, se plaignant amèrement de la hauteur des nobles et entre eux n'estimant un homme absolument qu'à cause de sa naissance. » (p. 797)
13. La tante Séraphie d'ailleurs ne se prive pas de lui faire payer ces amitiés déplacées. Ainsi dans un geste incroyablement cruel, elle somme l'enfant de boire dans la coupe qui a servi à recevoir le sang de Lambert mourant (p. 676).

du pauvre *Lambert*; mais Lambert était-il un nom de baptême ou de maison[14] ? » (p. 678)

Ces noms de personnes ébauchent un paysage intime que les noms de lieux achèvent de dessiner. Ceux sur lesquels la mémoire s'attarde sont souvent des lieux de passage où le regard transite vers le hors champ de l'espace familial, et qui dessinent l'« arrière-pays » magique d'un enfant « séquestré ». C'est le jardin Lamouroux, aperçu à travers le « jour de souffrance » qui perce d'un rai lumineux l'obscure et humide chambre enfantine ; c'est le rocher de la Buisserate, lieu de promenade obligé sous la houlette du tyran Raillane, mais d'où l'enfant peut contempler avec envie « des jeunes gens *qui jouissaient de la liberté*, allaient et venaient seuls, et après se baignaient dans l'Isère et un ruisseau affluent nommé la Biole » (p. 608). C'est enfin les Échelles, lieu mémorable parmi tous où « tout fut ravissant » (p. 608). Ces lieux ouvrent le regard sur un au-delà forcément heureux parce qu'il est l'envers du paysage familial, et leurs noms, en vertu d'un glissement métonymique, s'investissent du même pouvoir de suggestion. C'est le cas de ce nom de Berland, à la fois toponyme — c'est le nom d'une forêt où le jeune Henri, momentanément soustrait à l'autorité paternelle, a goûté intensément au plaisir interdit de la chasse — et nom d'animal, en l'occurrence celui d'un « chien énorme » qui fut donné en cadeau au père. Dans ce nom s'amalgament des éclats de bonheur vécu, et toute une imagerie poétique que l'enfant tire de ses lectures : « Les forêts de Berland et les précipices en forme de falaises qui les bornent [...] devinrent pour moi un type cher et sacré. C'est là que j'ai placé tous les enchantements d'*Ismen* de la *Jérusalem délivrée* ». (p. 667)

Comme Proust, Stendhal est sensible à ce que Roland Barthes appelle le « pouvoir de citation » des noms propres, ce pouvoir qui permet « d'appeler à discrétion toute l'essence enfermée dans le nom, en le proférant[15] ». Mais il ne s'intéresse guère à leur « pouvoir d'exploration » ; il ne déplie pas le feuilleté compliqué du nom, se contentant de le faire sonner pour en tirer une jouissance immédiate. On est d'ailleurs surpris de voir chez ce « nomophile » averti une sorte d'aveuglement sur la séduction que certains noms exercent sur lui. Ainsi ne remarque-t-il pas que s'il choisit ce nom de Berland pour figurer son Éden imaginaire, c'est peut-être parce que s'y reflète dans un écho anagrammatique celui du cher Lambert. Le lecteur moderne, friand des intéressantes surprises que lui réserve le jeu des signifiants, frémit devant l'innocence, feinte ou réelle, du narrateur qui, apparemment, n'entend pas les mots cachés dans ces noms de femmes où son désir s'est fixé. Celui de Mlle Kubly, qu'il n'ose proférer tant il provoque en lui une incontrôlable jouissance, est pourtant assez parlant. Ceux de ces femmes associées aux premiers troubles érotiques, les Mme de Valserre, Mlle Bonne de Saint-Valier,

14. Une note vient répondre à la question : le nom véritable de Lambert était Vincent Lamberton.
15. Roland Barthes, « Proust et les signes », *Nouveaux essais critiques. Le degré zéro de l'écriture*, Paris, Seuil, coll. « Points », p. 124.

Mlle de Lavalette, exhibent sans qu'il le voit, comme l'a signalé justement Jean Bellemin-Noël, « la singulière surcharge de la syllabe */val/* [16] », où la psychanalyse verrait peut-être la marque de quelque fantasme d'avalement. Il reste également sourd à cette rime insistante en *on* que fait entendre le paradigme des « bons noms » : Gagnon, Gardon, Colomb, Marion, Fanchon, Falcon et même Lamberton puisque tel est le nom véritable du cher serviteur, Lambert [17]. Et il ne s'étonne pas qu'aux Échelles, « ce fut comme un séjour dans le ciel », le nom était pourtant prédestiné à cette ascension-là !

L'étude des noms de femmes qui jalonnent l'éducation sentimentale du jeune Beyle nous permettrait peut-être de mieux comprendre le statut poétique du nom propre. Pour Beyle, le nom de l'aimée cristallise en lui le désir et en devient l'emblème érotique. Adolescent, il se recueillait quotidiennement devant le « monument » que constituait à ses yeux d'amoureux la simple lettre V, initiale du prénom de Victorine Bigillion, qu'il avait fait graver sur la reliure d'un de ses livres, enchâssée dans une couronne de feuillage. Bien des années plus tard, c'est par une rêverie sur les noms des femmes qu'il a aimées que l'homme vieillissant inaugure le récit de sa vie : « L'autre jour, rêvant à la vie dans le chemin solitaire au-dessus du lac d'Alabano, je trouvai que ma vie pouvait se résumer par les noms que voici. » (p. 541) Sur le sable, il trace les initiales de ces noms aimés, dont la liste forme un énigmatique anagramme : *vaammaaamcga*. Curieuse, la formule employée par Stendhal qui dit rêver « profondément à ces noms et aux étonnantes bêtises et sottises qu'ils [lui] ont fait faire » (p. 544), comme si les noms valaient pour les personnes et même un peu plus qu'elles. D'emblème, le nom devient fétiche : le proférer c'est un peu posséder la personne qui le porte. À l'extase rêvée de Mme de Chasteller pour qui « prononcer le nom de Lucien en parlant à lui-même eût été la suprême volupté [18] », fait écho la jouissance explosive du jeune Beyle murmurant pour lui seul le nom de Mlle Kubly, cette jeune actrice dont il était tombé « éperdument amoureux ». Ce nom, il peut à peine le prononcer tant il craint de défaillir sous le plaisir déferlant « comme une tempête dans [son] sang » (p. 762). Aussi se contente-t-il de la jouissance plus édulcorée que lui prodigue la lecture du nom chéri sur toutes les affiches de la ville : « Quel transport de joie pure, tendre, triomphante, quand je lisais son nom sur l'affiche ! » (p. 768) La trace écrite assure au nom son statut de fétiche. Matérialisé dans une inscription — hiéroglyphes sur le sable, emblème incrusté sur le cuir du livre, ou encore graffiti crypté — le nom génère un ersatz de jouissance. Encore faut-il que cette trace soit bien celle où le désir s'est fixé ; ainsi seuls les « caractères un peu usés du mauvais imprimeur » qui avaient gravé initialement le nom de

16. Jean Bellemin-Noël, *Biographies du désir*, Paris, Presses universitaires de France, coll. « Écriture », 1988, p. 52.
17. Il n'entend pas plus dans ce *tourdre* — nom dauphinois de la perdrix — qu'il a eu, dit-il, tant de plaisir à tuer le nom haï du « petit bossu Tourte », délateur appointé par le père qui dénonça ses premiers faux et usages de faux.
18. Standhal, *Lucien Leuwen*, Paris, Gallimard, coll. « Bibliothèque de la Pléiade », 1966, p. 951.

Mlle Kubly devinrent « sacrés » pour son fervent amoureux. À tel point que ce même nom, lu quelques années après à Paris sur une affiche flamboyante, ne suscite plus que déception : « [...] la beauté des caractères me choqua, ce n'étaient pas ceux qui avaient imprimé le nom de Kubly. » (p. 768)

Selon ce protocole fétichiste, nommer, c'est posséder l'autre ou du moins entretenir cette douce illusion. On comprend alors le plaisir de celui qui se caractérise comme un éternel « amant malheureux » (p. 542), à décliner, fût-ce sur le sable, les noms de ces « êtres charmants » qui ne « l'ont point honoré de leurs bontés », mais qui ont « à la lettre occupé toute [sa] vie » (p. 542). Mais nommer, c'est aussi aimer et ressusciter dans un geste d'amour celles qui ont disparu. D'où le plaisir jamais démenti de murmurer le nom de Métilde, chéri entre tous : « Je puis bien, écrit-il, nommer cette femme charmante, qui pense à elle aujourd'hui ? Ne suis-je pas le seul après qu'elle a quitté la terre ? n'est [elle] pas bien aise, après tant d'années, de voir prononcer son nom par une bouche amie ? » (p. 915)

À travers l'agencement toujours remanié des noms aimés, l'autobiographe semble chercher la formule poétique de son moi. Si les noms des femmes qu'il a aimées « résument » sa vie affective (p. 541), d'autres listes ajoutent quelques paragraphes à cet abrégé. Elles prolifèrent, en effet, ces longues guirlandes de signifiants où l'herméneute cherche le chiffre secret de sa vie : listes des auteurs lus (p. 538), des cantatrices entendues (p. 546), des professeurs de l'école centrale de Grenoble (p. 748-750), des amis nobles (753-756) : la liste structure manifestement le processus autobiographique [19]. On sait que le récit s'inaugure par deux listes de noms qui sont comme ses piliers fondateurs : la liste des noms de femmes qu'il a aimées et celle des membres de sa famille dominée par la figure et le nom du grand-père, Henri Gagnon. La liste, qui élague dans le rhizome de la mémoire pour ouvrir des voies éclairantes, n'est pas pour Stendhal une simple commodité d'écriture, mais plutôt un outil « scientifique » d'investigation de soi. C'est un instrument de classement, de hiérarchisation, qui fait de l'ordre dans les souvenirs en balayant leurres et fantasmes. Palmarès ou liste d'infamie [20], elle a une vertu heuristique pour Stendhal qui commente ainsi l'usage qu'il en fait : « À force d'employer des méthodes philosophiques, par exemple à force de classer mes amis de jeunesse par genres, comme M. Adrien de Jussieu fait pour ses plantes (en botanique), je cherche à atteindre cette vérité qui me fuit. » (p. 548) C'est le modèle des sciences qu'il convoque donc

19. Il faut lire à cet égard la lumineuse étude des manuscrits de *Vie de Henry Brulard* que propose Serge Serodes dans son ouvrage *Les manuscrits autobiographiques de Stendhal*, Genève, Droz, 1993.

20. Dans la rubrique amitié, par exemple, deux listes se font pendant : celle de ses amis nobles qui dessine le blason de l'aristocratie dauphinoise : « MM. Raymond de Bérenger, de Saint-Férréol, de Sinard, Gabriel du Bouchage, MM. de Montval... », grevée de commentaires sarcastiques, et celle, plus sobre et combien plus valorisée, des « hommes énergiques » qui ont compté pour le jeune Beyle, et dont les patronymes affichent leurs racines roturières : « Rebuffel (négociant rue Saint-denis), le père Ducros, bibliothécaire de la ville de Grenoble, l'incomparable Gros (de la rue Saint-Laurent). » (p. 547)

pour la gestion de son capital onomastique. Aux antipodes de Proust, il veut exorciser le pouvoir sidérant du nom en le soumettant à la syntaxe élémentaire de la liste, qu'il appelle significativement l'écriture « militaire » du souvenir (p. 544). Et plus les noms sont lourds d'affect, plus l'hygiène de la liste s'impose ; c'est le cas pour les noms ensorcelants des aimées qu'il veut « considérer le plus philosophiquement possible » en tâchant de « détruire le charme, le *dazzling* des événements, en les considérant ainsi militairement » (p. 544). La logique de la liste rejoint ici celle du croquis qui accompagne le texte. Celui-ci figure le moi par un point de l'espace, le « point H », celle-là le situe comme un point abstrait à l'intersection de réseaux onomastiques.

Ces deux systèmes de définition du moi signalent quelle politique du détour suit ici Stendhal. Contrairement au protocole autobiographique « ordinaire » qui consisterait à se nommer sans ambages, il choisit la complication d'une nomination sans cesse différée et médiatisée. Que ce soit la périphrase cryptée, du genre : « *I am* encore *in 1835 the man of 1794* » (p. 691), le pseudonyme canular — Henry Brulard —, ou encore les réseaux et agencements de noms (ceux des autres), tout est bon pour biaiser avec le nom du père. L'exégèse stendhalienne a volontiers interprété cet effacement du nom comme un parricide symbolique. Pourtant cette négation ostensible du nom du père ne doit pas nous aveugler sur la fascination qu'il exerce en sourdine sur le fils. Comme l'écrit Georges Gusdorf :

> L'une des intentions majeures de l'écriture du moi [est] de percer à jour le secret d'un nom que le sujet lui-même ne connaît pas. [L'autobiographe] s'interroge sur son identité, de circonlocution en circonlocution, comme animé par le désir de se rapprocher du saint des saints où se manifesterait à lui l'identité véritable [21].

C'est ce parcours sinueux que suit ici Stendhal-Brulard-Beyle cherchant derrière ces paravents onomastiques le mot de son énigme, c'est-à-dire son nom véritable.

Étouffé, tu, interdit, le nom de Beyle [22] resurgit çà et là dans d'étonnants protocoles qui disent de quel investissement il est l'enjeu. Avec une discrète jubilation, l'autobiographe rappelle par deux fois ce moment de triomphe que fut pour lui la distribution des prix de l'école centrale de Grenoble. Il entendit alors avec fierté prononcer le nom auquel il faisait honneur : « Monsieur B[eyle], vous avez le prix, mais pour notre plaisir, veuillez bien répondre encore à quelques questions. » (p. 832) Et s'il s'interdit de l'écrire en entier sur la page, ce nom de Beyle, il avoue cependant prendre un plaisir infini à rappeler ce jour « où son nom fut affiché avec tant de gloire » (p. 865). À côté de ces proférations éclatantes du nom, il est des modes d'appropriation moins spectaculaire mais tout autant décisive : la signature. L'enfant dépose la sienne sur le plâtre frais des nouvelles cloisons de la maison du

21. Georges Gusdorf, *Auto-bio-graphie. Lignes de vie 1*, Paris, Odile Jacob, 1991, p. 254.
22. Il apparaît dans la plupart de ses occurrences réduit à la lettre B.

grand-père, en un graffiti qui fixe son identité : « Henri Beyle 1789 ». L'épisode est livrée au détour d'une phrase, avec une sorte de détachement, mais cette signature-là est indélébile : gravée dans le plâtre des murs, elle cimente le lien du fils au père. La filiation peut encore s'exprimer par des voies plus sinueuses : c'est au détour d'une citation de Beaumarchais, cette remarque anodine, « À la beauté près j'étais Chérubin », où s'entend le désir innocemment formulé d'identification au père, Chérubin Beyle. C'est enfin cette étrange note que Stendhal consigne en marge de son récit. Rappelant sa nomination comme Auditeur au Conseil d'État en 1810, et faisant référence au registre qu'il signa alors, il écrit : « La faute est de ne pas avoir mis Brulard de la Jomate (la Jomate étant à *nous*). » (p. 706) La Jomate, c'est le nom d'une petite terre achetée par son père pour agrandir son domaine de Claix. Le pseudonyme, Brulard, s'enracine dans la terre du père, la Jomate : étonnante alliance soudée par le *nous*, que soulignent les italiques, et qui définit, autour de cette propriété commune, une identité. Tout se passe comme si dans cette étrange alliance onomastique et avec ce vrai faux nom de famille qu'il s'invente pour finir, l'autobiographe rejoignait ce père qui, disait-il, « l'aimait comme le soutien de son nom, mais nullement comme fils » (p. 606). Dans *Vie de Henry Brulard*, Stendhal, on le voit, ne renonce pas à la tentation du pseudonyme, sans pour autant oblitérer totalement son vrai nom — celui de Beyle —, qui ne cesse de rejaillir, comme dans ce curieux lapsus : « Cependant, ô mon lecteur, tout le mal n'est que dans ces cinq lettres : B R U L A R D, qui forment mon nom… » (p. 807) L'inconscient compte mal et juste à la fois.

L'exemple de Stendhal confirme l'hypothèse de Philippe Lejeune, qui postule que « le sujet profond de l'autobiographie, c'est le nom propre[23] » ; entendons par là que le problème crucial de l'autobiographe consiste dans le choix qu'il est amené à faire d'un système onomastique qui le « définirait ». À cet égard, le choix de Stendhal est doublement singulier. Pour se démarquer du système onomastique que commencent à mettre en place les *Mémoires d'outre-tombe*, il choisit d'égrener les noms ordinaires et sans gloire de ceux qui peuplèrent le petit théâtre de son moi, plutôt que de faire ronfler avec lyrisme les patronymes flamboyants des hommes illustres de son temps. Mais, on l'a vu, ce choix d'une onomastique familière, ordinaire, capable de figurer les parcours singuliers du moi s'accompagne paradoxalement d'une réticence à rêver sur le signifiant. En cela, Stendhal se situe aux antipodes de la démarche proustienne et de sa poétique onomastique essentialiste qui tend à s'imposer aujourd'hui à nous comme le modèle de l'exploration autobiographique du nom propre. Et même s'il déroge parfois à son programme un peu desséchant, il s'efforce de traiter le nom propre comme un outil diagrammatique à agencer en séries et en paradigmes qui sont comme autant de banques de données du moi. C'est sans doute aussi dans ce traitement à la fois austère et ludique du nom que se situe la modernité de l'autobiographie stendhalienne.

---

23. Philippe Lejeune, *Le pacte autobiographique*, Paris, Seuil, 1975, p. 33.

Le vertige des noms dans la *Préface de Cromwell*

Élisabeth Nardout-Lafarge
Université de Montréal

Quel est le statut du nom propre dans le discours critique et dans l'histoire littéraire ? Y a-t-il une pratique particulière du nom dans ces textes dont la fonction est justement de décrire et de juger, de définir et d'instaurer ce qu'est la littérature ? Je me propose d'adresser cette question à la *Préface de Cromwell*, d'une part à cause de l'étonnante prolifération de noms propres qui s'y déploie et d'autre part parce que ce texte se situe précisément à la croisée de l'histoire et de la critique et cumule les ambitions des deux disciplines jusque dans le partage ambigu de leurs compétences respectives : « Nous ne bâtissons pas de systèmes, parce que Dieu nous garde des systèmes. Nous sommes historiens et non critiques », écrit Hugo, après un renvoi ironique à La Harpe [1]. Manifeste romantique [2], la *Préface* n'a pas manqué d'irriter : les détracteurs de Hugo lui ont reproché, entre autres choses, « le cliquetis des formules apocalyptiques [3] » « cliquetis » dans lequel le tintement des noms (il y en a plus de deux cents en une quarantaine de pages) entre sans doute pour une bonne part.

Malgré ce que ma lecture du nom propre doit aux travaux de linguistes, à ceux de Marie-Noëlle Gary-Prieur [4] et de Nelly Flaux [5] notamment, je n'entrerai pas dans les débats théoriques que soulèvent leurs analyses puisque je m'intéresse non pas à une typologie des emplois possibles du nom mais à sa rhétorique et au système de valeurs qu'elle implique. L'emploi allégorique du nom propre, qui peut aller de la métaphore jusqu'à l'antonomase, est un procédé courant dont la littérature n'a nullement l'exclusivité. Elle le pratique cependant à partir d'une valeur attachée au nom d'auteur qui justifie, par exemple, l'usage rhétorique le plus conventionnel, l'argument d'autorité. Le nom propre ainsi utilisé introduit ou clôt une citation, parfois en tient lieu, et,

1. Victor Hugo, « Préface de Cromwell », *Œuvres complètes*, tome « Critique », Paris, Robert Laffont, Coll. « Bouquins », 1985. Toutes les indications de pages renvoient à cette édition.
2. Pour une analyse détaillée, voir la *Présentation* de Claude Duchet, « Victor Hugo et l'âge d'homme (*Cromwell* et sa *Préface*) », Victor Hugo, *Œuvres complètes*, Paris, Le Club français du Livre, édition de Jean Massin, 1967, tome III, p. 5-38.
3. Jean-Pierre Reynaud, « Présentation de la *Préface de Cromwell* », p. I-XIII, p. III.
4. Marie-Noëlle Gary-Prieur, *La grammaire du nom propre*, Paris, Presses universitaires de France, coll. « Linguistique nouvelle », 1994.
5. Nelly Flaux, « L'antonomase ou la mémoire du référent », *Langue française*, n° 92, décembre 1991, p. 26-4

ce faisant, authentifie un propos rapporté, propos qui a lui-même pour fonction d'autoriser le discours qui le cite[6]. Ce à quoi Hugo se défend bien d'avoir eu recours :

> [...] l'auteur de ce drame [on ne peut manquer d'opposer cet anonymat à l'abondance des noms cités] aurait pu comme un autre se cuirasser de noms propres et se réfugier derrière des réputations. Mais il a voulu laisser ce mode d'argumentation à ceux qui le croient invincible, universel et souverain. Quant à lui, il préfère des raisons à des autorités ; il a toujours mieux aimé des armes que des armoiries (*Préface*, p. 39).

Pourtant, c'est bien à ce croisement étymologique où se rencontrent auteur, authenticité et autorité, que se situe, je crois, l'enjeu du nom de l'écrivain pour la critique et l'histoire littéraire. Aussi est-ce à la fois à une réflexion sur la signature littéraire et à l'imaginaire du nom, à sa poétique que nous convie la *Préface de Cromwell*.

On s'en souvient, la *Préface* définit l'art poétique du drame romantique essentiellement par le rejet des règles et la confrontation de deux catégories esthétiques antithétiques, le sublime et le grotesque. Selon Hugo, la littérature *classique* a privilégié le sublime et refoulé le grotesque qu'il s'applique donc à retracer dans les grands textes du passé. L'emploi de noms propres correspond alors premièrement à cette recherche d'ancêtres qui caractérise les manifestes. Ainsi, à l'énumération de scènes et de personnages annexés au grotesque : « les Tritons, les Satyres, les Cyclopes, sont des grotesques ; les Syrènes, les Furies, les Parques, les Harpies, sont des grotesques ; Polyphème est un grotesque terrible, Silène est un grotesque bouffon » (*Préface*, p. 10), répondra un siècle plus tard la célèbre liste d'écrivains annexés au surréalisme que donne André Breton au début du Premier manifeste :

> Swift est surréaliste dans la méchanceté
> Sade est surréaliste dans le sadisme
> Chateaubriand est surréaliste dans l'exotisme
> Constant est surréaliste en politique
> Hugo est surréaliste quand il n'est pas bête[7]

Mais dans cette rhétorique manifestaire, l'argument d'autorité est perverti et les noms propres cités n'ont pas pour seule fonction de cautionner le discours. La hiérarchie a en quelque sorte disparu et il ne s'agit pas tant de s'abriter derrière des chefs de file que de recruter des partisans.

La conception historique de l'art et de la culture qui anime Hugo dans la *Préface* constitue une autre raison pour l'exhumation de noms. En effet, sa vision des trois âges de l'humanité, les temps primitifs, les temps antiques et les temps modernes, marque d'un historicisme lui-même daté, ordonne le texte de la *Préface* qui se donne à lire comme une archéologie du grotesque

---

6. Voir Antoine Compagnon, *La seconde main. Le travail de la citation*, Paris, Seuil, 1980.
7. André Breton, *Manifestes du surréalisme*, Paris, Gallimard, coll « Idées », 1963 [1924], p. 38-39.

et plus largement du génie moderne qu'est, pour Hugo, le romantisme. Les noms servent donc à construire la généalogie littéraire, soit grâce à la métaphore spatiale : « À l'une des extrémités de cette ère de transition est Longin, à l'autre saint Augustin » (*Préface*, p. 8), soit selon un ordre de la succession, immuable et universel pour Hugo puisque, conformément au modèle biblique, chaque nom prépare l'avènement du suivant :

> Qu'on examine une littérature en particulier, ou toutes les littératures en masse, on arrivera toujours au même fait [...]. En France, Chapelain avant Corneille ; dans l'Ancienne Grèce, Orphée avant Homère, Homère avant Eschyle ; dans le livre primitif, la *Genèse* avant les *Rois*, les *Rois* avant *Job* ; ou, pour reprendre cette grande échelle de toutes les poésies que nous parcourions [...] tout à l'heure, la Bible avant l'*Iliade*, l'*Iliade* avant Shakespeare (*Préface*, p. 15)

L'association par Hugo d'une œuvre particulière à chacun des trois âges définis dans la *Préface*, la Bible pour les temps primitifs, Homère pour les temps antiques et Shakespeare pour les temps modernes, correspond d'ailleurs à l'émergence d'un nom d'auteur, au sens moderne de l'expression.

Si la littérature est historiquement déterminée, elle l'est également, en 1827, géographiquement : « [...] il [le grotesque moderne] jette du premier coup, sur le seuil de la poésie moderne, trois Homères bouffons : Arioste, en Italie ; Cervantes, en Espagne ; Rabelais, en France. » (*Préface*, p. 13) Hugo précise en note : « Cette expression frappante *Homère bouffon*, est de M. Charles Nodier, qui l'a créée pour Rabelais... » (*Préface*, p. 42) La pluralisation accentue encore l'idée d'une « classe virtuelle » des écrivains qui ont la grandeur d'Homère, mais ceux qui se trouvent ainsi définis possèdent en plus le trait bouffon. L'efficacité rhétorique de la formule tient à la fois au « contenu conceptuel[8] » du nom propre Homère, synonyme de gloire absolue chez Hugo, et au contraste entre ce nom, associé à l'épopée, et l'adjectif apposé qui connote la comédie.

Hugo fait un très large usage de cette figure. Ainsi, on peut en observer la rentabilité pour l'argument de la *Préface* dans un énoncé du type « [...] voici sa fronde et sa pierre : mais d'autres, s'ils veulent, les jetteront à la tête des Goliath classiques » (*Préface*, p. 4), qui affirme la victoire future des romantiques, dont la faiblesse n'est qu'apparente, tandis que dans la phrase « Il [le grotesque] [...] vivifie de son souffle ces admirables *Romanceros* espagnols, véritable Iliade de la chevalerie » (*Préface*, p. 13), les *Romanceros* se trouvent valorisés par la comparaison avec l'Iliade qui apparaît elle-même comme une étape indispensable de toutes les littératures. Ailleurs Démocrite l'optimiste et Héraclite le pessimiste sont réunis autant pour les besoins du sens que pour la ressemblance phonétique de leurs noms et l'allitération qu'elle produit : « [...] ces hommes qui nous font tant rire deviennent profondément tristes. Ces Démocrites sont aussi des Héraclites. » (*Préface*, p. 18)

---

8. J'emprunte ces termes à Marie-Noëlle Gary-Prieur, *op. cit.*

Filant la métaphore, Hugo construit une sorte d'équation à deux inconnues qui conduit le procédé aux limites de sa lisibilité.

Quel que soit le discours en jeu, critique littéraire, critique d'art, commentaire politique ou reportage, la rentabilité rhétorique ne suffit pas à expliquer l'usage métaphorique des noms propres. Outre l'axiologie qu'il dévoile — en effet, le recours au nom propre marque toujours, au moins dans un premier temps, la croyance dans le pouvoir des individus qui se trouvent ainsi présentés comme des acteurs de l'histoire —, il naît aussi, et paradoxalement, d'une sorte de goût des noms, d'une attention à l'aléatoire de leurs sonorités et de leurs connotations[9]. C'est ce dont témoigne ironiquement cette remarque : « C'est avec les ciseaux des unités qu'on leur a coupé les ailes. Et que nous a-t-on donné en échange de ces plumes d'aigle retranchées à Corneille et à Racine ? Campistron ! » (*Préface*, p. 20) Bien sûr, pour Hugo, les pièces de Jean Galbert de Campistron sont moins réussies que celles de Corneille ou de Racine, mais surtout, et la ponctuation le souligne en encadrant le nom, la postérité littéraire est interdite à qui porte un nom aussi ridicule[10].

Ces différents emplois du nom relèvent en quelque sorte d'un sociolecte, commun aux discours de la critique et de l'histoire littéraires. À ce titre, le nom assure une fonction de marquage du territoire littéraire, dont il proclame la spécialisation et l'autonomie. Pas de notions plus spécifiquement et plus exclusivement littéraires en effet que celles qui se désignent, dans une volontaire ambiguïté, sous des noms d'auteurs ou d'œuvres. Selon un procédé semblable à celui que Nelly Flaux décrit pour *La recherche du temps perdu*, où seuls les familiers des Guermantes peuvent employer et comprendre l'expression « c'est de l'Oriane tout pur[11] », l'usage des noms d'auteur fait entrer le lecteur dans la communauté des initiés, ceux qui sauront à quelles nuances différentes de l'excès et de l'humour renvoient respectivement les noms de Rabelais et de Molière. Cette communisation toujours suspendue du nom propre où le propre « résiste[12] », où le nom, tout en désignant de nouveaux écrivains ou de nouveaux personnages, continue de renvoyer aux premiers, éclaire l'idée que Hugo se fait du génie, à la fois réussite concrète d'un individu singulier et virtualité abstraite de nouvelles œuvres. Paradoxalement, le génie, qui est unique — c'est pourquoi on peut lui donner un nom propre —, ouvre une série, prépare une place que d'autres viendront occuper.

Mais dans la *Préface de Cromwell*, l'usage du nom propre prend parfois des formes plus singulières. Si Hugo joue très savamment sur la présence du propre dans les noms, il lui arrive aussi, à la faveur d'une métaphore filée, de les recommuniser :

9. La critique hugolienne — Anne Ubersfeld en particulier (notamment, *Œuvres complètes*, *op. cit.*, Notice de la *Préface de Cromwell*, p. 719) — a souvent relevé cette attention aux noms que Hugo manifeste aussi bien en tant que lecteur qu'en tant que créateur.
10. Dans *Le petit Robert 2*, la notice de Campistron fait état « du mépris que son œuvre inspira à Hugo »...
11. Nelly Flaux, *« L'antonomase ou la mémoire du référent », op. cit.*, p. 43.
12. L'expression est de Nelly Flaux, *ibid.*, p. 37.

> [...] les noms de ceux qui sont morts jetés à la tête de ceux qui vivent: Corneille lapidé avec Tasso et Guarini (Guarini!), comme plus tard on lapidera Racine avec Corneille; Voltaire avec Racine; comme on lapide aujourd'hui tout ce qui s'élève avec Corneille, Racine et Voltaire. (*Préface*, p. 21)

Ainsi, une métaphore un peu cliché, *jeter les noms des morts à la tête des vivants*, est prise au pied de la lettre par l'énumération des noms d'auteurs; de plus, elle réactive l'image du combat, présente dans toute la *Préface*.

L'exemple suivant est tiré d'un texte plus tardif, néanmoins construit sur la même rhétorique: « Quant à ceux-ci: Shakespeare, Molière, Corneille, Michel-Ange, Dante, Tacite, Plaute, Aristophane, Démosthène, Pindare, Isaïe, Eschyle, Homère, si pour résumer tous ces noms, on cherche un mot, on n'en trouve qu'un: Génie. » (*Proses philosophiques de 1860-1865*, p. 577) Cette occurrence est intéressante en ce qu'elle constitue une sorte de mise en question du procédé lui-même; Hugo brouille la distinction entre le nom et le mot, d'une part en retournant la construction de la figure puisqu'il propose de remplacer des noms par un mot plutôt que l'inverse, et d'autre part en donnant, par la majuscule, le statut de nom propre au mot « génie ». Jean-Pierre Richard a souligné ce travail du nom dans l'ensemble de l'œuvre de Hugo:

> On voit tout ce que, dans ce travail de réinstitution du sens peut apporter de facilité l'usage allégorique des noms propres. Ce sont des foyers sémiques fixes, qui rassemblent et ordonnent tout autour d'eux le champ d'une signification possible [...] la réorganisation symbolique se choisit un modèle global — le plus souvent celui du corps — ce qui lui permet de rassembler une série de noms-symboles en une constellation fonctionnelle [13].

La *Préface de Cromwell*, comme d'ailleurs l'ensemble des proses critiques, contient de nombreuses illustrations de ces constructions de noms. Le corps est effectivement leur modèle commun mais certaines s'articulent plus précisément sur la métaphore du monstre — figure chère à Hugo — réunissant des attributs hétérogènes, tandis que d'autres sont construites à partir de celle de la machine fonctionnant grâce à des rouages complémentaires. C'est la récurrence et la précision de ces figures qui est typique de Hugo, non le procédé lui-même que Marie-Noëlle Gary-Prieur commente somme toute dans les mêmes termes:

> Une métaphore de la forme un *NP Exp* revient alors à construire, conformément au sémantisme de *un*, un objet nouveau et imaginaire constitué de propriétés contradictoires. Décrire Woody Allen comme un Hamlet Yiddish, c'est construire le temps du discours une sorte de monstre constitué par la superposition de Hamlet et de Woody Allen [14].

Hugo réalise exactement ce programme dans la célèbre définition du vers romantique: « Nous voudrions un vers [...] tel que le ferait l'homme

13. Jean-Pierre Richard, « Hugo », *Études sur le romantisme*, Paris, Seuil, 1970, p. 177-199, 194.
14. Marie-Noëlle Gary-Prieur, *op. cit.*, p. 152.

qu'une fée aurait doué de l'âme de Corneille et de la tête de Molière. » (*Préface*, p. 29) L'intervention du merveilleux présuppose une impossibilité qui assure la distance et limite l'effet de l'image. Jean-Pierre Richard commente un exemple du même type : « Son front s'appelait Moïse ; son regard s'appelait Socrate ; sa bouche s'appelait Luther, ses plaies s'appelaient Galilée et ses cicatrices s'appelaient Voltaire » ; il retrouve là le corps morcelé — notion centrale de son interprétation de l'œuvre de Hugo — et reconstruit grâce à l'acte de nomination [15]. Il arrive parfois que soit explicitée la construction du monstre avant qu'elle ne s'actualise dans la collusion des deux noms antithétiques : « [Cromwell] était un être complexe, hétérogène, multiple, composé de tous les contraires, mêlé de beaucoup de mal et de beaucoup de bien, plein de génie et de petitesses ; une sorte de Tibère-Dandin. » (*Préface*, p. 32) Comme le souligne Claude Duchet, « Hugo maintient jusqu'au bout les dissonances de l'homme, sans chercher à les résoudre [16] », or c'est bien cette suspension du jugement que la double antonomase permet ici ; en même temps, Hugo franchit une limite du procédé qui n'est recevable que parce qu'il apparaît comme l'application du processus de collage précédemment décrit.

Fidèle à l'idée, héritée des Lumières, d'une marche commune de la politique, des sciences et des arts vers le progrès de l'humanité, Hugo installe la littérature au cœur de cette interdépendance : « [...] le libérateur armé prête main-forte au libérateur pensant ; le poète corrobore l'homme d'état [*sic*]. Newton est l'appendice de Bacon ; Danton dérive de Diderot... » (*William Shakespeare*, p. 333) On voit par quelle gradation on passe d'un lien de réciprocité entre la politique et la littérature à un lien organique où la littérature et la pensée deviennent l'origine, la cause absolue de la politique et des sciences. De cet autre exemple : « C'est le roman, à la fois drame et épopée, pittoresque mais poétique, réel mais idéal, vrai mais grand qui enchâssera Walter Scott dans Homère » (*Littérature et philosophie mêlées*, p. 149), ressort ce verbe « enchâsser » qui, plus encore qu'une simple inclusion de Walter Scott dans la classe virtuelle des Homère, la série des génies, donne à lire une étonnante symbiose, connotée par l'idée du bijou, de la pierre précieuse, et fait de Walter Scott bien plus qu'un nom supplémentaire dans une liste, un nouveau diamant à la couronne.

Ces liens complexes entre les noms conduisent Hugo à construire de curieux assemblages ; ainsi le sens de l'énoncé : « [...] dans ce grand ensemble littéraire qui s'appuie sur Shakespeare, Dante et Milton sont en quelque sorte les deux arcs-boutants de l'édifice dont il est le pilier central, les contreforts de la voûte dont il est la clef » (*Préface*, p. 16), repose-t-il sur la métaphore architecturale qui permet de visualiser le rôle de chacun : Dante et Milton soutiennent Shakespeare qui, lui, les tient ensemble. Le procédé confine parfois à la vision comme dans cette véritable mise en scène qui dévoile les fonctions que Hugo assigne à la littérature :

---

15. Jean-Pierre Richard, *op. cit.*
16. « Victor Hugo et l'âge d'homme (*Cromwell* et sa *Préface*) », *op. cit.*, p. 17.

Masse effrayante ! l'humanité. Tous les Atlas s'y mettent ! Ils portent, soutiennent, étagent, dirigent, amortissent les chocs, déterminent les impulsions. Les uns déplacent les points d'appui, les autres pèsent sur les leviers. Ce prodigieux bloc, l'homme, remue et marche. Mais quelle sombre lenteur ! Eschyle s'y adosse, Tacite soulève, Montaigne s'attelle, Cervantes aide, Molière pousse, Voltaire tire. L'épaule de Juvénal est contre, l'épaule de Dante est dessous. Rabelais rit et encourage. (*Proses philosophiques de 1860-1865*, p. 595)

La « masse effrayante » renvoie à l'obsession de l'informe identifiée par Jean-Pierre Richard comme une constante de l'univers imaginaire de Hugo. Porter et organiser ce magma est, en conséquence, le rôle dévolu à des « Atlas » dont on ne sait pas encore qui ils sont. L'énumération de verbes destinés à signifier l'organisation, la structuration, débouche sur une imagerie de la machine (nous sommes alors en 1860) attestée par les termes « points d'appui » et « leviers » ; ce sont les génies littéraires qui font se mouvoir le bloc-homme finalement sorti de l'informe.

Le regroupement des écrivains, la place et le geste de chacun forment alors un tableau, un étrange Panthéon mécanique qui rappelle la scène des six sages au Sixième chant de *L'enfer* : Dante est amené par Virgile à se joindre aux « sages », Homère, Horace, Ovide et Lucain :

Ils se tournèrent vers moi en signe de salut
et mon maître sourit de cet accueil
mais ils me firent plus d'honneur encore
car ils me mirent dans leur compagnie
et je fus le sixième parmi ces sages [17]

La même abolition du temps semble présider à la description de la machine de Hugo — qui, lui, ne s'y fait pas figurer —, mais c'est peut-être justement dans le mouvement qui caractérise la scène qu'est intégrée l'idée de l'histoire.

Revenons, pour conclure, sur l'ampleur de cette énumération de noms. Sur les 209 noms propres qui émaillent la seule *Préface de Cromwell*, 127 sont des noms de personnages et 73 seulement des noms d'auteurs. Ce sont par conséquent les noms issus de la seule imagination des écrivains et sans autre existence que celle que leur donne la littérature qui fascinent le plus Hugo ; il les égraine dans ces litanies dont la valeur est plus poétique que rhétorique : « [...] il faut qu'il [le sublime] puisse créer Juliette, Desdémona, Ophelia [...] c'est lui [le grotesque] qui sera tour à tour Iago, Tartuffe, Basile, Polonius, Harpagon, Bartholo, Falstaff, Scapin, Figaro » (*Préface*, p. 12), et dans *William Shakespeare*,

Ainsi cet immense masque humain, chacun des génies l'essaye à son tour ; et telle est la force de l'âme qu'ils font passer par le trou mystérieux des yeux, que ce regard change le masque, et de terrible le fait comique, puis

17. Dante, *La divine comédie*, *L'enfer*, ch. VI, traduction de J. Risset. Paris, Garnier-Flammarion, p. 53.

rêveur, puis désolé, puis jeune et souriant, puis décrépit, puis sensuel et goinfre, puis religieux, puis outrageant, et c'est Caïn, Job, Atrée, Ajax, Priam, Hécube, Niobé, Clytemnestre, Nausicaa, Pistoclerus, Grumio, Davus, Pasicompsa, Chimène, don Arias, don Diègue, Mudarra, Richard III, lady Macbeth, Desdemona, Juliette, Roméo, Lear, Sancho Pança, Pantagruel, Panurge, Arnolphe, Dandin, Sganarelle, Agnès, Rosine, Victorine, Almaviva, Chérubin, Manfred. (p. 355)

Ces interminables scansions de noms interrompent beaucoup plus qu'elles n'illustrent le propos théorique de Hugo. Néanmoins elles incarnent l'étonnant rapport de la littérature au temps et à l'histoire, à la fois sur le plan diachronique où les génies se succèdent pour porter tour à tour le « masque humain », chacun l'interprétant à sa manière — car ce masque est aussi celui du théâtre — et sur le plan synchronique où la figure, métaphore ou antonomase, ramène le passé dans le présent et affirme la permanence d'un inépuisable intertexte, qui fait de chaque personnage la mémoire, le palimpseste de plusieurs autres, de Cromwell à la fois et dans le même temps Tibère et Dandin. Le procédé rend compte du paradoxe d'un passé toujours présent, paradoxe que Lanson allait, à la fin du même siècle, reconnaître comme l'une des spécificités de la littérature. Les énumérations de noms témoignent du même phénomène, les textes nouveaux ne font pas disparaître ceux du passé, ils s'agglutinent à eux, les côtoient, les bousculent, les prolongent. Le texte de Hugo décrit, et même produit ce fourmillement, et si la proportion de noms de personnages est plus forte, l'effet de liste finit par instaurer une sorte d'égalité entre noms fictifs de personnages et noms réels d'auteurs. C'est tout le peuple littéraire que Hugo convoque ici en accordant autant d'existence et de présence à Hamlet qu'à Shakespeare, à Scapin qu'à Molière.

Bien sûr, ces cascades de noms forment aussi la signature, le parafe monumental de ce « V.H. » qui, en 1827, dédie à son père la *Préface de Cromwell*, « Post-face de Cromwell, préface à Hugo » écrit Claude Duchet [18]. Comme en témoigne, en 1833, la conclusion de *Ymbert Galloix* [19], tous ces noms cités réservent la place future de la signature hugolienne, ils en préparent l'inscription :

> Toute grande ère a deux faces ; tout siècle est un binôme, a + b, l'homme d'action plus l'homme de pensée, qui se multiplient l'un par l'autre et expriment la valeur de leur temps. L'homme d'action, plus l'homme de pensée ; l'homme de la civilisation, plus l'homme de l'art ; Luther, plus Shakspeare [*sic*] ; Richelieu, plus Corneille ; Cromwell, plus Milton ; Napoléon, plus l'*inconnu*.*

18. « Victor Hugo et l'âge d'homme (*Cromwell* et sa *Préface*) », *op. cit.*, p. 28.
19. « Ymbert Galloix », *Œuvres complètes*, *op. cit.*, p. 206.

* Ce travail doit beaucoup aux discussions que j'ai eues avec mes collègues Martine Léonard, Stéphane Vachon et Robert Melançon, que je remercie.

« Appelez-moi George au masculin... »

Jeanne Goldin
Université de Montréal

En décembre 1866, Gustave Flaubert recevait une lettre cocasse et criblée de fautes d'orthographe, d'une « artiste dans le malheur » de Belleville, qui lui demandait d'écrire « l'histoire de [sa] malheureuse existence » :

> Monsieur le bruits que vous fete dans la litérature par vos talent distinguée j'en ai fete aussie dans les tems de la manière que j'ai pue dans mes moyens [...] J'ai [...] laissée des souvenir dans les analles de la voltige et corigrafie équilibriste [...] j'ai lue vos ouvrages distinguée notamment Mde Bovarie que je me sens capable de vous en servir modèle quant elle casse la chaine de ses piés pour aller où son cœur l'appelle [1].

La lettre était signée : *Victoire Potelet ditte Marengo Lirondelle femme Dodin.* Le « Garçon », amateur de farce, cria au chef-d'œuvre et songera à utiliser la missive de George Sand dans *Bouvard et Pécuchet.* Effectivement, comme Marengo Lirondelle, l'auteur, d'*Indiana*, depuis plus de trente ans faisait aussi quelque bruit par son talent distingué. Pour le sujet qui nous occupe, sa signature ludique mime la haute « voltige et corigrafie équilibriste » d'*Aurore Dupin, femme Dudevant, alias Jules Sand, alias George[s] Sand avec ou sans S,* entourée de tous ses surnoms.

Tout nom de femme renvoie à un père. Toute femme qui écrit et qui aspire, par son écriture, à ne pas être confondue, est acculée au pseudonyme. Le cas de George Sand est exemplaire et tout critique sandien, à un moment ou un autre, a croisé le problème du nom dans la correspondance et la vie de George Sand. Béatrice Didier, Nicole Mozet, Anne Mc Call en particulier l'ont abordé [2].

Aurore Dupin

L'on connaît, au seuil d'*Histoire de ma vie,* la réflexion qui enracine l'entreprise autobiographique, dans la « lignée des pères », et l'individu, dans

1. George Sand, *Correspondance*, éd. de George Lubin, Paris, Garnier, 1964-1994, 25 volumes. Les références désormais renverront à cette édition. Ici : XX, n° 12914, 4-12-1866. À Flaubert.
2. Béatrice Didier, *L'écriture-femme*, Paris, Presses universitaires de France, 1981, p. 202-206. Nicole Mozet, « La femme-auteur comme symptôme », *34-44*, 1984, n° 13, p. 35-41. Anne Mc Call-Saint-Saëns, *Une femme de lettres : la correspondance de George Sand comme autobiographie*, thèse de doctorat, Université de Strasbourg, juin 1990.

la chaîne de « ses ancêtres, patres et matres [3] ». Le lendemain de la naissance d'Aurore Dupin, le registre d'état civil de Paris l'avait dûment enregistrée, avec les précisions qu'exigeait la loi :

> Du 13e jour du mois de messidor de l'An douze de la République, une heure de relevée, acte de naissance de *Amantine-Aurore-Lucile*. Née le 12 du présent mois, à 3 heures de relevée, Rue Meslée no 14, division des Gravilliers, fille de *Maurice-François Dupin*, officier d'état-major et de *Antoinette-Sophie-Victoire* Delaborde demeurant comme dessus, mariés à Paris depuis un an. Le sexe de l'enfant a été reconnu être féminin. (*HMV* 2, p. 1236)

Aurore

L'acte de baptême du 2 juillet, à l'église Saint-Nicolas-des-Champs, avait quelque peu changé les prénoms de l'enfant, remplaçant *Amantine* par *Amandine* et *Lucile* par *Lucie*. L'autobiographie de George Sand reprendra ces prénoms dans un ordre différent : « *Amantine-Lucile-Aurore* » (*HMV* 2, p. 13). Mais quel que soit l'ordre et les variantes, l'on n'en reconnaît pas moins l'écho onomastique des parrain et marraine : Amand Jean Louis Maréchal et Marie-Lucie de la Borde, tante de l'enfant (*HMV* 2, p. 1237). L'on reconnaissait surtout le prénom familial qui, par la grand-mère paternelle, *Aurore de Saxe*, remontait à la mère du maréchal de Saxe, *Aurore de Koenigsmarck*, et qui redescendra jusqu'à une des petites-filles de George Sand. Dans le récit de sa naissance, lorsque l'enfant avait paru « en musique et dans le rose », Maurice avait dit : « Elle s'appellera Aurore, comme ma pauvre mère qui n'est pas là pour la bénir, mais qui la bénira un jour. » (*HMV* 1, p. 464) Aurore adolescente n'aime pas son prénom, mais, faute de mieux, elle s'en sert pour signer ses lettres de jeune fille et continuera à le faire, jusqu'en 1867, avec les vieux amis du passé (XX, n° 13203).

Dupin

« On n'est pas seulement l'enfant de son père, on est aussi un peu l'enfant de sa mère. » (*HMV* I, p. 15) Mais les documents officiels avaient beau exagérer l'ancienneté du mariage des parents [4], souligner la légitimité de la naissance ; Sophie-Victoire avait beau écrire naïvement son nom populaire avec particule dans l'acte de baptême, la lignée du maréchal de Saxe « d'une manière illégitime mais fort réelle, proche parente de Charles X et de Louis XVIII », les Dupin de Francueil, et surtout Aurore de Saxe si soucieuse de sa légitimation tardive, n'étaient pas prêts à accepter cette « pauvre enfant du vieux pavé de Paris ». Ces petites supercheries ne changeaient rien au

3. George Sand, *Histoire de ma vie, Œuvres autobiographiques*, Paris, Gallimard, 1970, vol. 2, I.1, p. 23-24. Référence désormais indiquée par les initiales *HMV* 1 ou 2 selon le volume.
4. Maurice et Sophie Victoire étaient mariés depuis un mois [16 prairial an XII/ 5 juin 1804] et non depuis un an comme l'affirme l'acte d'état civil.

rapport de pouvoir des classes et de la filiation masculine. Il y avait désormais une demoiselle Dupin qui signerait «*Dupin*» en un mot, exceptionnellement en deux, «*Aurore Dupin*», «*Mademoiselle Dupin*», «*A. Dupin*», «*A.D.* [5]».

Le drame familial qui opposait sa mère et sa grand-mère rejetait Aurore, bon gré mal gré du côté des Dupin. Quand elle affronte sa mère, il lui arrive de se servir de son patronyme comme d'une arme [6]. Encore en 1836, lors de sa séparation d'avec Casimir Dudevant, elle écrit à sa mère : « Je suis la fille de mon père et je me moque des préjugés », lui rappelant sa légitimation *in extremis* (III. n° 1096). Lieu à la fois de l'appartenance et de la scission, la signature par le nom du père, qui aurait enchanté Germaine de Staël et qu'a adoptée Flora Tristan, Aurore l'emploie souvent pour marquer une distance : elle signe «*A. Dupin*» pour fixer, en 1822, le rendez-vous entre sa mère et son futur mari (I, n° 39) ; «*Aurore Dupin*», en 1835, pour sa demande de séparation (III, n° 996) ; «*Dupin*», en 1836, en réponse à une amie de pension qui morigénait sa conduite (III, n° 1105). Femme mariée ou séparée, elle gardera juridiquement, selon la loi du 6 fructidor an II, l'usage du patronyme du père qui restera en concurrence, dans les lettres ou les actes officiels, ponctuellement avec «*A. Dudevant née Dupin*» (I, n° 54, 1823) mais, jusqu'en 1870, avec « *George Sand*». Si l'on prend pour exemple le traité de 1848 signé avec Michel Lévy pour *La petite Fadette*, l'on trouve dans le libellé des soussignés « *Madame Aurore Dupin [George Sand], épouse séparée de corps et de bien d'avec Mr François Casimir Dudevant*» ; dans les divers articles du traité, l'auteure est nommée «*Madame Aurore Dupin*» ou «*Madame A. Dupin*» ; mais le traité est signé «*George Sand*» et au-dessous «*A. Dupin*». Question de points de vue : juridiquement le pseudonyme, entre parenthèses dans le texte du scribe, est arboré en premier dans la signature [7].

Il reste que, prise entre les Dupin et les Delaborde, Aurore ne se sent pleinement ni l'un ni l'autre. L'extraordinaire mise en scène scripturale qui,

---

5. La thèse d'Anne Mc Call, sur 23 volumes de la correspondance sandienne parus alors (sur 25), a compté les occurrences des différentes signatures, les dates de la première et de la dernière utilisation : *Aurore Dupin* (70 emplois du 22-10-1835 au 25-1-1870) ; *A. Dupin* (43 emplois du 6-1822 au 5-8-1864) ; *A.D.* (3 emplois du 28-5-1821 au 11-1836). Le dépouillement des derniers volumes changerait quelque peu ses statistiques mais non pas ses conclusions. Dans le volume des suppléments, l'on trouve une signature non répertoriée par Anne Mc Call : une lettre de remerciement d'Aurore adolescente à Madame Decerfz, du 13 avril 1817, signée avec une particule *A. du Pin*. Vanité patricienne d'une jeune fille de treize ans, moins significative que celle de sa mère ! (XXV, n° S1).
6. Aurore en général signe les lettres à sa mère de son prénom ou ne les signe pas du tout. L'étonnante lettre non signée du 18 novembre 1821, où répondant aux réprimandes de sa mère sur sa vie, elle revendique pour les filles, liberté et droit à l'instruction, s'achève, sous le prétexte d'un changement d'adresse postale et pour la première fois dans une lettre à Sophie, sur l'affirmation de son patronyme (I, n° 34).
7. Double signature «*G. Sand/A. Dupin*» : XXV, n° S.516 (1849), n° S.517 (1849) ; n° S.528 (1849) ; n° S.613 (1851) ; n° S.619 (1851) ; n° S.645 (1851) ; n° S.663 (1852) ; n° S.665 (1852) ; n° S.768 (1854).

dans *Histoire de ma vie* et *Voyage en Espagne*, retrace un épisode tragique de la jeune enfance, la naissance et la mort du petit frère et la mort du père, redit le dédoublement et la perte à soi. George Sand est alors au faîte de sa vie et de son œuvre lorsqu'elle écrit : « [...] il n'y a pas plus de deux ou trois ans que je sais positivement qui je suis [...]. Selon [une] version [...] l'acte de naissance qui porte mon nom aurait été, en réalité, celui d'un autre enfant né depuis, et mort peu de temps après [...]. » (*HMV* 1, p. 469)

Aurore Dudevant

Est-on jamais Aurore Dupin? Mais est-on davantage «*Aurore Dudevant*»? En 1822, Aurore a pris mari sinon pays. À son amie Émilie de Wismes, nouvellement vicomtesse de Cornulier, dans une émulation de jeunes mariées, comme Renée de Moncombe à Louise de Chaulieu, c'est avec lucidité qu'elle tient une leçon maritale :

> Il faut, je crois, que l'un des deux, en se mariant, renonce entièrement à soi-même, et fasse abnégation de sa volonté non seulement mais même de son opinion, qu'il prenne le parti de voir par les yeux de l'autre, d'aimer ce qu'il aime, etc. [...]. Il n'y a plus qu'à se demander si c'est à l'homme ou à la femme de se refaire ainsi sur le modèle de l'autre, et comme du côté de la barbe est la toute-puissance [...] c'est nécessairement à nous qu'il appartient de fléchir à l'obéissance. (I, n° 46)

Suivant cette philosophie et l'usage, l'on trouve, mais en petit nombre, dans sa correspondance, des lettres signées du nom conjugal. Il y a de la blague quand, en 1823, elle signe «*Les deux Casimir*» au commissionnaire de son mari (I, n° 50). Il y a à la fois de la satisfaction et de la gêne, quand, à la même époque, elle signe «*Mme Casimir Dudevant*», une lettre à Émilie, qu'elle avait d'abord adressée «par distraction», au nom de jeune fille de son amie (I, n° 51). «*Aurore Dudevant*» finit quelques lettres à des familiers du couple ; et bien entendu quelques pièces officielles où le mari doit, en principe, cosigner. Ce type de signature s'arrête en 1832 ; mais, en 1835, on verra celle qui est déjà George Sand «invoqu[er] [sa] condition de femme mariée» — et «se retranch[er] derrière l'incapacité légale où [elle] étai[t]», pour faire annuler un contrat désavantageux avec Buloz — en toute mauvaise foi — dira celui-ci.

Pour bien du monde, Sainte-Beuve en particulier, elle restera «*Madame Dudevant*» et elle utilisera ponctuellement ce nom, alors qu'elle est depuis longtemps séparée ; lors des voyages de 1838, de 1839 et de 1855, par exemple[8] ; ou en 1861, curieuse occurrence, quand elle signe «*George Sand Mme*

---

8. En 1838, à Barcelone. En mai 1839, sur le bateau vers Gênes, «elle a répondu au nom de Mme Dudevant» (Extrait de *La Revue du XIXe siècle*, 12 mai 1839, dans IV, n° 1864, note 2). En 1855 en Italie, pour une question de passeport : «George Sand» étant *persona non grata* dans les États du pape, Émile de Girardin, par le biais du prince Jérome, lui avait obtenu un passeport «au nom de Mme Dudevant» (XIII, n° 6613, note 1).

Dudevant», deux lettres où elle s'est chargée des négociations d'un mariage (XVI, n° 633 et n° 657). Cela ne portera pas chance au candidat et le mariage ne se fera pas.

En général, elle préfère jouer avec les initiales et les particules qui déconstruisent aisément les noms. Plaisante duplicité des initiales ! «*Aurore D.*», «*Aur. Du.*», «*A.D.*[9]» où Aurore, jusqu'en 1836, couvrait d'un coup le nom du mari par le nom du père et, éventuellement, le nom de l'amant. Aurélien de Sèze et Aurore, dans leur fulgurante passion de 1825, s'étaient aperçus «avec joie que les trois premières lettres de [leur nom] étaient les mêmes» (I, n° 99). Ils avaient tracé leur chiffre dans la barque du lac de Gaube et Aurore signera une lettre de «leur» nom : «*Aur. D.*» (I, n° 103). Mais passe la passion et, dans les années 1829-1831, Aurore emploiera «leur» abréviation, dans de plates lettres de femme mariée [10], au même titre que «*A. Dt.*», «*Aur. Dt.*», «*Aurore Dt.*», «*Aur. Dud.*», «*Aur. Dudev.*» ou «*Aurore Dudt*[11]».

Il y a moins de duplicité dans le jeu d'Aurore avec la particule. En 1817, elle avait signé «*Du Pin*» en deux mots. Mais elle avait treize ans ! En 1823, son amie Émilie de Wismes, elle-même vicomtesse, l'ayant appelée «baronne», elle en avait ri :

> Tu te moques de moi, je pense avec ta Madame la Baronne. Je t'en prie, pas de ces mauvaises plaisanteries. Nos Berrichons font mieux : ils m'appellent Madame la Comtesse. Outre que je ne puis être tous les deux à la fois, je t'avertis que je ne prends ni l'un ni l'autre. (I, n° 46)

À la même époque, elle signe «*D'Udevant*» puis «*Du devant*» deux lettres à Robin de Scévole, un vieux noble ami de la famille (I, n° 54 et n° 55, 1823-1824) ; et, en 1836, «*Marquise du Devan*t», le billet à Jehan Saint-Rieul Dupouy, un illustre inconnu qui l'avait sollicitée (III, n° 1302). Subtile dérision de 1823, dans le jeu variable des majuscules et des minuscules au même destinataire et dans la signature ludique de 1836, qui singe à la fois le nom à ressort du destinataire, le nom qu'il avait sans doute utilisé pour la désigner et les prétentions de sa belle-mère à écrire son nom avec une apostrophe, dont elle se moquera dans *Histoire de ma vie*, quand celle-ci lui interdira d'imprimer son nom de femme mariée sur la couverture d'un livre (*HMV* 2, p. 13).

---

9. Selon Anne Mc Call : 3 «*A.D.*» du 28-5-21 [I, n° 28] à 11-36 [III. n° 1293] ; 5 «*Auro. D*» du 14-11-25 [I, n° 103] au 30-5 1831 [I, n° 389] ; 8 «*Aurore D.*» : du 7-2-29 [I, n° 226] au 20-5-33 [II, n° 633] ; 1 «*Aur. Du*» : 6-9-29 [I, n° 252].
10. I, n° 217 ; n° 232 ; n° 249 ; n° 252 ; n° 389 : en particulier à Caron ou Charles Meure.
11. Anne Mc Call : 2 occurrences de «*A. Dt.*» du 5-4-32 (II, n° 475) au 4-2-34 (II, n° 741, approuvant un ajouté à la signature «*Aurore Dudevant, George Sand*») ; 2 occurrences de «*Aur. Dt*», du 9-12-33 (II, n° 728, approuvant un ajouté à la signature : «*Aurore Dudevant*») au 18-12-33 [II, n° 731] ; 4 «*Aurore Dt.*» du 14-4-31 (I, n° 375) au 18-5-33 (II, n° 631) ; 1 occurrence de «*Aur. Dud.*» le 21-9-31 (I, 421) ; 1 de «*Aur. Dudev.*», le 25-2-31 (I, n° 362). Quant à «*Aurore Dudt.*» (et non «*Aur. Dud.*» comme l'inscrit A. Mc Call), on le trouve le 14-10 et le 18-12, 1832 (XXV, S. 101 et 102).

L'on comprend pourquoi son autobiographie, avant même d'avoir entamé l'histoire de ses ascendants et prétextant les erreurs de biographes, commence par une série de dénégations significatives qui n'épargne ni les Dupin ni les Dudevant : « Mon nom *n'est pas* Marie-Aurore de Saxe, marquise de Dudevant [...] et mon mari, M. François Dudevant, ne s'attribue aucun titre [...] *On nous a peut-être confondus* aussi, lui et moi, *avec nos parents.* » (*HMV* 1, p. 13-14)

En 1830, elle peut blaguer à la fois sur son nom marital et ses prétentions de femme savante : « *Madame Dudevant* » est « une espèce de créature maigre et noire » qui n'a rien de commun avec celle qui « dans le monde savant [...] s'appelle Philaminte Barbara Aristea Catone Rosamonde Madelon, etc. » (I, n° 271), proche est « le jour du Mardi-gras », comme le dit l'ami Duteil, où Mme Dudevant, en changeant de déguisement, redeviendra « *Melle Dupin* » (III, n° 1090). Proche est le temps où elle pourra écrire : « À Paris, *Mme Dudevant* est morte. Mais *Georges Sand* est connu pour un vigoureux gaillard. » (II, n° 505. 2-7-1832)

Jules Sand

Lorsque Aurore monte à Paris et choisit d'écrire plutôt que de peindre des boîtes de Spa, elle dit être peu préoccupée du nom qu'elle mettra sur les couvertures imprimées et préférer l'anonymat. Pourquoi l'accuse-t-on généralement ici d'hypocrisie ? L'ambition peut très bien cohabiter avec des pulsions contraires, en particulier lorsqu'on pense aux préjugés contre la femme séparée et la femme auteur. L'on sait que les premiers textes en collaboration avec Jules Sandeau, sont signés d'un pseudonyme commun « *J. Sand* », « *Jules Sand* ».

Si Aurore est peu loquace sur ce premier pseudonyme, c'est qu'elle s'attachera surtout à justifier le second. Ce qu'elle dit de l'un ou de l'autre vaut pour les deux. Elle écrit en janvier 1831 à Charles Duvernet, en parlant de Sandeau qui vient de placer un article à la *Revue de Paris* :

> [...] j'ai décidé que je l'associerai à mes travaux ou que je m'associerai aux siens (comme vous voudrez). Tant y a qu'il me prête son nom, car je ne veux pas paraître et que je lui prête mon aide quand il en aura besoin. Gardez-nous le secret de cette association littéraire (Vraiment ! j'ai un choix d'expression délicieux !) On m'habille si cruellement à La Châtre [...] qu'il ne manquerait plus que cela pour m'achever. (I, n° 344)

Pourquoi douter de ces explications ? Jeu des circonstances journalistiques et personnelles, ambivalence entre le désir de gloire et l'autonomie financière, entre l'ambition et la prudence, rhétorique de l'insouciance, dualité d'une « association » à cette date plus sentimentale que littéraire, rapport de couple au profit d'Aurore mais qui se veut « fraternel ». Après tout « le petit Jules » de 1831 a vingt ans et n'est pas un auteur célèbre ; et Balzac aura beau jeu, identifiant Aurore à Lélia et Sandeau à Sténio, de faire de ce dernier une victime à qui l'on a pris son nom et son âme [12]. Comme elle le dira en 1861, le pseudonyme permet au jeune auteur de « se hasarder et [de] faire ses premières armes sous un nom qu'il peut changer ensuite » (XVI, n° 9173).

La transition entre le premier et le second pseudonyme ne va pas sans ambiguïté. Quand elle signe un billet à Balzac d'août 1831, « *A. et Sand* » (I, n° 414), un « nous » dans le texte renvoie effectivement à Aurore et à Sandeau. Mais ne peut-on y voir aussi la séduction de celle qui joue sur sa dualité de femme et d'auteure, et déjà son appropriation des deux signatures ? En janvier 1833, demandant deux billets de faveur pour une pièce de Hugo, elle finit ainsi : « [...] nous sommes mon *pseudonyme et moi*, ses fervents admirateurs » et signe : « *Georges Sand* » (II n° 570). Si, comme le dit George Lubin en note, « mon pseudonyme » renvoie à Sandeau et marque la dissociation entre « *Jules Sand* » et « *Georges Sand* », le possessif est loin d'être innocent. En juin 1834, en apprenant que Sandeau va publier sous le nom de Sand, elle écrira à Buloz :

> [...] j'espère que vous ne lui laissez point signer du nom de Sand, c'est un nom qui m'appartient même avec l'initiale de J. ou le prénom de Jules, car j'ai fait en grande partie le peu de choses publiées sous ce nom de J. Sand. Il aura je pense assez de raison et de fierté pour changer sa signature littéraire, mais au cas où il serait mal conseillé, faites-le lui sentir, si vous avez quelque rapport avec lui. (II, n° 795)

Et, encore en 1863, elle veillera à l'équivoque d'un article signé des initiales « *J.S.* [13] ».

Les questions que l'opinion soulèvera à propos du second pseudonyme — la masculinité du prénom, l'emprunt à un patronyme réel, les divers jeux parononymiques auxquels il se prête et qu'a inaugurés George Sand elle-même [14] — sont neutralisées par le fait qu'il s'agit d'un pseudonyme

---

12. « [...] ce pauvre naufragé plein de cœur qui s'est ébréché sur cet infâme rocher qui lui a pris son nom de G. [*sic*] Sand et qui lui a défloré l'âme. » (Balzac, *Lettres à Madame Hanska*, Paris, Éd. du Delta, 1967, p. 256). L'on reconnait les allusions à « Lélia au rocher » et la responsabilité de Lélia dans le dépucelage de Sténio par Pulchérie.
13. En 1863, une brochure signée « J.S. » (cf. Joseph Simonet) préconisait l'entrée de GS à l'Académie. Les éditeurs ont cru qu'il s'agissait de Jules Sandeau. La brochure de George Sand « Pourquoi les femmes à l'Académie » y répondra et fera le point sur l'équivoque de la signature (XVII, n° 10176, note 3 de G. Lubin). Dans une lettre à Sainte-Beuve, elle dira : « Je me devais de ne pas me laisser attribuer une brochure signée d'une S et de n'avoir pas l'air de me laisser pousser à un honneur par trop invraisemblable. » [XVII, n° 10226, 16 juin 1863]
14. Jeu avec « Karl Sand », l'assassin de Kotzebue, analogie qu'elle récuse (HMV 2, p. 139). Jeu avec le « sens », quand elle fait assaut d'esprit dans une lettre burlesque à Flaubert : « Jorge Sens » (XX, n° 12641, 14-5-1866). Jeu sur « Sans » quand, en 1851, elle finit une lettre à un général de droite par ces mots : « [...] vous vous appelez Richepanse ! Moi, Monsieur, je suis communiste et je m'appelle George Sand. » (X, n° 4923, 27-5-1851) Les critiques, quant à eux, ont joué avec « Sang », avec le mot anglais « Sand/sable », etc. Voir Jean-Claude Vareille, « Fantasmes de la Fiction ; Fantasmes de l'Écriture », *George Sand*, Sedes-CDU, 1983, p. 135. Anne Mc Call, *op. cit.*, p. 153, et 162-163.

partagé. Il est donc normal que l'écrivain les soulève à propos du seul pseudonyme de « *Georges Sand* ».

Georges [avec un S] Sand

L'on connaît les explications que donne *Histoire de ma vie* au changement de prénom, de 1832 : la rédaction solitaire d'*Indiana*, les scrupules de Sandeau, l'influence de l'éditeur et de Delatouche pour le maintien d'un nom déjà rentable, le choix d'un prénom dont l'étymologie de paysan lui rappelle le Berry, la dénégation de vaine gloire au profit des hasards professionnels, l'attente incertaine de la réception qui lui sera faite, la violence des attaques contre son œuvre et son pseudonyme, finalement le défi qui « [...] maintin[t] le nom et poursuivi[t] l'œuvre » (*HMV* 2, p. 138-139). Aurore avait expliqué la situation, dès le 21 mai, à son ami Rollinat :

> Vous serez étonné peut-être de trouver un G. au lieu d'un J. accolé au nom de Sand sur la couverture de mon livre. Si vous tenez à en savoir la cause la voici. *Georges Sand* c'est moi, *Jules Sand* c'est mon frère. Nous commençons à connaître malgré nous assez de gens dans le monde artiste. Jules qui trouve mes productions charmantes ne veut pas s'en pavaner. Moi qui trouve mes productions stupides je ne veux pas l'en déshonorer. Un combat de délicatesses, de modestie et de générosité le plus touchant qu'on ait encore vu depuis celui d'Oreste et Pylade en face du supplice, a eu entre nous deux cette issue. Par honte de lui, il ne veut point signer mes œuvres, par honte de moi je ne veux point signer de son nom. V*oilà*. Si l'on vous demande à la Châtre ce que cela signifie, *à quoi riment ces initiales*, vous répondrez ce que vous voudrez. Cela ne nous regarde pas, nous n'avons de compte à rendre qu'aux acheteurs, qui nous éditent, aux journalistes qui nous signalent, aux libraires qui nous marchandent. Ces gens-là avec leurs *arguments irrésistibles* ont des influences immédiates sur nos destinées, au lieu que tous les caquets de la Châtre ne peuvent faire tomber un cheveu de nos têtes, un sou dans nos poches. [...] les commerçants littéraires nous répondent *prenez un nom*. Un nom vous savez c'est une marchandise, une denrée, un fonds de commerce [15].

Ostentation de pragmatisme, « pour [elle] le métier d'écrivain, c'est trois mille livres de rentes pour acheter en sus du nécessaire, des prâlines à Solange et du bon tabac pour [son] fichu nez ».

George [sans S] Sand

« *George* » sans S apparaît en février 1833 (II, n° 592) dans un billet à Marie Dorval et s'imposera après un temps de transition à l'orthographe

15. II n° 486, 21 mai 1832. En 1836, inquiète de la réputation que va lui faire *La confession d'un enfant du siècle*, elle somme Buloz de protéger « l'honneur d'un nom qui est [son] fond de boutique » (III, n° 1072).

traditionnelle [16]. Jusqu'en 1840, l'on trouve *Aurore* et *George* sans S en concurrence et des signatures comme : « *Votre camarade George-Aurore* » (II, n° 884, 2-1-1835), « *Aurore ou George comme tu voudras* » (III, n° 1022, 15-11-35). Dans la double signature qu'elle utilise avec Pierret, l'ami de Sophie-Victoire, l'on trouve parfois « *George* » barré au profit d'« *Aurore* » : ostentation dans l'occultation de la vie d'artiste à laquelle sa mère était hostile (IV, n° 1678, 25-1-1838 ; XXV, S.204, 16-11-39). En 1840, si les initiales du pseudonyme sont précédées d'« *Aurore* », c'est qu'elle s'adresse à une amie d'Aurélien de Sèze, sa passion de 1825 (XXV, n° S.217). Il reste que le prénom masculin sera souvent employé seul jusqu'en 1862 (XVII, n° 9741) et que le pseudonyme dans son entier s'imposera de façon assez spectaculaire, pour éclipser tous les autres et pour être transmis à sa descendance.

La graphie à l'anglaise renvoie-t-elle aux années de couvent ? Marque-t-elle un effort de féminisation ? Sans doute n'est-ce pas un hasard, si elle apparaît pour la première fois dans une lettre à Marie Dorval (II, n° 592). Avec ou sans S, le prénom s'impose comme masculin [17].

George Sand elle-même semble insister là-dessus : « Appelez-moi *George* au masculin — écrit-elle à Zoé Leroy en 1836 — car c'est une maladie que j'ai de ne pouvoir entendre, ni lire l'ancien nom. » (III, n° 1184) Cela lui permet-il, comme le dit Béatrice Didier, d'affirmer sa bisexualité ou comme le dit Naomi Schor, de marquer « la différence d'avec le masculin en même temps qu'il rejette le féminin » ; d'assurer, comme le dit Nicole Mozet, un « lieu symbolique [...] hors des limites sociales et sexuelles ». L'anomalie onomastique, comme le dit José-Luis Diaz, à propos du nom propre romantique, est en tout cas « un détour scriptural de la signature [...] une affirmation d'une identité solitaire ». Comme conclut Anne Mc Call : « [...] c'était avec le prénom George, vocable en dehors des divisions sexuelles, que Sand revendiquait une place mitoyenne et sans nom parce que sans existence sociale reconnue [18]. » George Sand dira que même aux yeux des paysans de Gargilèse, elle est « une auvergnate, ni homme ni femme c'est-à-dire une *étrangère* » (XIV, n° 7869, 16-6-1858).

Certains, comme Sainte-Beuve, ne parviendront pas à utiliser le prénom, s'épargnant ainsi l'ambiguïté des accords ; car l'étonnante expression « Appelez-moi George au masculin » semblait justement inciter les correspondants à faire disparaître les signes du féminin.

---

16. L'occurrence anachronique et isolée de 1872 semble être un lapsus ; (XXIII, n° 16314) mais le S revient plus souvent lorsqu'il est question de destinataire intimement lié à la 1re graphie : à la même date, 22 septembre 1834, George est écrit sans S (II, n° 827), à Buloz, son éditeur] et avec un S (II, n° 828), à Rollinat l'ami de toujours. Musset mêle parfois les deux graphies (lettre du 4 avril 1834, Éd. de La pleine lune, p. 42-44).
17. Elle va jusqu'à écrire souvent le prénom de l'abbé Georges Rochet sans S (ex. IV, n° 1912, 6-8-1839).
18. Naomi Schor, *The Poetic of Gender*, Columbia University Press, 1986, p. 249. Béatrice Didier, *op. cit.*, p. 206-207. Nicole Mozet, *op. cit.*, p. 28. José-Luis Diaz, « Balzac et la scène romantique du nom propre I », *34-44*, automne 1980, p. 27. Anne Mc Call, *op. cit.*, p. 160.

Elle-même ne le fait que dans les textes imprimés comme les préfaces ou la 12e des *Lettres d'un voyageur*. Dans la correspondance, les « vieux George », « bon garçon », « honnête homme et bon ami » cohabitent amicalement avec les accords au féminin [19].

Ses amis suivent le pas : Musset, qui ne l'appelle jamais Aurore, jongle avec aisance avec nom et genre [20] :

> Vous voilà George Sand ; autrement vous eussiez été madame une telle, faisant des livres [...] au lieu d'aller ces jours-là chez Madame une telle, faisant des livres, j'aurai affaire à mon cher Monsieur George Sand, qui est désormais, pour moi, un homme de génie. (p. 41)

La frontière entre la « maîtresse » (p. 39) et « le frère George » (p. 39) suivra les aléas de la passion, dans un catapultage parfois étonnant : « Sois fière, mon grand et brave George [...]. Sois heureuse, sois aimée, sois bénie » (p. 65) ; « Adieu, mon frère [...] ma mignonne adorée » (p. 71) ; « mon George, ma belle maîtresse » (p. 137). Mais il se retranchera volontiers sur « l'ange », car chacun sait qu'il n'a pas de sexe. D'autres sont moins à l'aise. En 1849, Marc Caussidière ne sait plus s'il faut l'appeler citoyenne ou citoyen (IX, n° 4178D).

Cette ambiguïté, George Sand à la fois la cultive et l'écarte. En 1835, elle répond à Guéroult : « Mon ami, j'admire beaucoup vos perplexités à propos du titre que vous devez me donner. Il me semble que je m'appelle Georges et que je suis votre ami ou votre amie, comme vs voudrez [...]. Appelez-moi comme il vous plaira. » (II, n° 924) Dans la lettre suivante elle ajoutera :

> Prenez-moi donc pour un homme ou pour une femme, comme vous voudrez. Duteil dit que je suis ni l'un ni l'autre, mais que je suis un être. Cela implique tout le bien et tout le mal ad libitum. Quoi qu'il en soit, prenez-moi pour une amie, frère et sœur à la fois. (II, n° 935)

Mais, devant la réponse quelque peu équivoque de Guéroult, elle tiendra à préciser : « [...] mes amis me respecteront, j'espère, tout aussi bien sous ma veste que sous ma robe. » (II, n° 935, 6-5-1835) En 1853, elle envoie ce billet ironique à un directeur de théâtre :

> Vous me demandez si, en annonçant au public de la première représentation le nom de l'auteur, on doit toujours m'appeler *George Sand*. Oui, sans doute, puisque c'est un pseudonyme devant lequel le public, qui n'est pas forcé de savoir qu'on pourrait dire *Madame*, pourrait, cependant me contester le droit de faire dire *Monsieur*. [XI, n° 6001]

et elle signe « *George Sand* » renvoyant le problème aux spectateurs, ceux qui la connaissent ou ceux qui ne la connaissent pas. Si elle reste fidèle à l'ambi-

---

19. Comme dans cette lettre à Marie Dorval : « [...] je suis bien affligée. Si vous aimez mieux venir chez moi [...]. Nous serons seules [...] sans être poursuivies par une infernale sonnette [...]. » (II, n° 607, 7-3-1833) Autres exemples : II, 543 ; II, 897 ; III,606 ; III, 673.

20. Sand et Musset, *Lettres d'amour*, Montréal, La pleine lune, 1989, p. 28-29 [juillet 1833]. Les références suivantes dans le texte renvoient à cette édition.

guïté de son pseudonyme, c'est que celui-ci neutralise l'opposition des sexes ostensible dans le « madame/monsieur ».

Madame Sand

« *Mme Sand* » est une curieuse appellation, si l'on y songe, où le sexe et les caractéristiques diverses en découlant sont réaffirmés dans le titre et où le seul patronyme cristallise les transgressions diverses du prénom masculin, de l'écriture, de la vie autonome.

Ce n'est pas un nom facile à porter. « *Mme Sand* » cumule les fonctions : poète et Muse, femme, mère, écrivain[21]. « *Mme Sand* » exhibe ses robes ; c'est elle qui annonce le mariage de sa fille ou de son fils. Mais c'est aussi celle qui paie les factures ; qui « passe ses jours et ses nuits à écrire » (XVIII, n° 10462, 28-10-1863). C'est l'écrivain connu qui aspire à l'incognito (II, n° 773, 12-5-1834 ; V, n° 2491, 26-7-1842) ; c'est en bref, selon elle, contrairement à « *George* » le bon garçon », « une bête » qui ennuie mortellement (III, n° 1223, 18-7-1836).

C'est que le titre de « *Madame Sand* » dit par les autres est traumatisant[22]. Pour les critiques les plus hostiles, « *Madame Sand* » était ce monstre hybride, qui, sortie de son sexe — comme le dit Proudhon —, a « supprimé la raison conjugale et pris un pseudonyme » ; cette « organisation toute artificielle » — comme le dit Charles de Mazade — qui a voulu « être plus qu'une femme ou autre chose qu'un homme[23] ».

Il ne suffit pas de choisir un nom pour se faire un nom. « *Mme Sand* » c'est « *George Sand* », c'est « *G. Sand* », qui s'est fait peu à peu : « [...] si j'ai jamais un nom — écrit-elle en 1836 — je ne le devrai qu'à moi et ce n'est aucun ami

21. Sainte-Beuve avait toujours eu beaucoup de mal à utiliser le prénom masculin de George et ce n'est pas seulement par respect des usages. Quand, en 1850, il distingue « *George Sand* », homme politique de fiction — fable qui n'existe pas selon lui — et « *Mme Sand* » peintre du cœur, il exprime sans doute un jugement sur l'engagement sandien et le champ acceptable de l'écriture féminine. Mais ne pourrait-on pas dire à l'inverse qu'il défend l'écriture sandienne désormais maîtrisée au delà de la simple idéologie des genres ? (*Causeries du lundi*, Garnier, 1876, tome 1, p. 352)

22. Parmi les jugements hostiles au XIXe siècle, certains s'en prirent à l'emprunt du pseudonyme (Outre Balzac déjà cité, voir l'article désobligeant de *La Chronique de Paris* du 18 octobre 1832, cité dans *Œuvres autobiographiques*, vol. II, p. 1502), mais les plus nombreux à la masculinité du pseudonyme dans son ensemble, cumulant tous les stéréotypes sur la femme auteure. Par exemple, Balzac : « [...] elle a les grands traits de l'homme, ergo elle n'est pas une femme. » « Enfin c'est un homme et d'autant plus un homme qu'elle veut l'être, qu'elle est sortie du rôle de femme et qu'elle n'est pas une femme : la femme attire et elle repousse. » (*Lettres à Mme Hanska, op. cit.*, p. 587, 584, 603, 627) Dumas père : « Nous disons tantôt IL tantôt ELLE ; que GS nous pardonne ! n'avons-ns pas dit que son admirable génie était hermaphrodite [...] ! » [*Mémoires*, Paris, Gallimard, 1968, p. 400) Voir aussi Christine Planté, *La petite sœur de Balzac. Essai sur la femme-auteur*, Paris, Seuil, 1989.

23. Proudhon, « De la justice dans la révolution et dans l'église », *Œuvres*, Garnier, 1858, tome 3, p. 353 et 361. Charles de Mazade, « George Sand, ses mémoires et son théâtre », *La Revue des deux mondes*, 15 mai 1857, p. 351-377, 376.

qui me le donnera, aucun feuilletoniste qui me l'ôtera. » (III, n° 1196) À partir de 1864, le pseudonyme entier s'imposera, au détriment du seul prénom. En 1840, George envoie la première lettre à son fils adressée au nom de « Maurice Sand » (V, n° 2094, 17-8-1840). Contrairement à ce que pourrait laisser supposer l'index de George Lubin qui, à partir de cette date, inscrit toujours en tête des lettres aux enfants, le double patronyme Dudevant-Sand, celui-ci n'est jamais employé comme tel. Alors que les lettres à Solange seront assez systématiquement adressées à « Solange Sand » jusqu'à son mariage, Maurice est « Maurice Dudevant » quand il est chez les Dudevant à Guillery et « Monsieur Maurice Sand », quand il est à Paris ; maire de Nohant pendant les événements de 48, il est le « citoyen Maurice Sand ». Quand Maurice se décidera à écrire, George lui léguera son nom de plume qui est déjà un nom, alors qu'en 1863 elle en refusera l'usage à Solange[24]. De la même façon la femme de Maurice sera Lina Dudevant quand elle est à Guillery, et Lina Sand quand elle est à Nohant ou à Paris. Le 14 juillet 1863, George peut écrire à propos du premier enfant du couple : « Né à six heures du matin, le jour anniversaire de la prise de la Bastille, Mr *Marc* Antoine, Sand-Dudevant, car il est *Sand* devant la municipalité, se porte bien. » (XVII, n° 10277 ; voir aussi XVIII, n° 10408). « Sand » est par deux fois souligné dans le texte. Le 10 janvier 1866, elle annoncera dans les mêmes termes la naissance de « Mlle Aurore Sand » (XIX, n° 12269). Sa sœur, née en 1868, sera baptisée Jeanne Lucile Gabrielle (XX, n° 13498 ; XXI, n° 14038).

Il serait juste de conclure sur l'exaltation des noms conquis par l'écriture. C'est en écrivant *Histoire de ma vie* qu'« *Aurore Dupin* » obtient des précisions sur sa date de naissance et son nom :

> [...] je suis bien « moi-même » [...] ce qui ne laisse pas que de m'être agréable, car il y a toujours quelque chose de gênant à douter de son nom, de son âge et de son pays. [...] j'aurais pu mourir sans savoir si j'avais vécu « en personne » ou à la place d'un autre, si l'idée ne m'était venue d'écrire ma vie et d'en approfondir le commencement. (*HMV* II, 8, p. 469)

C'est piquée par les critiques que, de ce pseudonyme « *George Sand* », choisi avec pragmatisme, elle va faire « après coup », « par son labeur », un étendard « qui la désigne et la personnifie » (*HMV* 2, p. 140), « un nom qui protège [son] travail ». Il n'y a rien à redire à cette profession de foi. Dans *Histoire de ma vie*, le pseudonyme consacrait « [le] contrat, [le] nouveau mariage entre le pauvre apprenti poète [...] et l'humble muse » (*HMV* 2, p. 140), et la vie a prouvé que « *Madame Sand* » et « *G. Sand* » forment une sorte d'unité hermaphrodite capable de transmettre le nom en renversant de façon spectaculaire la sacro-sainte immutabilité du nom en faveur d'une filiation fémi-

24. En 1863, elle écrit à Émile de Girardin : « Ma fille me fait dire qu'elle vous a offert des articles pour *La Presse* et que vous les avez acceptés à la condition qu'elle les signerait Solange Sand ou Clésinger-Sand. Elle me demande donc la permission de prendre mon pseudonyme. Mais je ne veux pas pour bien des raisons trop longues à vous dire. » (XVIII, n° 10573)

nine. Mais il me semble aussi proche de l'esprit sandien et nullement incompatible de conclure sur la démystification des noms.

De tous temps, George Sand a joué avec les noms de ses proches [25]. Elle a joué constamment avec les siens et les signatures ludiques abondent dans la correspondance. Comme Consuelo en voyage est « il signor Bertoni », George est « Monsieur Paul » (III, n° 1254). Avec Rollinat et Duteil, elle est Oreste ou Pylade alternativement [26]. Avec Liszt et Marie d'Agoult, elle est, avec son gros nez, « *Pif* » ou « *Piffoël* » (III, n° 1280, 1273, 1324, 1347 ; IV, n° 1567, 1611). Fait-elle du théâtre, au couvent ou à Nohant ? Ses rôles deviennent signatures : « *la mère Ragot* » (I, n° 49 et 66), « *Marianne femme Nello* » (X, n° 5355 et 5359) et elle est « *Balendard. Directeur autorisé et sans subvention* » (XX, n° 13352). C'est comme « chien des Pyrénées, originaire d'Espagne », qu'en 1830, elle signe « *Brave* » une lettre burlesque à Charles Duvernet (I, n° 330). Elle est, en 1841-1842, cet « *Horace Dumontet* », « jeune homme de lettres » qui envoie ses hommages admiratifs à Pauline Viardot (V, n° 2378) et cet « *Henri Bathis* artiste drabatique » qui, quoique parlant « drabatiquement » du nez, offre à Pauline des leçons de prononciation (XXV, n° S 252). Si Flaubert est pour elle « Monsieur Flobaire », auteur de « Salleenpeau » (XIX, n° 12631), « Polycarpe » (XXIV, n° 17292) ou « Cruchard » (XXIV, n° 17118, 17230, 17611), elle signe pour lui « *Goulard* » (XIX, n° 12631), ou « *Goulard aîné* » (XIX, n° 12636) des lettres farces qui n'ont rien à envier à celle de Marengo Lirondelle.

Dans le fond, peu importe les noms. Combien de fois est revenue sous sa plume l'expression « Appelez-moi comme il vous plaira » ? En 1829, la signature d'une lettre burlesque à Charles Meure montre comment quelques initiales couvrent bien des personnalités :

> Aurore D. noble, libérale, canaille, démocrate, hérétique, schismatique, quakeress, pamphlétaire, Jacobine, Émigrée, partisan du despotisme, de la république, dévote, athée, etc., etc., etc. (I, n° 226)

En 1839, George Sand, chargée d'inscrire à l'école le fils de sa demi-sœur, Oscar Casamajou, avait écorché le nom en « Casamayor ». « Enfantillage » significatif, malgré les explications savantes de George, si l'on joue sur le sens de « casa mayor », la branche aînée, en quelque sorte. Elle avait répondu à l'irritation de la mère par ces mots :

> Il y a maintenant bien peu de gens qui portent leur nom d'origine, de génération en génération les noms s'altèrent [...]. Et qu'importe à Paris où tant de gens en font autant, et où si peu s'informent de ce qui en est ? À coup

25. Casimir est Casi (ex. I, n° 292 ou 313) ou Kasimire avec un K (I, n° 293), son fils/Bouli ou Mauricot (V, n° 2521), ses petites filles Lolo et Titine, Chopin/Chip Chip/Chop (V, n° 2364) ou Chopinet (ex. V, n° 23434). Néraud/Le Malgache ; Alexis Duteil/Boutarin (IV, n° 1638) ; Boucoiran/Bouc (IV, n° 1866) ; Papet/Nemrod (V, n° 2457) ; Lambert/Lambrouche (XXIV, n° 17111) ; Calamatta/Calamare (XXV, S176) ; Dessauer/Cristini (XXIV, n° 17237 ou XXV, S227) ou Favilla (XXIV, n° 17663).
26. III, n° 1407 ; IV, n° 1637 ; V, n° 2399 D et 2404 D ; XVII, n° 9765 et n° 10292.

sûr personne ne s'en scandalise. C'est même de mode parmi les artistes, et bien des noms illustres par le talent, en politique comme en administration, dans l'art comme à la guerre ne sont que des sobriquets. Le changement d'une lettre dans le nom d'Oscar [...] ne rompt pas la filiation avec le père [...]. Dans tous les actes sérieux de sa vie, Oscar prendra le nom de son extrait de baptême [...]. Peu importe en attendant que ses camarades l'appellent d'une façon ou d'une autre. (IV, n° 1944)

Elle dira dans *Histoire de ma vie*: « Qu'est-ce que qu'un nom dans notre monde révolutionné et révolutionnaire ? » (*HMV*, p. 140) En 1868, relisant son carnet de jeunesse *Sketches and Hints*, elle écrit : « Je m'imaginais me résumer, est-ce qu'on peut se résumer ? Est-ce qu'on peut se connaître ? Est-ce qu'on est jamais quelqu'un ? » (*OA* 2, p. 630)

« Passez verdures... » : les derniers mots de George Sand sur son lit de mort mettaient joliment fin à la « corigrafie équilibriste » des noms qui avaient résumé l'*Histoire de [sa] vie*, d'Aurore Dupin à George Sand, sans oublier... Marengo Lirondelle.

Hélène Cixous : connotations multiples

Metka Zupančič
Université d'Ottawa

Il semble qu'une grande partie de l'œuvre d'Hélène Cixous se construise, sur le plan onomastique, à partir d'un triple processus de nomination. D'une part, les personnages, les actants « invités » à participer à la construction de signification(s) dans ces textes peuvent être presque anonymes, parfois (non)identifiés — c'est-à-dire à peine identifiés par les abréviations des noms. On pourrait inclure, dans cette première catégorie, les pronoms personnels qui reprennent ou anticipent un nom proprement dit. Par ailleurs, et c'est là ma deuxième catégorie, lorsqu'un pronom ou un nom complet est utilisé, il peut facilement être le point de départ d'une série de constructions sémantiques et de réseaux de connotations très riches. La troisième catégorie regroupe, pour sa part, un nombre impressionnant d'antonomases, où la majuscule est donnée aux termes abstraits ou aux noms communs visiblement importants, on dirait cruciaux, pour Cixous.

Ainsi, Cixous procède, d'un côté, par les hypo-déterminations, et par ailleurs, par des hyper-déterminations des noms utilisés, paradoxalement les deux procédés se complétant au lieu de s'exclure. D'autre part, les antonomases à la limite des allégories jouent un rôle très important sur des plans multiples : sémantique, langagier, idéologique, philosophique, historique et aussi mythique. Ainsi, les noms participent activement, chez Cixous, à la formation de significations superposées, télescopées, tissées à partir des liens d'intertextualité(s), à partir des renvois, des emprunts et des jeux scripturaux que je me propose d'analyser surtout dans les livres qui me paraissent typiques de son écriture, pour me concentrer en fin de compte sur le texte dramatique *L'histoire (qu'on ne connaîtra jamais)* [1].

Il n'est probablement pas nécessaire de trop insister sur le fait que la prose et la dramaturgie de Cixous se démarquent fortement d'une littérature linéaire, réaliste, univalente. Ses œuvres abondent en images très souvent construites justement à partir des noms propres ou à partir de modifications qu'on peut appeler antonomases [2]. Ensuite, ces œuvres — sauf au

1. Hélène Cixous, *L'histoire (qu'on ne connaîtra jamais)*, Paris, Des Femmes, 1994.
2. Henri Morier (*Dictionnaire de poétique et de rhétorique*, Paris, Presses universitaires de France, 1981, 3e édition, p. 116), définit ainsi l'antonomase : « Figure par laquelle on remplace : a) un nom commun par un nom propre, ou b) un nom propre par un nom commun », et remarque que la périphrase est « une des formes de l'antonomase » lorsqu'« elle désigne une personne, soit divine, soit mythologique ou romanesque », ce qui s'adapte

théâtre où certaines lois d'unité et de cohérence s'imposent davantage que dans la prose — présentent rarement un seul événement central, une seule trame narrative. Généralement, ces textes établissent des réseaux de significations à partir de mouvements centrifuges, centripètes, ou encore en spirale. Parfois, il s'agit de blocs condensés comportant beaucoup de noms, qui créent à eux seuls une série de références, alors qu'ailleurs les textes prennent plutôt l'allure d'une réflexion philosophique, idéologique (féministe, si l'on veut) ou esthétique, avec très peu de noms propres, mais mettant en jeu l'utilisation particulière des pronoms personnels modifiés pour l'occasion. Je pense plus particulièrement au terme forgé par Cixous, « illa », qui apparaît dès le titre d'une fiction de 1980 [3], fiction centrée en grande partie sur l'enlèvement de Koré — on pourrait dire de celle qu'« il a », celle qui est en la possession de son ravisseur. L'utilisation ludique ou peut-être rebelle des pronoms personnels suivis d'adjectifs verbaux ou de participes passés que Cixous accorde au féminin apparaît particulièrement dans la fiction *La* [4], avec, par exemple « on est nulle », « On vient d'être couchée » (p. 7).

Ce qui aurait pu être considéré comme la marque d'une conscience féministe poussée n'empêche par ailleurs nullement Hélène Cixous de se présenter, dans sa prose, dans ses textes théoriques ou dans ses essais, comme un auteur, un écrivain, en insistant sur ce masculin — ce qui suggère peut-être qu'elle préfère se voir dans une métonymie d'elle-même, ou bien de cette catégorie supra-générique et génétique que serait la personne-qui-écrit (les exemples fréquents du maintien de la forme masculine se retrouvent dans *Hélène Cixous, photos de racines* [5]). Le processus inverse serait celui de la féminisation des mythonymes habituellement utilisés au masculin, dans la tradition, et qui reçoivent ainsi une marque signifiante particulière. Parmi les exemples les plus frappants, il y a évidemment cette « Promethea » (sans accents — en perpétuelle interaction avec une « H » et une « moi » qui se recoupent facilement) placée en titre de livre — *Le livre de Promethea* [6], dans lequel abondent d'ailleurs d'autres mythonymes qui, eux, s'inscrivent dans leur forme française « standardisée » avec les accents,

---

parfaitement à Cixous. Cette dernière peut notamment utiliser le même nom commun avec une minuscule ou, lorsqu'elle désire le mettre en valeur, avec une majuscule. À la différence de ce qu'en dit Morier, elle ne semble pas utiliser les périphrases ou les antonomases en général « dans le seul dessein d'éviter une répétition », mais plutôt dans le but de sur-marquer un phénomène ou un événement, en produisant encore d'autres images pour l'identifier.

3. Hélène Cixous, *Illa*, Paris, Des Femmes, 1980.
4. *Id.*, *La*, Paris, Gallimard, 1976.
5. *Hélène Cixous, photos de racines*, par Hélène Cixous et Mireille Calle-Gruber, Paris, Des Femmes, 1994. Une remarque encore au sujet du terme « auteur » : il s'agirait éventuellement de vérifier si, dans ses textes, une antonomase de ce nom commun, c'est-à-dire le passage à « Auteur », pourrait s'appliquer à la narratrice intradiégétique souvent en miroir par rapport à l'écrivaine extradiégétique. De multiples processus y seraient alors à l'œuvre, ce qui reste évidemment à développer.
6. Hélène Cixous, *Le livre de Promethea*, Paris, Gallimard, 1983.

comme par exemple Penthésilée (en rapport avec Achille, p. 73), ou encore Moïse (p. 227).

Les textes de Cixous sont souvent identifiés, sur le plan générique, par le terme unique de « fiction » lorsqu'il s'agit de la prose, surtout à partir de 1976, alors que le terme « essai » est réservé pour des réflexions plus théoriques et que les textes dramatiques portent communément l'indication « théâtre ». L'écriture (toujours très poétique) ne semble néanmoins pas beaucoup changer d'un genre à l'autre et les mêmes catégories de nomination se retrouvent pratiquement partout[7]. C'est cependant la première catégorie qui se prête le moins bien à la dramaturgie — où l'hypo-détermination, c'est-à-dire le brouillage d'identité des personnages, peut être obtenue par des moyens scéniques (à la fin de *L'histoire...*, justement, on ne voit plus les personnages parce qu'ils sont comme engloutis dans un nuage de neige, et il faut deviner leur identité à partir des voix qu'on entend dans cette mêlée). En revanche, les abréviations des noms apparaissent souvent dans la fiction : ces indications parfois mystérieuses des personnages peuvent se résoudre, à un autre endroit du texte, en un nom plus ou moins complet, en même temps qu'une abréviation peut reprendre, dans une même page ou à une plus grande distance, un nom déjà évoqué, inscrit au complet. Il va de soi qu'une simple lettre majuscule, par exemple B., dans *Beethoven à jamais*[8], peut signifier Beethoven, mais que dire de la possibilité de recoupement avec B. renvoyant à Thomas Bernhard[9], auteur souvent « interpellé » dans la fiction de Cixous, ou encore à Ingeborg Bachman (qui peut être signalée par un I.B. ou comme Ingeborg, dans *Déluge*[10]) ?

On pourrait dire que certains de ces exemples se trouvent à cheval sur la première et la deuxième catégorie ; mais autant la première semble se situer dans l'hypo-détermination, autant la deuxième s'ouvre sur une hyper-détermination, soulignée par une intertextualité multiple, œuvrant à de nombreux niveaux de lecture. Ces niveaux se forment grâce aux noms d'auteurs que Cixous évoque, appelle au dialogue, qui non seulement nourrissent sa lecture mais font partie intégrante de son écriture[11]. Il peut s'agir

7. À titre d'exemple, voilà deux passages de *La venue à l'écriture* (Paris, U.G.E., 1977), une sorte de manifeste où Cixous explique ses positions scripturales : « Lorsque j'avais trois ans Dieu était un jeune homme élégant et maternel [...] j'étais sa Femme de Poche [...] » (p. 24) ; « J'ai cru — jusqu'au jour où l'écriture m'est venue aux lèvres — à Père, à Mari, à Famille, et je l'ai payé cher. » (p. 55)

8. Hélène Cixous, *Beethoven à jamais*, Paris, Des Femmes, 1993.

9. « T.B. », dans *L'ange au secret* (Paris, Des Femmes, 1991, p. 66-67) ; « Pourquoi, je le demande, Thomas B. est-il mort le jour de mon anniversaire ? » (p. 92), ou bien simplement « Thomas » (p. 166), dans *Jours de l'An* (Paris, Des Femmes, 1990).

10. La première fois p. 175, la deuxième juste après, p. 176 de *Déluge*, Paris, Des Femmes, 1992.

11. On pourrait parler ici d'un dialogisme à échelle assez globale, puisque les auteurs de plusieurs cultures et de nombreuses époques sont convoqués par Cixous — qui leur donne la parole dans le sens de ce que Todorov décrit, à partir de Bakhtine, évidemment, et de ses propres fréquentations dialogiques, comme un vrai contact, un vrai rendez-vous entre l'écrivain qui vient « plus tard » et ceux qui l'ont nourri, précédé (Tzvetan Todorov, *Critique de la critique. Un roman d'apprentissage*, Paris, Seuil, 1984).

d'écrivain(e)s, de poètes, comme Dostoïevski, Anna Akhmatova, Kafka, etc., dans *L'ange au secret*[12], de peintres, comme Rembrandt dans *Jours de l'An*[13]; mais aussi de musiciens, comme le compositeur éponyme de *Beethoven à jamais*. Parmi les noms les plus fréquents, la primauté est incontestablement réservée à Clarice Lispector, qui est en quelque sorte la guide (*sic!*, mon propre féminin dans ce cas-ci), l'accoucheuse d'Hélène Cixous, celle qui lui a ouvert la porte à l'écriture[14]. Dans *Déluge*, Clarice côtoie souvent Ingeborg (Bachman), et l'évocation de cette écrivaine autrichienne apparaît comme un exemple typique d'une surcharge métaphorique, symbolique amenée par un nom propre dont l'inscription entraîne les allusions à la souffrance, à la maternité, au sens où l'écriture est perçue comme enfantement.

À côté de ces noms propres « en visite » mis en contact les uns avec les autres à l'intérieur des textes de Cixous — et qui renvoient chacun à une réalité extratextuelle bien précise, la deuxième catégorie comprend également les noms empruntés à la tradition mythique : cette tradition est très souvent judaïque, mais tout aussi bien gréco-latine, germanique ou autre. Dans *Déluge*, par exemple, l'évocation de certains personnages bibliques est particulièrement importante pour la construction de cet univers plutôt utopique où les toponymes ne sont le plus souvent utilisés que dans un sens ou un but symbolique : la narratrice y retrouve, au cours des descentes fréquentes en son for intérieur (descentes qui peuvent être associées au mythe d'Orphée), le personnage d'Isaac[15], avec toutes les allusions au sacrifice nécessaire, mais aussi au fils sauvé qui assure la continuité de la lignée. En outre, il y a recoupement entre le David compagnon de la narratrice et le David biblique

12. Hélène Cixous, *L'ange au secret*, Paris, Des Femmes, 1991.
13. Hélène Cixous, *Jours de l'An*, Paris, Des Femmes, 1990.
14. Le nom de Clarice Lispector peut faire partie soit de la première soit de la deuxième catégorie ; dans *Déluge*, le C.L. de la p. 175 reprend « Mon personnage s'appelle Clarice » de la p. 18 — ou d'autres évocations de ce même personnage. Le prénom de Clarice peut parfois revêtir des significations symboliques particulières — « Clariciel » versus « Clarisol » (*La*, p. 167) — de ce qui s'étend de la terre jusqu'au ciel — et qui marque l'importance de ce contact privilégié entre les deux créatrices. À titre d'exemple, encore, Clarice est présente dans *L'ange au secret* (p. 21, entre autres), dans *Jours de l'An* (p. 28, 29, 121, 157, 244, 246, etc.) — comme d'ailleurs Isaac (par exemple p. 244, 246, etc.) — dont elle est souvent accompagnée, « Clarice et Isaac se demandent » (p. 272) — ce qui signale la double naissance scripturale de Cixous, conditionnée d'une part par le dialogue extrêmement important qu'elle maintient avec ses racines juives et d'autre part le dialogue, la communication établie entre les auteurs féministes.
15. Comme on le sait, ce prénom signifie en hébreux « qui rira » (Abraham, apprenant la naissance de ce fils inespéré, et peut-être Isaac lui-même lorsqu'il est sauvé du sacrifice). Je me permets de signaler, dans la foulée, ce texte théorique de Cixous souvent cité par les critiques, « Le rire de la Méduse » (*L'Arc*, n° 61, juin 1975, p. 39-54), l'expression de la jubilation, de la joie face à la créativité littéraire féminine. J'aurais tendance à le mettre en rapport avec la signification, en hébreu, du prénom d'Isaac. Cette jonction établie, il est plus facile de comprendre l'ampleur des associations, des liens qu'instaure Hélène Cixous, ainsi que l'ampleur de ses « subversions » — puisque l'élément du *rire* parvient à établir le contact, l'analogie entre les dangers de la Méduse et le rôle d'initiateur à l'écriture qu'occupe Isaac dans cette prose.

ayant répudié Bethsabée, avec la charge symbolique que ces rapprochements créent à l'intérieur du texte.

Parmi d'autres exemples de la ramification sémantique possible qui s'établit à partir d'un nom particulier — qu'il soit historique ou mythique —, je pourrais citer le passage suivant, sans pour autant m'arrêter à chacun des noms : « Il n'est pas à Héliopolis, je ne l'ai pas vu à Busiris, ni Buto ni Abydos ne l'ont connu, et à Hermopolis il n'a jamais mis le pied. » (*La*, p. 127) Concrètement, ici, les toponymes évoquent selon moi les dimensions mythiques : en fait, un Hermopolis, « ville d'Hermès » est susceptible d'entraîner d'autres références à cette divinité grecque. Mais voici encore un lien que l'on peut établir à distance, entre plusieurs fictions, dans le cas du toponyme Héliopolis qui appellerait, en quelque sorte, le prénom d'une personne. Dans la citation suivante empruntée à *Jours de l'An*, un parmi les exemples de ces entrelacs sémantiques, il s'agit surtout de la réflexion que fait la narratrice intradiégétique au sujet d'un nom, Hellia. Ce nom s'apparente facilement à celui de Cixous elle-même, quoique « Hélène » ne signifie pas pour autant la « soleille » suggérée par cette Hellia, la femme qui écrirait à partir de la lumière :

> Et comment mesurer le mystère d'avoir un nom aussi étrange que celui de l'auteur [*sic !*] qui s'appelle Hellia. Hellia avec un h. Un nom avec l'unique lettre muette dans notre langue. Mais dans la langue de sa mère elle est tout le contraire : lettre de l'aspiration. Éteinte en ce pays, hélante en l'autre. Et c'est par son échelle qu'elle passe, d'un souffle, d'une langue à l'autre. (*Jours de l'An*, p. 92)

Comme on le voit, le passage met côte à côte le français et l'allemand, les deux langues de Cixous : le cheminement perpétuel de l'écriture entre les deux est possiblement une des raisons pour lesquelles Cixous attribue si facilement la majuscule à un nom commun. Ce qui me paraît intéressant, dans cette citation, c'est que dans une sorte de métalangage, comme il arrive souvent chez Cixous, le « je » de la fiction s'exprime elle-même sur l'utilisation des noms.

Il va de soi que, dans un texte littéraire, tout ce que la critique définit comme catégories distinctes se présente plutôt de façon compacte, indissociable. Chez Cixous, seules deux catégories se côtoient et, parfois, se conditionnent, comme dans l'exemple de cette antonomase du mot « rêve » qui, lui, devient toute une dimension, presque comme un être vivant et où le prénom de Clarice est davantage mis en valeur. Clarice est ainsi placée en relation avec toutes les femmes importantes pour la narratrice (et, il faudrait le dire, pour l'écrivaine extradiégétique aussi) :

> Parce que sans le Rêve, Clarice n'existe pas. Mieux encore ou pire : sans le Rêve, elle n'aime pas. // C'est du Rêve que vient la lumière, la force le courage, la gaieté. Elle vit à la force du Rêve. Le Rêve est sa grand-mère maternelle. Et aussi sa tante Rachel, celle qui en mourant rit. (*Jours de l'An*, p. 246).

Un exemple semblable se trouve dans la conjonction entre un être surnaturel et un écrivain venu « soigner » au bon moment, au seul moment possible, la douleur évoquée : « [...] parce que Dieu avait pourvu au regret. Il y avait Celan. » (*Jours de l'An*, p. 13) Dans le même ordre d'idées, c'est grâce à l'apocalypse magnifiée (écrite cette fois-ci avec une majuscule) que la tragédie personnelle est associée à des dimensions d'abord bibliques et ensuite cosmiques, avec, en outre, la belle conjonction des contraires dans cette association de l'écriture et du corps : « [...] l'unique petit morceau de papier de chair qui aura réussi à échapper à la pelle de l'Apocalypse. Je lisais : " Il n'y avait plus rien sur terre que rien ", racontait Cello. Je lisais Celan. » (Jours de l'An, p. 13-14) Ou encore : « [...] pourvu que ça s'ouvre, et nous attire *vers le Bas*, nous est essor, nous est ivresse — pour un Pouchkine c'est la révolte, l'imposture qui dit non à l'Impérial Imposteur. » (*L'ange au secret*, p. 88)

Déjà manifestement dans le domaine de la troisième catégorie, voici un passage où s'inscrit le nom d'un roi mythique susceptible de créer une série de significations chargées ; la périphrase complément du nom qui reprend le prénom du roi est en elle-même typique de l'écriture de Cixous, puisqu'on y voit un nom commun au masculin, « l'auteur », remplacé par un pronom personnel au féminin. En outre, la conjonction des contraires, un vrai paradoxe, associe ici le potentiel et l'irréalisable : « J'ai passé une journée avec Melchior, raconte l'auteur. Melchior : le roi d'un royaume où elle n'irait jamais. Un Roi de sept ans. » (*Jours de l'An*, p. 77)

Le terme « roi » inscrit une première fois avec une minuscule et tout de suite après avec la majuscule, voici la pratique courante de *L'histoire*... Cette pièce de Cixous reprend d'ailleurs de nombreuses notions clés rencontrées dans cette écriture depuis bien des années. Ces notions n'ont pas pour autant le même référent et ne sont pas toujours utilisées de la même façon ou avec les mêmes valeurs sémantiques. Il est pareillement impossible d'affirmer avec certitude quelle est la raison principale, uniforme dans la plupart des cas, pour le recours à l'antonomase, je veux dire pour le passage de la minuscule à la majuscule, dans les termes « roi », « reine », « vérité », « rêve », etc. [16]. Toujours est-il qu'un dernier texte semble porter en filigrane tous les livres qui le précèdent, ou bien, pour utiliser une métaphore de Cixous, est comme engrossé par eux : la gestation est prolifique et longue, de sorte qu'un même mot peut s'incarner d'une année à l'autre, soit dans une prose, ou encore dans une pièce de théâtre. De plus, chacun de ces termes réutilisés peut apporter, dans un nouveau texte, un éclaircissement au sujet de la thématique déjà traitée [17].

16. Je signale, par ailleurs, que l'énoncé du type « Or, Hier, j'entrais » (*La*, p. 8), amène lui aussi l'exemple de la troisième catégorie, avec cette particularité que l'antonomase très intéressante se produit à partir d'un adverbe de temps mis en relief, augmenté en quelque sorte, glorifié : c'est dire que toute notion grammaticale peut revêtir, chez Cixous, cet aspect, parfois de personnification, parfois simplement de mise en valeur. Dans le même ordre d'idées, « le Bleu soufflait en bannières transparentes, Bleu héraut des pouvoirs d'élévation » (*L'ange au secret*, p. 135) fait ressortir la couleur, l'adjectif nominalisé qui peut recevoir une majuscule — sans qu'on puisse dire avec certitude quelles sont les dimensions précises qu'ouvre cette antonomase.

17. En voici quelques exemples : « la Reine », mais aussi « ma Reine » (*Jours de l'An*, p. 137) ; surtout « Allons, Vérité, montre tes dents si blanches... » (*ibid.*, p. 82) — construction typique d'une antonomase qui semble être à la fois une personnification et une allégorisation.

Ce qui appartient plus particulièrement à la troisième catégorie, ce sont les termes associés à la royauté ou à la noblesse et qui définissent *a posteriori* toute la problématique des Nibelungen traitée par Cixous, particulièrement dans *Déluge*. Par ce jeu de miroirs intertextuels, ces quasi-allégories de la Vérité, de la Trahison, utilisées dans de nombreux textes, peuvent pareillement être associées, de nouveau *a posteriori*, au contexte épique des Eddas. En même temps, un ensemble thématique particulier, en l'occurrence celui des Nibelungen, sert à rendre générale et commune une expérience héroïque ou mythique reprise du passé (avec toute l'ironie et la distance qui s'imposent et que Cixous établit à maintes occasions), telle une métaphore géante jouant sur plusieurs registres. Cette globalisation s'opère justement grâce aux antonomases allégorisantes : pour ainsi dire, toute quête de réponse, chez Cixous, semble toujours être la recherche de la Vérité ultime [18].

Pour résumer et synthétiser ma réflexion, je vais reprendre les deux dernières catégories et analyser brièvement leur interaction dans *L'histoire*... ; la première catégorie étant, pour des raisons déjà signalées, pratiquement absente de ce texte.

Le « Rhin [19] » hante l'imaginaire de Cixous depuis de nombreuses années : quoi de plus naturel, dirait-on, pour quelqu'un qui est partiellement enracinée dans la culture allemande, ne serait-ce que par sa grand-mère maternelle. Ce qui est plus intéressant, dans ce contexte, c'est que Cixous choisit de signaler un paradoxe assez énorme, le fait que le mythe germanique par excellence, celui des Nibelungen, pratiquement déifié à travers la musique de Wagner, n'est pas rhénan, si l'on vérifie ses propres racines, mais représente une adaptation des légendes venant d'une culture minoritaire, soumise pendant de longs siècles, la culture islandaise. C'est peut-être pour cette raison que le titre complet de la pièce se lit *L'histoire (qu'on ne connaîtra jamais)*. Une question y est implicite : comment connaître quelque chose, même lorsque ce quelque chose est raconté, dit, écrit ; comment connaître ce qui l'engendre, ce qui le suscite, ce qui est à son origine ? Peut-on savoir d'où nous viennent les modèles de comportement, les règles du jeu que Cixous met en scène dans sa pièce ? Dans le choix de son orthographe au moins, elle est claire : au lieu de l'inscription plus moderne et germanisée, elle opte pour les noms (mythonymes) tels qu'inscrits dans l'Edda islandaise : Sigfrid, Brunhild, Kriemhild, etc. Mais ce qui est encore plus particulier et intéressant, c'est la mise en place de ces « héros » face à un personnage féminin, qui est, en fin de compte, le récit personnifié, la porteuse de mémoire, la

---

18. Ce qu'il faut mentionner, néanmoins, c'est qu'au théâtre, sauf par un jeu d'intonation ou par un autre subterfuge rhétorique, on ne peut pas s'apercevoir de la différence entre un mot écrit d'abord avec une minuscule et ensuite avec une majuscule, comme dans le cas de la v/V/érité. Cela prouverait en quelque sorte que, dans les textes de Cixous, l'écrit prime sur l'oral, ou encore, que l'écrit suggère des dimensions à un texte dramatique que la représentation scénique a bien du mal à rendre convenablement.
19. Le Rhin est un toponyme très fréquent chez Cixous ; il apparaît aussi dans *L'ange au secret*, entre autres à la p. 53.

femme-récit qui survit au delà des morts successives que lui infligent les soi-disant héros. Il s'agit d'Edda elle-même, d'une personnification devenue éponyme, et peut-être aussi une métonymie dans un sens très particulier. C'est la sorcière, l'araignée, la tisserande qui a déjà tout prévu, à qui l'on n'échappe pas[20] — ce qui fait que les héros ne sont que de piètres pantins pris dans sa toile à elle et qui croient encore à la liberté d'action. Elle est en fait plus forte que les Très-Hauts eux-mêmes, ces êtres avides de sang et qui poussent l'auteur historique d'une des versions des Eddas, Snorri Sturlusson, devenu personnage de la pièce, à rentrer en jeu, à créer, par son propre Récit, assez de malheurs chez les Nibelungen pour étancher la soif des dieux immortels.

À côté de Snorri, il existe dans la pièce un autre personnage scribe, poète, et qui note lui-même les événements à la cour rhénane, quelque part après 1220, en hébreu. Il s'agit de celui que Cixous appelle Barout, et qui est probablement une des incarnations du fameux Barouch biblique dont le nom signifie — ironiquement, si on pense au sort du personnage — « qu'il soit béni ». Dans la pièce de Cixous, Barout est lui aussi, à l'instar du prophète, chassé de Jérusalem, de cette ville « vision de paix[21] ». Sans pays et sans roi, comme l'indique la pièce, ce chroniqueur ne trouve évidemment pas la paix dans ce château où Hagen prépare le meurtre de Sigfrid. Barout y trouve malheureusement la mort, de la main de Snorri lui-même, qui regrette son acte et sait devoir le payer de sa propre mort : il regrette de ne pas avoir su établir une collaboration avec cet autre écrivain, lui le détenteur des secrets nordiques, germaniques, et Barout porteur et transmetteur — excommunié — de la tradition sacrée judaïque. Tout en n'apprenant pas à temps comment écrire ensemble, ces deux auteurs intradiégétiques ne peuvent cependant pas survivre l'un sans l'autre — même si la mort n'est pas ici quelque chose de définitif — et que les personnages se retrouvent, après la « mort » à un autre niveau d'existence. Cette conjonction des anthroponymes appartenant à des cultures différentes nous permettrait-elle de conclure au désir de Cixous de concilier ses doubles racines, par le biais des personnages qu'elle met en scène ? D'autres textes à venir vont probablement pouvoir répondre à ce questionnement.

Pour revenir à la problématique de l'utilisation des noms aussi chargés de significations[22], je dirais que le Sigfrid de Cixous est probablement loin

---

20. Ce qui paraît intéressant, c'est que selon l'étymologie islandaise, « Edda » signifie l'ancêtre, l'arrière-grand-mère, et, ainsi, la Terre-Mère, ce qui l'associe à la Nature, comme on le lit chez Magnus, dans *A Dictionary of European Literature*, Londres, George Routledge & Sons, 1927. Selon cette même source, « Edda » est le titre d'un traité en prose de Snorri Sturlusson, écrit autour de l'année 1220 ; curieusement, Cixous reprend son personnage quelques années après cette date. En dehors de la création de Cixous, le premier texte de Snorri ne semble pas avoir suscité d'écho — une autre raison que peut évoquer Cixous pour le titre de sa pièce.
21. La signification de ce toponyme, bien que dans un tout autre contexte, a été signalée par François Rigolot, ici même.
22. Je pense non seulement aux significations symboliques mais également à l'étymologie de ces anthroponymes, à la signification dans la langue d'origine, que ce soit l'islandais,

de ses origines islandaises, tout en les continuant d'une certaine façon. Si on accepte l'adage postmoderne selon lequel n'est nouvelle que la façon dont nous réutilisons le matériel ancien, éternel, toujours actuel, on pourrait dire que la plus grande marque d'originalité de Cixous réside dans l'ironie, dans ce rire qui traverse le texte, malgré la souffrance, la déchirure même, qui y est évoquée. En outre, Sigfrid, aidé des créateurs du récit dont il est paradoxalement le héros, peut choisir, au delà de sa propre mort, d'engendrer la violence, de continuer la vengeance — ou bien d'opter pour un autre type de comportement. C'est là-dessus que se termine la pièce, les dernières répliques appartenant à Snorri — « Personne ne racontera jamais notre histoire » (avec la minuscule !) — et à Edda — « C'est une tragédie » (*L'histoire*..., p. 184).

En conclusion, je dirais donc, pour ne choisir qu'une des dimensions évoquées, qu'un nom propre avec une connotation, une identité extratextuelle précise, une fois invité dans une des « fictions » ou des pièces de Cixous, devient une des incarnations, plus ou moins précises, toujours trop peu ou un peu trop déterminées, de cet être qui écrit et qui se voit écrire, qui réfléchit sur sa propre écriture, toujours en fonction des écritures de tous ceux ou de toutes celles qui sont comme invité(e)s au rendez-vous, à l'intérieur de cette prose, où « illes » (terme encore typique de Cixous) sont nommé(e)s pour créer cette systématique ouverte et parfaitement polylogique. Il resterait à voir toute l'ampleur des passages métaphoriques ou plus généralement poétiques, ainsi que la raison d'être de ces nombreuses antonomases, c'est-à-dire la logique qui se cache derrière cet apparent désordre. Les termes très nombreux se promènent entre les noms communs et cette étendue de faux noms propres investis d'une charge allégorique ; les anthroponymes eux-mêmes signifient plusieurs choses à la fois, sans qu'une structure très précise, dans l'établissement de ces significations, puisse être dégagée de ces textes ô combien déroutants.

l'allemand ou l'hébreu, ce qui mériterait un développement autonome. En même temps, il s'agit de signaler un jeu possible avec le nom Barout. Selon les hébraïsant(e)s que j'ai consulté(e)s, en l'occurrence ma collègue Simone Maser, le terme ou le nom « Barout » n'existe pas en hébreux, même si les consonnes *b* et *r* (avec les voyelles appropriées) peuvent s'allier autant à la fuite qu'à l'alliance. Reste à savoir comment procède Cixous, lorsqu'elle décide d'inscrire un anthroponyme dans sa forme la plus proche de l'original (comme dans le cas de Snorri, etc.) ou bien dans sa forme modifiée (ce qui s'appliquerait à Promethea aussi).

Le nom dans *Une vie*, de Maupassant

Marie-Thérèse Mathet
Université de Toulouse Le Mirail

Dans *Une vie*, les noms, tout en générant le récit et en assurant la cohésion du tissu textuel, sont l'un des lieux de l'ambiguïté. Derrière l'harmonie qu'ils assurent se profile une perturbation qui laisse voir qu'ils sont aussi le lieu des contraires et, en cela, le véritable foyer du sens. Ce phénomène traverse les trois couches textuelles que forment l'histoire, le récit et la narration.

I. Nom et histoire : pouvoir diégétique du nom

La lecture onomastique de l'œuvre permet de distinguer plusieurs traitements du nom : l'écrivain réserve les jeux de la transparence totale pour les personnages secondaires ou épisodiques qui les caricaturent au moyen de désignatifs fortement motivés comme souvent dans les *Contes*[1] où la transparence est fréquemment ludique et simplifie la diégèse, alors que c'est de façon plus subtile — par une motivation plus estompée — que le nom de l'héroïne déploie ses significations à travers le récit (il s'inscrit donc dans la diégèse et même orchestre celle-ci).

Les comparses ont des noms qui contribuent fortement à les caricaturer : la Veuve Dentu, sage-femme ; l'abbé Pelle, généalogiste. Mais ces désignatifs peuvent former une isotopie qui consolide et cimente la diégèse : Bataille, l'abbé Tolbiac et le chien Massacre dessinent la figure du combat liée à la fois à l'héraldique au Moyen Âge (ce qui convient au peintre d'armoiries) et, de tout temps, à la violence et à la cruauté (ce qui convient à l'abbé). De plus, ce dernier se plaît tout spécialement à chasser les démons : « [...] il se croyait appelé particulièrement à combattre cette Puissance mystérieuse et fatale[2]. » (p. 220) L'anthroponyme guerrier colle au rôle diégétique qu'il redouble pour le parodier.

1. Philippe Bonnefis, « La question du lien », *Maupassant miroir de la nouvelle*, Presses universitaires de Vincennes, 1988 ; *Comme Maupassant*, Presses universitaires de Lille, 1981, p. 51-59 ; Alain Buisine, « Profits et pertes », *Revue des sciences humaines*, n° 173, t. XLV, janvier.-mars 1979, p. 117-136 ; Philippe Bonnefis et Alain Buisine, *La chose capitale*, Presses universitaires de Lille, 1981 ; Frédéric Nef, « Noms et échanges dans *Le rosier de Madame Husson* », *Exigences et perspectives de la sémiotique : recueil d'hommages pour A. J. Greimas*, Amsterdam, Benjamins, 1985, p. 761-769 ; Gérald Prince, « Noms et destin dans *La Parure*, *The French Review*, 56.2, 1982, p. 267-271 ; Charlotte Schapira, « Proper Names in Maupassant's Short Stories », *Names*, 40-4, décembre 1992, p. 253-260 ; Bernard Valette, « Le nom des personnages dans les *Contes* de Maupassant », Maupassant et l'écriture, Actes du Colloque de Fécamp, Nathan, 1993, p. 207-218.
2. Maupassant, *Une vie*, Paris, Gallimard, coll. « Folio », 1974. Toutes les indicatiaons de page renvoient à cette édition.

Ces désignatifs créent enfin des échos textuels qui assurent la cohésion du tissu narratif tout en renforçant l'unité entre des épisodes éloignés : le Père Lastique, pêcheur normand, trouve la motivation de son nom lors de l'épisode corse dans les lentisques du maquis. Les Couillard, fermiers du baron, voient leur nom naturalisé par la formule qu'emploie gravement un autre fermier pour toper avec le baron : « Couillon qui s'en dédit » (p. 162). Ces réseaux sonores exercent à la fois une fonction diégétique et une fonction poétique.

Quant à l'héroïne : les composantes de ses noms successifs contiennent un condensé du programme narratif tout en combinant les décors de l'action : le pertuis, le val, la mare. Ils sont donc à la fois motivés, prémonitoires et en harmonie avec l'ensemble des données romanesques (sens, action, décor). De plus, les signifiants des noms de l'héroïne (comme c'est souvent le cas pour les noms nobiliaires) renvoient à des lieux naturels, ce qui leur permet d'entrer en résonance avec le toponyme « les Peuples », qui désigne en normand des peupliers. On retrouve donc, à travers l'onomastique qui concerne l'héroïne, le phénomène d'isotopie déjà aperçu pour les comparses mais dépourvu de tout aspect caricatural et destiné lui aussi à cimenter l'unité du roman.

1. Le patronyme de Jeanne : Le Perthuis des Vauds. Il est composé du vocable « pertuis » qui désigne à la fois l'élément marin et ce qui permet le passage. Ce qui donne le sens d'ouverture, mais aussi de trou. On peut lire les « vauds » comme pluriel de « val » (ce que permet l'étymologie normande « vaux de vire »). Jeanne naît donc sous l'étoile d'un signifiant de nature géographique qui la place sous la tutelle des forces naturelles.

Le parcours diégétique illustre ce nom. En effet, l'ouverture du roman laisse voir une jeune fille qui déborde de vie, « libre enfin pour toujours, prête à saisir tous les bonheurs » (p. 27). Espèce de génie des grèves et des valleuses normandes, aimant par-dessus tout la nature, elle décline les éléments de son patronyme : ouverture à la vie, errance de val en val [3], liberté vagabonde sur les plages. « Il lui semblait qu'elle jetait un peu de son cœur à tous les plis de ces vallons. » (p. 45) Le val compose, avec la mer, le paradigme du paysage selon son âme, paysage bienveillant qui lui est favorable : « [...] lorsqu'elle apercevait tout à coup au détour du val [...] un triangle de mer bleue étincelante au soleil, il lui venait des joies désordonnées, comme à l'approche mystérieuse de bonheurs planant sur elle. » (p. 44) Jeanne occupe donc l'espace que lui octroie son patronyme comme on habite une terre d'élection. Son nom dessine les contours de son pays mental. D'ailleurs vals et vallées lui sont favorables pendant ses fiançailles et au début de son mariage (p. 58, 77) ainsi que pendant son voyage de noces, avec le val d'Ota en Corse. Mais lorsqu'elle parcourt ainsi les vals de sa jeunesse, elle ignore encore bien

3. Thérèse Thumerel, « Les paysages normands de Maupassant, du val à la mare », *Bulletin Flaubert-Maupassant*, n° 1, 1993, p. 43-55.

sûr que l'un d'eux sera fatal à son époux, un val qui redouble et décline son signifiant : le val de Vaucottes. C'est en somme le val des vals, le val par excellence parce qu'il marque l'autre extrémité de l'échelle, scellant le destin de Jeanne puisqu'il fait d'elle une veuve. Il s'agit d'une page où le meurtre s'écrit par le jeu des fricatives : « une averse furieuse, le vent qui siffle » (p. 212). Le v de « val » quitte ce signifiant pour s'inverser en menace envers les amours coupables. La responsabilité du comte meurtrier s'efface derrière celle des éléments avec la figure de l'hypallage qui personnifie la tempête. Puis vient l'attentat. Le val protecteur assume certes sa fonction tutélaire en vengeant l'héroïne, mais à son corps défendant et malgré elle : « [...] devant lui le val de Vaucottes ouvrait sa gorge profonde. » (p. 212) Par métonymie, le val se fait la victime pour offrir son corps au châtiment. La scène revêt une dimension cosmique : c'est le cadre naturel, le val, et les éléments, le vent, l'averse, qui ont vengé Jeanne Le Perthuis des Vauds. Mais du même coup, la vie de son mari, et aussi sa propre vengeance, lui échappent. Le patronyme est donc ambigu.

2. Le nom marital : Jeanne de Lamare. Au plan du signifiant, la cellule MAR se retrouve dans mar-iage. Celui-ci appelle, dans la perspective maupassantienne, les connotations de vide et de trou à travers l'ensemble de son œuvre. Or, le matin de son mariage, Jeanne n'éprouve « qu'une grande sensation de vide à travers tout son corps » (p. 76), et, comme si son patronyme (Perthuis) la poussait hors de ses bornes protectrices, « [...] elle sentait comme une porte ouverte devant elle », avec cette chute ambiguë : « [...] elle allait entrer dans l'attendu. » (p. 77) L'attendu programmé par son nom ? C'est la nuit de noces qui inaugure la déclinaison sinistre du nom : « [...] elle tomba dans le mariage comme dans un trou ouvert sous ses pas. » (p. 82) Après cette première chute, elle s'enlise dans l'eau bourbeuse de ce vocable. La fin du chapitre VI résume sa vie conjugale : « Elle était tombée dans le mariage, dans ce trou sans bords pour remonter dans cette misère, dans cette tristesse, dans ce désespoir. » (p. 146) Comme le résumera judicieusement sa bonne, « vous avez été mal mariée, v'là tout » (p. 241). La même cellule se retrouve dans cauchemAR. L'incipit du roman nous montrait Jeanne à sa fenêtre rêvant à tous les possibles sur lesquels ouvrait son patronyme. Au rêve de Jeanne Le Perthuis des Vauds succède le cauchemar de Jeanne de Lamare. Ce terme apparaît aux moments cruciaux du calvaire de l'héroïne. Il se présente lors de la première trahison de Julien alors qu'elle est enceinte, il surgit encore après l'assassinat qui entraîne sa fausse couche. Il est donc le double inversé des chimères de la jeunesse.

Le signifiant LA MAR génère dans le texte quelques termes abstraits : malheur, mort, et concret : larmes par métathèse. « Tout n'était que malheur et mort. » (p. 186) « Jeanne pleura des larmes mornes et lentes. » (p. 270)

Au plan du signifié, la mare génère concrètement le champ lexical de l'eau stagnante et boueuse. Les « ornières boueuses » (p. 116), les « larges flaques d'eau » (p. 119) éclaboussent tout le texte et accompagnent les promenades en calèche. La baronne « laisse une trace humide et boueuse » lors de ses « promenades monotones » (p. 151), la « fange » et la « boue » ne manquent pas au décor. À un niveau plus abstrait, la mare thématise l'enlisement. Le personnage s'embourbe, s'enfonce et sombre lentement à partir de son mariage, et le texte multiplie la terminologie qui compose le champ sémantique du MARasme. La vie de Jeanne est marquée par l'accablement, l'apathie profonde et surtout la stagnation. Ce qui se manifeste physiquement : « sans remuer » (p. 267), « ne remua plus, immobile » (p. 267), « s'affaissa » (p. 276), « tomber » (p. 278), et moralement : « rêvasser » (p. 267) ; « paresse » (p. 268). Les mots abondent qui disent le désenchantement : « résignée » (p. 239), « désespérance » (p. 255), « désillusion » et « affaissement de ses rêves » (p. 102), rien ne venant rompre le « monotone enchaînement des jours ». Parfois, concret et abstrait combinent leurs valeurs : à la mort de sa mère, Jeanne demeure « abîmée dans une douleur immobile » (p. 183), et à la mort de son père elle était « tellement anéantie que sa douleur était plutôt de l'engourdissement que du désespoir » (p. 237). Ce sont exactement les symptômes du marasme.

On vient de voir les effets diégétiques d'un signifiant onomastique tout à fait sinistre. Cependant il existe pour l'héroïne une alternative à la MARE : la MER[4]. Cette alternative est en fait indexée sur l'alternance vocalique à l'intérieur de la cellule matricielle.

Lors du voyage en Corse, le signifiant « mare » cède le pas à celui de « mer » : « la mer bleue » (p. 96). La nappe d'eau croupissante et verdâtre que désigne la mare se convertit en « lac d'azur », en « sources charmantes » (p. 95) et en « filet d'eau glacée ». Le voyage en Corse est donc une parenthèse qui rectifie le programme tracé par le nom marital avec les sèmes du flux et de la limpidité qui font échec à ceux de la mare. Cet épisode est la contre-épreuve lumineuse de l'enlisement dans la mare du nom. Aussi, quittant ce pays, Jeanne a-t-elle l'impression qu'elle vient « d'accomplir le tour du bonheur » (p. 102). De retour en Normandie, les rares instants dont elle jouit sont liés à la mer, qui fait échec à la mare : « Jeanne oubliant les amours de Julien se sentait presque complètement heureuse [...] et la grande mer [...] resplendissait du matin au soir, sous le soleil. » (p. 179) Ne pouvant, à la fin du roman, s'accoutumer à sa nouvelle demeure elle se sent « plus seule, plus abandonnée, plus perdue ». Alors elle prend l'habitude de sortir de chez elle, mais au retour, elle revient... par un endroit nommé « les Trois-Mares ». Puis, dit le texte, « une fois rentrée [elle] se relevait, prise d'une envie de ressortir » (p. 254). Or, cette compulsion ne cesse que lorsqu'une voix intérieure lui propose une solution : « Mais, un soir, une phrase lui vint inconsciemment qui lui révéla le secret de ses inquiétudes. Elle dit, en s'asseyant, pour dîner : " Oh ! comme j'ai envie de voir la mer ! " » (p. 254) Le texte poursuit :

4. Thérèse Thumerel, « Les paysages normands de Maupassant, du val à la mare », *op. cit.*

> Ce qui lui manquait si fort, c'était la MER, sa grande voisine depuis vingt-cinq ans, la MER avec son air salé, ses colères, sa voix grondeuse, ses souffles puissants, la MER que chaque matin elle voyait de sa fenêtre, qu'elle respirait jour et nuit, qu'elle sentait près d'elle, qu'elle s'était mise à aimer comme une personne sans s'en douter.

Donc face à un vocable marital fatidique, se profile une issue.

3. Le toponyme : Les Peuples. Du point de vue du signifiant, ce terme resserre les liens entre les divers épisodes du roman, tout en travaillant à la cohésion textuelle, ce qui crée un effet poétique, comme on l'a vu pour les autres noms. Le toponyme va donc se disséminer dans l'énoncé narratif grâce au polysémantisme du signifiant. Au début du roman, « la pensée de Jeanne [...] s'élançait vers l'avenir peuplé de joies » (p. 49). Mais la tutelle qu'exerce sur Jeanne le nom de la demeure se poursuit en Corse, lors du voyage de noces : le navire parvient dans un golfe « entouré d'un peuple de hauts sommets » (p. 91).

Le signifié « peupliers » désigne à la fois les arbres et la demeure. Jeanne paraît doublement protégée par la nature, par cette immense « allée de peupliers démesurés, appelés peuples en Normandie » (p. 38). « Ces peupliers avaient donné leur nom au château. » Et comme « les longues avenues de peupliers enfermaient ce qu'on appelait le parc », la demeure, le château des Peuples, forme une barrière supplémentaire (et onomastique) de ce lieu clos. Jeanne est donc entièrement sous la tutelle de ces arbres séculaires et le nom de la demeure peut être perçu comme un nom tutélaire. Cependant, le toponyme est ambigu, puisque le sort du manoir paraît fortement indexé sur celui des arbres éponymes. En effet, à son retour aux Peuples, lorsque l'enlisement commence, le toponyme a perdu de sa puissance protectrice. La « désillusion », « l'affaissement de ses rêves » (p. 105) et la « maigreur grelottante des peupliers presque nus » qu'aggrave une « pluie » à faire « pleurer » sont concomitants. Ce toponyme se trouve, en conséquence, lié aux sèmes de PLEUR et de PLUIE. En une nuit, les « peupliers se dépouillent » (p. 109) et Jeanne distingue un « ciel frotté de boue » (p. 107). Les Peuples ne tarderont pas à lâcher totalement l'héroïne : « La grande maison avait l'air de sonner le creux, toute morne, avec sa face que les pluies maculaient. » (p. 125) Les tons peu engageants de la mare semblent atteindre les murs de la demeure comme si elle était poreuse. Elle est entamée dans son être. D'ailleurs lorsque Jeanne revisite les Peuples en fin de roman, elle finit par quitter précipitamment le manoir, afin d'« échapper à la hantise de cette maison ».

Ainsi Jeanne accomplit-elle le programme de ses noms, qui génèrent donc le récit et en assurent la cohésion. Mais ils permettent aussi les renversements : tout comme la mer offrait une autre possibilité que la mare, l'ouverture du pertuis s'inverse en trou, le val se retourne, les peuples la lâchent.

II. Nom et récit

1. Titre. Dans *Une vie*, le nom perturbe le titre par son absence. L'héroïne en est effacée de deux manières: d'abord elle n'y figure que métonymiquement, *in absentia*; ensuite «une vie» devient «la vie» dans la phrase clausulaire du roman. L'article défini fait voler en éclats tout vestige de singularité. La vie n'est plus celle de Jeanne mais un grand souffle qui traverse en passant l'héroïne. D'ailleurs la formule proverbiale qui achève le roman, «La vie, voyez-vous, ça n'est jamais si bon ni si mauvais qu'on croit», est modulée à l'intérieur du récit en deux autres énoncés qui apparaissent précisément aux points stratégiques [5]: à la fin du chapitre VI, Rosalie soupire déjà: «Ça n'est pas toujours gai, la vie»; et à la fin du chapitre XI Jeanne déclare: «Tout a mal tourné pour moi, la fatalité s'est acharnée sur ma vie». L'épigraphe «l'humble vérité» achève d'enfoncer dans l'ombre le personnage féminin.

2. Incipit. Son prénom, Jeanne [6], par sa place et sa banalité ôte *a priori* tout mystère à l'héroïne. En effet la révélation non différée de son identité ne donne lieu à aucune attente puisque c'est ce prénom qui ouvre le roman [7]. En outre, l'incipit n'est que prénominal: c'est seulement par le biais de la filiation qu'on apprendra le patronyme de Jeanne. Mais, du même coup, parce que la nomination et l'apparition de l'héroïne sont concomitantes, celle-ci, sur un plan narratologique, se détache radicalement des autres protagonistes, qui seront annoncés ou présentés. Elle est donc constituée en héroïne par ce statut nominatif différentiel, mais en héroïne d'une vie la plus banale possible. De plus, elle est tout au long de l'œuvre la plupart du temps désignée par son prénom, par un diminutif, ou par l'anaphore, plus rarement par son titre. Ce qui gomme tous les aspects contingents ou qualitatifs du personnage [8].

3. Structure. La diégèse repose sur la mutation puis l'altération du nom de l'héroïne qui articulent son existence en trois périodes: une jeunesse heureuse, à laquelle préside le patronyme Le Perthuis des Vauds. Une vie conjugale désastreuse, sous le nom de Jeanne de Lamare. Une maternité décevante enfin, qui se concrétise textuellement par la perte du nom aristocratique que son fils Paul travestit de deux manières. D'abord en soudant la particule au patronyme, il passe de la noblesse à la roture, contrairement au parcours qu'effectuera Bel-Ami dans le roman éponyme en scindant le nom de Duroy. Puis, à l'unicité du nom aristocratique, Paul fait succéder

---

5. Guy Larroux, *Le mot de la fin, La clôture romanesque en question*, Nathan, coll. «Le texte à l'œuvre», 1995.
6. Alain Buisine, «Profits et pertes», *op. cit.*
7. Martine Léonard, «Balzac et l'absence du nom», *Les noms du roman*, Publications du Département d'études françaises de l'Université de Montréal, coll. «Paragraphes», 1994, p. 61-74.
8. Francis Corblin, «Les désignateurs dans les romans», *Poétique*, n° 54, avril 1983, p. 200-211.

une « Société Delamare et Cie ». Cette transgression entraîne la mort du baron. Pour achever le tableau, Paul épouse une sans-nom : ultime indice de la décadence. En effet cet anonymat laisse planer l'ambiguïté sur la suite de l'histoire : le récit sombre entre la perte de la particule et la perte du nom.

4. Mise en abyme. Les manuscrits révèlent que les Fourville se sont d'abord appelés Anglesquemare. Maupassant, en modifiant ce patronyme, nous permet de décoder ses intentions de sens. L'auteur se soucie manifestement de privilégier le noyau « -mare » qui appartient au nom de l'héroïne. Cependant, figure dans le roman un patronyme encore bien plus proche de Lamare que l'ancien nom des Fourville : il s'agit du nom de l'amant défunt de la baronne, Paul d'Ennemare, signataire des lettres d'amour que découvre Jeanne lors de la veillée funèbre. L'homophonie entre les deux patronymes n'est pas arbitraire. Par cette stratégie nominative, l'auteur crée une mise en abyme du nom qui entraîne une mise en perspective des destins, des « vies ». Ce Paul d'Ennemare, absent de l'histoire mais nominalement présent dans le récit, inscrit déjà un modèle d'adultère qu'actualisera Julien de Lamare. De plus, le fils de Jeanne vient au monde juste avant l'émergence dans le récit du nom de ce personnage. Or on prénomme l'enfant Paul, appellatif qui perfectionne jusqu'à l'identité une parenté onomastique déjà lisible. Le prénom du petit-fils, Paul, constitue une trace prénominale de l'amant disparu, et le désignatif complet (Paul de Lamare), par la paronomase, creuse la perspective d'une similitude des destins : les sympathies sonores entre les deux signifiants nominaux construisent la figure insistante de la trahison conjugale qui, en transcendant les générations, marque l'éternelle répétition qu'est la vie. Le roman, dont le titre éclate, perd ses limites : il ne finit plus puisqu'il n'est plus le roman d'une vie unique.

III. Nom et narration : nom dit et non-dit

Le nom apparaît donc, au niveau de l'histoire et au niveau du récit, comme le lieu de toutes les contradictions. Or, sous le récit, perce un discours, personnel, auctorial, un discours problématique lui aussi, à la croisée de toutes les antinomies. C'est ce niveau qu'il convient d'explorer à présent, car il recèle peut-être, malgré tout, le moyen de concilier les inconciliables.

1. Onomastique familiale : le matronyme. Le patronyme de Jeanne, Le Perthuis des Vaux, est de toute évidence un cryptonyme. On sait que le baron retient maints traits de caractère du grand-père maternel de l'auteur, Paul Le Poittevin. Or l'empreinte de cette ressemblance est lisible dans la configuration du nom. On remarque en effet une identité consonantique du châssis des deux noms : présence de l'article, césure, P majuscule, puis deux consonnes supplémentaires, T et V, à la fois dans le nom réel et dans le nom fictif. En anoblissant le matronyme, Maupassant comble sa propre mère, Laure Le Poittevin, entichée de noblesse, le nom venant ici à la fois oblitérer et dévoiler le fantasme. Le nom apparaît ainsi chargé des désirs de la mère, dont Jeanne est une hypostase puisqu'il fait de son héroïne, à l'instar de Laure, une espèce de génie des plages normandes, à la beauté vigoureuse. L'un de ces désirs les plus prégnants étant le désir de noblesse, Maupassant vient le saturer en cryptant le nom de la mère dans celui de Jeanne. De plus, la structure feuilletée du nom apparaît tout à fait lorsque l'on songe que « Delamare » est le nom marital du personnage référent de madame Bovary, héroïne que ses fantasmes entraînaient elle aussi vers un désir d'anoblissement. Avec Maupassant, c'est chose faite. Il fait ainsi coup double en se démarquant du Maître, puisque le parcours de Jeanne devient l'inverse de celui d'Emma : Jeanne, noble de naissance, assiste à la déchéance du nom.

2. Surenchère onomastique. Le narrateur est linguistiquement absent du texte. Cependant, en orientant le récit par un axe qui va de la perte de la particule à la perte du nom, Maupassant montre son désaveu. Il n'a jamais, pour sa part, tenté de renoncer à sa propre noblesse : même ses pseudonymes présentaient la particule. Or, à travers le trop-plein des noms nobiliaires, on perçoit une autre manifestation du discours de l'auteur, discours qui se lit nettement comme une vigoureuse condamnation.

1. *Une vie* narre une aventure individuelle même si elle est exemplaire. Or l'héraldique est l'histoire des familles. Comment rendre compte de la prégnance de la nomination nobiliaire ? Le roman offre plusieurs scènes thématisées par la noblesse et dépourvues de toute fonction dramatique dans le récit. Il conviendrait donc d'examiner le traitement des noms nobiliaires dans le roman. Maupassant, par l'inflation onomastique, se montre férocement critique à l'égard de cette classe dont les noms excessifs masquent et désignent un vide. Le nom ici souligne l'absence de l'être. Les nobles disparaissent sous l'excès de leurs noms. La nomenclature des noms nobiliaires remplace la liste des œuvres, des travaux, tient lieu de pensée, fournit un sujet de conversation. Les hobereaux passent leur temps à s'autodésigner ou à se désigner entre eux (comme le donnent à lire les manies généalogiques de la baronne). Le nom, à force de border, de venir faire limite, se love sur lui-même ; il n'y a plus rien derrière lui : en somme l'inscription du sujet dans le nom n'a pas lieu, le signe et l'être restant disjoints. Généalogie et filiation n'aboutissent qu'à une déshérence. Quand le fils dérogeait, on avait une vie sans nom par manque de noblesse. À présent, on a un nom sans vie. Un nom contre une vie.

2. Il est frappant de voir que les rares propos qui sont rapportés de la baronne concernent l'armorial — intérêt qu'elle partage avec son gendre. Le discours sur les origines donne lieu à une rafale de noms nobiliaires.

> — Dites-moi, vicomte, avez-vous entendu parler des Saunoy de Varfleur ? Le fils aîné, Gontran, avait épousé une demoiselle de Coursil, une Coursil-Courville, et le cadet, une de mes cousines, une demoiselle de la Roche-Aubert qui était alliée aux Crisanges. (p. 53)

C'est dans une identité collective que s'effectue la reconnaissance de soi pour ces aristocrates, en raison des valeurs de la lignée et en vertu du nom.

L'individu s'absorbe dans la généalogie parce que « la fusion dans le même tient lieu d'altérité [9] ».

3. Une visite à des hobereaux, les Coutelier, nous permet d'assister à la mise en scène exacerbée d'un nom. Les Lamare sont introduits par le valet dans le salon des Coutelier :

> Tout au milieu, une espèce de colonne supportait une coupe immense de Sèvres, et, dans le socle, une lettre autographe du roi, défendue par une plaque de cristal, invitait le marquis Léopold-Hervé-Joseph-Germer de Varneville, de Rollebosc de Coutelier, à recevoir ce don du souverain. (p. 168)

La fonction de la lettre est redondante : elle répète et reflète le présent royal. Son vrai rôle consiste donc plutôt à confirmer l'authenticité du quadruple prénom, du triple nom et du titre. Or comme c'est le roi qui est la source de la noblesse et qui peut seul la conférer, il s'agit d'un second adoubement. L'auteur s'amuse donc à une mise en abyme de la vacuité par une présence massive des noms. En effet l'hyper-nommé rejoint l'innommable. Le trop-plein nominatif ne permet plus au nom de remplir sa fonction d'équivalent symbolique de l'être. Le sujet s'avère assujetti à un nom qui paraît « pointer vers l'objet perdu [10] ». On peut conclure de ce carnaval onomastique que Maupassant se montre, en l'occurrence, fort irrévérencieux pour le nom aristocratique, qui est pourtant le « dépôt sacré des valeurs nobles, essence de la personne » et qui, « comme le corps, doit être protégé contre toute atteinte [11] » puisqu'il est son « corps de mots [12] ». On lit en effet dans la *Correspondance* une remarque qui fait écho à cette satire : « un nom qui sonne et de l'argent ne suffisent pas. Ces gens me font l'effet de peintures détestables en des cadres reluisants [13]. »

3. Le non-nommé. Or, si Jeanne participe au respect que sa caste voue au blason, elle ne partage cependant pas les folies héraldiques de sa mère, et les arbres qu'elle révère ne sont pas généalogiques. Le personnage représente ce point-pivot qui fait basculer les valeurs conventionnelles du roman et apparaître le non-dit sous une autre forme encore. En effet, l'hypocentre de son histoire est l'épisode corse, et les valeurs qu'elle y découvre sont exaltées. Il est la contre-épreuve lumineuse de l'enlisement dans la mare du nom. Foyer de ces valeurs, se dresse l'empereur déchu dont la présence en creux paraît travailler le sens du texte ; l'empereur, une seule fois nommé, est quasiment innommable puisque l'action se passe en 1819. Ce héros, dont le mythe a fécondé toute la production romanesque du siècle, fait ici pendant, par le non-dit, au trop-plein désignatif de l'aristocratie que seul son nom

9. Antoine Compagnon, *Nous, Michel de Montaigne*, Paris, Seuil, 1980.
10. Julia Kristeva, « De l'imaginaire mélancolique », *Psychoanalyse*, n° 4, p.73.
11. Martine Saint-Pierre, « Le bruit des noms », *Études françaises*, vol. XXIII, n° 3, 1988, p. 99-112.
12. José-Luis Diaz, cité par Martine Saint-Pierre, « Le bruit des noms », *op. cit.*, p.104.
13. À la Comtesse Potocka, 31 mars 1884, Guy de Maupassant, *Correspondance*, éd. de Jacques Suffel, Évreux, Le Cercle des bibliophiles, 1973, vol. II, p. 118.

convoque. Aux inactifs qui s'absentent de leur être derrière le bouclier de leur nom s'oppose le non-nommé qui n'a été qu'action. Le bâtard contre le noble dégénéré, contre ces « conserves de noblesse ». Une seule fois mentionné en effet, il travaille le texte par sa présence radieuse et diffuse. À défaut de son nom, ses emblèmes abondent sous leur forme naturelle (aigle, soleil) et culturelle : l'abeille de la pendule de Jeanne, que la jeune femme a coutume d'embrasser fébrilement. Or Napoléon est le « Bâtard emblématique », le sans-nom qui illustre son prénom au point de lui faire engendrer une dynastie, le renégat qui balaie les antiques généalogies en s'octroyant le droit d'en fonder de nouvelles. La noblesse poussiéreuse et héréditaire tient son nom du roi, l'empereur accorde des noms et des titres pour raviver ce qui est terni, dépoussiérer ce qui est sans âge. Il refuse la castration du nom et distribue les nouveaux signifiants symboliques. Il représente un autre ordre. Il subit d'ailleurs le châtiment inhérent à son crime en expiant, « là-bas ». Le modèle napoléonien est donc inscrit dans le texte, même si sa présence est discrète. « Aussi peut-il devenir, pour celui qui s'absente de sa noblesse héréditaire, l'image même du possible, le guide libérateur qui conduit ses émules aux confins de l'imagination et du rêve[14]. » Le personnage de Jeanne, en faisant prévaloir cet ordre, s'avère alors le support des valeurs les plus prégnantes et les plus secrètes de son créateur : Maupassant, comme Jeanne, accepte et revendique sa noblesse, pour en faire bénéficier la mère désirante. Mais, comme son personnage, il choie par-dessus tout un hors-temps et un non-lieu qui font de lui l'enfant de personne, orphelin de tout père, ni fils de Gustave de Maupassant, ni descendant de Flaubert. Il s'absente de toute lignée ou alors se veut « fils de Dieu[15] », comme le revendiquera son délire, à la fois père et fils de ses œuvres, ce qui est la négation de toute filiation. Le nom s'efface devant le renom. « Un nom pas tout à fait sien[16] » tant qu'il n'est pas attaché à une œuvre. C'est l'écriture qui divinise.

Dans *Une vie*, les noms sont le plus sûr foyer du sens. Ils sont en effet à la fois facteurs d'harmonie et de cohésion textuelles, et en même temps matrices des contraires, indices d'ambiguïté. Ils tracent en lettres boueuses l'histoire d'un enlisement, mais ils fournissent une échappatoire. Promettant le bonheur, ils déversent le malheur. Ils supportent l'architecture du récit tout en la perturbant. Enfin ils instaurent un dialogisme qui affecte l'acte narratif puisque le récit laisse filtrer le discours de l'auteur, un discours, au demeurant, contradictoire. Dernier paradoxe, car le nom parvient ainsi à embrayer sur l'énoncé l'énonciation : les noms propres valent pour un non-dit.

14. Roland Le Huenen, « Le personnage et son désir », Claude Duchet (dir.), *Balzac et La peau de chagrin*, Paris, SEDES, 1979, p. 101.
15. Dans une lettre citée par Philippe Bonnefis, « La question du lien », *op. cit.*
16. Selon l'expression d'Antoine Compagnon, *op. cit.*

Nom et identité

Noms secrets et noms sacrés*

Alexis Nouss
Université de Montréal

Kafka écrit dans son *Journal* le 25 décembre 1911 : « Je m'appelle Amschel en hébreu, comme le grand-père de ma mère du côté maternel [...] [1]. » Pourquoi cette confidence ? Pourquoi ce passage troublant et pourquoi le trouble de notre lecture ? Quel est l'enjeu de la mention ? Marque dans le corps du texte : surgissement d'un signifiant hébreu, du signifiant de l'hébreu (langue et identité), qui est un nom propre. Porteur de la généalogie et porté par elle. Et pourrions-nous ignorer la datation, marquant une autre généalogie commencée à Bethléem, et en regard de laquelle, depuis, le judaïsme ne pouvait manquer de se situer, surtout dans la communauté germanophone assimilée d'Europe centrale ?

L'insertion du passage n'est pas insignifiante. Juste avant, un autre nom propre, Goethe qui « par la puissance de ses œuvres retarde le développement de la langue allemande [2] ». Encore plus haut, deux passages sur la circoncision — marque dans le corps : le compte rendu de celle de son neveu puis un développement sur les coutumes et rituels de la circoncision en Russie, dans le judaïsme oriental qui fascine tant Kafka. Entre les deux, les fameuses pages sur les littératures mineures, celles des « petites nations ». Nous avons donc un géant de la littérature, grand nom d'une grande littérature, la littérature allemande « riche en grands talents [3] » et en face, un Juif, membre d'une petite nation, qui plus est « à une période de transition manifeste dont la fin est imprévisible [4] », armé de son seul prénom, non d'un patronyme comme Goethe, et de sa seule volonté d'écriture. Juif dont l'identité est donnée par une ablation, une coupure, effectuée sur le sexe mais dans un double rapport à la bouche : ainsi que Kafka le rapporte, le circonciseur dépose avant l'incision quelques gouttes de vin sur les lèvres de l'enfant puis, après, suce « le membre sanglant ». Savait-il que la langue hébraïque explicite ce rapport puisque le même mot « *mila* » signifie précisément « mot » et la partie du prépuce ôtée dans la circoncision ? Or c'est lors du rituel de circoncision que l'enfant juif reçoit son nom. Le nom hébreu qui devint pour Kafka dissimulé, secret, caché par le nom et le prénom chrétien, Franz, et qui réapparaît dans le *Journal* en décembre 1911.

---

* Cet article a été rédigé dans le cadre d'une recherche subventionnée par le CRSH.

1. *Journal de Kafka*, tr. M. Robert, Paris, Grasset, 1981, p. 185.
2. *Ibid.*
3. *Ibid.*, p. 181.
4. *Ibid.*, p. 179.

Un autre nom secret, de même lié à l'identité juive, celui de Walter Benjamin. Lui aussi en témoigne dans un texte autobiographique et fantasmatique (ils le sont tous par essence), « Agesilaus Santander », existant en deux versions rédigées à Ibiza les 12 et 13 août 1933.

> Quand je naquis, il vint à l'esprit de mes parents que, peut-être, je pourrais devenir écrivain. Il serait bon, alors, que tout le monde ne remarque pas d'emblée que je suis juif. C'est pourquoi, en plus de mon prénom usuel, ils m'en donnèrent deux autres, très inhabituels [*2e version :* inusités, qui ne laissaient pas voir qu'un juif les portait, ou qu'ils lui appartenaient comme prénoms]. Je ne veux pas les divulguer. C'est assez dire que des parents, il y a quarante ans, pouvaient difficilement voir plus loin. Seulement, leurs dispositions, qui avaient cherché à prévenir le destin, celui qui était concerné ne les a pas mises en vigueur. Au lieu de rendre publics par ses écrits les deux noms donnés par précaution, il les a enfermés en soi-même. Il a veillé sur eux comme les juifs autrefois sur le nom secret qu'ils donnaient à chacun de leurs enfants. Ceux-ci même ne l'apprenaient pas avant le jour de la majorité. Mais parce que celle-ci peut advenir plus d'une fois dans la vie et peut-être aussi parce que tout nom secret ne reste pas toujours identique à lui-même sans connaître de métamorphose, sa métamorphose peut sans doute se révéler avec une autre majorité. [*2e version :* Ainsi pour moi.] Il n'en reste pas moins le nom qui contient en lui toutes les forces vitales, par lequel elles sont invoquées et protégées contre ceux qui ne sont pas appelés [5].

Benjamin continue en associant ce nom secret à une figure angélique, qu'on a pris l'habitude d'identifier comme l'*Angelus Novus* — celui du tableau de Klee qui réapparaîtra dans les *Thèses sur l'histoire* —, avec laquelle il entretient une relation conflictuelle mais qui incarne sa vertu de patience et son rapport au temps, dialectique incessante entre passé et avenir. La littérature est également présente, par le thème de l'écrivain. Nom secret, associé au destin d'écriture et à l'écriture du destin : tout nom d'écrivain n'est-il pas un pseudonyme ? Ce nom est en fait redoublé puisque Benjamin avance l'existence du nom secret sans le dévoiler, comme pour en concentrer les forces vitales, les sauver des menaces de l'histoire par la dissimulation. Le nom secret, donné à l'origine, est tourné vers l'avenir. Le sacré auquel il fait accéder le sujet ne se déploie pas hors du temps, il en est la condition.

Dans l'extrait du *Journal* de Kafka cité précédemment, le nom propre avancé est aussi doublement secret : il s'agit de son nom hébreu mais il est par ailleurs incomplet. Le nom hébreu de l'enfant juif doit en effet comporter deux signifiants : son nom et le nom du père. Dans le cas de Kafka : *Amschel ben…* Nous n'avons qu'Amschel. Or du nom du père ici manquant, Lacan insiste sur le rôle de codificateur et dit très précisément : « Pour aller maintenant au principe de la forclusion (*Verwerfung*) du Nom-du-Père, il faut

---

5. Walter Benjamin, *Écrits autobiographiques*, tr. C. Jouanlanne et J.-F. Poirier, Paris, Bourgois, 1990, p. 333-336.

admettre que le Nom-du-Père redouble à la place de L'Autre le signifiant lui-même du ternaire symbolique, en tant qu'il constitue la loi du signifiant[6]. » Ce qui est absent ou nié ici c'est précisément la loi de l'autre en tant que pouvoir, qui oblige à une identité externe, la loi extérieure, celle qui fait qu'il y a de l'extérieur, en regard de laquelle l'écriture agirait comme force de transgression et tracerait l'espace intérieur.

Revenons à Benjamin. Le texte prémentionné, loin d'être, comme le veut souvent la critique, une production délirante attribuable à des causes diverses ou une confession cryptée renvoyant à des détails autobiographiques notamment amoureux, apparaît en rapport direct avec sa philosophie du langage et ce que nous pouvons en retirer pour une approche ontologique du nom. On sait que Benjamin s'oppose à toute fonction instrumentale du langage, dévalorise sa dimension communicative au profit de sa nature symbolique et qu'il lui accorde un rôle essentiel non dans l'acquisition de la connaissance mais dans le dévoilement de la vérité, pour user d'une opposition essentielle chez lui. Notre langage est un langage d'après la chute, tombé dans « l'abîme du bavardage », chute dans la signification, la communication et l'information. La tâche du critique et du philosophe, sur un même front que rejoint également le traducteur, est de restaurer le langage à sa pureté première, lorsqu'il ne faisait qu'un avec la réalité. Il s'agit de retrouver et les idées et les noms de cet horizon de sens originel — c'est-à-dire qu'il « origine » du sens, non qu'il contient un sens premier ou primal, objet d'une herméneutique nostalgique, et que l'histoire sera la seule scène de dévoilement possible. Travail d'anamnèse, cependant, qui suggère une dynamique de mise au secret, d'occultation (similaire à la notion freudienne de refoulement et au travail analytique de l'écoute et de l'interprétation).

> L'idée est quelque chose qui relève de la langue [...]. Dans la perception empirique, où les mots se sont dégradés, ils ont un sens profane manifeste à côté de leur aspect symbolique plus ou moins caché. [...] Mais là finalement ce n'est pas tant l'attitude de Platon que celle d'Adam qui est le père des hommes pour autant qu'il est celui de la philosophie. La dénomination adamique est si loin d'être un jeu ou un arbitraire que c'est elle, précisément, qui définit comme tel l'état paradisiaque, où il n'était pas besoin de se battre avec la valeur de communication des mots[7].

C'est le lieu de dire que la position de Benjamin ne peut être réduite à un simple cratylisme, car si mimétisme il y a, ce n'est pas avec le réel mais avec l'idéel. Le nom ne reflète pas la chose, mais l'idée de la chose et celle-ci sera perçue dans sa teneur de vérité par son dévoilement historique. Benjamin radicalise en les anticipant les analyses de Lacan ou de Derrida : l'économie langagière n'accueille que du signifiant, de la lettre, et même que de la lettre morte. Le langage est lettre morte, il est pure écriture, hiéroglyphique, en

---

6. Jacques Lacan, *Écrits II*, Paris, Seuil, coll. « Points », 1971, p. 85.
7. Walter Benjamin, *Origine du drame baroque allemand*, tr. S. Muller, Paris, Flammarion, 1985, p. 33-34.

attente de déchiffrement, de révélation de sa vérité, que la vie du sujet lui accordera. Et cet acte rédempteur tient dans la nomination, le geste d'Adam, le geste de (re)création que Benjamin nous invite à retrouver. Mais Adam est aussi le «père des hommes», mention qui suffit à indiquer la dimension sociale de cette pensée du langage.

Le nom est en fait le principe clé de Benjamin, il est à la fois la pierre de touche et la visée de sa réflexion :

> Dans le domaine du langage, le nom n'a que ce sens, que cette signification d'un niveau incomparable : c'est d'être la plus intime essence du langage lui-même. Le nom est ce par quoi rien ne se communique plus, et en quoi le langage se communique lui-même et de façon absolue. Dans le nom l'essence spirituelle qui se communique est le langage. [...] Le nom résume en lui cette totalité intensive du langage comme essence spirituelle de l'homme. L'homme est celui qui nomme, à cela nous reconnaissons que par sa bouche parle le pur langage. [...] On peut définir le nom comme le langage du langage [...][8].

Or le paradigme de cette faculté tient dans le don du nom propre :

> [...] le point où le langage humain participe le plus intimement à l'infini divin du verbe pur, le point où il ne peut ne devenir verbe et connaissance infinis, c'est le nom humain. La théorie du nom propre est celle de la limite du langage fini par rapport au langage infini. [...] À chaque homme [son] nom garantit sa création par Dieu, et en ce sens il est lui-même créateur, comme l'exprime la sagesse mythologique dans cette intuition qui n'a rien de rare selon laquelle le nom d'un homme porte son destin. Le nom propre d'un homme est sa communauté avec le verbe *créateur* de Dieu[9].

Le lexique religieux ne procède d'aucun égarement. Chez Benjamin le théologique est une catégorie de pensée, non de croyance, qui lui permet de thématiser la dimension de créativité dans son appréhension du langage. Si Dieu donc est ici le «signifiant du pouvoir de nommer» et le nom propre «une matérialité signifiante[10]», le nom propre est le signifiant du signifiant, ou plutôt de la signifiance[11]. Dans une approche qui ne relève ni de l'idéalisme ni de l'existentialisme — polarité qu'il subvertit par la condition d'historicité (mémoire et devenir) —, Benjamin transforme l'acte parental de nomination et fait d'un don reçu le don de la capacité de donner, d'un sens assigné l'invention signifiante, la possibilité d'un sens nouveau et renouve-

---

8. Walter Benjamin, «Sur le langage en général et le langage humain en particulier», *Essais I, Mythe et violence*, tr. M. de Gandillac, Paris, Denoël, 1971, p. 83-84. Par ces traits, le langage et le nom chez Benjamin se comprennent dans la dimension éthique interrogée par Levinas, notamment dans *Totalité et infini*, à laquelle il associe le langage.
9. *Ibid.*, p. 89-90.
10. Françoise Proust, *L'histoire à contretemps. Le temps historique chez Walter Benjamin*, Paris, Cerf, p. 145-146.
11. «Il n'y a qu'une manière possible pour un signifiant de demeurer une signifiance : rester une énonciation», Henri Meschonnic, *Jona et le signifiant errant*, Paris, Gallimard, 1981, p. 109.

lable. L'acte de nommer explique que nommer soit un acte. De même que Dieu, à partir de son infinitude, fait accéder les choses à l'être en les nommant, l'homme les introduit à l'existence — sphère de la finitude — par cette même faculté nominative. La trace du processus initial et initiateur demeure cependant dans les catégories nominales sous la forme du secret sis au sein du nom propre. Celui-ci attend donc ses signifiés, dans leur multiplicité due à la nature essentiellement historique du sujet nommé et nominateur. C'est — comme pour brouiller les catégories connues de la linguistique onomastique — parce qu'il est chargé d'un trop-plein de sémanticité qui se déversera en se dévoilant progressivement que le nom propre apparaît comme a-sémantique. Là se tient la raison du secret. Duplicité signifiante que je me plais à lire dans l'anagramme que Gershom Scholem reconnaissait dans le nom mystérieux frappant l'en-tête du texte de Benjamin cité en ouverture, « Agesilaus Santander » : « Der Angelus Satanas [12] ».

Cette herméneutique conditionnée par l'histoire appartient pleinement à Benjamin chez qui le souci de l'histoire rythme toute la pensée et les écrits, et qui le mène pareillement dans sa réhabilitation de l'allégorie comme clé de lecture du baroque mais aussi de la modernité [13]. « Les allégories sont au domaine de la pensée ce que les ruines sont au domaine des choses [14] », c'est-à-dire qu'elles désignent les choses prises dans le travail de l'histoire, marquées par ce travail de la ruine (au sens psychanalytique : tel le travail du deuil ou le travail du rêve). Elles les désignent aussi dans un décalage, indirectement : elles ne s'offrent qu'au prix d'un déchiffrement, comme les hiéroglyphes. Ce qui différencie l'allégorie du symbole, traduction claire, transparente et atemporelle. Et je proposerai à partir de cette distinction : là où les mots sont symboles, les noms sont allégories. De même, le travail de la traduction, théorisé par Benjamin [15], est pris dans un mouvement historique. Le devenir des langues vers la restauration messianique de la « langue pure » est permis et appelé par l'essence naturellement diachronique de la traduction puisque celle-ci dessine toujours un avant et un après dialectiquement liés. L'allégorie, soutenue d'un principe de mort, désigne le monde tel qu'il est, le symbole désigne le monde tel qu'il pourrait être. Et de ce réel historique et changeant, le mode d'apparition est traduction. De fait, Benjamin lie sa théorie du langage à sa théorie de la traduction : « C'est en traduction seulement que le langage des choses peut passer dans le langage du savoir et du nom [16]. »

La pensée de Benjamin, centrée sur le langage, accueille toute une série de notions ou de réflexions autour du secret, ou dont le secret constitue le

12. Gershom Scholem, *Benjamin et son ange*, tr. P. Ivernel, Paris, Rivages poche/Petite bibliothèque, 1995, p. 114. Voir aussi la mise au point en appendice.
13. Voir Alexis Nouss, *Modernité*, Paris, Presses universitaires de France, coll. « Que sais-je ? », 1995, *passim*.
14. Walter Benjamin, *Origine du drame baroque allemand*, *op. cit.*, p. 191.
15. Walter Benjamin, « La tâche du traducteur », *Mythe et violence*, *op. cit.*
16. Walter Benjamin, « Sur le langage… », *op. cit.*, p. 92.

centre secret, formant une « constellation [17] » thématique : entre autres la parabole, le conte, les relations entre les langues (l'allemand et l'hébreu notamment), le processus traductif, l'illumination profane et enfin la théorie des ressemblances, qui n'a rien à voir avec une quelconque théorie des mimétismes ou des synesthésies mais qui traite des ressemblances non sensibles dont le langage est la « suprême application » dans ses liens avec signification, parole et écriture et dans les rapports qu'entretiennent celles-ci [18].

Les noms propres dégageraient ces ressemblances non sensibles de la manière la plus pure, comme Proust le montre dans *La recherche*, similairement à ce qu'opère la traduction selon la théorisation de Benjamin. Puisque pour lui, le vrai langage renvoie à la vérité et non à la connaissance, celle-ci (communication, information, signification, expression) concerne les noms communs ou les noms propres lorsque ceux-ci sont utilisés comme des noms communs, et, d'une manière plus générale, le langage déchu. Le nom propre secret sera celui qui détient le plus la teneur de vérité, réfugiée, protégée, prête à ses dévoilements/révélations dans et par l'histoire.

Un fragment cité par Rolf Tiedemann précise encore davantage la dimension de secret associée au nom chez Benjamin et qui l'éloigne à la fois des courants sémiologiques et mystiques en théorie du langage. Ce développement, sur un point de départ qualifiable de phénoménologique, aboutit à une critique radicale de la pensée linguistique dualiste formant encore notre horizon conceptuel :

> Le signe ne se rapporte jamais à l'objet, car il est sans intention, et l'objet ne peut être atteint que par l'intention. Le signe ne se rapporte jamais nécessairement au référent; il ne se rapporte donc pas à l'objet, car celui-ci n'est accessible qu'à l'*intentio* nécessaire et intérieure. Le signe renvoie à ce que signifie l'objet et donc par exemple au mot « triangle » [...]. Il n'y a pas plus de nom « triangle » qu'il n'y a, d'une façon générale, des noms pour la plupart des objets. Le langage ne leur connaît que des mots dans lesquels les noms sont dissimulés. C'est par le nom que les mots visent l'objet ; c'est par le nom qu'ils en participent. Le nom n'est pas pur dans les mots, mais lié à un signe [...]. Le nom est l'*analogon* de la connaissance de l'objet, dans l'objet même. L'objet se décompose en nom et en essence. Le nom transcende l'essence, il désigne le rapport de l'objet à son essence [19].

Donc le nom n'est plus une catégorie syntaxique mais assure une fonction dialectique, un effet syntaxique (proche du rôle des noms dans l'herméneutique freudienne), et ce, en étant dissimulé, caché, secret, dans le mot. Si bien que le nom secret de l'individu, qui contient toutes ses métamorphoses

---

17. Le mode de pensée benjaminien privilégie la lecture, le fonctionnement et la figuration par mise en réseau et justaposition dialectique.
18. Walter Benjamin, « Théorie de la ressemblance », tr. M. Vallois, *Revue d'esthétique*, nouvelle série, n° 1, 1981, p. 61-66.
19. Rolf Tiedemann, *Études sur la philosophie de Walter Benjamin*, tr. R. Rochlitz, Arles, Actes Sud, 1987, p. 46.

possibles, toutes ses inscriptions dans le réel et l'histoire, est le pendant du nom grammatical qui sert de relais vers l'objet référé ou signifié. Le nom est un mode de mise en rapport, ce que dit joliment Benjamin à propos de la citation chez Karl Kraus : « Citer un mot signifie l'appeler par son nom [20]. »

« Citer le passé » constitue la tâche de l'historien, dit Benjamin dans ses « Thèses sur la philosophie de l'histoire [21] ». Or ce nom est composé de noms propres. Plus que le nom commun, parce qu'il résiste à la communication, le nom propre est vecteur historique, chargé d'un « coefficient » d'historicité selon son expression [22]. Et plus encore lorsqu'il est secret. Car la catégorie du secret est une catégorie historique, peut-être même la catégorie de l'historique, de même que le théologique sera une herméneutique « au service » du matérialisme historique [23] pour un Benjamin s'opposant à la déhistoricisation du religieux.

Benjamin utilise dans les premières lignes de sa « Préface épistémo-critique » à l'*Origine du drame baroque allemand* une notion pertinente à notre propos [24]. Évoquant l'impérieuse nécessité de s'interroger sur la « présentation » des textes philosophiques, autrement dit sur l'écriture qu'ils mettent en jeu et qui, loin d'être secondaire, est essentielle au travail de la pensée, Benjamin écrit :

> [...] il y a en eux une ésotérique dont ils sont incapables de se défaire, qu'il leur est interdit de renier, dont ils ne peuvent tirer gloire sans prononcer leur propre condamnation. Ce dilemme propre à la forme philosophique, tel qu'il est posé par les concepts de doctrine et d'essai ésotérique, le concept de système, au XIXe siècle, l'ignore complètement [25].

Une telle dimension ésotérique, cachée — par nécessité, dit-il —, une telle écriture répondant à l'exigence de réseaux et de courants de force secrets semblent répondre au thème du nom propre secret, concentrant et préservant les « forces vitales » à protéger et que l'histoire révélera.

Car le secret ne s'oppose pas à l'histoire. Au contraire. Il ne verse pas du côté d'un savoir occulte soutenu d'une transcendance atemporelle ou la visant. Le secret, le caché, par sa transhistoricité (H. Meschonnic), sa transmissibilité (souci essentiel chez Benjamin [26]), est ce qui permet le long travail de l'histoire, la *Wirkungsgeschichte* dont parle Gadamer, principe du

20. Walter Benjamin, « Karl Kraus », *Cette grande époque, Karl Kraus*, tr. É. Kaufholz-Messmer, Paris, Rivages, 1990, p. 74.
21. Walter Benjamin, « Thèses sur la philosophie de l'histoire », tr. M. de Gandillac, *Essais 2*, Paris, Denoël/Gonthier, coll. « Médiations », p. 196.
22. Walter Benjamin, *Correspondance*, t. II, tr. G. Petitdemange, Paris, Aubier-Montaigne, 1979, p. 43.
23. Walter Benjamin, « Thèses sur la philosophie de l'histoire », *op. cit.*, p. 195.
24. Voir Marie-Cécile Dufour-El Maleh, *Angelus Novus*, Bruxelles, Éd. Ousia, 1990, p. 148 et suiv.
25. Walter Benjamin, *Origine du drame baroque allemand*, *op. cit.*, p. 24.
26. Voir Hannah Arendt, « Walter Benjamin », *Vies politiques*, Paris, Gallimard, coll. « Tel », 1986. p. 294 et suiv.

processus herméneutique, le renouvellement des sens et des interprétations, au lieu que soient attachés la pensée et l'événement à leur seule contingence historique, ce qui résume la position de l'historicisme contre quoi, précisément, se dresse Benjamin dans ses *Thèses sur la philosophie de l'histoire* (notamment les thèses XVI, XVII et XVIII). Pour illustrer cette dynamique herméneutique, Benjamin utilisera la métaphore du grain de blé préservé dans les pyramides, conservant son pouvoir de germination après des siècles[27].

Pour Benjamin il revient à l'historien de défaire l'histoire officielle, celle des vainqueurs, pour redonner voix aux victimes et aux oubliés. Il s'agit donc de retrouver les noms des sacrifiés et des opprimés et de les « citer à l'ordre du jour », pour leur rendre justice et ainsi rendre la justice. Françoise Proust dégage deux autres aspects de cette pensée de l'histoire :

> À proprement parler, d'ailleurs, le récit [historique] ne *sauve* pas les noms, il *donne les noms qui sauvent* car les actions qui sont toujours faites dans l'urgence du présent, du « juste à temps », n'ont pas de nom : elles n'ont pas le temps d'être mentionnées. Mais dès qu'elles ont pris fin, elles sont comme en attente de leur nom : non pas de leur signification historique (de leur « teneur chosale ») mais de leur vérité secrète et immémoriale (de leur « teneur de vérité »). [...] Tout récit est le déploiement d'un nom secret éponyme, qui attendait, au creux d'un lieu, d'une date ou d'un nom propre, sa délivrance, c'est-à-dire son écriture secrète en toutes lettres. Le récit ne descelle pas les noms secrets. Il ne parle pas, il ne dit rien. Il expose tout, et dans le moindre détail, dans de petits et multiples tableaux et, ce faisant, exhibant la totalité de l'histoire, il garde les noms inviolés[28].

Il en est de même pour le destin individuel et pour l'histoire collective. Dans les deux cas, le nom ne disparaît pas parce qu'il est gardé secret et cette préservation lui permet de garder sa vérité qui est sa capacité de livrer une signification. La vérité n'est jamais bonne à dire, elle doit se garder secrète, dans le secret des noms pour préserver sa possibilité d'être dite, c'est-à-dire articulée par les sujets : le secret de la vérité tient dans la vérité du secret.

Ce qui ne condamne pas ces noms à une signification historique ou politique définitive, ce serait renfermer sur eux la chape de l'historicisme : on les aurait simplement déplacés de cadre ou de caveau. Ils peuvent encore et toujours prendre d'autres significations pour d'autres sujets individuels dans d'autres présents, les uns et les autres mutuellement éclairés dans un rapport dialectique. Notons à ce propos que dans cette perspective le nom perd la « rigidité » que certains auteurs, en philosophie analytique ou en sémantique, se plaisent à lui attribuer. Au contraire, il acquiert une plasticité, une faculté de déplacement (voir *infra*) bien supérieure à la dénotation figée des mots

27. Walter Benjamin, « Le narrateur », *Essais 2, op. cit.*, p. 64.
28. Françoise Proust, *op. cit.*, p. 153.

communs de la tribu langagière. En cela, encore, il a tout à voir avec le processus de la traduction qui, elle aussi, comporte par essence un principe de multiplicité et de recréation (et non par simple effet de modes culturelles ou de configurations discursives).

Un tel mode créateur inhérent à la dimension d'historicité peut être compris comme relevant du sacré. À l'inverse de certaines approches en sociologie des religions, le sacré ne s'attache pas, dans cette perspective, à un temps divin a-chronologique. Ouvrant une de ses études sur Baudelaire par Bergson et les deux temporalités [29], le temps social de la communication et le temps réel, celui de la conscience, la durée, Benjamin incite à retrouver dans le langage, à la manière de Proust, les manifestations du temps réel, le temps intérieur. Et le nom propre secret appartient en droit à cette sphère de la durée, de l'histoire — sacrée en cela que le divin est sacré parce que créateur et que le nom secret est créateur de toutes les métamorphoses [30] — alors que le nom commun ou le nom propre non secret, officiel, relèvent de l'échange, de la dénotation, de la communication, du temps historiciste qui se consomme et se consume dans l'instant. Ce qui menace ces noms-là, c'est la réification : lorsque les mots deviennent des choses.

Le sacré se définit comme la séparation du profane. Or Lacan avance : « *Separere*, séparer, ici se termine en *se parere*, s'engendrer soi-même [31]. » Tel le nom secret qui dans sa séparation, sa sacralisation, offre au sujet l'ouverture historique de ses naissances successives, comme dans l'« Agesilaus Santander » de Benjamin que nous citions en incipit. Derrida ne dit pas autre chose quand il pense, commentant Benjamin, la traduction dans la dynamique du sacré :

> L'à-traduire du texte sacré, sa pure traductibilité, voilà ce qui donnerait à la limite la mesure idéale de toute traduction. [...] [le sacré] se livre à la traduction qui s'adonne à lui. Il ne serait rien sans elle, elle n'aurait pas lieu sans lui, l'un et l'autre sont inséparables [32].

Inséparables dans cette séparation du temps social ouvrant au temps réel de la conscience et de l'histoire. Le secret n'est pas une disparition de l'histoire, l'a-historicité, mais l'accès à cette transhistoricité qui pourrait aussi s'appeler sacralité [33].

De ce rayonnement herméneutique propre au nom, nous rapprocherons, sur le plan de l'énoncé, la notion de *das Gedichtete* que Benjamin dégage à

---

29. Walter Benjamin, « Thèmes baudelairiens », *Essais 2*, *op. cit.*, p. 145-146.
30. Benjamin théorise de même la traduction comme métamorphose ; voir mes articles « Ceci n'est pas une traduction », *Discours social*, vol. V, n°s 3-4, p. 81-92, et « La traduction comme O.V.N.I. », *Meta*, vol. XL, n° 3, septembre 1995, p. 335-342.
31. Jacques Lacan, *op. cit.*, p. 209.
32. Jacques Derrida, « Des tours de Babel », *Psyché. Inventions de l'autre*, Paris, Galilée, 1987, p. 246-248.
33. Ce développement s'inscrit à l'évidence dans la ligne de l'éthique levinassienne déjà évoquée plus haut.

propos de Hölderlin, « centre caché de l'écriture toujours indiqué, jamais directement donné [34] », ce que R. Rochlitz traduit par le « poématisé [35] » et qui pourrait être plus simplement rendu par le « poétique » : la mise en forme particulière d'une teneur (notion benjaminienne) de vérité saisissable dans la lecture, la critique ou la traduction. Génériquement cette fois, la notion de nom tel que défini par Benjamin peut servir à définir la poésie : elle serait en littérature ce qui exerce le plus cette langue des noms dont Benjamin s'attache à cerner les aspects et qu'il entend par sa propre écriture restaurer :

> Il existe un langage de la sculpture, de la peinture, de la poésie. De même que celui de la poésie est fondé sur le langage des noms propres aux hommes [*in der Namensprache des Menschen*], peut-être non exclusivement mais à coup sûr pour une part, on peut penser aussi que celui de la sculpture ou de la peinture est fondé sur les diverses espèces de langage des choses[...] [36].

À partir du thème du nom secret se dégage ainsi une véritable attitude philosophique dont la dernière incarnation ne serait autre que la déconstruction. Il n'est pas vain de constater que dans son récent *Spectres de Marx* [37] Derrida en vient à proposer une « hantologie » dont la logique de présence/absence exprime admirablement l'essentiel du motif de la décontruction sous les espèces du secret. Toute la déconstruction peut alors être comprise comme la tentative de mettre au jour les noms secrets de la tradition philosophique.

Au cœur de la pensée de Benjamin réside la problématique du sujet ou plutôt de la possibilité d'encore le sauver dans une histoire blessée par la barbarie. Benjamin n'y croit pas et, plutôt qu'une hypothétique restauration qui n'aurait de fondement qu'idéologique, il s'emploie davantage à sauver l'individu. Comme l'écrit Adorno définissant le jeu du particulier et de l'universel chez Benjamin, il « a pensé ensemble la disparition du sujet et le salut de l'homme [38] ». D'où une fonction du nom propre qui, contrairement à une opinion répandue, manifesterait une objectivé absolue, à quoi se rattacher quand la subjectivité, éteinte ou tuée, ne peut plus fonder ou assurer le réel. Lorsque le monde du réel — le réel du monde — devient la scène du danger, de l'ultime menace, le nom propre gagne son salut par le secret et y assure le salut de l'individu.

J'en voudrais prendre quelques exemples situés précisément sur le fond de cette histoire déchirée. La numérotation aux bras des déportés est l'un des signifiants les plus exemplaires du phénomène concentrationnaire. Or de

---

34. Marie-Cécile Dufour-El Maleh, *op. cit.*, p. 151.
35. Rainer Rochlitz, *Le désenchantement de l'art. La philosophie de Walter Benjamin*, Paris, Gallimard, 1992, p. 62.
36. « Sur le langage en général et le langage humain en particulier », *op. cit.*, p. 96-97; traduction modifiée.
37. Jacques Derrida, *Spectres de Marx*, Paris, Galilée, 1993. Voir p. 108, 126 et 255.
38. Theodor W. Adorno, *Prismes*, tr. G. et R. Rochlitz, Paris, Payot, 1986, p. 203.

son numéro nouvellement tatoué Primo Lévi dit dans *Si c'est un homme* : « Et pendant plusieurs jours, lorsqu'un vieux réflexe me pousse à regarder l'heure à mon poignet, une ironique substitution m'y fait trouver mon nouveau nom, ce numéro gravé sous la peau en signes bleuâtres [39]. » Yechiel De-Nur, écrivain israélien, publie ses livres sous le pseudonyme de Ka-Tzetnik 135633 qui est le matricule tatoué sur son bras gauche [40].

D'une certaine manière, dans le système concentrationnaire nazi, la numérotation des déportés rendait leurs noms secrets et permit ainsi leur sauvetage, celui des noms mais aussi celui des individus dans la mesure où leur nom, par la fonction mémorielle, assure leur réintégration dans l'histoire. Telle est la fonction du mémorial pour la guerre du Vietnam à Washington, égrenant tous les noms de ceux qui sont morts au combat. Il en existe de similaires pour d'autres guerres, et les actions de lutte contre le sida ont adopté le procédé, en Amérique du Nord comme en Europe [41]. Telle est la visée de ces ouvrages constitués d'interminables listes de noms consignant les identités des disparus dans les camps nazis ou dans les transports vers les camps, ainsi *Le mémorial de la déportation des Juifs de France*. Dans la dernière partie de son *Cheval blanc de Lénine* récemment réédité, Régine Robin en reproduit un extrait sur trois pages :

> ALTERMAN Salomon, BROZEK Pinkus, GRODZIKI Chil, HOCHBERG Abram, MILLER Wolf, ... »

et elle ajoute :

> Relever leur nom sur cette énorme pierre tombale en forme de livre ne m'a paru relever ni de la complaisance morbide, ni d'un passéisme inutile. J'ai eu le sentiment presque joyeux de les reconnaître, d'entretenir avec eux des propos quotidiens, de les sortir de l'ombre, de leur rendre une existence [...] [42].

George Steiner témoigne du même réflexe quand, dans *Le transport de A.H.* (encore un nom caché qui cèle en son mystère des forces encore hélas actives), l'un des personnages, après avoir nommé sur plusieurs pages des déportés, confie :

> [...] je ne suis pas fou mais le Kaddish qui est comme l'ombre du lilas après la poussière du jour est maintenant fané, vide de souvenir, sa prière n'est plus que cendres, et JUSQU'À CE QUE CHAQUE NOM revienne à notre mémoire et que notre bouche les dise, CHAQUE NOM, les noms des sans

39. Primo Levi, *Si c'est un homme*, Paris, Fayard, 1987, p. 32.
40. Ka-Tzetnik 135633, *Maison de filles*, Paris, Gallimard, 1956 ; *Les visions d'un rescapé*, Paris, Hachette, 1990.
41. Danilo Kis élargit le processus mémoriel à toute l'humanité dans « l'encyclopédie des morts », gigantesque fichier où figurent tous les noms des morts afin « de donner à toutes les créatures divines la même place dans l'éternité », *Encyclopédie des morts*, tr. P. Delpech, Paris, Gallimard, 1985, p. 47.
42. Régine Robin, *Le naufrage du siècle* suivi de *Le cheval blanc de Lénine ou l'Histoire autre*, Paris, Berg International, 1995, p. 184.

nom de l'orphelinat de Szeged, le nom du muet dans l'égout de Katowic, les noms de ceux qui allaient naître des femmes éventrées à Mauthausen, le nom de la fille à l'étoile jaune qu'on a vue tambouriner sur la porte de l'abri à Hambourg et dont la seule trace est une ombre brune carbonisée imprimée dans le bitume, jusqu'à ce que chaque nom revienne à la mémoire et soit prononcé jusqu'à la DERNIÈRE SYLLABE, il n'y aura pas de paix pour l'homme sur terre, m'entends-tu Siméon, pas de refuge, pas d'affranchissement de la haine, pas jusqu'à ce que chaque nom, car dites l'une après l'autre, sans omettre une seule lettre, tu m'entends, les syllabes écriront le nom caché de Dieu [43].

Parmi ces noms secrets je serai aussi porté à compter les noms initialisés que l'on trouve chez Kafka ou Perec, K. ou W. Loin d'être des symboles de l'aliénation subie par les personnages, les initiales affirmeraient au contraire la sauvegarde d'une identité certes menacée mais ainsi préservée dans un silence, un secret que même le meurtre ne parviendra à percer. Ce n'est qu'une lettre qu'on assassine [44]. Dans son travail d'écriture mémorielle, de reconstitution d'un nom perdu ou caché, Georges Perec publie ses « Je me souviens » dont l'avant-dernier énonce : « Je me souviens des personnes déplacées [45]. » Personnes déplacées : ce qui pourrait définir à la fois l'identité même de Perec et le principe de nombre de ses œuvres.

Déplacée comme l'est toute mémoire, ne serait-ce que parce qu'elle énonce deux temporalités différentes que pourtant elle conjoint. Déplacé comme l'est tout nom s'il renvoie, comme chez Kafka ou Benjamin, à un nom secret qui est le nom véritable, le nom de vérité, le nom de création. Après tout, si un nom est porté, il peut aussi être déporté. Alors, déplacement comme chez Freud ? Ne dit-il pas d'ailleurs du nom de Moïse qu'il a été proprement déplacé ? Passé de l'égyptien à l'hébreu, dans une dynamique métonymique que Lacan a associée au déplacement.

Personne déplacée comme le fut Paul Celan, « *in der Dünung/wandernder Worte* [46] ». Exilé de sa langue, de sa mémoire, de son histoire et faisant de cet exil sa langue, sa mémoire, son histoire. La poésie de Celan n'est pas hermétique. L'hermétisme est une logique du caché ; l'écriture de Celan en est une du secret [47]. C'est là son témoignage, celui dont à notre tour il nous faut

---

43. George Steiner, *Le transport de A.H.*, Paris, Julliard, 1981, p. 68.
44. De ce travail d'initialisation — et l'initiale est aussi ce qui assure le (re)commencement — relèvent également à nos yeux le mode de désignation du divin dans le judaïsme, le jeu signifiant en rapport avec les histoires de cas dans l'écriture freudienne et enfin l'alphabétisation à l'œuvre dans le récit du sida (voir sur ce dernier point Alexis Nouss, *Sida-fiction* (avec J. Lévy), Presses universitaires de Lyon, 1994). Ceci à titre indicatif, sans pouvoir ici développer.
45. Georges Perec, *Je me souviens*, Paris, P.O.L., 1978, p. 115.
46. Déplacement de la langue aussi bien, d'où la citation en allemand : « dans la houle des mots errants », « *Sprich auch du* », *Von schwelle zu Schwelle, Gessammelte Werke*, t. I, Francfort, Suhrkamp, 1983, p. 135.
47. *Schibboleth*, intitule significativement Derrida son livre sur Celan : « La crypte demeure, le *schibboleth* reste secret, le passage incertain, et le poème ne dévoile un secret que pour confirmer qu'il y a là du secret, en retrait, à jamais soustrait à l'exhaustion herméneutique. » (Paris, Galilée, 1986, p. 50)

témoigner. « *Durch / die Schleuse musst ich, / das Wort in die Salzflut zurück- / und hinaus- und hinüberzuretten : Jiskor*[48]. » Retrouver les mots et les noms puisque Yizkor désigne la prière de la liturgie juive en remémoration des personnes disparues.

« Nous creusons la fosse de Babel[49] », énonce un aphorisme de Kafka.

La forme est au demeurant pertinente à notre propos si l'on en croit Derrida : « Aphorisme est le nom. [...] Aphorisme est un nom mais tout nom peut prendre figure d'aphorisme. [...] L'aphorisme absolu : un nom propre[50]. » D'où l'on comprend que le nom propre assume le même rôle dans le langage que l'aphorisme dans la textualité : fonctionner à contretemps, comme le dit Derrida, contre le temps, dans une historicité faite de reprises et de renouveaux brisant la continuité artificielle et oppressante de l'histoire[51]. « L'aphorisme ou le discours de la dissociation », dit encore Derrida[52]. On pourrait en ce sens dire le discours du dis-cours, le nom propre en étant une figure essentielle, ce qui nous ramène à la pensée du sacré et de la séparation interrogée plus haut.

« Nous creusons la fosse de Babel. » Or celle-ci avait pour fonction, dans les termes mêmes du récit biblique, de « se faire un nom[53] ». Le résultat fut la dispersion. Le divin n'est pas dépourvu d'ironie : les hommes bâtirent pour ne pas être dispersés et ils le furent. Mais chez Kafka, on peut croire au résultat contraire. Les noms ne s'inscrivent plus dans la hauteur, l'élévation, qui peut s'interpréter comme le manifesté, l'explicite ; Babel les accueille dans le creusement de la fosse : non plus au ciel mais en terre, enterrés peut-être, enfouis, secrets donc et ainsi préservés[54]. À quoi fait écho Celan dont le verbe poétique prolonge le propos de Kafka[55] : « *Uns es steigt eine Erde herauf, die unsre, / diese. / Und wie schicken / keinen der Unsern hinunter / zu dir, / Babel*[56]. »

> *ES WAR ERDE IN IHNEN, und / sie gruben. / Sie gruben und gruben, so ging / ihr Tag dahin, ihre Nacht. Und sie lobten nicht Gott [...]. / Sie gruben und hörten*

---

48. « À travers/ l'écluse j'ai dû passer, pour sauver le mot,/ le replonger au flot salé,/le sortir, le faire franchir : *Yizkor.* » (Tr. M. Broda), *La rose de personne*, Paris, Le Nouveau Commerce, 1979, p. 33. À noter que W. Menninghaus, dans *Paul Celan : Magie der Form* (Francfort, Suhrkamp, 1980), situe une poétique du nom au principe de l'écriture celanienne.
49. Franz Kafka, « Cahiers divers et feuilles volantes », *Préparatifs de noce à la campagne*, tr. M. Robert, Paris, Gallimard, 1980, p. 334.
50. Jacques Derrida, *Psyché*, *op. cit.*, « L'aphorisme à contretemps », p. 519 et 533.
51. On reconnaît ici la philosophie de l'histoire de Benjamin, d'où le titre du livre de Françoise Proust, *op. cit.*
52. *Op. cit.*, p. 520.
53. Voir sur ce point le développement de Derrida, « Des tours de Babel », *op. cit.*, p. 203-211.
54. Le confirme cet autre aphorisme : « S'il avait été possible de bâtir la tour de Babel sans l'escalader, cela aurait été permis. », *op. cit.*, p. 76.
55. Remarquons à ce propos une troublante assonance : « Celan » est un pseudonyme. Le patronyme de Celan est Antschel qui ne manque d'évoquer Amschel, le nom hébraïque de Kafka. Ces deux noms sont donc deux noms secrets puisque non révélés dans le vécu social.
56. « Et monte une terre, la nôtre,/celle-ci./Et nous n'envoyons aucun des nôtres en bas,/vers toi,/Babel. » *La rose de personne*, *op. cit.*, p.117.

nichts mehr;/sie wurden nicht weise, erfanden kein Lied,/erdachten sich keinerlei Sprache./ Sie gruben[57].

S'ils ne louaient pas Dieu, qui donc ? Répond le poème « *Psalm* », « Psaume » : « *Gelobst seist du, Niemend./Dir zulieb wollen/wir blühn./Dir/Engegen./Ein Nichts/waren wir, sind wir, werden/wir bleiben, blühend:/die Nichts-, die/Niemandsrose*[58]. » « Psaume » célèbre le nom de personne : le secret absolu, la dissimulation parfaite mais un nom malgré tout, auquel s'attache une célébration, une sacralité, un psaume.

Vers quoi ouvre donc le vide ainsi créé, cet espace en creux si profond[59] qu'y peut résonner, contre le néant des noms assassinés, le nom du néant ? Nous l'esquissions en rapportant ce que dit Lacan du « Nom-du-Père » dans la citation mentionnée plus haut : face à une extériorité toute de violence et de domination, le vide préparerait à une intériorité qui, en termes levinassiens, assurerait la relation avec une extériorité non totalisante mais contenue par sa radicale altérité et permettant le discours de l'éthique.

De Celan, Levinas dit dans le recueil *Noms propres* — méditations sur ces individus, ces noms qui l'aident à penser l'Autre — que sa poésie s'écrit dans une « langue du neutre » :

> Langage de la proximité pour la proximité, plus ancien que la *vérité de l'être* — que probablement il porte et supporte — le premier des langages, réponse précédant la question, responsabilité pour le prochain, rendant possible, par son *pour l'autre* toute la merveille du donner[60].

Un langage qui ne se présente pas dans l'être mais dans une pureté qui le précède, au plus près de la langue pure de Benjamin ou de sa langue des noms à l'origine de l'origine, dans ce que Benjamin appelle le divin.

Or le dernier texte du recueil s'intitule « Sans nom » et évoque les disparus du génocide nazi. Sans nom comme l'est la sépulture de Benjamin puisque dans le cimetière de Port-Bou où il fut inhumé après son suicide en 1940 à la frontière pyrénéenne, on ignore où se trouve sa tombe. Et de ces sans-noms Levinas fait les porteurs de la moralité dans une humanité qui l'a totalement oblitérée de son histoire. N'est-ce pas le secret ultime ? Puisque ma subjectivité humaine réside dans ma responsabilité éthique face à l'autre, mon nom véritable, c'est le nom de l'autre. Faire de son nom propre un nom secret, c'est alors pour le sujet affirmer son être en s'effaçant devant l'autre nom, devant le nom de l'autre.

---

57. « IL Y AVAIT DE LA TERRE EN EUX, et/ils creusaient./Ils creusaient, creusaient, ainsi/passa leur jour, leur nuit. Ils ne louaient pas Dieu [...]./Ils creusaient, et n'entendaient plus rien;/ils ne devinrent pas sages, n'inventèrent pas de chanson,/n'imaginèrent aucune sorte de langue./Ils creusaient. » *La rose de personne, op. cit.*, p. 13.
58. « Loué sois-tu, Personne./Pour l'amour de toi nous voulons/fleurir./Contre/toi./Un rien/nous étions, nous sommes, nous/resterons, en fleur :/la rose de rien, de/personne. » *ibid.*, p. 39.
59. L'approfondissement est un thème récurremment associé au langage chez Celan.
60. Emmanuel Levinas, *Noms propres*, Paris, Le livre de poche, Biblio/Essais, 1987, p. 50.

Perec et son nom « breton »

Régine Robin
Université du Québec à Montréal/CIADEST

Dans *La vie mode d'emploi*[1] on trouve ce curieux passage :

Cinoc vint vivre rue Simon-Crubellier en 1947, quelques mois après la mort d'Hélène Brodin-Gratiolet dont il reprit l'appartement. D'emblée, il posa aux gens de la maison, et surtout à Madame Claveau, un problème difficile : comment devait-on prononcer son nom ? Évidemment la concierge n'osait pas l'appeler « Sinoque ». Elle interrogea Valène, qui proposa « Cinoche », Winckler qui tenait pour « Tchinotch », Morellet, qui penchait vers « Cinots », Mademoiselle Crespi qui suggéra « Chinosse » François Gratiolet, qui préconisa « Tsinoc », et enfin Monsieur Échard qui, bibliothécaire versé dans les graphies forestières et dans les subséquentes façons de les émettre, montra que, sans tenir compte d'une éventuelle transformation du « n » central en « gn » ou en « nj » et en admettant par principe une fois pour toutes que le « i » se prononçait « i » et le « o » « o », il y avait quatre manières de prononcer le premier « c » : « s », « ts », « ch » et « tch », et cinq manières de dire le dernier : « s », « k », « tch », « ch » et « ts » et que par conséquent, compte tenu de la présence ou de l'absence de tel ou tel accent ou signe diacritique et des particularités phonétiques de telle ou telle langue ou dialecte, il y avait lieu de choisir entre les vingt prononciations suivantes :

SINOSSE SINOK SINOTCH SINOCH SINOTS

TSINOSSE TSINOK TSINOTCH TSINOCH TSINOTS

CHINOSSE CHINOK CHINOTCH CHINOCH CHINOTS

TCHINOSSE TCHINOK TCHINOTCH TCHINOCH TCHINOTS

Ensuite de quoi, une délégation alla poser la question au principal intéressé qui répondit qu'il ne savait pas lui-même quelle était la manière la plus correcte de prononcer son nom. Le patronyme d'origine de sa famille, celui que son arrière-grand-père, un bourrelier de Szczyrk, avait officiellement acheté au Bureau d'État-Civil du Palatinat de Cracovie était Kleinhof ; mais de génération en génération, de renouvellement de passeport en renouvellement de passeport soit qu'on ne graissât pas assez la patte aux chefs de bureaux allemands ou autrichiens, soit qu'on s'adressât à des employés hongrois, poldèves, moraves ou polonais qui lisaient « v » et transcrivaient « ff » ou qui notaient « c » ce qu'ils entendaient « tz », soit qu'on eût à faire à des gens qui n'avaient jamais besoin de beaucoup se forcer pour redevenir un peu illettrés et passablement durs d'oreille quand il s'agissait de donner des papiers

1. Il s'agit de Cinoc, celui qui est chargé de retirer du dictionnaire les mots usés. Georges Perec, *La vie mode d'emploi*, Paris, Hachette, 1978, p. 360-361.

d'identité à un Juif, le nom n'avait rien gardé de sa prononciation ni de son orthographe et Cinoc se souvenait que son père lui racontait que son père lui parlait de cousins qu'il avait et qui s'appelaient Klajnhoff, Keinhof, Klinov, Szinowcz, Linhaus, etc. Comment Kleinhof était-il devenu Cinoc? Cinoc ne le savait pas précisément; la seule chose qui était sûre, c'est que le « f » final avait été un jour remplacé par ce signe particulier avec lequel les Allemands notent le double « s »; ensuite sans doute le « l » était tombé ou bien on lui avait substitué un « h » : on était arrivé à Khinoss ou Khleinhoss, et de là, peut-être, à Kinoch, Chinoc, Tsinoc, Cinoc, etc. De toute façon, il était vraiment secondaire de tenir à le prononcer de telle ou telle façon.

Comment ne pas rapprocher cet extrait du livre en partie autobiographique *W ou le souvenir d'enfance* dans lequel Perec consacre un passage à son nom propre :

> Mon grand père s'appelait David Peretz et vivait à Lubertow. Il eut trois enfants. L'aînée s'appelle Esther Chaja Perec; le puîné Eliezer Peretz et le cadet Icek Jusko Perec. Dans l'intervalle séparant leurs trois naissances, c'est-à-dire entre 1896 et 1909, Lubertow aurait été successivement russe, puis polonaise, puis russe à nouveau. Un employé d'état civil qui entend le russe et écrit en polonais entendra, m'a-t-on expliqué, Peretz et écrit Perec. Il n'est pas impossible que ce soit le contraire : selon ma tante, ce sont les Russes qui auraient écrit « tz » et les Polonais qui auraient écrit « c ». Cette explication signale, plus qu'elle ne l'épuise, toute l'élaboration fantasmatique, liée à la dissimulation patronymique de mon origine juive, que j'ai faite autour du nom que je porte et que repère, en outre, la minuscule différence existant entre l'orthographe du nom et sa prononciation : ce devrait être Pérec ou Perrec (et c'est toujours, avec un accent aigu ou deux « rr » qu'on l'écrit spontanément); c'est Perec, sans pour autant se prononcer Peurec [2].

Dernier passage enfin, tiré à nouveau de l'œuvre, celui qui fait la nomenclature de la prononciation du nom du héros de *Quel petit vélo à guidon chromé au fond de la cour?* On hésite toujours devant son nom. Le texte commence ainsi :

> C'était un mec, il s'appelait Karamanlis, ou quelque chose comme ça : Karawo?
> Karawasch? Karacouvé? Enfin bref, Karatruc. En tout cas un nom peu banal,
> un nom qui vous disait quelque chose, qu'on n'oubliait pas facilement [3].

En fait, le patronyme du héros du récit qui garde toujours la même racine, proche de celle du nom d'une ancienne famille régnante de Serbie : Kara, est une déclinaison sur l'étrangeté du nom non familier. Dans le texte il y a soixante-douze variantes de ce nom :

Karamanlis, Karawo, Karawasch, Karacouvé, Karatruc, Karaschoff, Karaninowicz, Karaphon, Karaplasm, Karamagnole, Karalerowicz, Karaschmerz, Karacho-o, Karawurtz, Karatrumpf, Karaboom, Karamel, Karabine, Karadigme, Karatchi, Karalberg, Karachose, Karapotch, Karaplasch, Karalahari, Karapete, Karaplouck, Karablast, Karawann, Karaniette, Karatchoum,

2. Georges Perec, *W ou le souvenir d'enfance*, Paris, Denoël, 1975, p. 52.
3. *Id.*, *Quel petit vélo à guidon chromé au fond de la cour?*, Paris, Denoël, 1966, p. 11.

Karakiri, Karaploplektick, Karasteni, Karabouffi, Karajeanne, Karavage, Karalepipède, Karastein, Karaphrenick, Kara-comme-tu-dis, Karalarico, Karafalk, Karagidouille, Karagandhi, Karalanoi, Karanoia, Karadine, Karastenberger, Karacoroum, Karamega, Karazozo, Karabambou, Karapatte, Karaschmurz, Karasweisz, Karabougaz, Karameraman, Karavigote, Karathoustra, Karastinck, Karaschwein, Karablum, Karacalla, Karacasse, Karascon, Karabesque, Karaschwein, Karafeld, Karabinèré, Karabibine, Karacrack. Outre le jeu des homophonies approximatives, cette déclinaison rappelle les jeux sur le nom imprononçable de Cinoc.

Les ancêtres de Georges Perec viennent de Pologne et la racine du nom de son père peut signifier « brèche », « fêlure » ou « trou » mais Georges Perec joue d'une polysémie fantaisiste :

> Le nom de ma famille est Peretz. Il se trouve dans la Bible. En hébreu cela veut dire « trou », en russe « poivre » en hongrois (à Budapest plus précisément) c'est ainsi que l'on désigne ce que nous appelons « Bretzel » (« Bretzel ») n'est d'ailleurs rien d'autre qu'un diminutif (Beretzele) de Beretz et Beretz, comme Baruk ou Barek, est forgé sur la même racine que Peretz en arabe, sinon en hébreu, B et P sont une seule et même lettre [4].

Il y a bien un problème du nom propre chez Perec, une obsession comme le montrent les brouillons et les carnets préparatoires du texte inédit *L'arbre* que j'ai étudiés et dont j'ai donné de nombreux extraits dans *Le deuil de l'origine* [5]. C'est ainsi que le cahier 69 renferme des éléments épars mais qui rassemblés font sens. J'en livre quelques-uns :

> Entretien avec Perc. Peretz
> Antiquaire à Sarrebrück
> Le vendredi 5 sept. 1969 vers 15 h.
>
> Max Peretz 5 enfants dont l en Nouvelle-Zélande. Jersey. Colonel.
> Le deuxième à Londres.
>
> Sam Peretz fille
> Paulette mariée à Londres
>
> Sœur
> Pauline + Varsovie (guerre)
> Grand-père Jehudah Peretz
> mort à Londres
> Il aurait un frère parti aux USA
> à Baltimore
> Un de ses fils est l'écrivain Judale Peretz
>
> Max recherches
> Angeber (prétendeur)
> descendant direct des rois d'Israël

---

4. Gerges Perec, *W*, *op. cit.*, p. 51.
5. Régine Robin, *Le deuil de l'origine. Une langue en trop, la langue en moins*, Paris, Les Presses de l'Université de Vincennes, 1993.

à Baltimore   Peretz juge

Max à Londres a des documents sur la famille
réunis en 23 à Brolerlock
par grande tante sœur du grand-père

Max discute avec gouvernement espagnol
Perez petite ville près de Barcelone

David Perce à Paris
Rue du Caire
fabricant de tricot
fils de Joseph
autre fils déporté
belle-fille Anna à Paris
enfants s'appellent Perc (rue du Caire)

Père passeport en 17
l'a donné à son frère qui a disparu à Buenos Aires
redemande un papier orthographié Perc

Et enfin cette lettre avant son séjour en Pologne en avril 1981 :

Varsovie, le 3 juillet 1980

Université de Varsovie
Centre de Civilisation française
Le directeur

Cher Monsieur,

[voyage du 1er au 10 avril 1981] Les dates vous conviennent-elles ? J'ai par ailleurs pris bonne note de votre désir de vous rendre à Lubartow et à Pulawy...

Michel Koszul [6]

Lubartow et Pulawy, petits shtetls de Pologne, berceau de la famille Peretz.

Dans *L'arbre*, Georges Perec s'installe dans le légendaire. Recherche-t-il l'origine des Perec ?

Des recherches plus poussées permettraient peut-être d'accréditer l'idée d'une origine ibérique de la famille Peretz. Des Perez, des Peres seraient des descendants de Juifs convertis. L'inquisition aurait chassé les Peretz d'Espagne [7]. Ils s'installèrent en Allemagne; les petites principautés étaient tolérantes et hospitalières. Ils gagnèrent plus tard l'Europe centrale et principalement la Pologne [8].

Autant dire qu'on ne sait rien sur cette origine et que la sortie d'Espagne vers la Pologne via l'Allemagne est un itinéraire probable, possible, potentiel, totalement improuvable. En marge, en face du rôle de l'inquisition : [faux].

6. Régine Robin, *op. cit.*, p. 201.
7. Dans la marge en face : « faux ».
8. Grand cahier inédit consacré à *L'arbre*. 5826 Vo.

C'est que Georges Perec se heurte à un double problème : celui de ne rien connaître sur la culture de ses ancêtres, en premier lieu. Coupé de sa langue maternelle, le yiddish, coupé, bien sûr, de la Pologne, la terre de ses ancêtres, et coupé de la culture ashkénaze. Si bien que ce nom propre étrange lui est totalement étranger. Dans les *Récits de Ellis Island*, il exprime de façon poignante cette coupure, cette perte :

> J'aurais pu naître, comme des cousins proches ou lointains, à Haïfa, à Baltimore, à Vancouver. J'aurais pu être argentin, australien, anglais ou suédois, mais dans l'éventail à peu près illimité de ces possibles, une seule chose m'était précisément interdite : celle de naître dans le pays de mes ancêtres, à Lubartow ou à Varsovie [9]...

Il a ensuite à faire face dans sa filiation à la figure emblématique de I. L. Peretz, un des plus grands écrivains de langue yiddish. Cette filiation possible mais improbable, Perec y fait maintes fois référence :

> Yitskhak Leiboch Peretz ou I.L. Peretz 1852-1915
> Conférence yiddish de Czernowitz en 1908
> Monisch recueil de poèmes
> Reiserbilder (tableaux de voyage)
> Exerce la profession d'avoué
> Hassidime et Haskala (synthèse) [10]

Ou encore : Georges Perec, dans un texte très court, s'arrête à tout ce qui peut l'accrocher et qui relève du roman familial, du mythe, du légendaire familial. Il y a ainsi un certain nombre de personnages qui sont fortement singularisés. L'écrivain I. L. Peretz d'abord :

> L'arrière-grand-père d'Esther, mon arrière-arrière-grand-père, eut plusieurs fils mais l'on ne sait rien sur lui et presque rien sur ses fils. L'un de ses fils fut le père de l'écrivain yiddish I. L. Peretz.
>
> Originaire de Zamosc, I. L. Peretz vécut à Varsovie à la fin du siècle dernier. Il écrivit quelques poésies mais surtout des pamphlets et des contes. Il est le point de ralliement des Peretz, quand un Peretz rencontre un autre Peretz, ils savent qu'ils sont cousins puisque chacun sait qu'il a parmi ses ancêtres I. L. Peretz [11].

Le ton commence comme dans la Bible, à l'origine d'une filiation, puis se fait quelque peu anodin (Peretz réduit à quelques poésies, des pamphlets et des contes) dans la méconnaissance totale d'une vraie place du poète — qui est centrale — dans la littérature de langue yiddish, puis le passage se termine sur la mise en doute de la filiation réelle. Tous les Peretz se réclamant du poète.

Voici l'histoire de la famille et l'histoire de la filiation. Nous ne savons pas grand-chose, mais nous pouvons tous nous abriter derrière la figure du poète, mais quel genre de poète au fait ?, etc.

---

9. Georges Perec et Robert Bober, *Récits d'Ellis Island, histoire d'errance et d'espoir*, Paris, Éditions du Sorbier, 1980, p. 44.
10. Grand cahier 5826 Vo.
11. Grand cahier de commerce 5827 Vo.

Ou encore :

> Il y avait à Pulawy sur la Vistule, des cousins lointains, plus proches, disait-on de l'écrivain Peretz, que la branche de Joseph. Mais Joseph est l'oncle de l'écrivain, le frère de mon père. David est son cousin germain. Aussi peut-on croire que s'ils étaient plus proches, ce n'était pas généalogiquement, de toute façon les proximités généalogiques sont rarement fructueuses, mais amicalement. Relation familière et non familiale et il est vrai qu'Esther ne vit jamais [Judale] Peretz l'écrivain, qu'elle savait seulement qu'il existait [12].

Liens familiers plutôt que familiaux ? Qu'est-ce à dire ? Sinon qu'en même temps qu'il se fait généalogiste pour trouver sa place réelle, Georges Perec, du même geste, se met à distance de la famille.

Ce nom mal translittéré, même s'il lui manque un *é* ou deux *r* le protège. Il a tout de même l'air d'un nom français, alors que le nom de sa mère disparue avec le convoi pour Auschwitz le 11 février 1943 est imprononçable. Le trouble du nom propre est encore augmenté par tout ce qui touche au nom de la mère Cyrla Schulevitz. Dans *W*, Perec écrit : « J'ai fait trois fautes d'orthographe dans la seule transcription de ce nom : *Szulevicz* au lieu de *Schulevitz* [13] » et plus loin : « [...] j'aurai beau traquer mes lapsus (par exemple j'avais écrit "j'ai commis" au lieu de "j'ai fait" à propos des fautes de transcription dans le nom de ma mère) [...] [14] ».

Pendant la guerre en effet, tous les membres de la famille avaient de faux papiers d'identité ou avaient changé de nom.

> Icek est évidemment Isaac et Judko est sans doute un diminutif de Jehudi. On aurait effectivement pu appeler mon père André [...]. En fait tout le monde appelait mon père Isie (ou Izy). Je suis le seul à avoir cru, pendant de très nombreuses années, qu'il s'appelait André. J'ai eu un jour une discussion avec ma tante sur ce sujet. Elle pense que c'était peut-être un surnom qu'il aurait eu pour ses relations de travail ou de café. Pour ma part, je pense plutôt qu'entre 1940 et 1945, lorsque la plus élémentaire prudence exigeait que l'on s'appelle Bienfait ou Beauchamp au lieu de Bienenfeld, Chevron au lieu de Chavranski, ou Normand au lieu de Nordmann, on a pu me dire que mon père s'appelait André, ma mère Cécile, et que nous étions bretons [15].

Ce nom propre, en second lieu, lui permet de jouer d'une filiation pour une autre et d'un grand écrivain pour un autre.

La prolifération des signes culturels, cette prodigieuse mémoire, cette intertextualité généralisée, cette construction d'un espace textuel, l'a entraîné — comme c'est le cas pour la plupart des écrivains — à s'inventer, à se tisser une filiation imaginaire qui le rattache à ces écrivains :

---

12. Grand cahier 5836 Vo.
13. Georges Perec, *W*, *op. cit.*, p. 55, n. 13.
14. *Ibid.*, p. 59.
15. *Ibid.*, p. 51.

[...] et cent autres épisodes [à propos des *Trois Mousquetaires* et de *Vingt ans après* d'Alexandre Dumas], pans entiers de l'histoire ou simples tournures de phrase dont il me semble, non seulement que je les ai toujours connus, mais plus encore, à la limite, qu'ils m'ont presque servi d'histoire : source d'une mémoire inépuisable, d'un ressassement, d'une certitude : *les mots étaient à leur place*, les livres racontaient des histoires, on pouvait suivre ; on pouvait relire, et, relisant, retrouver, magnifiée par la certitude qu'on avait de les retrouver, l'impression qu'on avait d'abord éprouvée : ce plaisir ne s'est jamais tari : je lis peu, mais je relis sans cesse, Flaubert et Jules Verne, Roussel et Kafka, Leiris et Queneau ; je relis les livres que j'aime et j'aime les livres que je relis, et chaque fois avec la même jouissance, que je relise vingt pages, trois chapitres ou le livre entier : celle d'une complicité, d'une connivence ou plus encore, au-delà, celle *d'une parenté enfin retrouvée* [16].

Cette parenté vraie, solide, lui permet de se sentir à l'origine de lui-même, non plus « l'orphelin, l'inengendré », mais le fils de ses œuvres, le fils, le frère de cette filiation d'écrivains. À l'aise au milieu des siens (les écrivains, les textes, les livres), il peut alors, de livre à livre, tisser le réseau de son œuvre. Lors d'un entretien avec Jean-Marie Le Sidaner en 1980, Georges Perec explique la façon dont il cherche à construire son œuvre en apparence disparate, hétérogène :

Chacun de mes livres est pour moi l'élément d'un ensemble ; je ne peux pas définir l'ensemble, puisqu'il est par définition projet inachevable (à moins que le dégoût ou l'impossibilité d'écrire s'empare un jour de moi), je sais seulement qu'il s'inscrit lui-même dans un ensemble beaucoup plus vaste qui serait l'ensemble des livres dont la lecture a déclenché et nourri mon désir d'écrire [...] [17].

Un extrait de *53 jours* met en scène cette relation d'un livre à l'autre, ce réseau tissé à travers le temps d'un livre à l'autre :

Toute la matinée, j'ai été taraudé par une intuition inexplicable : la vérité que je cherche n'est pas dans le livre, mais entre les livres. Cette phrase a l'air de vouloir ne rien dire, mais je la comprends : il faut lire les différences, il faut lire entre les livres comme on lit « entre les lignes » [...] d'un livre à l'autre, ou à l'intérieur d'un même livre, il y a des petites choses qui passent, qui glissent, parfois sans modification, parfois avec de minuscules différences [18].

Il conçoit *La vie mode d'emploi* comme un puzzle de la littérature contemporaine dont les pièces sont les écrits des autres auteurs, et lui va devoir remplir un vide dans ce puzzle. Donc, se trouver une place dans la littérature auprès de la communauté des écrivains. C'est un thème qui revient sans relâche :

J'aime beaucoup cette image du puzzle : par exemple les écrivains qui m'entourent, qui m'ont nourri, que ce soit Butor ou Joyce, Kafka ou

16. Georges Perec, *W*, *op. cit.*, p. 193. C'est moi qui souligne.
17. *L'Arc*, numéro consacré à Georges Perec, « Entretien avec Jean-Marie Le Sidaner », 1990, p. 10.
18. Georges Perec, *53 jours*, Paris, P.O.L., 1989. p. 107.

Melville, dessinent pour moi une sorte de constellation avec au centre (ou sur les bords) une pièce vide qui est celle que je vais venir remplir [19].

De nombreux chercheurs se sont attelés à la tâche de reconstituer, dans les œuvres de Perec, les multiples emprunts faits à Queneau, à Butor, à Flaubert, à Roussel, à Stendhal, à Melville, etc. L'œuvre de Perec est du texte littéraire fabriqué à partir des autres textes littéraires : jeux, parodies, déplacements, emprunts directs ou indirects, détournés, recyclages, réemplois. L'ensemble dessine un monde stable, celui-là qui est le véritable espace, indestructible, la vraie parenté qui ne peut faire défaut. Perec s'est dessiné une famille, un territoire, un pays, des filiations et des généalogies qui ne peuvent pas s'écrouler comme un château de cartes et ce territoire imaginaire c'est le monde des écrivains vivants et morts, au-delà des langues, des temps et des frontières, des textes, qui sont comme les briques d'un édifice intemporel et de la langue. Cette constellation met fin à ce sentiment « d'inappartenance » qui est en permanence le sien. C'est pourquoi il est bien plus important de se rattacher directement, au plan de l'imaginaire, à un écrivain qu'on aime qu'à un écrivain probablement de sa vraie famille mais qui reste à jamais lointain, indécodable et qui est sans arrêt le rappel de cette culture assassinée de laquelle on a été coupé.

Que faire de I. L. Peretz pour revenir à lui ? Manifestement, Perec ne sait pas trop quoi en faire alors que son identification à Kafka est très forte. Il y a là le fantasme de faire se rejoindre l'imaginaire et le réel à un moment donné.

De l'écrivain, il parle peu. Une mention ironique dans *W* :

L'une des figures centrales de la famille est l'écrivain yiddish polonais Isak Leibuch Peretz, auquel tout Peretz qui se respecte se rattache au prix d'une recherche généalogique parfois acrobatique. Je serais, quant à moi, l'arrière-petit-neveu d'Isak Leibuch Peretz. Il aurait été l'oncle de mon grand-père [20].

Or à ce propos, Alan Astro fait une curieuse remarque :

Par rapport aux lettres juives, il nous faut revenir à l'arrière-grand-oncle de Perec, l'écrivain yiddish polonais Yitskhok Leybush Peretz (la forme sous laquelle Perec cite le nom de celui-ci — Isak Leibuch Peretz — révèle une homonymie partielle avec le père de Perec — Isaac Judko Perec) [21].

Certes, l'homonymie approximative est là, mais comme un trouble de la transcription dès qu'il s'agit, chez Perec, de toucher littéralement à l'onomastique juive. Il fait des fautes partout jusque dans la transcription du nom de sa mère. Tout est ici dans l'approximation, le bredouillage (terme de Perec), et d'une certaine façon, peut-être à cause d'un certain malaise, une pseudo-indifférence à l'écrivain. Dans L'arbre, fort peu de choses. Il écrivait des

---

19. Entretien avec Jean Royer, *Le Devoir*, 2 juin 1979. Cité par Bernard Magné, *Perecollages*, Toulouse, Presses universitaires du Mirail-Toulouse, 1989, p. 37.
20. Georges Perec, *W*, *op. cit.*, p. 52.
21. Alan Castro, « Parenthèse sur la judéité chez Georges Perec », *Pardes*, n° 15, 1992, p. 113-136. p. 123.

contes. Un peu plus, dans les brouillons où Perec s'est renseigné, peut-être en lisant *L'Encyclopedia Judaica*, ou autrement (voir p. 41), mais c'est fort peu.

Georges Perec ne sait à peu près rien du contexte culturel dans lequel I. L. Peretz vivait, et en particulier du contexte dans lequel le yiddish s'est forgé comme langue littéraire, dans la difficulté la plus extrême, le bilinguisme intra-langues juives de Peretz, sa connaissance d'autres langues européennes, son rôle social, son rôle poétique, sa stature de très grand écrivain, tout ceci Perec l'ignore fondamentalement. Çà et là, il recueille des bribes, un peu d'information.

Alan Astro, dans l'article qu'il consacre à la judéité de Georges Perec [22], laisse entendre que ce dernier savait plus de yiddish qu'il n'y paraissait, et que sa connaissance de I. L. Peretz n'était pas nulle :

> Notre auteur ne mentionne l'ancêtre qui l'a précédé dans les lettres qu'une fois, à la page 52 de *W*, mais, étant donné sa curiosité et son érudition, il semble peu probable qu'il n'ait rien lu de lui, en traduction française ou anglaise. Lors de notre entretien, Robert Bober nous a raconté qu'il avait vu, en compagnie de Perec, un spectacle fondé sur un conte de Peretz, « Métamorphose d'une mélodie » (*A gilgl fun a nign*). Perec trouva l'histoire si intéressante qu'il exprima le vœu d'en élaborer une nouvelle version [...] [23].

Plus loin, à propos d'un très beau texte de Peretz : *Di Toyte Shtot* (La ville morte), il tente de montrer que l'œuvre de Perec ressemble à celle de Peretz à cause d'une structure chiasmique très développée chez les deux auteurs. Il y aurait beaucoup à dire sur cette ressemblance, forcée à mon avis. Même si, à partir de sa rencontre avec Robert Bober et le tournage de Ellis Island, Georges Perec, en effet, reconquiert une judéité en en parlant ouvertement, il n'a pas eu le temps de ne pas passer à côté de l'essentiel de la modernité yiddish et en particulier de son ancêtre célèbre. Ainsi, à mon sens, Perec n'a pas pu, n'a pas voulu ou pas su, c'était bien trop compliqué et cela le troublait beaucoup trop. Peretz venait d'ailleurs, d'un lointain infranchissable, de l'autre côté du génocide et de la mémoire, trop proche en un sens, trop proche de la mère, d'un indicible.

Kafka, lui, faisait partie du panthéon des lettres et il pouvait faire l'objet d'une identification personnelle. Ne lit-on pas ans le Carnet noir de 1970 :

> 19.9.70
>
> 1.5 Franz Kafka
>
> Je ne sais pas depuis quand je sais que mon père ressemblait à Franz Kafka.
>
> Trois photos de Kafka par lui-même (p. 46, 149, 160) m'en persuadent à chaque fois mais il y a des années que je n'ai pas vu de portrait de mon père.

---

22. Alan Castro, « Parenthèse sur la judéité chez Georges Perec », *op. cit.*
23. *Ibid.*. p. 123.

La mauvaise qualité des photos donne à cette certitude un caractère plausible, sinon probable. Isie Perec et Franz Kafka sont deux Juifs d'Europe centrale, ils sont à peu près du même âge. Franz Kafka était sans doute mieux habillé.

C'est une même expression de la bouche, un même sourire, un même regard, par contre les cheveux sont très différents [24].

Ainsi Kafka à la place de Peretz, un écrivain juif contre un autre écrivain juif, l'un écrivant dans les langues juives, l'autre en allemand, sa langue d'emprunt, dans le décalage, l'écart, le malheur des langues perdues. Ce n'est certainement pas un hasard si le choix de Perec se porte sur Kafka. Outre une mythologie de groupe qui partageait l'évidence que Perec lui même ressemblait physiquement à Kafka, Kafka était cet écrivain fascinant qui avait passé son temps à inscrire son douloureux rapport à la judéité dans son œuvre, sans en parler vraiment. Exhiber/montrer, trouver des leurres, des formes, des contraintes, être juif dans la langue sans avoir à le proclamer.

Comme il est écrit dans *Les Revenentes* avec ces cacographies si caractéristiques : « Te rémembères les "lettres menqentes". Le meyer recette de céler est de sembler lesser en éveedence [25] ! »

Je voudrais aborder ici un trébuchement particulier qui touche à de l'autre dans la langue, mais un autre qui a un rapport étroit avec l'identité, tout en étant et en restant autre. Il s'agit du rapport que Georges Perec, dans la fiction, entretient avec l'alphabet hébraïque (l'alphabet yiddish est le même que celui de l'hébreu, sauf qu'en yiddish certaines lettres ont valeur de voyelles). Si l'on ouvre l'édition originale de *La vie mode d'emploi* à la page 501, au chapitre qui a trait à Cinoc précisément, on voit trois lettres étranges שׁׂ ר ו, le *shin* d'abord mais avec un point à gauche et un autre point à droite, ce qui n'existe pas en hébreu. La lettre en hébreu est un *shin* si le point est à droite et un *sin* si le point est à gauche. Premier brouillage, les deux points ne font pas sens. Seconde bévue, ce qui devait être un *dalet* se transforme en *reich*. Les lettres sont proches et lorsqu'on ne sait pas lire l'hébreu, au premier coup d'œil on peut les confondre aisément. Or, Perec nous indique très précisément ce qu'il veut inscrire : « Sur le chambranle de la porte est accrochée une mezouza, ce talisman d'appartement orné de trois lettres et contenant quelques versets de la Torah [26]. » Sans aucun doute, il voulait mettre ש ד י, Shadaï, un des noms de Dieu qui peut s'écrire et se prononcer. Tel qu'il l'écrit, il s'agit peut-être de Sarai (à condition que le ש soit un *sin* שׂ), le nom de Sarah avant son mariage avec Abraham. On peut parier cependant que c'est une bévue, le « *misreading* », le trébuchement qui empêche Georges Perec d'inscrire « correctement » les lettres hébraïques alors qu'il est si obsédé par elles.

24. Cité par Philippe Lejeune dans « La genèse de *W ou le souvenir d'enfance* », *Textuel*, n° 21, 1988. p. 168-169.
25. Georges Perec, *Les revenentes*, Paris, Juillard, 1991, p. 138.
26. *Id.*, *La vie mode d'emploi*, *op. cit.*, p. 501.

L'hébreu et le yiddish sont restés pour lui langues étrangères et en même temps langues qui le constituaient par leur absence, l'ignorance où il était d'elles. On sait que dans *W ou le souvenir d'enfance* revient le souvenir lié à une lettre hébraïque :

> Tout le monde s'extasie devant le fait que j'ai désigné une lettre hébraïque en l'identifiant : le signe aurait eu la forme d'un carré ouvert à son angle inférieur gauche, quelque chose comme 
>
> et son nom aurait été gammeth ou gammel. [...] C'est ce surcroît de précision qui suffit à ruiner le souvenir ou en tout cas la charge d'une lettre qu'il n'avait pas. Il existe en effet une lettre nommée « Gimmel » dont je me plais à croire qu'elle pourrait être l'initiale de mon prénom; elle ne ressemble absolument pas au signe que j'ai tracé et qui pourrait, à la rigueur, passer pour un « men » ou « M » [27].

Ce souvenir est repris plusieurs fois. Philippe Lejeune, qui a pu avoir accès à des inédits, reproduit les extraits suivants de *Lieux* (texte demeuré inédit) du 22 août 1969 :

> Je joue dans une arrière-cuisine, coin sombre ; je « lis » des vieux journaux yiddish. Ma grand-mère (?) m'apprend à reconnaître une lettre, quelque chose comme « dalaith » (ou gimmel ? ou yod ?) dont la forme serait soit proche du delta grec, soit analogue à deux croches [...].

et de *Lieux* du 21 juillet 1970 :

> Je me souviens aujourd'hui d'une scène, rue Vilin, mais je ne sais si c'était chez mes parents ou chez mes grands-parents : j'ai 4 ans (mettons), je suis assis par terre au milieu d'un tas de journaux yiddish et je reconnais une lettre (je m'obstine à l'appeler yod et à la dessiner ainsi 
>
> sans avoir jamais ni vérifié qu'une telle lettre existait, ou un tel dessin [je pourrais aussi l'appeler gameth (gamète)(! ?)], ni recherché les associations qu'un tel dessin (menotte, notes de musique, etc. ?) pourrait susciter, ou un tel nom (yod, youd évidemment) [...] [28].

Hésitations, reprises, jeux de mots sur des lettres imaginaires, le gimmel/gamelle/gameth ne ressemble pas à la lettre et la lettre pourrait bien être ni ceci, ni cela, ni le *m*, ni rien d'autre. Peut-être une lettre-absence comme l'identité juive. À côté de, jamais dans sa propre coïncidence : « Quelque part je suis étranger par rapport à quelque chose de moi-même ; quelque part je suis " différent " mais non pas différent des autres, différent des miens [29]. » Perec par ailleurs fantasme beaucoup sur son nom. Il nous dit dans *W* que Peretz a la même racine que Beretz, Bareek ou Berek. Il n'en est rien. Quant à la transcription des noms de famille de sa mère ou de sa grand--mère, ils sont toujours fautifs, avec des fautes d'orthographe. Marcel Benabou dit fort justement à propos de ces erreurs, fautes, impropriétés, glissements :

---

27. Georges Perec, *W*, *op. cit.*, p. 22-24
28. Cité par Philippe Lejeune, « La lettre hébraïque : un premier souvenir en sept versions », *Études littéraires*, numéro spécial sur Perec, vol. XXIII, n°s 1-2, 1990, p. 121-133, p. 125.
29. Georges Perec et Robert Bober, *Récits d'Ellis Island*, *op. cit.*, p. 44.

Bien sûr, il ne s'agit là que d'erreurs minuscules sur lesquelles je m'appesantis peut-être exagérément. Cependant, cette récurrence — dès qu'il s'agit de noms juifs ou de mots hébraïques — de la confusion des caractères ne me paraît pas négligeable : elle ne peut en tout cas manquer de surprendre, venant de la part d'un écrivain dont on sait, par ailleurs, quelle attention il porte précisément à tout ce qui touche aux lettres, à leur forme, à leur présence, à leur absence, à leur agencement. D'un écrivain qui n'hésite pas à citer plus tard l'histoire du Golem, sur le front de qui il suffit d'effacer une lettre (aleph du mot Emeth) pour le faire retomber en poussière, et qui sait que le destin peut avoir parfois la figure d'un alphabet. Ce fléchissement de l'attention, cette absence de curiosité véritable pour tout ce qui touche au passé juif s'accompagnent d'une indifférence ostentatoire pour tout ce qui ressemble de près ou de loin à une activité juive communautaire[30].

On aura compris que ce qui se joue à travers les sortilèges du nom propre, ces jeux de renvoi autour d'un nom qui a été déformé, faussé, à travers ces renvois d'un écrivain à l'autre et, comme je l'ai montré dans mon livre, d'une langue à l'autre, ce qui se joue ici c'est l'identité juive et l'ambivalence que Perec éprouve pour cette condition de Juif à moitié masqué par un nom qui, avec une toute petite différence, a l'air breton.

Quelque part, je suis étranger par rapport à quelque chose de moi-même ; quelque part, je suis « différent », mais non pas différent des autres, mais différents des « miens » : je ne parle pas la langue que mes parents parlèrent, je ne partage aucun des souvenirs qu'ils purent avoir, quelque chose qui était à eux, qui faisait qu'ils étaient eux, leur histoire, leur culture, leur espoir, ne m'a pas été transmis[31].

C'est bien dans cette absence de transmission que s'infiltre le nom propre. Pour pallier le manque de la perte de la mère et de toute une culture, pour faire pièce à la disparition. *La disparition*, ce roman oulipien dont je retiendrai en conclusion le passage suivant :

[...] il rabâchait sans fin un mot idiot qu'il n'arrivait jamais à saisir : voilà, ou vois-là, ou voyou, ou voyal ? qui, par associations provoquait un amas, un magma incongru : substantifs, locutions, slogans, dictons, tout un discours confus, brouillon, dont il croyait à tout instant sortir, mais qui insistait, imposant l'agaçant tourbillon d'un fil vingt fois rompu, vingt fois cousu, mots sans filiation, où tout lui manquait, la prononciation, la transcription, la signification, mais tissant pourtant un flux, un flot continu, compact, clair : impact sûr, intuition, savoir s'incarnant soudain dans un frisson vacillant, dans un flou qu'habitait tout à coup un signal plus sûr, mais qui n'apparaissait qu'un instant pour aussitôt s'abolir[32].

---

30. Marcel Benabou, « Perec et la judéité », *Cahiers Georges Perec. Colloque de Cerisy*, n° 1, 1984, p. 19-20. On lira, dans le même numéro, l'article de W. Motte, « Embellir les lettres », p. 110-124.
31. Georges Perec et Robert Bober, *Récits d'Ellis Island*, *op. cit.*, p. 44.
32. Georges Perec, *La disparition*, Paris, Denoël, 1969. p. 133.

Références bibliographiques

* Nous n'avons retenu ici, parmi les références de chacun des articles, que celles qui nous semblaient concerner explicitement la question du nom propre.

ALGEO, John, *On Defining the Proper Name*, Gainesville, University of Florida Press, 1973.

BAETENS, Jan, « Postérité littéraire des *Anagrammes* », *Poétique*, n° 66, avril 1986, p. 217-233.

BARTHES, Roland, « Proust et les noms », *To Honor Roman Jakobson*, La Haye/ Mouton, 1967, repris dans *Le degré zéro de l'écriture* suivi de *Nouveaux essais critiques*, Paris, Seuil, coll. « Points », 1972, p. 121-134.

———, « Analyse textuelle d'un conte d'E. Poe », *Sémiotique narrative et textuelle*, Paris, Larousse, 1974, p. 29-54.

BAUDELLE, Yves, « Contribution à une sémantique des noms propres : le cas de l'onomastique romanesque », Michèle Noailly (dir.), *Nom propre et nomination*, actes du colloque international de Brest (avril 1994), Université de Bretagne occidentale, publié avec le concours de l'URA 1033 du CNRS, 1995, p. 169-180.

———, « L'onomastique carnavalesque de *Voyage au bout de la nuit* », *Roman 20-50*, n° 17, juin 1994, p. 133-159.

———, « Les processus anagrammatiques dans l'œuvre romanesque de Bernanos », Pierre Gille et Max Milner (dir.), *Bernanos : continuités et ruptures*, Nancy, Presses universitaires de Nancy, 1988, p. 81-99.

———, « Poétique des noms de personnages », Gérard Lavergne (dir.), *Le personnage romanesque*, actes du colloque international de Nice (avril 1994), *Cahiers de narratologie*, n° 6, 1995, p. 79-89.

———, Sémantique de l'onomastique romanesque, thèse de 3e cycle, Université de Paris III, 1989, 990 p. (dact.).

BÉNARD, Johanne, « Quand nommer c'est surnommer : Céline onomaturge », Johanne Bénard, Martine Léonard et Élisabeth Nardout-Lafarge (dir.), *Les noms du roman*, « Paragraphes », Publications du Département d'études françaises de l'Université de Montréal, coll. « Paragraphes », 1994, p. 75-89.

BÉNARD, Johanne, Martine LÉONARD et Élisabeth NARDOUT-LAFARGE (dir.), *Les noms du roman*, Publications du Département d'études françaises de l'Université de Montréal, coll. « Paragraphes », 1994, 122 p.

BONNEFIS, Philippe et Alain BUISINE, *La chose capitale*, Lille, Presses universitaires de Lille, 1981, 249 p.

BOONS, Marie-Claire, « La loi du nom », *Cahiers Confrontations*, n° 11, printemps 1984, p. 139-148.

BUISINE, Alain, « Matronymies », *Littérature*, n° 54, mai 1984, p. 54-78.

———, « Profits et pertes », *Revue des sciences humaines*, tome XLV, n° 173, janvier-mars 1979, p. 117-136.

CHASTAIN, Charles, « Reference and Context », Keith Gunderson, (dir.) *Language Mind and Knowledge*, Minneapolis, University of Minnesota Press, 1975, p.194- 269.

CLERGET, Joël, (dir.), *Le nom et la nomination. Source, sens et pouvoirs*, Toulouse, Éditions Erès, 1990, 340 p.

COMPAGNON, Antoine, *Nous, Michel de Montaigne*, Paris, Seuil, 1980, 232 p.

CORBLIN, Francis, « Les désignateurs dans les romans », *Poétique*, n° 54, avril 1983, p. 199-211.

CORNILLE, Jean-Louis, « L'impression littéraire », *Poétique*, n° 83, septembre 1990, p. 323-341.

CURAT, Hervé et Frank R. HAMLIN, « Désignation, référence et la distinction entre noms propres et noms communs », *Zeitschrift für Romanische Philologie*, n° 109, 1993, p. 1-15.

DAMOURETTE, Jacques et Édouard PICHON, *Des mots à la pensée. Essai de grammaire de la langue française*, Paris, d'Artrey, 1911-1927, t. 1, 674 p.

DERRIDA, Jacques, *De la grammatologie*, Paris, Minuit, coll. « Critique », 1967, 445 p.

———, « Préjugés, devant la loi », dans *La faculté de juger* (Colloque de Cerisy), Paris, Minuit, coll. « Critique », 1985, p. 87-139.

———, *Otobiographies. L'enseignement de Nietzsche et la politique du nom propre*, Paris, Galilée, coll. « Débats », 1984, 118 p.

DIAZ, José-Luis, « Balzac et la scène romantique du nom propre », *34/44*, n° 7, 1980, p. 19-30, et n° 8, 1981, p. 43-55.

DRAGONETTI, Roger, *La vie de la lettre au Moyen Âge*, Paris, Seuil, coll. « Connexions du champ freudien », 1980, 280 p.

FAUCONNIER, Gilles, *Espaces mentaux*, Paris, Minuit, coll. « Propositions », 1984, 216 p.

FLAUX, Nelly, « L'antonomase du nom propre ou la mémoire du référent », *Langue française*, n° 92, 1991, p. 26-46.

FOLKART, Barbara, « Traduction et remotivation onomastique », *Meta*, vol. XXXI, n° 3, septembre 1986, p. 233-252.

FONTANIER, Pierre, *Les figures du discours*, Paris, Flammarion, 1968 [1821-1827].

GARDINER, Alan Henderson, *The Theory of Proper Names. A Controversial Essay*, Londres, Oxford University Press, 1954.

GARY-PRIEUR, Marie-Noëlle (dir.), « Syntaxe et sémantique des noms propres », *Langue française*, n° 92, déc. 1991, 127 p.

———, « Le nom propre constitue-t-il une catégorie linguistique ? », *Langue française*, n° 92, déc. 1991, p. 4-25.

———, *Grammaire du nom propre*, Paris, Presses universitaires de France, coll. « Linguistique nouvelle », 1994, 252 p.

GENETTE, Gérard, *Mimologiques. Voyage en Cratylie*, Paris, Seuil, 1976, 431 p.

GRIMAUD, Michel, « Discourse Anaphora and the Functioning of Proper Names in Narrative », Colin Martindale (dir.), *Psychological Approaches to Literary Narratives*, Hambourg, Helmut Buske, 1988, p. 96-132.

GRIVEL, Charles, *Production de l'intérêt romanesque*, La Haye/Paris, Mouton, 1973, 428 p.

HÉBERT, Louis, « Conditions pour les théories de l'asémanticité du nom propre », *Protée*, vol. XXII, n° 3, automne 1994, p. 93-101.

———, *Nom propre et sémantique interprétative ; sens et signification du nom propre dans le texte littéraire*, thèse de doctorat, Université Laval, 1995.

HERMANS, Theo, « On Translating Proper Names, with Reference to *De Witte* and *Max Havelaar* », Michael Wintle (dir.), *Essays in Honour of Peter King*, Londres, Athlone Press, 1988, p. 11-24.

JEANDILLOU, Jean-François, *Esthétique de la mystification*, Paris, Minuit, 1994, 239 p.

JESPERSEN, Otto, *La philosophie de la grammaire*, Paris, Minuit, coll. « Arguments », 1971 [1924], 513 p.

JONASSON, Kerstin, « Les noms propres métaphoriques : construction et interprétation », *Langue française*, n° 92, décembre 1991, p. 64-82.

———, *Le nom propre. Constructions et interprétations*, Louvain-la-Neuve, Duculot, coll. « Champs linguistiques », 1994, 247 p.

KLEIBER, Georges, *Problèmes de référence : descriptions définies et noms propres*, Paris, Klincksieck, 1981, 538p.

———, « Du nom propre non modifié au nom propre modifié : le cas de la détermination des noms propres par l'adjectif démonstratif », *Langue française*, n° 92, décembre 1991, p. 82-103.

KRIPKE, Saul, « Naming and Necessity », D. Davidson et G. Hartman (dir.), *Semantics of Natural Languages*, Dordrecht, Reidel, 1972, p. 253-355 ; repris dans *La logique des noms propres*, Paris, Minuit, coll. « Propositions », 1982, 175 p.

LAUGAA, Maurice, *La pensée du pseudonyme*, Paris, Presses universitaires de France, coll. « Écriture », 1986, 325 p.

LÉONARD, Martine, « Balzac et l'absence de nom », Johanne Bénard, Martine Léonard et Élisabeth Nardout-Lafarge (dir.), *Les noms du roman*, Publications du Département d'études françaises de l'Université de Montréal, coll. « Paragraphes », 1994, p. 61-74.

LEVINAS, Emmanuel, *Noms propres*, Montpellier, Fata Morgana, coll. « Essais », 1987, 193 p.

LÉVI-STRAUSS, Claude, *La pensée sauvage*, Paris, Plon, 1962, 395 p.

LÉVY PAUL, Françoise et Marion SEGAUD, *Anthropologie de l'espace*, Paris, Centre Georges Pompidou/Centre de Création industrielle, coll. « Alors », 1983, 346 p.

LEWIS, D., « Scorekeeping in a Language Game », dans Bauerle, R., U. Egli et A. von Stechov (eds.), Semantics from Different Points of Views, Springer, Berlin, 1979, p. 172-187.

MARTIN, Robert, *Langage et croyance*, Bruxelles, Mardaga, coll. « Philosophie et langage » 1987, 189 p.

MÉRIDIER, Louis, *Ion, Ménexène, Euthydème, Cratyle*, Paris, Gallimard, coll. « Tel », 1989, 177 p.

MEYER, Bernard et Jean-David BALAYN, « Autour de l'antonomase du nom propre », *Poétique*, n° 46, avril 1981, p. 183-199.

MILL-STUART, John, *Système de logique*, Bruxelles, Mardaga, 1988 [1843], 571p.

MILLY, Jean, « Sur quelques noms proustiens », *Littérature*, n° 14, mai 1974, p. 68-87.

MONOD, Sylvère, « N. D. T. ou : le traducteur annotateur », *Franco-British Studies Journal*, printemps 1988, vol. V, p. 25-37.

MORIER, Henri, Dictionnaire de poétique et de rhétorique, 3e éd., Paris, Presses universitaires de France, 1981.

MURAT, Michel, *«Le Rivage des Syrtes» de J. Gracq. Étude de style*, t. 1, *Le roman des noms propres*, Paris, Corti, 1983, 140 p.

NEF, Frédéric, « Noms et échanges dans *Le rosier de Madame Husson* », Herman Paret et Hans-Georg Ruprecht (dir.), *Exigences et perspectives de la sémiotique : Recueil d'hommages pour A. J. Greimas*, Amsterdam, Benjamins, 1985, p. 761-769.

NICOLE, Eugène, « Genèses onomastiques du texte proustien », *Études proustiennes*, V, 1984, p. 69-125.

———, « Un modèle de fonctionnement stylistique du nom propre dans la phrase proustienne », *Lingua e stile*, vol. XII, n° 3, 1977, p. 459-480.

———, « L'onomastique littéraire », *Poétique*, n° 54, avril 1983, p. 233-253.

NOAILLY, Michèle (dir.), *Nom propre et nomination*, actes du colloque international de Brest (avril 1994), Université de Bretagne occidentale, publié avec le concours de l'URA 1033 du CNRS, 1995, 377 p.

PARIENTE, Jean-Claude, *Le langage et l'individuel*, Paris, Armand Colin, 1973, 304 p.

PARIENTE, Jean-Claude, « Le nom propre et la prédication », *Langages*, n° 66, juin 1982, p. 37-65.

POTTTIER, Bernard, *Linguistique générale : théorie et description*, Paris, Klincksieck, 1985 [1974], 339 p.

PRINCE, Gerald, « Noms et destin dans *La parure* », *The French Review*, vol. LVI, n° 2, 1982, p. 267-271.

RAFFESTIN, Claude, « Éléments pour une théorie de la frontière », *Diogène*, n° 134, 1986, p. 3-21.

RASTIER, François, *Sémantique interprétative*, Paris, Presses universitaires de France, 1987, 277 p.

———, *Sens et textualité*, Paris, Hachette, 1989, 287 p.

RASTIER, François, Marc CAVAZZA et Anne ABEILLÉ, *Sémantique pour l'analyse*, Paris, Masson, 1994, 240 p.

REY-DEBOVE, Josette, *Lexique : Sémiotique*, Paris, Presses universitaires de France, 1979, 156 p.

RICŒUR, Paul, *La métaphore vive*, Paris, Seuil, coll. « L'ordre philosophique », 1972, 413 p.

RIGOLOT, François, « Rhétorique du nom poétique », *Poétique*, n° 28, 1976, p. 466-483.

———, *Poétique et onomastique*, Genève, Droz, 1977, 269 p.

ROGER, Alain, *Proust. Les plaisirs et les noms*, Paris, Denoël, coll. « l'Infini », 1985, 177 p.

SAINT-PIERRE, Martine, « Le bruit des noms », *Études françaises*, vol. XXIII, n° 3, 1988, p. 99-112.

SCHAPIRA, Charlotte, « Proper Names in Maupassant's Short Stories », *Names*, vol. LX, n° 4, décembre 1992, p. 253-260.

SEARLE, John R., « Proper Names », *Philosophy and Ordinary Language*, Urbana, University of Illinois Press, 1963, p. 154-161.

STAROBINSKI, Jean, *Les mots sous les mots. Les anagrammes de F. de Saussure*, Paris, Gallimard, coll. « Le chemin », 1971, 167 p.

STRAWSON, Peter Frederick, *Études de logique et de linguistique*, Paris, Seuil, 1977.

VALETTE, Bernard, « Le nom des personnages dans les *Contes* de Maupassant », dans Forestier, Louis (dir.), *Maupassant et l'écriture*, actes du Colloque de Fécamp, Nathan, 1993, p. 207-218.

VASSE, Denis, *L'ombilic et la voix. Deux enfants en psychanalyse*, Paris, Seuil, coll. « Le Champ freudien », 1974, 217 p.

VIDERMAN, Serge, *La construction de l'espace analytique*, Paris, Denoël, 1970, 348 p.

WILMET, Marc, « La détermination des noms propres », Jean David et Georges Kleiber (dir.), *Déterminants : syntaxe et sémantique*, Paris, Klincksieck, 1986, p. 317-330.

———, « Arbitraire du signe et nom propre », dans Jean-Louis Benézech *et al.* (dir.), *Hommage à Bernard Pottier*, II, Paris, Klincksieck, 1988, p. 833-842.

———, « Nom propre et ambiguïté », *Langue française*, n° 92, 1991, p. 113-124.

———, « Écouter du Mozart : variations sur un thème », *Vox Romanica*, n° 52, 1993, p. 194-207.

———, « Pour en finir avec le nom propre ? », *L'Information grammaticale*, n° 65, 1995 p. 3-11.

DANGER

LE PHOTOCOPILLAGE TUE LE LIVRE

Cet ouvrage
composé en Amasis corps 10 sur 11,5
a été achevé d'imprimer
en octobre mil neuf cent quatre-vingt-seize
sur les presses de

«L'IMPRIMEUR»

Cap-Saint-Ignace (Québec).